Energy Internet Boosts Energy Transformation and Institutional Innovation in China

能源互联网助推中国能源转型与体制创新

《能源互联网助推中国能源转型与体制创新》编写组
主编 / 高世楫 郭焦锋

中国发展出版社
CHINA DEVELOPMENT PRESS

图书在版编目（CIP）数据

能源互联网助推中国能源转型与体制创新 /《能源互联网助推中国能源转型与体制创新》编写组，高世楫、郭焦锋主编. —北京：中国发展出版社，2017.8

ISBN 978-7-5177-0737-0

Ⅰ. ①能… Ⅱ. ①能… Ⅲ. ①互联网络—应用—能源—发展—研究—中国 Ⅳ. ①F426.2-39

中国版本图书馆CIP数据核字（2017）第185194号

书　　名：能源互联网助推中国能源转型与体制创新
著作责任者：《能源互联网助推中国能源转型与体制创新》编写组
出 版 发 行：中国发展出版社
（北京市西城区百万庄大街16号8层　100037）
标 准 书 号：ISBN 978-7-5177-0737-0
经　销　者：各地新华书店
印　刷　者：北京科信印刷有限公司
开　　本：710mm × 1000mm　1/16
印　　张：25
字　　数：326千字
版　　次：2017年8月第1版
印　　次：2017年8月第1次印刷
定　　价：80.00 元

联 系 电 话：（010）68990630　68990692
购 书 热 线：（010）68990682　68990686
网 络 订 购：http://zgfzcbs. tmall. com//
网 购 电 话：（010）88333349　68990639
本 社 网 址：http://www.develpress. com. cn
电 子 邮 件：bianjibu16@vip. sohu. com

合作研究编写单位

国务院发展研究中心资源与环境政策研究所

清华大学能源互联网创新研究院

浙江大学

华北电力大学

国电南京自动化股份有限公司

新奥集团股份有限公司

华源电力有限公司

上海中旖能源科技有限公司

潜能恒信能源技术股份有限公司

《能源互联网助推中国能源转型与体制创新》编写组

顾　问　韩英铎　宋永华　孙耀唯　曾　嵘

主　编　高世楫　郭焦锋

副主编　高　峰　丁　一　刘　冰

成　员　刘　敏　应光伟　王　鹏　蔡圣华　林　通
周锦明　钱国明　丁　泉　李明辉　方　勇
张　绚　包铭磊　洪　涛　张文强　陈珊珊
王　婕　白彦锋　武　旭　郭　瑱　孟凡达
陈　宇　葛　岩　周宇昊　周保中　杨清元

协调人　郭焦锋

前言与致谢

能源是人类生存和发展的基石，是人类社会赖以生存和发展的重要物质基础，是国民经济的基础产业和战略性资源。能源对现代社会的重要作用毋庸多言。当前，融合信息技术、互联网技术和能源技术的新一轮能源革命正徐徐拉开大幕，可望很快进入彻底改变人类能源生产和使用方式的新纪元。作为这一次能源革命重要支点的能源互联网，最简单的形式是互联网与能源各环节的深度融合，其本质特质是利用信息通信和智能技术将各种能源的生产（加工）、传输、存储、消费以及市场交易深度融合而产生的全新能源产业新形态。能源互联网的发展，将大力助推中国能源转型与体制创新，加快中国能源革命。

2014年6月，中共中央总书记、国家主席习近平在中央财经领导小组第六次会议上部署了中国能源革命与能源发展战略，提出了“四革命一合作”的战略部署，成为指导中国能源转型和体制创新的行动纲领。2015年3月，李克强总理在政府工作报告中提出制定“互联网+”行动计划，推动移动互联网、云计算、大数据、物联网等与现代制造业结合，促进电子商务、工业互联网和能源互联网进入健康发展，引导互联网企业拓展国际市场。当互联网进入“互联网+”的产业化时代，对每个行业来说，是摧毁，是革命，更是颠覆。对能源行业而言，“互联网+”也一定会产生全新的格局和业态，甚至将改变我们的工作和生活方式。因此，无论是从中国能源转型与体制创新的迫切需要还是能源互联网的重要作用来看，当前和今后一个时期的一项重要工作，就是如何将“四革命一合作”战略部署落到实处，发展能源互联网是一个很好的切入点和重要抓手。

2016年2月，国家发展改革委、能源局、工业和信息化部联合发布《关于推进“互联网+”智慧能源发展的指导意见》，提出了能源互联网的路线图，明确了推进能源互联网发展的指导思想、基本原则、重点任务和组织实施。同月，国务院发展研究中心资源与环境政策研究所与清华大学能源互联网创新研究院等单位合作，共同开展《“互联网+”对中国能源业态的影响与能源体制革命研究》项目，来自多家单位组成的课题组成员开展了持续一年多的研究。2017年4月，经课题组全体参与单位集体讨论决定，《“互联网+”对中国能源业态的影响与能源体制革命研究》更名为《能源互联网助推中国能源转型与体制创新》，并进一步修改完善后编纂成此书。为加深读者对能源互联网、中国能源转型和体制创新的认知，本书分析了“互联网+”与能源革命的理念对中国能源转型的影响及中国能源互联网的缘起与发展，讨论了能源互联网的支撑技术与应用，介绍了国外能源互联网发展经验，探讨了创新能源互联网发展的能源体制，并详细介绍了能源互联网或者其雏形在中国实践的几个案例，论述了能源互联网助推中国能源转型与体制创新的意义、途径和展望。

该项研究工作和本书编纂工作由国务院发展研究中心资源与环境政策研究所所长高世楫和研究员郭焦锋牵头，清华大学能源互联网创新研究院常务副院长高峰、中国华电集团上海分公司党组书记应光伟、上海中旖能源科技有限公司董事长刘冰参与大量的组织和研究工作，课题组全体人员在各自专业领域多年研究积累基础上合作完成了项目的阶段性研究成果。参加本项目研究和本书编纂的课题组成员还有国务院发展研究中心资源与环境政策研究所洪涛和武旭、浙江大学电气工程学院丁一、华北电力大学中国能源政策研究中心王鹏、清华大学能源互联网创新研究院张绚、中国科学院科技战略咨询研究院蔡圣华、新奥集团股份有限公司刘敏和李明辉、中国华电集团上海分公司方勇、国电南京自动化股份有限公司钱国明和丁泉、华电电力科学研究院周宇昊和周保中、华源电力有限公司林通、潜能恒信能源技术股份有限公司周锦明、上海中旖能源科技有限公司张文强以及中央财经大学财税学院白彦锋、陈宇、葛岩、王婕、孟凡达、郭瑱、陈珊珊、杨清元等。

我们能源互联网研究团队在过去近两年的研究中取得了一些有价值的研究成果，除课题组成员的辛勤努力外，还得益于课题组成员所在单位的支持，得益于许多政府部门、研究机构、高等院校、行业学会、企业、国际机构以及众多专家的大力支持和帮助。为此，我们要诚挚感谢两年来为我们研究团队从事能源互联网研究、为本著作顺利出版提供了各种帮助的所有单位和个人。

首先，感谢国务院发展研究中心副主任王一鸣研究员，他对我们研究团队的工作给予了直接的指导和支持；感谢中国工程院院士、清华大学韩英铎教授，浙江大学常务副校长、英国皇家工程院院士宋永华教授，国家能源局法制和体制改革司巡视员孙耀唯博士，清华大学电机系主任曾嵘教授，他们一直关心研究团队的工作，并提供了悉心的指导。

我们感谢研究团队成员所在的单位，这些单位为各位研究人员从事这项工作提供了大量的帮助，也是能源互联网研究得以持续的前提。我们特别要感谢国家能源局法制和体制改革司、发展规划司为我们团队完成2030年能源体制革命战略研究等课题所提供的支持和帮助。在过去两年中，我们围绕能源互联网发展进行了大量专题和案例研究，在此对为本著作的案例提供大量基础数据和相关资料的以下单位表示感谢：交通运输部规划研究院，国家信息中心经济预测部，国家发展和改革委员会能源研究所，清华大学电机系，浙江大学电气工程学院，华北电力大学经济与管理学院，中央财经大学财税学院，中国石油大学（北京）地球科学学院，中国汽车工程学会，中国石油集团经济技术研究院，中国石化经济技术研究院，国网能源研究院，中国煤炭工业发展研究中心，水电水利规划设计总院，中国华电集团公司，中国石化集团新星石油有限责任公司，中国长江航运（集团）总公司，上海申能诚毅股权投资有限公司，天津天保控股有限公司，力帆实业（集团）股份有限公司，新奥集团股份有限公司，华源电力有限公司，潜能恒信能源技术股份有限公司，上海中旖能源科技有限公司，南京高传机电自动控制设备有限公司。

在这两年的研究中，研究团队得到过多家机构的支持，特别是在撰写有关政策建议的过程中，我们请教过这些机构的许多政府官员、高校和研究机构专家学者、业界人士以及国际组织专家，恕我们难以在此一一列出这些接受过我们调研和给予过我们指导的众多官员、专家、学者的名字，我们非常感谢他们给予课题组专业化的帮助。我们对其所供职的如下单位表示感谢：国家能源局石油天然气司、电力司、新能源司、能源节约和科技装备司以及华东能源监管局，财政部经济建设司以及中国财政科学研究院，水利部水电局，国务院政策研究室综合司，中国社会科学院工业经济研究所，中国工程院咨询中心，中国国际经济交流中心，重庆市发改委，浙江省发改委和能源局，江苏省发改委和能源局，河北省发改委和能源局，四川省发改委，新疆自治区发改委，新疆生产建设兵团，中国海洋石油总公司能源经济研究院，中国石油和化学工业联合会，中国电力企业联合会，中国石油学会，中国汽车工业协会，中国城市燃气协会，中国石油勘探与生产分公司，中国石油长庆油田公司，中国石油化工股份有限公司生产经营管理部，中国石化勘探南方分公司，中国石化广东石油分公司，中国石化上海石油分公司，中国石化浙江石油分公司，中国石化股份有限公司天然气分公司，中国广核集团有限公司，神华科学技术研究院有限责任公司，四川省能源投资集国有限责任公司，重庆燃气集团股份有限公司，国际能源署（IEA），BP(中国)投资有限公司以及壳牌（中国）有限公司。

我们还要诚挚地感谢能源基金会（中国）为此项目提供的部分经费支持，对本课题组研究中国能源向低碳和清洁化转型提供的大量帮助。

能源互联网的研究和产业发展都处于最初阶段，从概念的内涵到发展的技术路线和体制机制等方面均存在大量的争议。受制于研究者的学识和研究积累，我们对能源互联网相关问题的研究无疑仅反映出团队在此阶段的认识水平，无论对相关基本理念的深化还是对公共政策的分析，研究内容深度、广度、系统性、完整性都还有巨大的改进空间。我们研究的一些结论和观点，难免有疏漏和不足之处，恳请各位专家学者不吝指教，以促使我们的研究能够不断深入。

《能源互联网助推中国能源转型与体制创新》研究团队

二零一七年七月十八日于北京

目录 CONTENTS

第二章 中国能源互联网的缘起与发展

第三章 “互联网+”智慧能源的支撑技术与商业模式

第五章 创新能源互联网发展的能源体制

第六章 案 例

第七章 前景展望

第一章

“互联网+”与能源革命对中国能源转型的影响

第一节 “互联网+”与能源互联网的关系

一、“互联网+”与能源互联网的提出

互联网是继交通、电力等人类技术进步和社会发展之后的最新基础设施，它以开放简洁的协议（TCP/IP）实现了信息互联互通，推动人类社会进入随时随地进行信息传输和通信交流的时代。互联网对人类生产和生活方式的革命性影响已经显现，但更大更深刻的变换才刚刚开始。发达国家从20世纪末开始就一直积极应对互联网带来的变革，最典型的是美国，从早期制定“国家信息基础设施”（National Information Infrastructure，简称NII）（1993）计划，到制定“网络空间国际战略”（2011）、“美国创新战略”（2015）等一系列行动计划和战略的提出与实施，旨在充分发挥其在信息通信技术领域的领先优势，加强在新兴科技领域的前瞻布局，以谋求抢占互联网时代的制高点、强化其传统的领先地位。

中国也高度重视信息通信革命对中国现代化事业提供的难得机会，自改革开放以来一直把信息通信技术作为优先发展领域，取得了巨大成绩，成长了腾讯、百度、阿里巴巴等世界级的本土互联网企业。本届政府尤其重视互联网发展，推进互联网对中国传统行业的渗透。李克强总理在2015年第十二届全国人大第三次会议政府工作报告中提出：“制定‘互联网+’行动计划，推动移动互联网、云计算、大数据、物联网等与现代制造业结合，促进电子商

务、工业互联网和互联网金融健康发展，引导互联网企业拓展国际市场。”

“互联网+”是以互联网为主的新一代信息技术（包括移动互联网、云计算、物联网、大数据等）在经济、社会生活各部门的扩散、应用与深度融合的过程，这将对人类经济社会产生巨大、深远而广泛的影响。“互联网 +”按照第三产业、第二产业、第一产业的顺序开始渗透的。第三产业率先发生了颠覆性的变革，从基础信息服务领域开始，个人消费服务、商品销售领域及公共事务服务领域正在变革之中，工业、能源第二产业也将会发生变革创新。“互联网+”行动计划旨在通过大数据、物联网、互联网及云计算等先进科技与现代制造业结合，以期借此使电子商务、互联网工业和互联网金融得以健康发展，来引导互联网企业并力求拓展国际市场。“互联网+”把互联网的创新成果与经济社会各领域深度融合，推动技术进步、效率提升和组织变革，提升实体经济创新力和生产力，形成更广泛的以互联网为基础设施和创新要素的经济社会发展新形态。李克强总理在十二届全国人大第三次会议政府工作报告中提出制定“互联网+”行动计划，同时李克强总理强调要积极推进能源单命，指出：“能源生产和消费革命，关乎发展与民生。要大力发展风电、光伏发电、生物质能，积极发展水电，安全发展核电，开发利用页岩气、煤层气。控制能源消费总量，加强工业、交通、建筑等重点领域节能。积极发展循环经济，大力推进工业废物和生活垃圾资源化利用。我国节能环保市场潜力巨大，要把节能环保产业打造成新兴的支柱产业。”在这一背景下，我国“互联网+能源”行动应运而生。“互联网+”对能源行业的作用主要为：在新形势下适应和引领经济社会发展新常态，着眼能源产业全局和长远发展需求，以改革创新为核心，以“互联网+”为手段，以智能化为基础，紧紧围绕构建绿色低碳、安全高效的现代能源体系，促进能源和信息深度融合，推动能源互联网新技术、新模式和新业态发展，推动能源领域供给侧结构性改革，支撑和推进能源革命，为实现我国从能源大国向能源强国转变和经济提质增效升级奠定坚实基础。

“互联网+智慧能源”也被我们称为能源互联网。“互联网+”的总体技术发展方向是加强能源互联网基础设施建设，建设能源生产消费的智能化体系、多能协同综合能源网络与能源系统协同的信息通信基础设施。营造开放共享的能源互联网生态体系，建立新型能源市场交易体系和商业运营平台，发展分布式能源、储能和电动汽车应用、智慧用能和增值服务、绿色能源灵活交易、能源大数据服务应用等新模式和新业态。推动能源互联网关键技术攻关、核心设备研发和标准体系建设，促进能源互联网技术、标准和模式的国际应用与合作。

二、能源互联网的概念演进与本质特征

在英语世界中，能源互联网（Energy Internet）的概念最早可以追溯到《经济学人》（The Economist）杂志2004年3月11日的一篇文章“建设能源互联网”（Building the Energy Internet），它提出，面对分布式能源为基础的“微网”（Microgrids）不断增加，在各种新的不确定性面前要保障电网的稳定和效率，传统的电网应该转型为智能化、快速响应和能够自我愈合的数字网，也就是能源互联网。美国学者杰里米·里夫金（Jeremy Rifkin）2011年的著作《第三次工业革命》中也提出了能源互联网的概念，并在其2014年《零边际成本社会》中得到更加系统和全面的论述①。里夫金认为，随着化石燃料的逐渐枯竭及其造成的环境污染问题，在第二次工业革命中奠定的基于化石燃料大规模利用的工业模式正在走向终结，以新能源技术和信息技术的深入结合为特征，一种新的能源利用体系即将出现，他将所设想的这一新的能源体系命名为能源互联网（Energy Internet）。由于里夫金本人的影响力，他的观点一经抛出，就引起了各国，特别是政府、学界和企业界的巨大反响。理论上，学界对能源互联网的内容和内涵进行了多角度的探讨，进行了进一步拓展，产业开始在能源互联网的研发领域大量投入资源，能源互联网也因而

① “Energy Internet” 分别在里夫金的这两本书中出现了4次、55次，这两本书都没有提到2004年The Economist杂志那篇提出“Energy Internent”概念的文章。

成为近年能源领域的讨论焦点。

里夫金定义的能源互联网有以下特征：以可再生能源为主要一次能源；支持超大规模分布式发电系统与分布式储能系统自由接入网络，支持产销一体的新型能源生产与消费形态；基于互联网技术实现广域能源共享；支持交通系统的电气化（即由燃油汽车向电动汽车转变）。总结里夫金的思想，他所倡导的能源互联网的内涵大体有三点：即从化石能源走向可再生能源；从集中式产能走向分布式产能；从封闭走向开放。作为经济学家，里夫金对能源互联网的定义和思考更多的是一种愿景，而并非切实可行的技术路径。

《国务院关于积极推进"互联网+"行动的指导意见》（国发〔2015〕40号）对"互联网+"智慧能源（以下简称能源互联网）定义为：能源互联网是一种互联网与能源生产、传输、存储、消费以及能源市场深度融合的能源产业发展新形态，具有设备智能、多能协同、信息对称、供需分散、系统扁平、交易开放等主要特征。在全球新一轮科技革命和产业变革中，互联网理念、先进信息技术与能源产业深度融合，正在推动能源互联网新技术、新模式和新业态的兴起。能源互联网是推动我国能源革命的重要战略支撑，对提高可再生能源比重，促进化石能源清洁高效利用，提升能源综合效率，推动能源市场开放和产业升级，形成新的经济增长点，提升能源国际合作水平具有重要意义。能源互联网旨在通过能源优化互补供给、提高生产、服务和消费侧的效率，进而整体提高全社会能源使用效率，其本质上就是传统基础产业向高端结构战略转型升级的一个重要突破口，并将有可能形成新的经济增长点，成为推动我国能源生产和消费革命的重要战略支撑。

能源互联网是以可再生能源优先，以电力能源为基础，多种能源协同、供给与消费协同、集中式与分布式协同，大众广泛参与的新型生态化能源系统。在互联网理念、先进信息技术与能源产业深度融合基础上，通过多能协同的能源网络、信息物理融合的能源系统、创新模式的能源运营，实现绿色、协调、高效发展，带动经济增长，支撑能源革命。能源互联网共分为三个层次：首先，物理基础层面，从基础设施的角度来讲，是多能融合的网络。第二，实现手段，要有信息物理融合的能源系统，去支撑多轮融合，达到最优的一些目标。第三，价值挖掘层，创新的商业模式，互联网的思维来改变整个的能源产业链。能源互联网的本质可概括为五个方面：一是具有广泛互联、坚强的电网骨干网架，可以通过电网实现大规模清洁能源的大范围优化配置；二是具有信息与能源深度融合的功能机制，可以通过提高能源系统的可观性和可控性，实现荷—网—源的深度互动；三是具有多种能源互补协调的调节机制，可以因地制宜的通过与燃气、热力、车联网、制冷、储能等系统的互补协调，提升可再生能源的利用比例，并提高能源使用效率；四是具有互联网理念融合下的商业模式创新机制，在能源系统本体之上形成连接消费者、生产者、制造商、运维商等各方，通过业务融合和商业模式创新持续满足用户需求、不断创造新需求的能源生态系统；五是具有支撑用户多元化用能选择的实现机制，通过能源互联、信息互联以及市场交易机制的整体协同，满足用户对多种用能和产销者一体化服务的需求。

三、全球能源互联网与能源互联网的关系

国家电网公司前董事长刘振亚于2015年2月出版专著《全球能源互联网》。书中指出，应对人类社会可持续发展面临的能源安全、环境污染、气候变化等诸多挑战的关键是加快能源生产和消费革命，大力推进清洁替代和电能替代。同时，只有树立全球能源观，构建全球能源互联网，统筹全球能源资源开发、配置和利用，才能保障能源的安全、清洁、高效和可持续供应。全球能源互联网由跨洲、跨国骨干网架和各国各电压等级电网构成，连接“一极一道”（北极、赤道）大型能源基地，适应各种集中式、分布式电源，能够将风能、太阳能、海洋能等可再生能源输送到各类用户，是服务范围广、配置能力强、安全可靠性高、绿色低碳的全球能源配置平台，具有网架坚强、广泛互联、高度智能、开放互动的特征。

刘振亚董事长定义全球能源互联网将是以特高压电网为骨干网架（通

道），以输送清洁能源为主导，全球互联泛在的坚强智能电网。将由跨国跨洲骨干网架和涵盖各国各电压等级电网的国家泛在智能电网构成，连接“一极一道”和各洲大型能源基地，适应各种分布式电源接入需要，能够将风能、太阳能、海洋能等清洁能源输送到各类用户，是服务范围广、配置能力强、安全可靠性高、绿色低碳的全球能源配置平台，也是实施“两个替代”的关键。

2015年9月，国家主席习近平在联合国发展峰会上发出倡议：“探讨构建全球能源互联网，推动以清洁和绿色方式满足全球电力需求。”2015年12月10日，国家电网公司与德国电气工程师协会等机构在柏林合办的“全球能源互联网中欧技术装备研讨会”上，刘振亚董事长提出：“中国计划到2050年与国际伙伴一起建立全球电网：第一步实现国内互联，第二步洲内互联，第三步洲际互联，到2050年基本建成全球联网”。

2017年2月，全球能源互联网发展合作组织在北京发布《全球能源互联网发展战略白皮书》，提出分国内互联、洲内互联和洲际互联三个阶段构建全球能源互联网的路线图。会上还发布了《跨国跨洲电网互联技术与展望》和《全球能源互联网发展与展望（2017）》。刘振亚再次定义，构建全球能源互联网实质是建设以绿色低碳、互联互通、共建共享为特征的世界能源共同体。第一，绿色低碳就是要通过构建全球能源互联网，大规模发展清洁能源，替代化石能源，形成清洁能源为主导、高度电气化为特征的能源生产消费新方式，推动世界能源绿色低碳转型和可持续发展。第二，互联互通就是要加快全球电网基础设施建设，打造全球电力贸易平台，形成互联互通、全球配置的能源发展新格局，在全球范围开发和利用清洁能源。第三，共建共享就是要凝聚各方智慧和力量，共同建设全球能源互联网，形成互利互惠的新型能源合作关系，让全人类共享能源发展成果。

2017年5月14日，习近平主席在“一带一路”国际合作高峰论坛发表主旨演讲，提到要抓住新一轮能源结构调整和能源技术变革趋势，建设全球能源互联网，实现绿色低碳发展。“一带一路”沿线国家存在能源短缺的现象，严重制约当地经济发展，推进能源互联网可以探寻能源向国外输出的新模式，促进国内可再生能源消纳，支撑“一带一路”沿线国家的消费模式创新，促进国内外各领域能源技术创新，实现能源信息与价值的市场化匹配。

展望未来，构建能源互联网不仅是能源发展问题，而且是事关世界和平发展与人类可持续发展的全局性、战略性问题。能源网、信息网、交通网是人类社会最重要的三大基础设施，在经济社会发展中发挥着基础性作用。以全球能源互联网打造世界能源共同体，核心就是以特高压电网和智能电网技术为支撑，形成清洁能源在全球范围大规模开发、配置、利用的基础平台，促进世界各国各地区携手共进，走清洁低碳发展的生态文明之路。以能源、信息、交通即“瓦特（Watts）、比特（Bits）、米特（Meters）”三（特）网融合发展、推动世界经济转型，即推动全球能源网、信息网、交通网实现互联互通、深度融合与升级发展，发挥网络经济和规模经济优势，促进世界经济转型升级，实现高度电气化、高度智能化、高度全球化、高度人本化的发展目标。

纵观国内外关于能源互联网的研究，能源互联网的范畴有广义和狭义之分。广义上，能源互联网涵盖电力系统、油气热力管网、电动汽车充/换电网络、供水系统等网络集合，是一种多种能源网络协调互补理念下的未来能源系统。这种广泛互联的能源系统可以实现最大程度上提高能源系统的效率，通过智能化手段实现供需双方互动，高比例接纳可再生能源、满足用户多样化用能需求。狭义上，能源互联网是以智能电网为基础，连接各类发电设施、各类用电终端及分布式能源系统的智能化、互动化的能源网络，并融合互联网理念形成能源电力生态系统，属于智能电力系统的范畴。智能电网是能源互联网的核心或者主体组成，全球能源互联网是智能电网的高级阶段。

当前，关于“互联网+”与能源领域的融合过程已呈现出两个重要趋势：“互联网+电网”和“电网+互联网”。广义能源互联网的涵义偏向于“互联网+电网”，代表了互联网思维在能源电力用户服务、产品交易、服务渠道等领域所释放出的革新力量，将为促进分布式能源发展、满足用户选择权、打造大数据能源交易平台注入强大的创新性活力。全球能源互联网的涵义偏重于“电网+互联网”，刘振亚董事长定义的全球能源互联网是以特高压电网为骨干网架（通道），以输送清洁能源为主导，全球互联泛在的坚强智能电网，即智能电网的未来形态。它体现了智能电网融合互联网技术和思维进一步实现深度“两化融合”的发展路径，基于信息连通赋予智能来提升能源系统服务能力和水平。

全球能源互联网跟狭义能源互联网的概念比较接近，是广义能源互联网概念的一部分。全球能源互联网是基于工业思维追求规模效益的认识，与电力体制改革背景下“因地制宜、因需而设、就地取材、就近供能、自下而上、参与互动、强调包容、鼓励创新”的广义能源互联网思维有所区别。广义能源互联网和全球能源互联网的关系体现在：一是在清洁替代和电能替代的发展趋势下，清洁能源比例不断上升，以电为介质实现多种能源融合的作用日益突出，狭义能源互联网（智能电力系统）在能源系统中的规模和比重不断上升，在广义能源互联网中的地位越来越重要。二是广义能源互联网和全球能源互联网都体现了能源系统互联网化的发展趋势，体现在能源系统本体高度信息化，以及本体之上形成基于互联网理念的新型业态两层含义。

能源互联网和全球能源互联网均体现了未来能源系统的发展趋势，其理念和内涵在本质上具有一致性，均反映了能源系统清洁化、电气化、信息化、互联网化、市场化的核心战略诉求。两个概念在发展阶段、关注焦点以及研究内容上有所侧重：能源互联网强调充分利用互联网技术及理念促进能源网络本体的信息化和商业模式创新，智能电网是促进多种能源优化互补的平台和手段；全球能源互联网是智能电网的高级阶段，强调全球范围内电网在物理上的互联互通以促进清洁能源的大规模开发和利用，是解决全球能源可持续发展问题的一条重要途径。

世界范围内智能电网的技术创新和工程实践将从实现能源大范围优化配置，促进荷、网、源深度互动，促进可再生能源消纳利用，支撑市场交易和商业模式创新，关键技术和标准保障等方面为能源互联网的发展提供强大支撑。同时，智能电网仍将与时俱进发展，伴随智能电网向更加坚强、互联、智能、互动的高级阶段发展，并逐步形成开放共享、合作共赢的生态系统——全球能源互联网，其本质上与能源互联网的内涵特征是一致的。随着清洁能源比例的不断上升，且主要配置方式以电为主，能源互联网将逐步向全球范围的互联互通系统演变。

第二节 能源互联网与能源革命的关系

2014年6月，国家主席习近平在中央财经领导小组第六次会议上提出，“能源安全是关系国家经济社会发展的全局性、战略性问题，对国家繁荣发展、人民生活改善、社会长治久安至关重要。面对能源供需格局新变化、国际能源发展新趋势，保障国家能源安全，必须推动能源生产和消费革命。推动能源生产和消费革命是长期战略，必须从当前做起，加快实施重点任务和重大举措。”这一论述提出了能源生产和消费革命的概念。

2014年底习近平总书记又细化了能源革命的四个组成部分：能源生产革命，能源技术革命，能源消费革命和能源体制革命，为我们加快推进能源生产和消费革命指明了发展方向，提出了更高要求。“能源革命”的提法，反映了现阶段能源、环境、经济之间的矛盾突出，已经到了必须进行“革命”的程度，同时也彰显出决策层推进能源改革的决心，能源革命事关国家安全和发展、势在必行。要完成这一重大战略任务，必须建立起顺应世界能源发展趋势、符合我国发展阶段和能源基本国情的现代能源体系，努力实现能源消费总量合理控制、能源生产结构不断优化、能源运行机制完善高效，从而达到经济社会发展、能源消耗与生态环境保护三者之间的稳定平衡与良性互动。

一、能源互联网与能源生产革命

我国正处在能源生产产业结构调整以及体制改革的关键时期。近年来，在国家政策的激励下，我国新能源产业产能快速增长，但是在国内产业链尚未贯通并且市场未充分开发的同时，欧美等发达国家在国际市场上相继对我国新能源行业展开“双反”，使得我国以光伏和风电产业为代表的战略性新能源产业的发展受到严重制约。因此，建设立足国内、面向全球的新能源产业和服务体系的要求已经十分迫切。此外，能源产业作为国民经济的基础产业，其结构也必将随着国民经济组成结构的动态调整而改变。随着国家对国民经济的调整力度逐渐加大，高耗能产业逐步淘汰的步伐，能源产业结构调整的压力也越来越大。因此，坚持节约优先、立足国内、多元发展，优化能源结构，构筑稳定、经济、清洁的能源供应体系是国民经济健康稳定发展的需求。能源互联网作为能源革命的重要技术体系，其开放对等互联共享的设计思想将会从根本上改变我国的经济产业布局和能源生产消费模式，从而推动我国能源行业体制的变革，打破不同能源系统之间条块分割的格局，提高我国能源行业的整体开放程度和能源利用效率，保障和促进经济转型和增长。

在能源互联生态网络中，清洁、低碳的分布式能源，以及电动汽车等清洁、高效的能源利用载体，将在市场的激发下被最大限度地开发与利用；不同类型的能源之间将实现互联、互通和互补，能源系统的利用效率和资源配置水平，将获得前所未有的全面提升。在先进的信息技术和能源大数据的支撑下，能源互联网对可再生能源的消纳能力将大幅提高，并将明显改善化石能源开发利用的精细化程度，带来显著的环境效益。

首先，“互联网+智慧能源”能够使能源生产与供应模式更加多元化，并同时催生新的商业模式。一方面，能源的生产和供应将从单一化供应模式转变为多元化供应模式。能源供应商将不再只提供单一种类的能源，而是具备提供包括电、天然气、石油等多种能源的能力。传统的电网公司、石油公司、天然气公司等将转变成为掌握多种能源资源的综合能源供应商。

第二，能源互联网能够使能源生产与供应的商业模式发生极大改变。随着能源互联网的兴起与电力市场化改革的推进，除了传统意义上的电网公司、石油公司外，新的市场主体也将参与进来，并发挥重大作用。其中，提供增值服务的市场主体可以包括：①能源领域点评软件，软件将有利于交易信息的公开化，可与其他商业模式进行耦合并有利于提高其效率和信用。②大型能源交易网络平台，广泛地适用于各类商业主体进行交易。③能源托管服务，用户将自己在一段时间内的用能委托给能源托管公司，由能源托管公司负责以更专业的算法、更全面的数据和特殊的能源来源渠道对其进行全程规划安排。该类型服务适用于城乡小用户，可在节省用户时间成本的同时提升节能减排效果。提供资产投资的市场主体可以包括：①能源众筹，能源投资者在资金不足的情况下，可以通过能源众筹平台来筹资，多方联合进行投资。适用于小规模投资主体，有利于新平台、新技术、新商业模式的发掘。②能源借贷，用户基于自身需要与能源借贷公司签订能源借贷合同。该模式可用于多种负荷类型和规模的用户，尤其适用于工程单位，可为其解决能源规划问题和提供项目期能源支持。

第三，能源互联网能够保证清洁能源的大规模接入，分布式能源生产比重将大幅增加。能源互联网最重要的核心内涵是实现可再生能源，尤其是分布式可再生能源的大规模利用和共享。能源互联网具有高度集成特性，能够将各类型分布式发电设备，储能设备和负载设备组成的微型能源网络进行互联，实现上述设备的"即插即发、即插即储、即插即用"以及无差别对等互联。同时，能源互联网极强的系统自愈性使其能够利用先进的能量智能管理设备实施自动故障检测，对网络中的突发事件做出反应，隔离电网中存在的故障器件或局部网络，实现网络的快速重构，以及各个微型能源网络孤岛与并网运行状态的平滑切换，保证系统内正常的能源电力供应。上述两个特性，使得能源互联网具有高度的网络开放程度。

第四，能源互联网能够实现各类型分布式可再生电源，储能设备以及可控负荷之间的协调优化控制。通过分布式可再生电源与用户之间以及各局部能源电力网络之间的信息互联，更好地利用广域内分布式电源的时空互补性，以及储能设备与需求侧可控资源之间的系统调节潜力，做到“横向源—源互补，纵向源—网—荷—储协调控制”，从而平抑分布式可再生能源间歇特性对局部电网的冲击。在保证系统的经济性与安全性的同时，进一步提高系统对分布式可再生电源的消纳能力。

最后，能源互联网能够促进电动汽车的大规模接入。电动汽车是交通运输系统电气化转型的重要手段，而能源互联网本身是以电力网络为核心，涵盖石油网络、天然气网络以及交通运输网络的多层耦合网络系统，因此能源互联网的建设能够为电动汽车提供更为完善且具有较强通用性的基础设施。在能源互联背景下，电动汽车作为一种分布式储能设备，将能够与电力系统更好地对接，从而优化系统运行，提高交通运输系统以及整个经济社会的低碳化水平。

二、能源互联网与能源消费革命

我国传统能源消费产业单位GDP能耗远超发达国家能耗水平，成为经济提质减速与可持续发展的障碍。由于技术水平落后、资源过度开发利用等原因，传统能源系统通常在开采、运输、加工、使用、回收各个环节对环境均有不同程度的破坏，导致废弃物排放增多，环境污染问题日益突出。这种依靠大量消耗资源支撑经济增长的粗放型发展模式，不仅使资源供需矛盾更加突出，也制约了经济增长质量和效益的进一步提高。此外，传统产业的高能耗也导致了高污染的问题，雾霾的频现即是环境恶化的佐证之一。有分析指出，燃煤发电和工业燃煤产生的烟气对京津冀地区的雾霾贡献率高达45%，而这些烟气多集中产生于传统能源产业中技术相对落后的企业。因此，大力发展能源互联网能够在最大程度上提高能源利用效率与新能源渗透率，降低国内经济发展的单位GDP能耗和对传统化石能源的依赖程度，实现经济发展的健康转型，切实推动能源消费革命。

首先，能源互联网能够为用户提供能源消费选择权，实现用户用能方式多元化。能源互联网能够为用户提供能源消费选择权，显著提高能源服务与消费的便利性。能源互联网最终要走向消费端，例如智能家庭、智慧社区、电动汽车、家庭能源管理等，走入消费端的能源互联网将具备更大的发挥空间和创新的商业模式。在能源互联网模式下，能源消费端能够实现各种能源形式的优化配置和互联互通，用户能够在石油、煤、天然气、电力等多种能源之间自由切换。同时，能源服务商将由单一的“卖能源”模式转变为“卖服务”模式，为用户提供综合能源解决方案。

第二，能源互联网能够无差别对待市场参与主体，实现其对等互联与能源共享。能源互联网的核心价值观是互联共享，能量流、信息流与价值流能够在能源互联网这个技术平台上自由流动。在这种价值观体系下，能源互联网具有高度的开放程度，各参与主体既是能源“生产者”，又是“消费者”，能源互联网能够为各参与主体提供平等接入的入口和信息交互平台。同时，对等互联和能源共享也意味着能源市场的开放。能源互联网将使能源市场的准入门槛降低，参与主体将得到极大的丰富，系统也将拥有更多的可控资源维持动态的供需平衡。

第三，能源互联网能够提升用户智能化用能水平，促进能源利用效率显著提高。结合智慧城市建设与发展需求，能源互联网综合应用云计算、物联网、大数据等信息技术，实现城市区域电网与信息通信网的有效融合。基于对用电负荷数据、电网运行信息、气候环境信息等的综合分析与数据挖掘，实现智慧城市内电气信息的显示、分析、诊断、维护、控制及优化管理，支撑智慧城市能源供需、公共服务、产业优化和环境监测。通过构建全覆盖的能源信息网络和城市能源互联网综合监测与管理平台，实现电网与分布式电源、储能、电动汽车等用户侧设备的广泛互联，以及与燃气、供热等多类型能源的协调运行，实现城市能源供给、消耗的统一监测、能效分析、梯次利用和协调管控，有效提升用户的智能化用电水平以及能源利用效率。

第四，能源互联网用电信息采集系统能够支持多种能源、电动汽车等计量信息接入，深化数据挖掘，为双向互动提供增值服务信息。电网与用户之间的网络化互联得到进一步深化，形成一个覆盖全网，能够精确测量、收集、储存、分析、运用和传送用户用电数据、电价信息和系统运行状况的完整能源互联网络和系统。随着能源互联网的持续推进，具有量测功能的智能终端数量将会大大增加，为电网与客户的深度互动奠定了基础，也为需求响应的实施提供了广泛的数据源和通信基础设施。

第五，能源互联网通过智能电表、家庭网关、智能用电互动服务软件，基于互联网实现家庭电力和信息的同步管理，为需求响应提供基础设施和精确、可靠的信息来源。并在小区建设能源公共服务管理平台，实现小区全景用能监测、分布式发电并网和电动汽车充电控制，以及电力、燃气、供热的联合优化，实现小范围内多类型能源、负荷的互联、互动，提升终端负荷的灵活可控性。此外，在单栋公共楼宇内部署楼宇需求响应控制系统，通过安装在主要用电设备（空调、电梯、照明等）上的智能传感器和智能终端，实现楼宇用能全景监测和冷、热、电等多种能源联合优化运行和能源梯次利用，提升能源综合利用效率。另外，在大用户聚集的工业区，能源互联网能够通过对客户生产性负荷的流程优化，以及非生产性负荷的自动化改造，改变负荷特性。同时，通过精细化的用能策略数据分析，优化园区用能策略，引导园区内的电力客户主动开展需求响应。通过部署需求响应终端设备和需求响应控制系统，基于双向信息交互实现柔性负荷控制，增强负荷平衡能力，实现大用户的能效分析和需求响应，使得电网负荷能够以园区为单位参与电网调控，实现削峰填谷和低碳运行。

第六，能源互联网能够催生新的能源交易模式，使能源消费的便利性大幅提升。能源互联网的建立将催生新的能源交易模式，使用户的能源交易更加及时、高效、便捷。这些模式可以包含：①能源团购，用户以团购的方式聚集购买力，以提升用户在市场博弈中的地位，同时为能源提供商提供大宗销售的平台，便于其进行统一管控。适用于分散但总量可观的城乡个体用户群，有利于节约双侧成本。②能源救援，应对突发的用能中断状况，用户联系能源救援公司，由公司就近指派能源救援服务站为用户提供应急的能源供应。能源救援公司根据具体情况收取能源使用的费用和佣金。该模式适用于各种类型的用户，和电动汽车市场较好的耦合度。③能源桶装，对能源服务进行规范化和标准化，具体可包括标准化储能设备，标准化供能曲线，供能格式合同等。该模式适用于中小规模的城乡用户，可使用户更便捷多元地塑造自我能源消费结构。④点对点能源服务平台，为不同种类的能耗用户提供个性化的点对点能源服务。能耗用户可将自己的用能需求信息发布到系统平台上，附近的能源供应商在看见用户发布的信息之后可选择进行匹配或忽略。匹配确认后双方可进行进一步协商和交易。该模式适用于各种类型的用户，且随着能源互联网技术的发展，支持的用户需求种类将不断拓展。⑤能源Wi-Fi，随着未来无线充电等技术的进一步发展和普及，对用户提供大范围无线充能服务成为可能。用户连接无线充能热点后对用能设备进行充电，充电完成后使用绑定的账号进行付费。无线热点主要覆盖商业楼宇和居民用户。⑥能源定制4.0，基于生产的高度自动化，为用户量身定制能源产品和服务搭配方案。该模式覆盖的范围将随着技术革新逐步扩展，最终实现覆盖所有种类的用户单元。

第七，能源互联网能够推动广域内能源的协调并优化配置，扩大能源交易范围。能源互联网能够推动广域内电力资源的协调互补和优化配置，能源交易的范围将由区域市场向跨区市场甚至跨国市场发展，从而实现世界范围内的能源合作。未来能源互联网是分布式和集中式相结合的，高度开放式的能源系统。面对我国能源生产与消费逆向分布的格局，未来我国能源互联网的网络结构应该是主网与微网相结合的形式，各个区域各种形式的可再生能源都能够通过能源互联网柔性接入，从而进一步推动广域内能源资源的协调互补和优化配置。一方面，能源互联网的建设将对电网的跨区输送能力、经济输送距离、网架结构等方面提出更高的要求。而能源的远距离输送是大规模集中式可再生能源并网的可靠依托。因此，应优化能源输送网络的布局，以保障能源的跨区跨国互联。另一方面，依托于能源互联网，分布式电源与微网能够成为优化电力资源配置的重要手段。微网能够凭借其灵活的运行方式、能量的梯级利用，以及提供可定制电源等特性，协调控制分布式电源、储能与需求侧资源，从而保证分布式可再生能源的并网需求。

三、能源互联网与能源技术革命

互联网技术与互联网思维正以前所未有的速度与包括能源产业在内的各种传统产业相互融合，并已为能源技术革命中的互联网化革命及能源物理系统与信息系统的紧密融合提供了先进的信息通信技术基础。物联网技术与4G、5G移动互联网技术为能源互联网提供了能源全生命周期的信息实时采集与实时处理；能量信息化，物理信息融合技术（CPS），软件定义网络（SDN），大数据与云计算等互联网技术更好地实现了信息流同能量流的紧密融合；社交网络，电子支付，现代物流等互联网应用技术和可靠的电力电子技术及先进储能技术等，为能源互联网提供了管控手段和商业运营模式，为满足不同用户的差异化需求提供了技术和应用模式支撑。

尽管能源互联网对现有多个领域的相关技术提出了更高要求，但是从硬件到软件，从组件技术到系统技术的长足发展，都为能源互联网的发展奠定了基础。能量信息融合技术是能源互联网提高能效，实现多能协同互补利用的核心技术，在能量存储与控制上的技术长足发展为能量的信息化和互联网化管控技术的发展奠定了基础。电力电子技术、电力电子芯片与材料技术及电力智能硬件技术近年来的发展非常迅猛，尽管这些技术目前仍有关键技术难题待攻克，但是为能源互联网的发展奠定了技术基础。同时，能源互联网作为一种新型能源系统，其自身是一项复杂庞大的系统工程，需要我们从材料、元器件、系统和应用等方面统筹规划，做好顶层设计，避免以往单点技术先进、系统能力落后的问题。

能源互联网是解决多能互联传输、融合与高效利用技术的有效手段。尽管我国小范围示范多能互联项目验证了多能互联具有高效用能的优点，但是广泛推广多能融合互联首先需要在核心技术思想上实现突破。这是由于一方面以往的能源系统都是从产能到用能的单向网络，难以承受大量能量产销终端接入带来的冲击；另一方面，传统的油、气、电、煤等能源网络仍然相互隔离。能源互联网提供了运用先进信息技术和互联网的理念与方法，通过能源互联网把传统能源系统互通互联，并与新能源系统无缝融合，实现泛能协调管控与资源最优化配置，以及用能侧海量分布式新能源发电和储能设备的接入，提高新能源在能源使用中的比例，切实推进能源技术革命。

四、能源互联网与能源体制创新

能源全生命周期的市场化和能源产权的多元化是促使能源互联网发展的市场动因。能源行业长期存在的行政垄断、自然垄断以及价格垄断，导致中国能源企业效率低下，环境污染问题突出。2010年国家电网的人均营业收入只有世界行业平均的18%。2013年中石油和中石化的人均营业收入约为皇家壳牌的8.3%和9.1%，约为美国康菲石油公司的5.9%和6.3%。输电线路装机比、线路电量比是美国的59%及65%，日本的30%和33%。因此，需要打破我国能源领域现行的行政性垄断和价格垄断，利用市场力量理顺能源价格形成机制，大力推动能源体制革命，让价格真实反映能源资源全生命周期的价值，从根本上治理环境污染问题和资源利用效率问题。

此外，垄断还抑制了民间投资和技术创新。例如，石油行业“圈而不探”的现象，国家三大石油公司控制95%油气资源勘查开发区域，但圈地积极勘探不积极。相比较而言，欧美发达国家的油气市场则完全开放，例如美国有8000多家油气公司，页岩气革命完全依靠市场力量推动，7000多家中小公司的进入推动了页岩气技术的突破，如页岩气之父乔治·米切尔，花了17年时间，打了十几口井，耗费数亿美元，解决了技术上的难题，使得美国基本实现了能源独立。

在收入分配的公平性上，能源行业的高额垄断租金还会严重影响社会收入分配。2012年，国家电网、中石化、中石油和中海油的净利润分别为804亿、664亿、1392亿和637亿元，占央企净利润总额的31.5%。高额利润本质上是全社会向在位企业所支付的垄断租金，也是全社会向垄断企业的财富转移。能源行业的价格垄断造成了市场信号严重扭曲。政府采取成本加成等方式规定能源价格的方法不尽合理，无法反映能源供求关系，人在能源全生命周期中的能动作用被长期忽略。此外，能源价格的结构性失衡还极大地抑制了可再生能源产业的发展。由于煤炭和石油的价格中不包含环境成本，价格相对较低，清洁能源与高污染能源的价格差被不合理地拉大，导致清洁能源对煤炭或者燃油的替代会非常艰难，因此能源互联网推动下的能源体制革命亟待进行。

第三节 能源互联网对世界及中国能源转型的全面影响

一、能源互联网对世界能源转型的全面影响

电气化是20世纪对人类社会生活影响最大的工程技术成就之一，支撑电力系统的电网也是世界上最大的人造网络系统之一。我国经过几十年的发展，各电压等级的电网已覆盖城乡，深入千家万户。未来新一代能源系统首先是以高比例可再生能源电力的开发利用为特征。因此，新一代能源系统应以电力为中心，实现多种清洁能源协同互补，提高能源的清洁高效利用水平。电网的一次系统承担传输电能的任务，同步建设的二次通信系统已形成功能强大的信息网络，与专业信息通信系统结合延伸，成为与一次能源系统协同的信息通信基础设施，这对于营造开放共享的能源互联网生态体系，建立新型能源市场交易体系和商业运营平台，发展分布式能源、储能和电动汽

车应用、智慧用能和增值服务、绿色能源灵活交易、能源大数据服务应用等新模式和新业态发挥关键作用。

在能源消费方面，能源互联网的消费新模式，对实现社会能效最优起到的作用可能更大。欧美发达国家已将发展智能电网纳入国家战略，并在资金、政策上面给予了大量的支持。发达国家的智能电网概念，不仅关注电力系统本身结构和运行模式的转变，更加关注各类能源的综合利用，以及能源系统构架的顶层优化设计问题。多种能源综合利用成为世界各国研究的关注焦点，主要目标是在近年来智能电网研究的基础上综合电网、气网、热网、交通网等，建立智能能源网，以便得到更高的能源全局效率。我国为了应对能源资源约束日益加剧、生态环境问题突出的一系列新挑战，在大力发展可再生能源、推动化石能源清洁高效开发利用、提高能源利用效率等方面做了卓有成效的工作，并通过973、863等科技计划对智能电网、煤炭清洁高效利用、综合高效能源动力装置研发等研究和应用分别给予了支持，取得了显著的成效。在分布式可再生能源微网、电动汽车智能交通、智能绿色建筑等方面的研发示范也都有很大进展。

传统电力系统中各类一次能源发电和分散布局的电源结构（骨干电源为主）通过大规模互联的输配电网络，连接千家万户使用，具有天然的网络化基本特征。传统电力系统终端用户用电早已实现“即插即用”，电力用户不需要知道它所用电是哪家电厂发出的，只需根据需要从网上取电，具有一定程度的开放和分享的互联网特征。然而传统电力系统不支持多种能源相互转化和互补，不适应高比例分布式清洁能源电力的接入，综合能源利用效率和可再生能源占比的提高受到限制；长期以来“重发轻供、不管用”的思维模式，忽视与终端用户的交流与互动；高度集中统一的管理、调度、控制模式也不适应大量分布式发电、高效用能用电系统的发展趋势和市场化运作。

以“互联网思维”改造传统电力系统，就是要大力推进能源与信息的深度融合，发挥电力系统覆盖面宽、能量和信息一起传输的独特网络优势，克服传统思维的局限和存在的薄弱环节，构建骨干电源与分布式电源结合、主干网与局域网微网协调、多种能源优化互补、供需互动开放共享的能源系统和生态体系。"互联网+能源"对世界能源转型的全面影响主要有三个层次：一是实现多能源互联互通，提高一次和二次能源的综合利用效率；二是借鉴互联网及其扩展的网络技术：即插即用、能源路由器，以及大数据、云计算等技术对能源系统特别是分布式可再生能源、微网及用户在能源生产、消费、市场管理和服务的支持；三是以用户为中心，催生能源生产、消费、服务的新业态和商业模式。

二、能源互联网对中国能源生产的影响

（一）推进能源生产智能化

1. 提高煤炭产品质量，构建煤炭清洁利用体系

充分利用互联网信息技术，稳步推进煤炭优质化加工、分质分级梯级利用、煤矿废弃物资源化利用等的示范，建设一批煤炭清洁高效利用示范工程项目。加强煤炭质量管理，加快先进的数字化煤炭优质化加工、燃煤发电技术装备攻关及产业化应用，稳步推进相关产业升级示范，建立政策引导与市场推动相结合的煤炭清洁高效利用推进机制，构建清洁、高效、低碳、安全、可持续的现代煤炭清洁利用体系。

2. 加强信息对接，提高能源企业协同发展

建立能源生产运行的监测、管理和调度信息公共服务网络，加强能源产业链上下游企业的信息对接和生产消费智能化，支撑电厂和电网协调运行，促进非化石能源与化石能源协同发电。鼓励能源企业运用大数据技术对设备状态、电能负载等数据进行分析挖掘与预测，开展精准调度、故障判断和预测性维护，提高能源利用效率和安全稳定运行水平。

（二）加强能源供应多元化

1. 清洁能源替代石化能源

在能源开发上，发展足够数量的可再生能源发电，逐步替代化石能源发电，并能满足不断增长的电力终端消费。以清洁能源替代石化能源，走低碳绿色发展道路，逐步实现从石化能源为主、清洁能源为辅向清洁能源为主、石化能源为辅转变。

2. 电能替代传统能源消费

在能源消费上，逐步以电替代煤炭、石油等化石能源，扩大电力市场，提高电气化水平。以电能替代煤炭、石油、天然气等石化能源的直接消费，提高电能在中断能源消费中的比重。

3. 减少火电过剩产能，提高风光利用小时数

优化能源供给组合，减少因火电产能过剩而造成的资源浪费，建设以太阳能、风能等可再生能源为主体的多能源协调互补的能源互联网，避免可再生能源利用小时数过低现象。突破分布式发电、智能微网、主动配电网等关键技术，构建智能化电力运行监测、管理技术平台，使电力设备基于互联网进行双向通信和智能调控，实现分布式电源的及时有效接入，逐步建成开放共享的能源网络，优化能源供给组合。

4. 形成煤、油、气、核、新能源多元互补的能源供应体系

将不同能源进行协同、优化整体规划，将综合资源规划作为促进清洁能源消纳、形成多元能源供应体系的重要手段。在规划前期要实现合理布局，常规能源与可再生能源统筹协调，更要考虑到需求侧对清洁能源的消纳能力。这些要靠规划统一协调。能源互联网能够高度协调支撑可再生能源并网，特别在用电侧，如需求侧响应，对用户侧信息的掌握要十分及时、充分，促进分布式可再生能源高效运行，这将促进清洁能源的替代。

（三）形成输配储运一体化

1. 减少能源运输的中间渠道和成本

能源互联网的建立应减少能源运输的中间渠道，降低多道转运的成本。我国能源的生产区和消费区距离较远，东南沿海是集中消费区，东北、华北、西北等地是能源生产区。通过能源互联网，能源从一地到另一地的中间环节大大减少，前端生产和终端需求无缝衔接，产生一定的规模效益，降低能源运输成本，提高能源利用效率。

2. 改变能源配置方式

在能源互联网发展过程中，能源配置方式应发生很大变化，促使长距离电能配置方式逐步改变，电能远距离大规模输送和分布式能源与负荷就地平衡相结合的电能配置模式成为能源配置的主导方式。

3. 建立综合能源运输体系

清洁能源最有效的利用方式就是转化为电能，并通过大电网实现优化配置、高效传输和便捷使用。发展能源互联网的过程中，充分利用特高压、智能电网以及主动配电网的技术突破和建设基础，建立具有远距离、大规模、多品种配置能力的综合能源运输体系，使其成为清洁能源高效开发利用的基本载体。

三、能源互联网对中国能源消费的影响

（一）加强能源管理理念

1. 制定新型激励机制调动供需双侧潜能

利用“互联网+”思维激励协调可再生能源，实现间歇性能源在电网安全和信息安全的基础上的适时响应能力，体现能源互联网高效互补的核心内

涵。以灵活高效的激励机制调动发电侧、负荷侧潜在能力为系统功率平衡做贡献。比如大型用户参与备用负荷，可以获得一些补偿；对于小用户和分布式光伏，增强普及性，同时控制一些小型的分布式电站，参与未来服务。

2. 预测能源消费需求，优化能效管理

收集能源消费数据，预测能源消费需求，优化能效管理。以能源产品为基础，为用户提供嵌入式服务，拓展医疗、汽车、住房等其他的需求；解决最后一公里的商业问题，实现节能服务的公共性、公平性、回应性和长效性；基于用户电力消费数据，预测消费需求，衍生用能服务、能源合同管理、节能解决方案等新的业务。

（二）融入信息服务理念

1. 优化能源领域服务

推动能源互联网条件下产业链条的变革进程，在各个环节产生创新发展模式，优化能源领域服务，加强网络化售电、售气等能源产品服务；能源咨询、能效产品销售、EV充换电等能源增值服务，家庭能源管理系统（HEMS）、工商业节能方案、小型分布式能源开发等能源一揽子解决方案服务。

2. 加强融入信息互换

将信息要素融入传统产业各个环节中，通过信息交换节约时间成本，减少重复环节，提升效率，进而改变传统能源产业的运作方式。通过能源互联网将供需信息在实际发生之前进行信息互换，实现最佳匹配。用新的、创造性的力量替代原有的低效的生产组织形式、资源配置方式。

3. 发展绿色能源网络

推进以智能电网为配送平台，以电子商务为交易平台，融合储能设施、物联网、智能用电设施等硬件以及碳交易、互联网金融等衍生服务于一体的绿色能源网络发展，实现绿色电力的点到点交易及实时配送和补贴结算，形成用户端智能化用能、能源共享经济和能源自由交易，促进能源消费生态体系建设。

（三）深化节能减排理念

1. 转变能源发展方式，确保能源安全供应

以开源、节流、减排为重点，确保能源安全供应，转变能源发展方式，调整优化能源结构，创新能源体制机制，着力提高能源效率，严格控制能源消费过快增长，着力发展清洁能源，推进能源绿色发展，着力推动科技进步，切实提高能源产业核心竞争力，打造中国能源升级版。

2. 落实专项计划，推动用能变革

一要严格控制能源消费过快增长，抑制不合理能源消费，实施“一挂双控”、区域差别化能源政策以及控制煤炭消费总量等措施；二要着力实施能效提升计划，包括煤电升级改造、工业节能、绿色建筑和绿色交通行动计划；三要推动城乡用能方式变革，实施新城镇、新能源、新生活行动计划，加快农村用能方式变革，开展全民节能行动。

四、能源互联网对中国能源技术的影响

（一）优先推动配套技术创新

1. 能量虚拟化技术

构建云基础设施的一个重要手段是虚拟化，资源设备的虚拟化可极大提高资源的利用效率。借鉴以上内容在能源互联网中可通过能源路由器、虚拟发电厂、储能云、V2G等技术手段实现虚拟化，提高资源的利用效率。在做

虚拟化的同时也需要做好系统的安全、可靠、可扩展性能。

2. 新型信息融合电力电子技术

加强能量路由器、新型电力电子器件等基于能源互联网电力电子技术的发展。提高兼容（或具备）信息通信和信息处理功能，保证各项设备的有效运行，保证各项设备分享其管理范围内所集的实时信息，同时能够对得到的信息进行处理和利用。

3. 储能技术

电力是推动能源互联网运行的基础能源，而储能技术则是改变传统电能利用的关键动力，应首要推动储能技术发展。要加快建设储能设施，加快建设抽水蓄能混合式电站，满足大电网调峰和紧急事故备用的现实需要；开发大容量超级电容储能系统，配合其他储能技术，实现多类型储能技术的优势互补；研发高效储能装置，与风电、光伏发电机组容量相匹配，支持充放电状态的迅速切换，确保并网系统的安全稳定已成为可再生能源充分利用的关键。通过研究和探索，将不同容量的储能系统卓有成效地应用于电力系统发、输、变、配、用电各个环节；实现分布式储能和大规模储能同时并存。两者的结合，对储能系统的存储效率、能量密度、使用寿命等提出更高要求，开发新型储能材料，为储能系统高效，长寿命运行提供重要保证。

4. 能量转换技术

电网是实现能量转换的变电站，传统电网架构下，电力转换的关键点是变电站或者变压器，但无法实现灵活控制，能源互联网的架构下，需要推进能量转换技术的研发，实现能量开放自由交换载体的作用，发挥分布式能量管理和运行调度的作用，形成电力电子控制、储能、数据中心等各方面的同步配合。同时，要兼顾技术的经济性，可以通过系统级的优化手段平抑成本，比如促进可再生能源的消纳、提高能源利用效率和设备利用率等。

5. 能量大数据技术

数据是各项先进技术、专业技术研发的基础，保证能源互联网运行与控制的具体实施装置，在实际应用中执行智能管理系统的调控指令，包括能源的高效传输装置、低损耗转换装置、高效能源自由路由装置等功能。实现各项设施运行的支撑作用，通过增加传感器和提高数据分析技术等方面提高能源大数据的利用价值，同时需进一步实现能源远距离、高功率、低消耗的传输和调配，完成不同地区上传能源的全网优化分配，实现不同地区用能需求的全网调配。

（二）切实改善电网升级发展

1. 提高电网智能化水平

利用移动互联网、云计算、大数据等先进的信息通信技术，与电网、电源、储能等技术紧密结合，赋予电网更多的数据采集、综合分析决策功能，提升电网基础设施的智能化水平，将电网打造成一套广域协同、具有自主行为的复杂网络系统，实现电网运行状态的全面感知和细微感知，控制电网稳定可靠运行；利用先进的信息通信技术打造能源互联平台，全方位接入能源消费者、能源生产者，深入洞察能源消费需求，精准安排能源生产，科学管理能源传输，自动合理地分配利用资源，动态智能地配置能源生产、传输和消费，实现能源互联的高度智能化，实现能源利用经济性、高效性及环保性目标。

2. 增强电网灵活包容性

在智能电网实现叠加信息化网络的基础上，充分利用智能电网的技术基础，有效地掌握发电的信息和用电的信息，在前一个时代有效地决定下一个时代电力电量平衡，有效地适应当代能源结构调整。以储能和超导电力电子等新材料、新技术改造传统电网，积极发展现代先进的传感性测量技术、通信技术，控制技术，并使得电网更加灵活、可靠、安全、自适应、高效，积极研发和推广智能终端和设备可适应大规模可再生能源，分布式电源节余以及用户者需求侧响应，实现能源互联网未来发展的基本框架。

（三）着力提高能源服务融合

1. 实现不同特征能源流融合

一方面，保证流入能源的质量满足需求要求；另一方面，应能够保证能源的合理流动，实现恰当数量的能源流向恰当的负荷；第三方面，能够及时监控能源流的质量，实时调节保证能源流的安全流动。

2. 实现双流多层次交互

依托各项先进技术，通过以信息为中心的、互联网为模型的新一代能源基础设施构架与建设，实现信息流与能量流的深度融合，实现不同能源之间及能源与消费者之间的协同互动，达到能源综合利用的高效。用户可以根据当前的能源供应形势调整自己的能源使用策略，能源互联网根据所有用户能源策略制定能源供应模式满足用户需求；同时搜集不同用户的能源使用数据，从中计算出相应的能源使用规律，制定合理的能源使用策略，作为一个最佳使用策略反馈给用户，供用户选择；策略的选择都能受最广泛信息的支持，避免片面信息引起决策失误；保障所有信息及时传送，避免过时信息的影响。

（四）积极促进全球共享演化

1. 充分融合智能管理和服务

综合运用先进的电力电子技术、信息技术和智能管理技术，将大量由分布式能量采集装置、分布式能量储存装置和各种类型负载构成的新型电力网络节点互联起来，实现能量双向流动的能量对等交换与共享网络，从而构成智能发电、智能电网、智能储能、智能用电及智能能源交易，以达到智能管理和服务浑然一体，实现能源互联的过程。

2. 推进能源共享网络演化

把互联网技术与可再生能源相结合，在能源开采、配送和利用上从传统的集中式转变为智能化的分散式，从而将全球的电网变为能源共享网络；充分利用各种关键技术推动能源互联网的发展，并逐步使传统电网向能源互联网演化，提高能源互联网思维对于推动能源产业发展的理论意义和实用价值。

五、能源互联网对中国能源体制改革的影响

（一）促进大众创业万众创新

1. 注重人才培养吸纳

加强人才环境、人才政策方面的建设，落实好管理、技术、知识等要素参与分配的政策，重视保护知识产权，积极吸引国内外能源互联网方面专家和优秀人才创业；优化能源、电工、材料、信息、热动、数据科学等学科交叉，注重不同领域的人才结合，保证能源互联网创新的综合性和先进性，充分组建专业领域人才体系，推动能源互联网领域的整体快速发展。

2. 加强财政政策导向

能源产业是一个技术密集、资本密集的高技术产业。产业发展需要较大的资金投入。制定有利于能源互联网产业技术创新项目的税收政策，对围绕产业技术创新的企业给予相应的免税、奖励、补贴等优惠，并积极出台产业出口退税和提高退税率的政策规定；选择现有成功的或有潜力的商业模式，加大中央和地方政府预算内资金投入力度，扶持一批具有核心竞争力与机制创新的企业；降低市场与行业准入，推进数据开放，加强能源市场监管。

3. 提供产学研平台

在科学调研、比较分析的基础上，对能源互联网产业进行科学的细分，

然后将细分的项目课题落实到相应的关键技术方面，让人才基础较好的企业、大专院校联合攻关；强化产学研合作，充分发挥高校等科研机构的作用，鼓励企业与高校院所联合建立技术研发机构。同时，考虑在政策方面硬性规定不同规模的企业研究开发费用所占的比重，鼓励通过以能源互联网技术优势领域内的企业为核心，联合行业内上下游企业、高等院校、科研院所，形成各种模式的产学研技术创新联盟，建立能源互联网技术协作与转移机制。

4. 鼓励创新技术联盟

能源互联网产业的技术创新是一项巨大的系统工程，鼓励不同企业的跨界合作，促进企业组建技术创新联盟，共同围绕能源互联网进行技术创新活动；鼓励企业更多地承担国家和省市重大科技攻关任务，以骨干企业为龙头，带动中小企业技术和产品创新；建立我国基础设施智能化、生产消费互动化、信息流动充分化的新型能源体系，建立能源市场体系，推动能源科技创新变革，带动能源关联产业发展。

（二）拓展市场竞争体系

1. 能源增值服务体系

拓展能源的增值服务，包括基于大数据的用能咨询、能效产品销售、新能源汽车后市场、节能解决方案、O2O商业消费等；深化用能服务，承接需求侧管理平台，实现国家用能管理平台搭建还需要省级用能管理平台和企业用能管理平台搭建的衔接；考虑新一轮电力体制改革为电能服务商提出的要求，增加分布式电源运营、售电、配电资产运营等服务，电能服务商要达到用户的需求，形成客户黏性，不仅能提供节约电费综合方案、售电零售服务等降低用户用电成本，还能通过智能安全运维服务等保障用户用电安全，并且能够通过节电改造服务等技术手段提升用户用电效率，保证拥有电站资源、配售电资产和用户黏性的电能服务商具有更强的竞争优势。

2. 能源资产服务体系

加强能源资产服务，包括能源资产的代理运营服务，能源资产的开发和交易、能源资产证券化的互联网金融，能源资产的电子商务。在新能源电站开发中，能源资产服务平台需要记录电站从前期测风、测光数据，采购、施工和运营维护等数据，电站交易平台将为光伏电站提供前期融资、后期的交易和资产证券化提供大数据支撑，从而降低电站在各个环节的风险，降低融资和交易成本；适当嵌入能源运维服务平台，加强在线监控系统对电站的运营进行实时监控，还可以根据实时情况，提供线上和线下的运维解决方案和零部件管理。

3. 能源产品交易体系

开展电力的批发和零售、虚拟电厂、售气、供暖、电动汽车的购电和返售电等服务。响应售电的放开和节能的兴起的趋势，促进能源的综合利用，可将节约下来的电量进行交易，使可再生能源和分布式电源成为售电主体，同时凸显电动汽车反售电的特性，加强多样化的电力供给和需求，多样化的生产方和需求方的协调。

4. 设备与解决方案体系

拓展材料及设备的B2B行业垂直电商，B2B现货交易平台和期货交易平台。依托各种新能源的发展趋势以及能源供应和消费特点，建立各能源电站材料和系统解决方案的电子商务平台，实现能源材料和系统解决方案的快速销售，并通过公众的监督保证能源材料和系统解决方案的质量。同时，随着能源材料和系统解决方案的电子商务平台的兴起，用户可自身情况，提供能源供给空间，通过网上的筛选和实地勘测，减少项目寻找的盲目性。

（三）创新商业运营模式

1. 实现能源资产的全生命周期管理

有效地整合产业链上下游，形成供需互动和交易，从而有效地控制新能源投资的风险。推动能源市场化、民主化、去中心化、智能化、物联化等趋势，颠覆现有的能源行业，使新的能源体系具备“智慧、能自学习、能进化”的生命体特征，形成一个巨大的“能源资产市场”，实现能源资产的全生命周期管理，通过这个“市场”可有效地整合产业链上下游各方，形成供需互动和交易，也可以让更多的低风险资本进入能源投资开发领域，并有效地控制新能源投资的风险。

2. 加强各能源活动领域的有机融合

加强各行业实时匹配供需信息的能力，整合分散需求，形成能源交易和需求响应。引导每一个家庭都变成能源的消费者和供应者的变革，实现屋顶分布式光伏电站发电、为电动汽车充放电等时刻的电力交易。同时加强新能源与互联网技术的高度融合，并且借鉴、学习互联网基因和传统精神嫁接到传统制造业，实现互联网思维的逐步融入，强化新能源互联网与移动储能装置的对接，推动耗能设备最终成为三网融合的一个有机组成部分。

3. 塑造中国能源产业的品牌概念

制定以能源互联网为核心的全套解决方案，包括特高压、清洁能源发展、电网运营、能源互联网建设及运营，以及智能家居、智慧储能等相关产业。实现以下四项工作的协同效应：中国的过剩产能输出到发展中国家，有效促进雾霾治理；推动中国能源产业实现转型升级，成为具有世界竞争力的产业；将中国的发展模式扩展到其他发展中国家，增强中国国际影响力；帮助发展中国家发展清洁能源，实现能源转型，凸显中国在世界气候变化治理中的关键作用。

4. 鼓励各地区结合地方特色开展相关的试点工作

充分调动社会各界力量，创建能源互联网“多能源高能效”示范区，示范区内形成“横向源源互补，纵向源网荷储协调”，实现能源技术、信息技术以及互联网商业模式的融合。如在高新产业园区、工业园区开展综合能源的建设与运营、区域售电交易等商业模式创新试点工程；在中东部电价较高的地区开展分布式光伏、分布式储能、实时电价、互动需求响应等商业模式创新试点工程；在电动汽车普及率较高的北京、深圳等城市开展电动汽车灵活接入、充电及其增值服务一体化运营等商业模式创新试点工程；在风光水等清洁能源比例较高、能源富余外送地区开展能源互动交易、能源大数据分析等商业模式创新试点。

（四）响应电改市场商机

1. 加强售电侧主体竞争

强化未来电力系统的售电侧竞争机制，形成市场化的售电新机制，使售电侧放开将成为能源服务公司进一步发展的重要推动力；能源服务公司的业务范围不再限于降低用户能源消耗，进一步扩展到提高用户能源利用效率、帮助电网企业平滑用户负荷曲线等业务上来，加强能源互联网能量信息与服务信息互动基础。

2. 优化用户行为分析

进一步加强用户行为分析理论在新一轮电改作用下的融入，电力运营主体实现电力调配更优，提高信息与数据之间的融合、转化、促进、完善。将用户的各项统计数据应用到各个领域，获得服务质量的根本性、整体性提升，满足未来能源互联网定制化服务发展趋势。

六、能源互联网的发展愿景

能源互联网作为一种新型生态化的能源系统，其发展进程将释放出巨大的社会和经济效益。互联网的集聚与开放效应将创造出让市场机制发挥到极致的能源完全竞争市场，市场机制将让能源互联网技术释放出前所未有的价值，将宣告能源生产与传输权力的碎片化和能源消费的智能化和差异化。自

2015年，在国家部委的推动下能源互联网有了长足的发展（见图1–1），同时也应当看到，巨大的社会经济效益昭示着任务的艰巨性和复杂性，预示着能源互联网的建设将是一项庞大的系统工程，需要统筹规划，合理安排，戒急戒躁，稳步发展，努力做好顶层设计和关键技术研发，确保达成我国既定的能源战略目标。

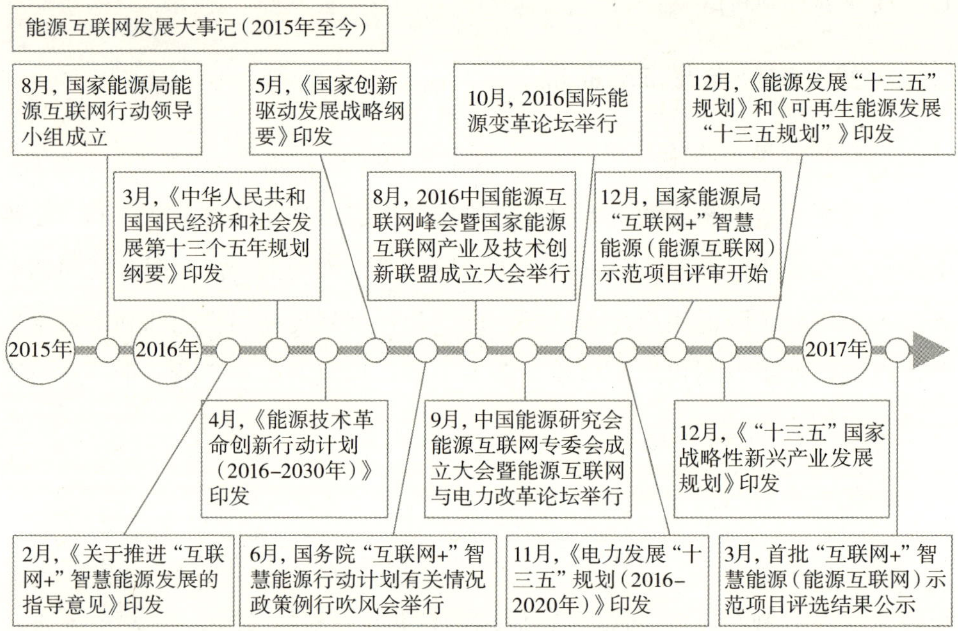

图1-1 能源互联网发展大事回顾

资料来源：课题组根据公开资料整理。

能源互联网的总体技术发展方向是加强能源互联网基础设施建设，建设能源生产消费的智能化体系、多能协同综合能源网络、与能源系统协同的信息通信基础设施。营造开放共享的能源互联网生态体系，建立新型能源市场交易体系和商业运营平台，发展分布式能源、储能和电动汽车应用、智慧用能和增值服务、绿色能源灵活交易、能源大数据服务应用等新模式和新业态。推动能源互联网关键技术攻关、核心设备研发和标准体系建设，促进能源互联网技术、标准和模式的国际应用与合作。

未来，能源互联网主要在新形势下适应和引领经济社会发展新常态，着眼能源产业全局和长远发展需求，以改革创新为核心，以“互联网+”为手段，以智能化为基础，紧紧围绕构建绿色低碳、安全高效的现代能源体系，促进能源和信息深度融合，推动能源互联网新技术、新模式和新业态发展，推动能源领域供给侧结构性改革，支撑和推进能源革命，为实现我国从能源大国向能源强国转变和经济提质增效升级奠定坚实基础。能源互联网的发展可以分为三个阶段：

2017～2020年：分布式发电和分布式储能大规模普及应用，支撑各种分布式电源接入；基于能源互联网的多能源交易系统上线应用；实现多种能源网络互通互联，多能综合利用；建成智能电网2.0和特高压骨干网。着力推进能源互联网试点示范工作：建成一批不同类型、不同规模的试点示范项目。攻克一批重大关键技术与核心装备，能源互联网技术达到国际先进水平。初步建立能源互联网市场机制和市场体系。初步建成能源互联网技术标准体系，形成一批重点技术规范和标准。催生一批能源金融、第三方综合能源服务等新兴业态。培育一批有竞争力的新兴市场主体。探索一批可持续、可推广的发展模式。积累一批重要的改革试点经验。

2020～2025年；能源互联网初步建成，实现多元化能源间的智能调度；分布式发电和分布式储能在用户侧得到普及性发展；城市智能多元化能源网建成，可根据用能需求进行不同来源的能量的调度，调峰能力增强，智能化用能系统完善，支持区域内的多能综合利用系统。着力推进能源互联网多元化、规模化发展：初步建成能源互联网产业体系，成为经济增长重要驱动力。建成较为完善的能源互联网市场机制和市场体系。形成较为完备的技术及标准体系并推动实现国际化，引领世界能源互联网发展。

2025～2030年：在全国范围推广建设新能源微网，并形成多元化能源互补的非化石能源互联网络。非化石能源消费占一次能源消费比重超过20%。风电、光伏装机分别达到5亿千瓦。形成开放共享的能源互联网生态环境，能源综合效率明显改善，可再生能源比重显著提高，化石能源清洁高效利用取得积极进展，大众参与程度大幅提升，有力支撑能源生产和消费革命。为2030年温室气体排放达到峰值提供支持。

参考文献

[1] 宁家骏. “互联网+”行动计划的实施背景，内涵及主要内容. 电子政务，2015（6）

[2] 田宇. “互联网+”模式对中国经济发展的影响. 现代经济信息，2015（18）

[3] 国务院. 国务院印发关于积极推进”互联网+”行动的指导意见，2015

[4] 马化腾. 关于以“互联网+”为驱动推进我国经济社会创新发展的建议. 中国科技产业，2016（3）

[5] Michael B M，Xi L，Chris P N，et al. Potential for wind-generated electricity in china. Science，2009

[6] Saima A，Yogesh S，Viktor K P. Energy management systems: state of the art and emerging trends. IEEE Commun Mag，2013

[7] 王成山，王守相. 分布式发电供能系统若干问题研究. 电力系统自动化. 2008（32）

[8] 梅生伟，朱建全. 智能电网中的若干数学与控制科学问题及其展望. 自动化学报. 2013（39）

[9] 【美】杰里米・里夫金. 第三次工业革命. 北京：中信出版社，2012

[10] 国务院. 国务院印发关于积极推进”互联网+”行动的指导意见，2015

[11] 刘振亚. 全球能源互联网. 当代电力文化. 2015（3）

[12] 徐涛. 全球能源互联网的意义与内涵. 风能产业. 2016（2）

[13] 袁新涛. “一带一路”建设的国家战略分析. 理论月刊. 2014（11）

[14] 努尔・白克力. 适应新常态推动能源生产消费革命. 地球. 2015（4）

第二章

中国能源互联网的缘起与发展

第一节　早期能源系统的互联互通

早期的能源系统，子系统专业封闭性强，各子系统之间耦合很少。依托第一次工业革命与第二次工业革命，我国的能源系统以化石能源为主，分为电力系统、油气系统和煤炭系统。

一、能源子系统的互联历程

（一）电力系统——规模化发展

我国早期电力系统的发展历程主要成规模化发展趋势，经历了由小电网到大电网不断互联的过程，互联范围越来越大，由脆弱的孤立系统逐渐变成网架坚强的大区电网模式。

1. 从孤立小电网到局部电网

我国开始应用电力是从电灯照明开始的，比国外晚了数年。1879年4月11日，我国上海市虹口的一家外商仓库里的一台10马力引擎发电机试运转成功。这是电力在我国土地上的第一次应用。

我国电力系统在新中国成立前发展缓慢，到1949年全国解放时，全国发电设备容量很小，装备落后，大部分发电设备是中小容量和中低压参数机组，而且自己不具备设备制造能力。此外，各网络建设标准不一，电压等级不同，由于系统很小，抵御事故的能力低下，系统事故经常发生，电力系统可靠性很低，电能质量很差。

局部电网互联电力系统的主要技术经济特征为：交流输电占主导，输电电压较低，绝大多数电网最高运行电压仅为110千伏；电网规模小（属于城市电网、孤立电网和小型电网）；发电单机容量不超过10万～20万千瓦。

该阶段从19世纪末一直延续到20世纪70年代，以大、中城市为中心的配电网逐步通过220千伏线路相互连接，以220千伏线路为主网架、以省域为主要覆盖范围的局部电网开始形成。随着国民经济的不断发展，社会对电力的需求越来越大，对供电的可靠性要求越来越高，客观上要求加大联网规模，以解决严重的“瓶颈”问题。

2. 区域性大电网

1971年，刘家峡水电站及刘家峡至关中330千伏线路（535千米，送电42万千瓦）建成，中国第一个跨省区域电网（甘肃、陕西、青海）形成，拉开了区域性大电网建设的序幕。

区域性电网互联电力系统的主要技术经济特征为大机组、超高压输电和大电网。该阶段从开始过渡到技术成熟的时间跨度大概从20世纪中后期到21世纪初。在此期间，电网规模不断扩大，形成了大型互联电网；发电机组单机容量达到30万～100万千瓦；建立了220千伏以上电压等级的超高压交流、直流输电系统。

其中又可划分为两个阶段：跨省互联阶段和跨区互联阶段。

跨省互联阶段的主要延续时间为：1970～1989年。从1982年中国的第1条500千伏输电线路投入运行以来，500千伏的线路已逐步成为各大电网的骨干网架和跨省、跨地区的联络线。当时中国的输电电压等级为 500千伏、330千伏、220千伏、110千伏、63千伏、35千伏（其中63千伏仅限于东北部分地区，330千伏仅限于西北地区的电网）。直至1989年，中国形成了7个跨省电网：东北电网、华北电网、华东电网、华中电网、西北电网、川渝电网、南方互联电网（含香港电网和澳门电网）。期间，山东电网、福建电网、海南

表2-1 区域性电力系统互联主要事件

阶段	时间	主要事件	意义
跨省互联（1970年初～1980年末）	1971年	刘家峡水电站及刘家峡至关中330千伏线（535千米，送电42万千瓦）建成，	中国第一个跨省区域电网（甘肃、陕西、青海）形成
	1982年	中国第1条500千伏输电线路（平顶山—武汉）投入运行	开始以500千伏输电线为骨干的大区电网建设
	1989年	形成了7个跨省电网：东北电网、华北电网、华东电网、华中电网、西北电网、川渝电网、南方互联电网（含香港电网和澳门电网）	—
跨区互联（1990年初～20世纪初）	1989年	华中华东电网之间的±500千伏超高压直流输电工程（12万千瓦）投入运行（2003年华中到华东第2条±500千伏直流输电线路（30万千瓦）的投运，使华中—华东的输电能力已达到42万千瓦）	在中国首次实现非同步跨大区联网，标志着中国从省际联网向跨大区联网迈进了一大步
	2001年5月	东北华北电网通过1条500千伏线路实现大区间同步交流联网	标志着中国电网进入了跨大区联网的新时期
	2001年12月	福建与华东同步交流联网	—
	2002年4月	川渝与华中同步交流联网	—
	2003年9月	华中与华北500kV辛洹线交流联网	—
	2004年	三峡至广东直流联网工程投运	将中国华东、华中、川渝3大区域电网连接了起来，形成全国联网初步框架
	2005年	西北电网750千伏线路投入运行	形成坚强的西电东送通道，发挥西北资源优势
	2009年1月	中国第一条交流1000千伏特高压输电线路（晋东南—南阳—荆门）投入运行	实现华北电网和华中电网的水火调剂、优势互补，中国进入特高压交直流混合电网运行时代
	2010年7月	向家坝—上海±800千伏特高压直流输电示范工程正式投运	中国自主研发、自主设计和自主建设的世界上首个电压等级最高、输送容量最大、送电距离最远、技术水平最先进的直流输电工程

资料来源：课题组根据公开资料整理。

电网、乌鲁木齐电网、拉萨电网、台湾电网等仍为孤立运行的省级电网。无论从规模上或是网络结构、电压等级上，都为更大范围的电网互联奠定了基础。

到21世纪初，结合超/特高压输电系统建设以及大区电网/全国联网实践，中国通过研究开发和工程实践，从一次设备和系统，到二次控制、保护，以及安全稳定运行技术、仿真分析技术都得到迅速的发展，全面掌握了第二代电力系统技术，总体达到国际先进水平，部分技术（如特高压输电）水平居国际前列。表2–2显示全国电力系统联网情况。

表2-2　　全国电力系统联网情况一览

互联电网		备注	未联结电网	
东北电网	华北电网	500kV直流背靠背换流站，异步电网	福建电网	广东电网
华中电网	西北电网	河南灵宝背靠背换流站	华北电网	华东电网
华中电网	南方电网	三峡—广东±500kV直流输电线路	—	—
华中电网	川渝电网	新同步华中电网	—	—
三峡电力外送		西电东送通道	—	—
南方电网联结		南通道西电东送工程	—	—
华北电网	华中电网	晋东南—湖北荆门1000kV特高压交流输电线路，两华同步电网	—	—
青海电网	西藏电网	格尔木—拉萨±400kV直流输电线路	—	—
新疆电网	西北电网	哈密—甘肃永登750kV输电线路	—	—
西藏自治区内部电网联结		藏中电网	—	—
新疆维吾尔自治区内电力联网		恰布其海水利枢纽工程、吉林台水电站	—	—
海南电网	南方电网	南方电网主网与海南电网500kV跨海交流联网工程	—	—
山东电网	华北电网	独立电网融入大电网	—	—
福建电网	华东电网	独立电网融入大电网	—	—
金沙江水电基地电力输送		向家坝—上海±800千伏特高压直流输电工程	—	—

资料来源：课题组根据公开资料整理。

从孤立电网到跨区互联电网，关键技术包括互联电网的规划、运行、控制、仿真技术，大水电机组技术，大火电机组技术，750千伏超高压交流输电技术、1000千伏交流特高压输电技术、特高压直流输电技术，以大容量变压器、紧凑型/同塔双回线路、大截面耐热导线、串联补偿技术等为代表的电网先进试用技术及信息化技术等。

3. 大电网的局限性

需要注意的是，跨区互联电网具有两个突出的问题：严重依赖化石能源、互联大电网安全问题。前者受能源系统发展阶段的影响，后者则是电网本身内在复杂特性表现。

中国的电力系统走典型的大电网发展模式，2011年装机容量、年发电量、输电规模等指标均已达到世界首位，但与此同时，面临着越来越大的安全风险问题。系统结构方面，集中式的火电机组发展冷却，系统中的电源支撑性、可调节性下降；风电等随机性大的分布式新能源的大规模发展热潮，对于系统的冲击、对于辅助服务的需求大大增加；此外，机组大型化、并网超高压化，中低压电网的支撑被架空，系统结构面临新的问题。系统技术方面，随着各种新能源技术、信息智能技术在电力系统中的应用，并入电网的元件更加复杂，能量与信息潮流运动多变，系统技术整合的复杂性、困难性提高，伴随风险来源复杂性剧增。

这两个问题反映出一味追求互联电网规模的大电网模式在电源结构和发展模式上存在着本质的局限，不是一个可持续发展的电力系统，清洁化、市场化、智能化的电力系统亟待发展。

（二）油气系统——管道运输网络

1. 概述

自新中国成立以来，我国油气管道运输建设历程可总结为以下四个阶段：初始发展（1958～1969年）、快速发展（1970～1987年）、稳步发展（1988～1995年），以及加快发展（1996年至今）。

管道总里程从1958年的0.02万千米到现今油气管网不断完善，西油东送、北油南运、西气东输、海气登陆、就近供应、覆盖全国的油气管网格局基本形成。截至2014年底，中国除台湾省以外的所有地区已建成油气管道总里程约11.7万千米，其中天然气管道6.9万千米，原油管道2.7万千米，成品油管道2.1万千米。

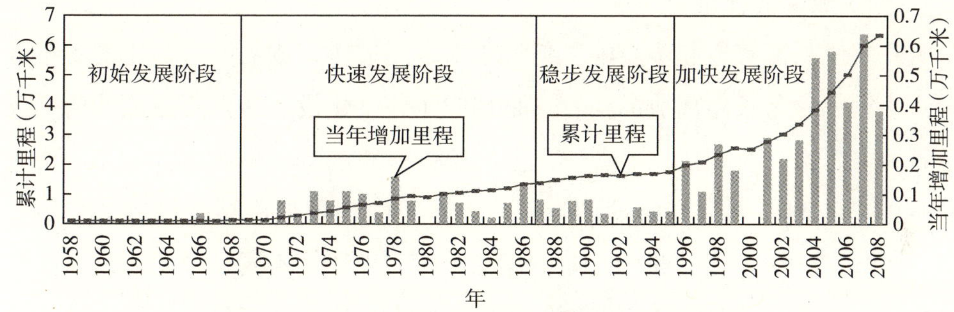

图2-1　1958～2008年我国油气管道运输发展状况

资料来源：课题组根据公开资料整理。

2. 我国油气管网建设历程及布局

中国管道工业的发展，先后出现过4个建设高峰。第一个建设高峰在20世纪70年代，伴随大庆、辽河和胜利等东部大型油田的开发，中国建成了连接东北、华北和华东地区的东部输油管网。第二个建设高峰在20世纪80年代，伴随新疆、塔里木、吐哈、四川和长庆等西部油气田的开发，中国在西部地区建成了连接油气田和加工企业的长输油气管道和川渝输气管网。第三次管道建设高峰中建成的西气东输管道、陕京二线、忠武线、涩—宁—兰线等管线，实现了我国东西部地区和中南部地区的资源调整，为资源匮乏地区利用天然气铺平了道路，带动了沿线地区经济的发展和环境的改善。同时，建成了原油、成品油和天然气能源输送大动脉。至此，我国天然气网络初具规模，“西油东送”网络框架基本形成，也为我国开辟了中亚能源通道。2007年8月，兰—郑—长成品油管线和川气东送天然气管线正式开工，我国迎来以西气东输二线和中俄管线为标志的第四次管道建设高峰。

（1）原油管道

1959 年新疆克拉玛依—独山子原油管道的建成，标志着我国无长输管道历史的结束，原油管道经历了多年的建设，目前已在东北、西北、华北、华东、华中地区形成了区域性的原油输送管网。

（2）成品油管道

我国成品油管道起步较晚，但近年来发展较快，成品油管输比例逐年增加。中国第一条长距离成品油管道是1973年开工建设、1977年建成的格—拉（青海格尔木—西藏拉萨）管道，全长1080千米，年输送能力25吨/年。格—拉管道是我国海拔最高的输油管道，也是我国首条采用顺序输送工艺的管道，可顺序输送汽油、柴油、航空煤油和照明煤油等不同品种的油品，供军地两用。目前，成品油管道在西北地区、西南地区和珠三角地区建成骨干输油管道，形成了“西油东运、北油南下”的格局。

（3）天然气管道

我国天然气管道起步晚，但发展速度最快，特别是近几年来发展势头极其迅猛。我国第一条跨区输气管道为中—沧（河南濮阳柳屯—沧州化肥厂）管道，于1986 年建成投产。1997 年陕—京一线建成投产，拉开了我国长距离输气管道建设的序幕。随着西气东输一线、西气东输二线东段、川气东送、陕—京二线、忠—武（重庆忠县—武汉）管道、陕—京三线（陕西榆林—北京昌平区西沙屯末站）、冀—宁（河北安平—江苏青山）管道、永—唐—秦（河北永清—唐山—秦皇岛）管道等大型管道系统的建设，“西气东输、海气登陆、就近外供”的供气格局已经形成，天然气管道在川渝、华北及长三角地区已形成了比较完善的区域性管网，基本形成了涩—宁—兰管道系统、陕—京管道系统、西气东输一线、西气东输二线、川气东送管道等骨干输气管道主体框架。

（4）油气进口通道网络布局

目前，中国自产的石油和天然气已经远远不能满足消费需求，2012年共进口原油27109.12万吨，对外依存度达到 56%，进口天然气398.9亿立方米，对外依存度达到29%。出于国家能源安全的考虑，近年来规划了西北、东北、西南和海上4大油气进口通道（图2–2），并逐步得以实施。

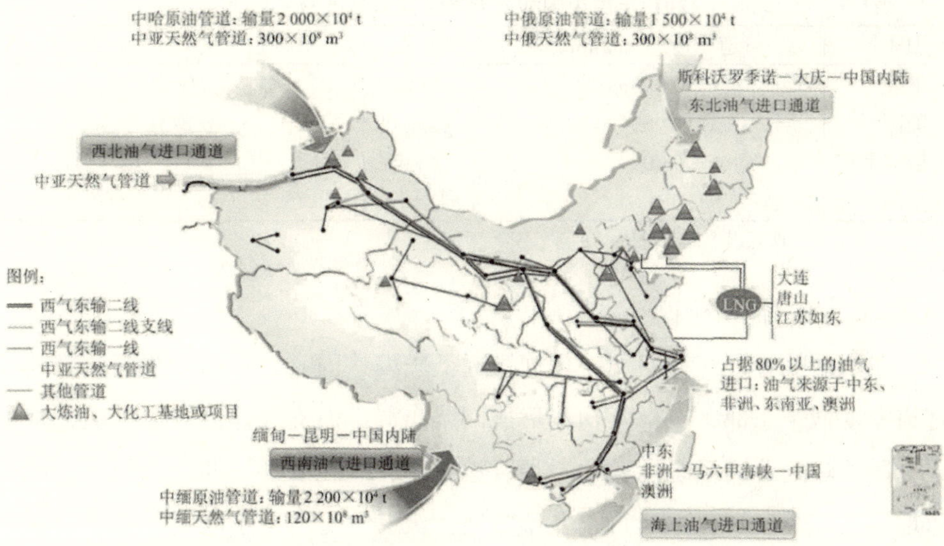

图2-2　我国油气进口通道示意图

资料来源：课题组根据公开资料整理。

3 现今油气管网系统存在的问题

目前我国天然气主干管网系统尚不完善，部分地区尚未覆盖，区域性输配管网不发达，天然气调配和应急机制不健全，特别是储气能力建设相对滞后。总结以下几点突出存在的问题：

（1）管道运输在我国综合运输体系中的地位仍然较低

与其他运输方式相比，我国管道运输在货物运输市场中的份额仍明显落后。从货运量和货运周转量来看，2008年，管道货运量和货运周转量均仅占全国的1.8%，与美国管道运输周转量占货运总周转量20%的比重相比，差距十分巨大。

（2）现有干线管道运力不足

由于油气管道总里程较少，总体运力不足。除资源不足外，局部管输瓶颈也是造成我国天然气供需紧张的原因之一。通过表2-3的管道密度对比可得我国管道密度与发达国家差距较大。

表2-3　　　　2013年度中国和西方发达国家管道密度对比

国家	管道密度/（km/km^2）	国家	管道密度/（km/km^2）
中国	0.0083	法国	0.0661
美国	0.0534	奥地利	0.2731
俄罗斯	0.0093	比利时	0.1152
德国	0.1064		

资料来源：课题组根据公开资料整理。

（3）管道网络化程度较低

我国油气管道建设的网络化规模远低于发达国家。目前，我国西部油气管道密度低于东部，东部已初步形成网络布局，但支线建设力度不足，未形成全国性输送管网系统。其中原油管道主要分布在东部、西北和长庆油田周边地区，三个区域孤立运行，互不联通。天然气管道由于联络线较少，联通程度也不够，可用于灵活调剂的富余能力仅30亿～120亿立方米/年。天然气、成品油支线网络建设更不能满足市场需求。以天然气为例，我国天然气市场基本沿主干线开发，只有少量支线，而美国天然气支线里程达到320万千米。

（4）与管道建设配套的天然气调峰设施建设滞后

目前我国天然气储气调峰设施严重滞后于管网和天然气市场的发展。根据天然气市场发育成熟的欧美国家和地区的经验，由于季节差异形成的调峰需求一般为消费量的15%左右。我国目前已建成的地下储气库工作气量还不到18亿立方米，仅为调峰需求量的1/3。

（5）关键设备和自控系统依赖进口

随着油气管道网络化的发展，整合资源、合理调度、保障管网系统安全平稳运行显得越来越重要。随着管道输送规模的不断扩大，对输送过程控制和管理的复杂程度成倍增大，对安全性、可靠性和经济性的要求越来越高。计算机、SCADA 系统和现代通信技术的应用，使管道系统的自动控制和管理进入了新阶段，自动化和通信技术已成为管道系统必要的组成部分。国外长输管道广泛应用计算机技术，对管道输送进行自动化控制和管理。中国石油油气长输管道已实现集中调控，但是所使用的仿真软件和SCADA系统的软件均是国外公司开发的。此外，我国天然气干线管道所用的压缩机组、大型球阀等关键设备也基本依赖进口。

（6）成品油管道运输比例低

美国有约15万千米的成品油管道，成品油管道运输比例达到47%（水运23%，公路29%），管道运输是成品油输送的主要方式。我国成品油管道的发展明显滞后，成品油运输仍以铁路运输为主。由于资源产地与市场分布不均衡，造成油品调运不及时和不灵活。近年来，虽然加快了成品油管道的建设，但由于我国成品油供应和需求增长较快，管道建设依然不适应市场发展的需要。

（7）管道安全隐患突出

我国现有油气管道中的60%已运行20年左右，特别是东部一些原油管网已经运行了30年以上，存在管线老化、自动化程度低、通信设施落后、储存设施超期服役等问题，进入事故多发期，事故率平均为3次/1000千米·年，远高于美国的0.5次和欧洲的0.25次。

（8）政府监管体制和法规体系不健全

油气管道运输具有自然垄断的特点，因此，政府的监管必不可少。目前，我国对油气管道运输的监管体制及其法律法规建设相对滞后，与管道发达国家相比，在管道运营、市场准入、安全、环保及管道运输费用和服务等方面尚未建立全面完善的监管制度。

（三）煤炭系统——铁路运输网络

1. 概述

封建帝王统治时期，煤炭流通方式基本是自由贸易，运输主要以畜力为主，或人力贩运，数百年来民间用煤处于自然流通状态。据元朝熊梦祥编写的《析津志辑佚》一书记载："城中内外经纪之人，每至九月间买牛装车，往西山窑头载取煤炭，往来于北新安，及城下货卖，咸以驴马负荆筐入市。”随着煤炭业的发展和交易量的增加，又因牛马不适应在山区运输大量煤炭，有的煤铺开始使用骆驼运输。清末京西至城内铁路修成后，火车就成了运煤的主要交通工具，一直延续到今日。

煤炭资源在中国常规石化能源中占90%以上，是我国当前的主导能源。中国能源结构表现出由直接消耗煤炭向消耗电力的转变。电力、建材、冶金和化工依次是国内耗煤最大的4个行业，其中电力行业煤炭消费量占国内消费总量的绝大部分，而且比例还在不断提高。总体来看，未来煤炭运输的增量主要是为了满足沿海发达地区的发电用煤的需要。

铁路运输和“铁路—水运”联运是我国煤炭省际运输的基本方式，其中，输往东北、京津冀、华中等地区以铁路运输为主导方式，输往东南沿海地区以“铁路—海运”联运为主要方式。

2. 铁路运输发展历程

我国煤炭铁路运输从19世纪80年代起，已经经历了130年的历程。随着我国煤炭资源需求的不断攀升，煤炭铁路运输无论是运输能力还是运输装备，乃至运输管理都在不断进步。我国煤炭铁路运输发展大致可分为四个阶段。

（1）新中国成立前阶段（1878～1949年）

我国最早的运煤铁路，是1878年修建的唐山至胥各庄铁路。随后，为开发开滦煤矿，1886年唐胥铁路延伸到卢台，1888年又延伸到塘沽和天津，改称津榆铁路，现称作津山铁路。甲午战争后，西方列强纷纷入侵我国，掠夺山东、东北、山西等地的煤炭资源，为此修筑了胶济（含博山支线）、中东、南满、安奉、正太、平溪等运煤铁路。这些铁路分属不同国家修建，采用了不同国家的标准，各铁路各自为政、各行其是，不仅导致一条铁路实行多种规章制度，多套管理方法，多种技术标准，全国轨距宽窄不一，还导致车站和机务、工务、电务等设置重复，行车费用和员工人数增多，给煤炭运输带来诸多不便。同时，由于资金的缺乏，修建运煤铁路往往采取“拆东墙补西墙”的方法，大多数铁路屡建屡拆。

（2）新中国成立后至改革开放前阶段（1949～1978年）

新中国成立后首要任务是对遭受破坏的煤炭运输铁路设施进行修复，并统一轨距为准轨。接下来，为了开发煤炭资源，着手新建煤炭运输铁路。这个时期煤炭运输铁路建设的特点有：①建设重心偏向中西部。主力开发西南煤炭，连接湖南、云南、贵州区域；开发内蒙古煤炭，贯通东北与华北，完善区域间煤炭运输通道。②线路建设等级偏低。大多数铁路为单线非电气化，线路通行速度和通过能力受到影响。③机车车辆水平较为落后。由于机车功率、牵引定数和车辆载重均偏低，煤炭运输能力受到限制。

（3）改革开放后的专业化运输阶段（1978～2006年）

改革开放后，我国煤炭需求量增幅加快。并且煤炭的消费地逐步转移到东部地区，而东部地区的煤炭资源较为匮乏。在此背景下，我国加快了煤炭铁路运输的发展：①建设煤炭运输专用铁路。我国第一条煤炭运输铁路是大秦铁路，该线路主要承担晋北、内蒙古西部和陕北的煤炭外运任务。随后新建侯月铁路，与已有的焦新、新石铁路连接，形成晋煤运输南通道。神华集团也投资兴建了神朔、朔黄、大准三条煤炭运输专线，形成晋煤外运北中南三通道的格局。②改建扩建既有煤炭运输铁路，对于运能紧张技术等级偏低的煤炭运输铁路进行了扩能改造。③引进机车和自主研发煤炭运输机车相结合。原铁道部先后从法国、美国、苏联引进了ND4、ND5、8K、8G等当时国内外技术领先的机车，用于丰沙、京原、石太、同蒲、京沪等铁路的煤炭列车。在此基础上，自主研制了DF8、DF8B、DF8CJ、SS4G、SS4B、SS6、SS6B等国产煤炭运输机车。

（4）跨越式发展阶段（2007年至今）

2007年，伴随着我国铁路第六次大提速，以及后期的高速铁路、客运专线开通运营，我国煤炭铁路运输进入了一个新的时代。具体表现在：①完善煤炭运输铁路网络。太中银铁路和包西铁路的贯通，为西北地区煤炭东运增加了新通道，开通后，西北地区煤炭和内蒙古煤炭南下均不必绕道。此外还增建了迁曹、集张、伊阿、乌准等干线、支线煤炭运输铁路。②东部地区干线铁路电气化。显著提高东部地区路网的煤炭运输能力，各干线铁路煤炭列车运能增强。③研发和谐系列大功率交流传动煤炭运输内燃机车、电力机车。和谐系列机车具有功率大、速度快、可靠性高、保养维护次数少周期长等特点，满足了煤炭列车跨铁路局运营要求。④建设高速铁路、客运专线，实行客货分线，增加既有铁路运力。⑤在既有铁路开行超编组计划的1万吨重载煤炭列车。在既有铁路开行这类列车，不仅提高了这些铁路的煤炭通过能力，同时由于超编列车的优先性，缩短了煤炭机车和车皮的周转时间，提高了运输效率。

3. 煤炭铁路运输六大区域网络

经过130多年的建设，我国形成了以煤炭运输专线为主力，客货列车混行的区域性干线铁路为骨架，沟通99%国有重点煤矿和主要煤炭消费地的煤炭运输铁路网络。按照传统的区域划分方法，我国可分为东北、华北、华东、华中、华南、西南、西北七个区域。不过，在我国煤炭运输网络中，华南无大型国有重点煤矿，并且华中和华南铁路网络联系较为紧密。西北东部大型国

图2-3 我国煤炭铁路运输网络（2011年末）

资料来源：课题组根据公开资料整理。

有重点煤矿较多，铁路路网较为密集，而甘肃河西走廊无大型国有重点煤矿，煤运铁路也只有兰新一条干线和嘉策等少量技术等级偏低的支线，而新疆则拥有三座大型国有重点煤矿，且有树枝状的煤炭运输网络。因此，在煤炭铁路运输网络中，西北地区可拆分为西北东部和新疆。而西北东部通过若干条煤炭运输专线铁路与华北煤炭铁路运输网络紧密相连，因此，将华北和西北东部定为一个区域。综上，我国煤炭运输网络划分为东北、华北和西北东部、华东、中南和华南、西南、新疆六个区域。

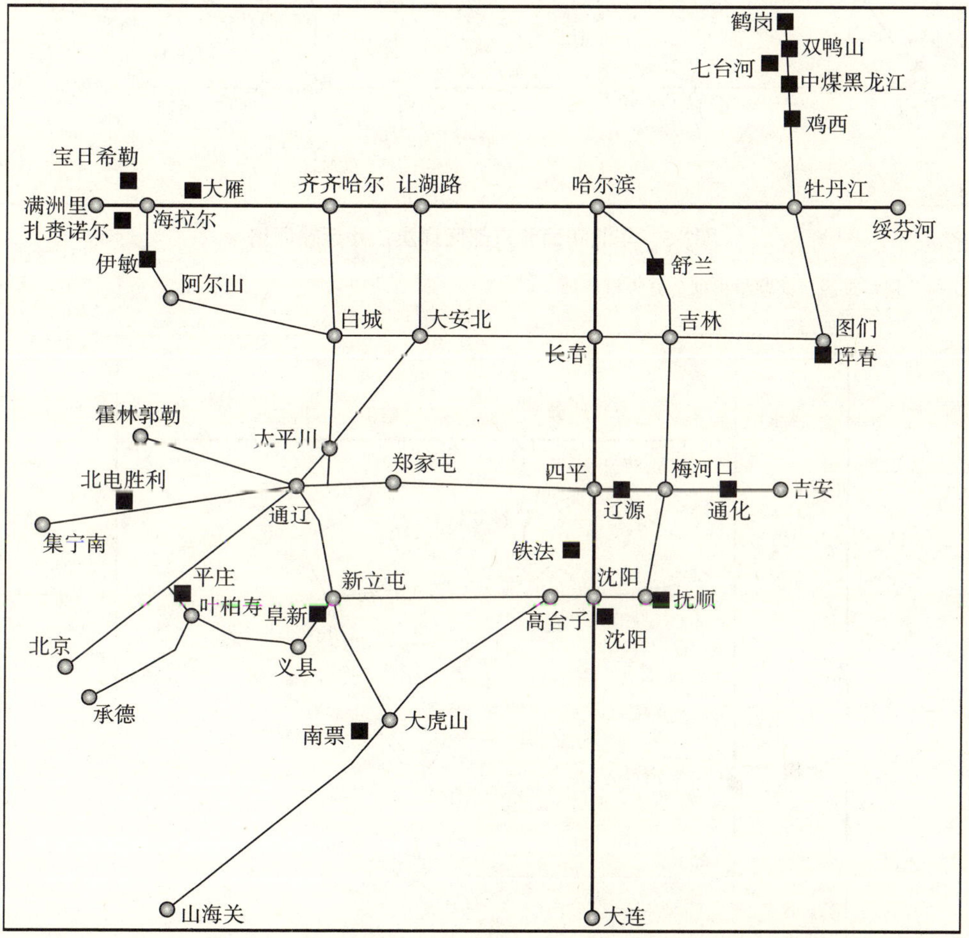

图2-4　东北地区煤炭铁路运输“T”型骨架和“四纵三横”网络

资料来源：课题组根据公开资料整理。

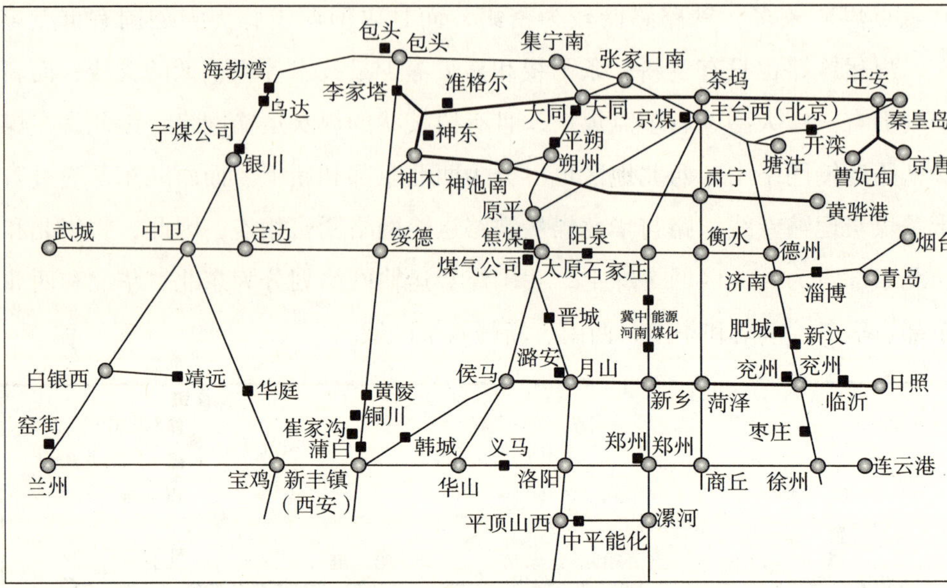

图2-5 华北和西北东部区煤炭铁路运输网络

资料来源：课题组根据公开资料整理。

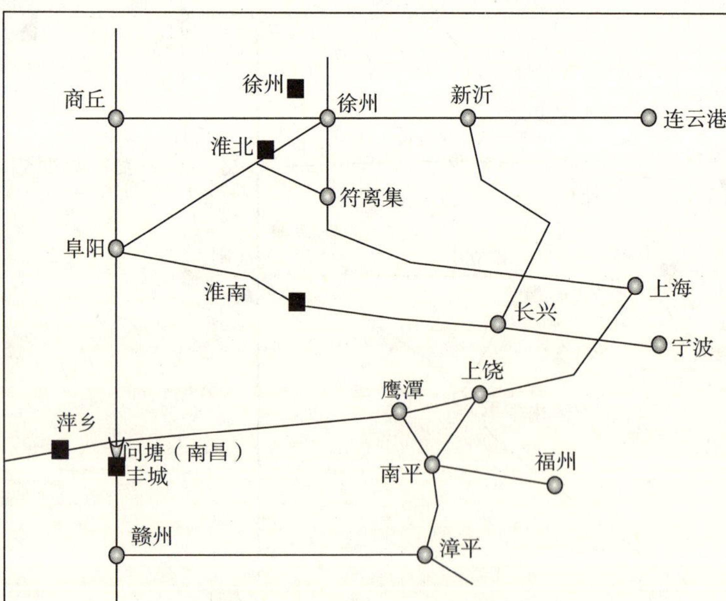

图2-6 华东区煤炭铁路运输网络

资料来源：课题组根据公开资料整理。

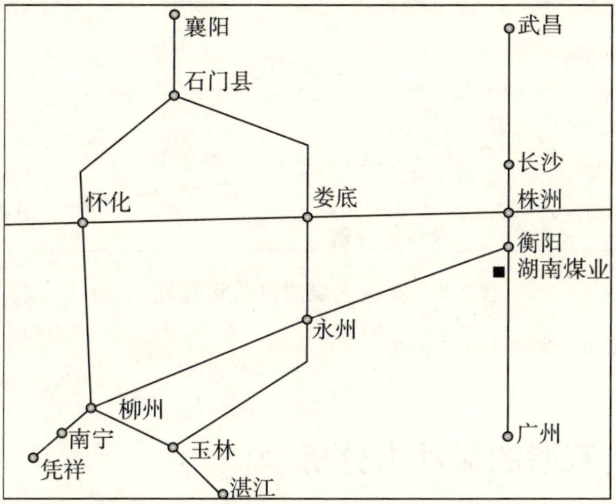

图2-7　中南和华南区煤炭铁路运输网络

资料来源：课题组根据公开资料整理。

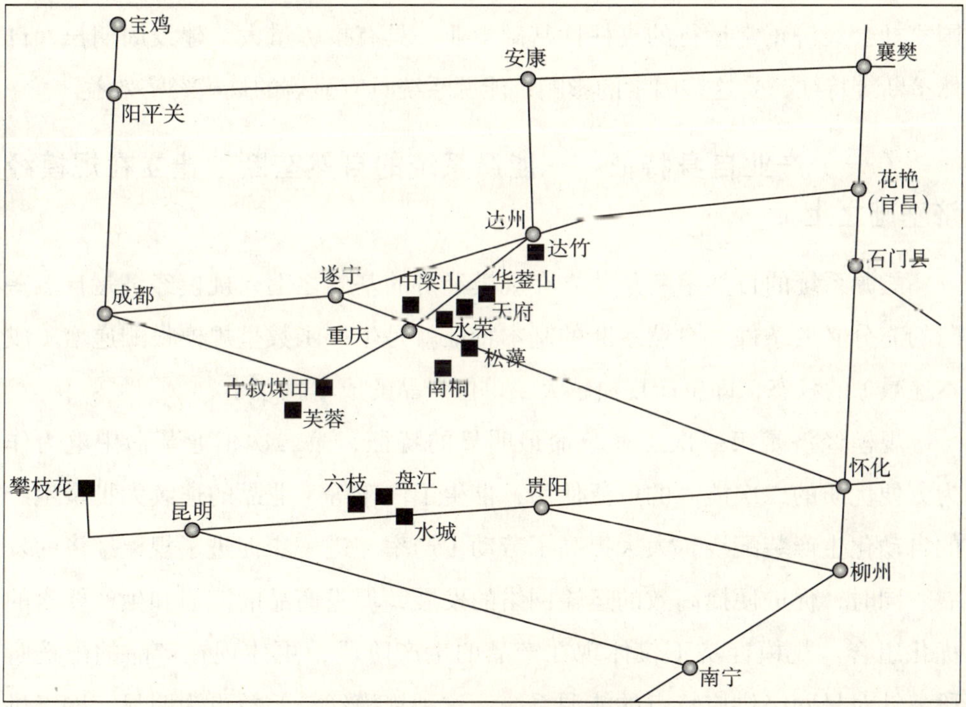

图2-8　西南区煤炭铁路运输网络

资料来源：课题组根据公开资料整理。

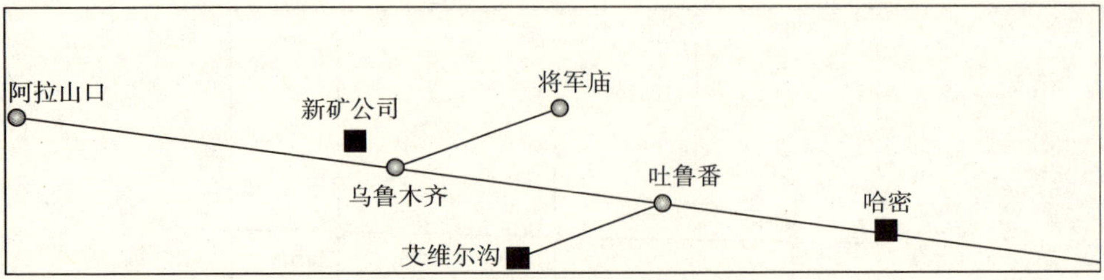

图2-9　新疆区煤炭铁路运输网络

资料来源：课题组根据公开资料整理。

二、能源系统互联的驱动力分析

无论是电力系统、油气管网系统，还是煤炭运输铁路系统的互联发展，均呈现规模化、网络化特点，这与能源体系自身的产业特点有关。作为支撑国家社会经济正常运行的支柱性基础产业，具有投资量大、建设周期长、自然垄断等特征，受这些因素的影响，能源系统具有显著的规模经济效益。

（一）产业自身特征——能源系统的自然垄断性建立在规模经济基础之上

能源系统的自然垄断是建立在规模经济的基础之上，规模经济是自然垄断的充分必要条件。自然垄断的基本特征就是生产函数呈规模报酬递增（成本递减）的状态，即生产规模越大，单位产品的成本就越小。

规模经济是第一次工业革命最明显的特征，第二次工业革命中电力作为方便优质的二次能源的广泛使用，催生了汽车等工业品的连续大批量生产的自动化生产装配线，大大提高了劳动生产率，进一步促进了规模经济的发展。同时，促进便捷高效的运输网络的发展，促进商品的流通和生产要素的优化组合。规模经济不仅体现在产品的生产阶段，更体现在产品的配送阶段。针对呈网络供应特点的能源系统，这种规模经济效益更为明显。网络供应系统的规模经济效益体现在两个方面，一是通过扩大能源网络覆盖区域使需求量不断增加，此时虽然需要加大固定资本投资，但分摊到每一需求上的固定成本却可能不断下降，从而获得规模经济效益。二是通过扩大使用者数量使需求量不断增加，此时网络覆盖区域没有改变，单纯由扩大使用者数量所带来的固定资本投资一般较小（许多情况下都通过现有设施的备用容量来实现），而需求量的增加必然使每一需求承担的固定成本不断下降，使整个系统呈现规模经济。

（二）技术的发展是能源系统规模发展的内部影响因素

规模经济的概念最初就是从设备、技术工艺的角度提出来的，对于制造业来说，伴随着采用更专业化的设备、先进的技术工艺使得操作更加标准化、简单化和程序化，从而提高劳动生产效率，降低单位生产成本，进而实现规模经济性。对能源系统来说，随着交直流技术、先进输电技术、大容量电力设备、电气化铁路、管道技术，以及包括先进计算机技术、网络通信等信息技术在内的多项技术的快速发展，技术驱动成为能源系统显著规模经济性的内部影响因素，也是能源系统大范围互联的必要条件。

（三）市场需求与社会经济的发展是规模经济的外部影响因素，驱动着能源系统互联规模不断扩大

我国在改革开放后迎来经济高速发展的浪潮，相比于发达国家仍处于工业化阶段，电力需求尤其是工业用电保持较快增长趋势，电力需求的增大使得对于电力系统来说更大的装机容量、更高的电压等级、更远的输送距离成为历史的必然。此外，煤炭作为燃煤发电的基础性化石能源，电力的供应紧张乃至供应中断的一个关键性原因就是煤炭运输瓶颈问题。

（四）我国能源资源和负荷中心逆向分布的矛盾导致远距离输送和大范围资源优化配置的高度需要

能源系统规模与其能源和负荷中心的分布密切相关，我国是典型的能源

资源富集区和负荷中心逆向分布的国家，进行远距离、大容量的能源输送和交换是必然选择。电源分布格局呈现以下特点：

中国煤炭资源主要集中在华北、西北地区，而火电机组主要集中在华北、华东和南方地区，火电机组与煤炭资源呈现逆向分布格局；与此同时，中国的水资源主要集中在西北、华中、华东、南方地区，水电装机也主要集中在以上四大地区，水电装机分布与水资源分布总体一致，但部分地区仍存在失衡现象。跨省互联的电力系统发展模式也正是为了解决地区电力供应失衡问题。

煤炭方面，火电目前是我国的主力能源，电力需求的激增也伴随着煤炭需求的快速增长。然而，电力消费和发电装机集中于东部沿海地区，煤炭富集区则集中于华北地区和西部地区，能源资源和负荷需求呈逆向分布，造成了巨大的煤炭运输压力，这也是全国性煤炭运输网络形成的主要驱动力。

油气方面，“西气东输”工程也缓解了东部地区的能源紧张，将西部资源和东部市场连接起来。

（五）互联体系有利于进行大范围资源优化配置，更好地获取网络外部经济效益

为取得更大的经济效益，加之我国能源生产和能源消费的地理分布，我国的能源系统承担着大范围优化配置资源的任务。所谓“网络的外部经济效益”是指由于网络规模的扩大使网络用户所能获得的效益。电力领域的“网络的外部经济效益”主要表现为：一是电网规模的扩大使原有相邻小电网互相联结，可以互为安全备用，减少总的备用容量，这样可以大幅度减少整个装机容量，降低电源的建设投资。二是电网规模的扩大有利于负荷调整，获得错峰、调峰、事故备用、事故支援等；此外，可以跨流域调节水电，并在更大范围内进行水火电经济调度，提高电网效率，取得更大的经济效益。煤炭方面，沿海省份煤炭产出和消费缺口明显，而这意味着我国需要将煤炭从产地大量运往消费地。油气方面，“西气东输、川气东送、海气登陆、就近供应”的供应格局，缓解了我国能源之渴，把中亚、俄罗斯、缅甸和我国西

部资源优势转化为经济优势，带来丰厚的经济效益。

联网后，全系统的社会福利才最大，联网促进了不同禀赋差异的个体之间的能量流动和资金流动，互联范围越大，能够匹配的供给和需求就越多。

（六）能源系统的安全需求

安全需求分为能源安全和系统安全。系统安全需求主要针对电力系统，由电力系统自身的技术经济特性所决定。区域互联电网模式相较于孤立的局部电网存在诸多安全优势，可靠性更高：可以在各地区之间互供电力、互通有无、互为备用，可减少事故备用容量，增强抵御事故能力，提高电网安全水平和供电可靠性；能承受较大的冲击负荷，有利于改善电能质量。同步电网的不断发展保障了大容量机组、大水电、核电、可再生能源的开发和利用，降低了系统备用容量。能源安全需求主要针对油气管网建设战略通道。我国在21世纪成为全球第二大经济体和第二大能源消费国，但原油和天然气对外依存度很高。为保障国家能源安全，规划西北、东北、西南和海上4大油气进口通道，增加了能源来源的多元性，保障国家能源安全。

第二节　传统能源系统的数字化、信息化

一、数字化、信息化的内涵分析

（一）数字化、信息化的背景——信息技术革命

在社会的发展进程中科技的突破性进展总会带来生产方式的根本性转变，即工业革命。英国《经济学人》特别报告中曾指出："第一次工业革命是18世纪晚期制造业的'机械化'所催生的'工厂制'，彻底荡涤了家庭作坊式的生产组织方式；第二次工业革命是20世纪早期制造业的'自动化'所

创造的‘福特制’流水生产线，使得‘大规模生产’成为制造业的主导生产组织方式，产品的同质化程度和产量实现‘双高’。而人类正在迎接的第三次工业革命是制造业的‘数字化’，以此为基础的‘大规模定制’可能成为未来的主流生产方式。”

信息在人类社会中起着重要作用，社会对信息的处理和传递的迫切需求，也带来历史上一次又一次信息技术革命的发生。以微电子技术为基础的现代信息通信技术在1947年美国贝尔实验室发明半导体以后的半个多世纪里得到了突飞猛进的发展，由此引发的第五次信息技术革命全面而深刻地改变了生产方式、生活方式和社交方式。第五次信息技术革命的核心是计算机应用的普及和计算机与现代通信技术的结合。自1947年晶体管问世以来，计算机制造技术飞速发展，而计算机更易于处理数字信号，数字信号处理技术也更经济、更方便，这必然引发通信领域从线路交换到数字交换，从模拟信号到数字信号的变革。

数字化和信息化无疑给能源系统带来巨大变革。生产效率、传输效率、能源供给可靠性等依托数字技术和信息技术，均得到了突破性的提高，而这些也是传统能源系统在第二次工业革命发展中的内核需求。

（二）数字化与信息化的解释

关于数字化的解释，从数字化本身的特征来说，一是可计算性：将许多复杂多变的信息转变为可以度量的数字、数据，再以这些数字、数据建立起适当的数字化模型，并转变为一系列二进制代码，成为可计算的对象。二是可量化性：可将任何连续变化的输入转化为一串分离的单元，在计算机中用数字0和1表示。从更广泛的意义上来说，数字化就是信息技术，或者说是信息通信技术的典型特征之一，数字技术就是信息通信技术的指称。

总的说来，数字化是计算机、多媒体技术、软件技术、智能技术的基础，也是信息化的技术基础。20世纪40年代，信息论的诞生，为数字化技术发展提供了重要的理论基础，由此促进电子计算机技术、数字通信技术等高新技术的飞速发展，特别是电子计算机技术与数字通信技术的结合，带来了第五次信息技术革命。数字化技术的出现，极大地促进了信息技术的发展，成为现代信息技术的主流，并且随着信息技术的不断发展，信息化也越来越多地呈现出数字化特征。可以说，没有数字化技术，就没有计算机、互联网，也没有信息化。

“信息化”的概念来源于日本。早在1967年，日本的一个科学、技术与经济研究小组就依照工业化提出了信息化（Joho-ka）即Information的问题。信息化是向信息社会演进的动态过程，它反映了可触摸的物质产品起主导作用向难以触摸的信息产品起主导作用的根本性转变；是充分利用信息技术，开发利用信息资源，促进信息交流和知识共享，提高经济增长质量，推动经济社会发展转型的历史进程。

信息化最早出现在经济领域。20世纪60年代微电子技术开始在生产制造业中得到广泛的应用，80年代初个人计算机出现并迅速普及，90年代电信技术因为数字化而出现革命性的变化，互联网的出现和爆炸式增长普及更彻底地改变了人类信息交流的手段和环境。随着信息技术不断创新，信息产业持续发展，信息网络广泛普及，信息化正成为全球经济社会发展的显著特征。

二、能源子系统的信息技术发展

（一）电力系统——信息化、数字化、自动化

1. 电力系统信息化

中国电力工业信息化可以追溯到20世纪60年代。初期只是电子计算机应用起步阶段，主要应用在电力实验计算、工程设计与计算、科研计算、发电厂设备自动监测、变电站自动监测等方面；20世纪80年代以后，信息技术、计算机技术在电力工程领域得到广泛应用，如电网调度自动化、发电厂生产自动化控制系统、电力负荷预测与控制、计算机辅助设计、计算机仿真系统

等，各电力企业信息技术的应用由操作层向管理层延伸，从单机、单项目向网络化、整体性、综合性应用发展，从局部应用发展到全局应用，从单机运行发展到网络化运行；"十一五"后，电力信息化建设已纳入企业总体发展战略，信息化进一步与电力企业的生产、管理与经营融合。

电力信息化的成果主要体现在：①电力通信硬件设施的不断完善。电力通信的传输方式从20世纪70年代的电力线载波、80年代的模拟微波、90年代的数字微波，到今天以光纤和数字微波为主，卫星、电力载波、电缆、无线等多种通信方式并存，通信范围已基本覆盖了全国各个网、省公司，电力专用通信网已初具规模。②电力工业软件系统不断升级。电力信息化可分为两大类应用:一是电力生产控制，如数据采集与监控（SCADA）系统、分散控制系统（DCS）、配电管理系统（DMS）、能量管理系统（EMS）、相量测量单元/广域测量系统（PMU/WAMS）；二是电力企业管理，如管理信息系统（MIS）、企业资源规划（ERP）、企业资产管理（EAM）、自动作图/设备管理/地理信息系统（AM/FM/GIS）、电能计量（TMR）、电力营销系统等。③"十一五"后国家电网公司实施的"SG186"信息化工程是电力信息化建设新时期的标志性事件。许多示范工程成果纷纷上线，如华东电网企业级信息系统项目、华北电网企业级信息技术集成平台项目、西北电网ERP项目、上海电力"SG186"示范工程等。

2. 电力系统数字化

2000年，卢强院士在国内首次提出了"数字电力系统（digital power systems，DPS）"的概念。DPS的定义为：它是某一实际运行的电力系统的物理结构、物理特性、技术性能、经济管理、环保指标、人员状况、科教活动等数字地、形象化地描述与再现。可见，电力系统数字化涵盖系统运行、企业管理、外部环境等所有方面。

综上，数字化包括2个方面的工作：①对系统状态、企业管理、外部环境等信息的数字表示，这与信息化建设密切相关。②基于数字仿真的高级应用系统，这与自动化建设紧密联系。这也从一个侧面说明，智能电网的“四化”建设是一个有机的整体，相辅相成，互相促进。目前，电力系统离线仿真软件都是电磁暂态与机电暂态分离，实时仿真主要还是依靠数模混合仿真系统。电力系统实时数字仿真器（real time digital simulator）正得到越来越广泛的应用。电力系统仿真必然朝着全过程超实时全数字的方向发展。

当前，调度侧基于SCADA、PMU/WAMS等数据采集传输系统开发了EMS、在线动态安全分析（DSA）系统以及广域监测分析保护控制系统WARMAP等高级应用系统。这些可以看作数字化电网的初级阶段。

在电力系统数字化建设过程中暴露出如下问题:

（1）厂站侧的数字化进程滞后于调度侧。调度侧的高级应用系统已经相对较为丰富和先进，但是厂站侧大多停留在数据采集、传输阶段；当前的“数字化变电站”仍然处于示范阶段，离实际的规模应用还有一段距离。

（2）调度侧的高级应用系统缺少集成和统一的标准。

（3）对某些元件的数学模型有待进一步深入研究，如负荷模型、风电机组控制模型、风速模型、光伏系统模型等。

（4）缺少系统以外的重要信息，如光照、风力、地质运动等。

3. 电力系统自动化

电力系统自动化技术沿着元件—局部—子系统（岛）—管理系统的道路发展。理论发展可以分为3个阶段: 60年代以前处在经典理论阶段；七八十年代注入了控制论，形成了以计算机为基础的现代理论阶段；90年代以后注入经济理论，而到达电力市场理论阶段。70年代中期，运用系统工程理论将现代理论的技术成果有机地组织在一起便形成了EMS，并随电力工业的改革而发展。

传统电力系统自动化按照领域可划分为调度自动化、厂站自动化和配电自动化。

电网调度自动化系统发展迄今已经历3代：20世纪70年代基于专用计算机

和专用操作系统的SCADA系统可以称为第1代；80年代基于通用计算机的EMS称为第2代；90年代基于RISC/ UNIX的开放式分布式EMS/DMS称为第3代。随着计算机和网络技术的飞速发展，基于互联网技术的第4代自动化系统是智能化电力系统的核心单元。

厂站自动化随着计算机、自动化、通信和网络技术的发展，大体经历了集中式、分层分布式和现场总线式3个发展阶段。

中国配电自动化的进程明显落后于世界先进水平。西方发达国家的配电自动化已经经历了3个阶段：第一阶段是20世纪70年代实现重要线路故障自动隔离、自动抄表等；第二阶段从20世纪80年代开始，进行了大量的配电自动化试点工作及馈线自动化、营业自动化、负荷控制的试点工作；第三阶段从20世纪末开始，伴随计算机与网络通信技术发展以及电力工业市场化改革，以配电管理系统、配电自动化、用户自动化为主要内容的综合自动化成为配电网自动化的发展方向。1999年原国家电力公司《配电系统自动化规划设计导则》正式对“配电系统自动化”的概念进行了定义。中国从20世纪90年代中后期开始了配电自动化的试点工作，目前基本处于发达国家发展历程中的第二阶段。

在电力系统自动化发展过程中存在如下问题:

（1）调度侧各种控制系统或辅助决策系统，种类较多，缺少集成和统一标准；另外，调度侧仍需人工参与才能实现闭环控制，缺少智能专家系统支持。

（2）厂站端的自动控制装置依然以PID控制为主。PID有简单、可靠的优点，但在某些场合下，已不能满足智能电网对自动化的要求。

（3）相对于调度自动化处于世界领先水平，中国的厂站自动化，尤其是配电自动化水平仍较低。

（4）各种控制措施以分散、独立控制为主，缺少彼此间的协调优化。

（二）油气系统——数字化管道

数字化管道是20 世纪90年代由美国首先提出来的，其含义就是信息化的管道，包括全部管道及周边地区资料的数字化、网络化、智能化和可视化的过程，通过应用数据收集系统或自动化控制系统（即SCADA系统）、全球定位系统、地理信息系统、业务管理信息系统、计算机网络和多媒体技术、现代通信等科技手段，对管道资源、环境、社会、经济等各个复杂系统的数字化等信息集成的应用系统，并在可视化的条件下为管道建设与运营提供决策支持和服务。

管道数字化的技术特点主要体现在3个方面:一是系统数据种类繁多，包括地形图、影像数据等，同时数据量大且变更频繁，需要及时更新，实施数据综合管理；二是系统提供企业级的访问、共享和应用，实现数据的高效共享；三是与SCADA、ERP等业务系统集成，实现管道的集成应用。

1. 国内外数字化管道发展现状

经过10余年的发展，国外管道数字化建设取得了显著成果。北美联盟管道（Alliance Pipeline）在规划设计阶段收集了大量数据，用于评估分析和线路优化，并在项目整个生命周期不断进行数据收集和数据库的更新工作，系统提供现场作业调度、文档管理、资产管理、防腐管理以及数据处理与更新等功能；德国最大的天然气管道公司Ruhr Gas，自1999年开始建立数字化系统，通过与专业软件结合，提供企业级数据访问和数据无缝集成，实现在各个工程系统和运营应用环节中的数据共享；荷兰的Gasunie管道，从1986年开始采用Intergraph 的Framme、Geomedia、G/ Technology等技术建立数字化管道，并基于GIS、ERP、风险管理等的整合应用，构建了先进的管道管理系统PiMS。

国内首条数字化管道的建设始于西气东输冀宁联络线，途经苏、鲁、冀省的12个市县，全长912千米，在勘查设计期利用遥感和数字摄影测量技术进行选线，采用GIS 技术和卫星遥感数字选定线技术，以多尺度、多种类的空间基础信息为支撑，通过对管道设施、沿线地质环境、人口、经济等方面的信息进行有机整合，构筑了一个数字化的西气东输管道，实现了对西气东输管道的信息动态管理。随后，陕京线、陕京二线、西部原油成品油管道、港枣线、广东LNG等项目都开展了“数字管道”的研究与实践，取得了一定成果和经验。

国内实施管道数字化建设尚存在一些问题，例如数据问题，当前新建管道的数据采集率低，已建管道的数据缺失严重，数据采集缺乏相关的标准规范，数据质量难以保证；业界对管道数字化建设的成本投入存在质疑，对其产生的效益缺乏统一的认识；3S技术、高分辨率卫星影像数据等技术与国内实践的结合不够成熟。

2. 数字化管道框架体系

我国目前正在自行开发和建设适合我国国情的数字化管道总体规划方案。其中的数字化管道框架体系应主要包括：基础设施平台、数据资源平台、应用决策平台、企业集成与安全体系、管理规范与标准体系等5大系列。

①基础设施平台：是数字化管道得以实现的基础平台。主要包括计算机网络、服务器、工作站、存储系统、视频设备等硬件设施；与硬件配套的系统管理软件、网络管理软件、数据库管理软件等管理系统。

②数据资源平台：是管道数据资源与信息管理系统的集成，是数字化管道的核心。数据资源包括与管道业务相对应的一切数据、信息，是数字化管道建设的实体，数据类型包括管道专业技术数据、管道储运生产管理数据、经营管理数据和电子档案等；数据管理系统包括数据存储方式、数据管理软件等，是数字化管道建设的载体。

③应用决策平台：是管道业务的综合应用与经营决策层，主要为管道企业领导在生产科研、经营管理上提供决策依据和决策支持。

④管理规范与标准体系：是数字化管道建设的主导支柱。包括数字化管道总体方案、数字化管道建设总体规划、数字化管道规范体系、数据管理标准体系，以及科学稳健的管道项目实施计划与严格的项目管理、项目监理实践等。

⑤企业集成与安全体系：是管道企业信息化的集成共享平台，是跨部门、跨专业的信息集成应用。包括企业信息门户、协同工作中心、信息集成与共享机制、身份认证、统一授权以及安全保障系统等。

以上框架体系相互依存、相互结合，有机地构成数字化管道的整体框架体系。根据我国管道储运的实际业务模式，可将框架体系进一步划分成系统项目模块，形成我国数字化管道的总体规划方案。

（三）煤炭系统——数字矿山

1999年，国家计委、信息产业部《"十五"期间国家信息化发展战略和规划思路》中明确提出，要利用信息技术改造提升能源、矿山等传统产业。党的十六大报告也指出，应"坚持以信息化带动工业化，以信息化促进工业化，走出一条科技含量高、经济效益好、资源消耗低、环境污染少、人力资源优势得到充分发挥的新型工业化路子"。

我国相关单位也相继开展了矿山地理信息系统、三维地学模拟、矿山虚拟现实等方面的技术开发与应用研究。对于煤炭行业，"数字矿山"或"数字矿区"是煤炭企业实现"企业信息化工程"的主体工程。鉴于"数字矿山"核心技术复杂、投入大、开发周期长，而国际国内在这方面起步时间都不长，所以虽然有些煤炭企业正在或准备开展该项工作，但均不是完全意义上的"数字矿山"。山东兖州矿业集团公司于2001年开展了"数字衮矿"的立项和建设，但目前仅局限在"地测空间信息平台构建与开发"方面，离真正的数字矿山尚有很大距离。徐州矿业集团公司亦开展了"数字煤矿"的建设，先以张双楼煤矿作为试点，但无论在广度全面的煤矿数字化，还是深度数字化作为煤矿生产的核心技术都还远远不够。

国内一些地理信息系统公司，如北京东方泰坦公司、北京理正公司等，在地质体的真三维显示方面取得了较好的成果。在煤矿生产自动控制方面，大同煤矿集团公司也取得了初步成果。

国内数字矿井搞得较好的有神华集团补连塔、大柳塔两个矿区和淮南的新集能源有限责任公司等。这几个矿区的一个共同点是，网络基础设施——主干光纤覆盖了整个矿区，这就为数字矿井的建设奠定了良好的基础。在监测监控方面，特别是神华大柳塔矿，不但实现了监测，而且实现了对提升、运输、井下变电站、装车、仓储等主要生产环节的监控。

随着我国煤炭工业整体快速发展，国内矿山自动化、信息化建设也取得了一定的成效，煤矿井下安全避险“六大系统”已经初步建成，各类自动化、监测监控系统在煤矿安全生产管理过程中正发挥着重要作用。但是涵盖煤矿安全、生产、运营全过程的数字化矿山整体解决方案还处于起步阶段。

总体来说，国内数字化矿山建设经过10多年研究应用，目前还处于初级阶段，没有成熟和成功的数字化矿山的整体解决方案，也没有建立真正意义上的煤矿数字化矿山工程。现有数字化矿山平台主要实现自动化系统的有机集成，数据集中展示。系统主要实现了生产、安全、业务数据的集中存储，但未考虑对数据的深度融合，在智能决策支持方面成功应用案例较少。主要实现了集中监测，在灾害预测预报方面所做工作较少，在优化生产过程控制、节能降耗管理和故障跟踪定位方面未见相关应用，没有达到人本安全、节能降耗、减人提效的目的。

第三节　现代能源系统的智能化

一、智能能源系统与能源革命

（一）智能化系统的特点

从感觉到记忆再到思维这一过程称为“智慧”，智慧的结果产生了行为和语言，将行为和语言的表达过程称为“能力”，两者合称“智能”。智能具有的特点是：①感知能力。即具有能够感知外部世界、获取外部信息的能力，这是产生智能活动的前提条件和必要条件。②记忆和思维能力。即能够存储感知到的外部信息及由思维产生的知识，同时能够利用已有的知识对信息进行分析、计算、比较、判断、联想、决策。③学习能力和自适应能力。即通过与环境的相互作用，不断学习积累知识，使自己能够适应环境变化。④行为决策能力。即对外界的刺激作出反应，形成决策并传达相应的信息。具有上述特点的系统则为智能系统或智能化系统。

（二）从数字化、信息化到智能化

要深刻理解智能化的内涵，首先要进一步分析信息化。信息化包括两层含义：信息的数字化与自动化处理。即信息一方面以数字化的形式存储、展示或传输；另一方面以按人们事先既定的规则进行计算机自动化处理，处理结果供人们进行行为决策依据或参考。而智能化以信息化为奠基，是信息化的升华。智能化则意味着机器不仅能感知、收集并处理数据，还能按照与人类思维模式相近的方式对数据处理结果进行再次反馈，能够按照给定的知识和规则面对具有这一随机性的外部环境自行做出决策并执行。同时，智能化的最大特点是机器之间具备高度的协同合作与数据共享效应，信息化所产生的信息孤岛均基于统一的数据平台，从而实现了互联互通。智能化是信息化的必然发展趋势，数字化、信息化的能源系统要满足高速进步的社会需求，必须朝着智能化方向发展。

“十二五”时期是国际上从推动智能电网的行业变革转型到发展更加高端的能源体系智能化建设的战略转型关键期，也面临着全球能源结构加快转型、世界能源管理架构和技术体系不断涌现重大创新的历史机遇期，智能能源系统不但要推动传统能源高效清洁的利用，还将创造新的能源架构和生产形式，构造一个以新能源为主的经济体系。

（三）智能能源系统与能源革命

2012年11月8日，胡锦涛在中共十八大报告中提出，要“推动能源生产和消费革命，支持节能低碳产业和新能源、可再生能源发展，确保国家能源安全。”2014年6月13日，习近平在主持召开中央财经领导小组第六次会议上，进一步将推进能源革命细化为4个方面，即“能源消费革命、供给革命、技术革命和体制革命”。

狭义角度讲，能源革命是指能源技术的重大突破，即能源开发和利用技术的重大变革。比如，钻木取火方法，蒸汽机、电动机的发明都是人类历史上能源利用技术的重大创新，对人类生产、生活和社会发展产生了深远影响。从能源技术创新角度，都可以称得上是“能源革命”。从广义的角度理解，能源革命可以定义为“以能源技术重大创新为基础的，社会主流能源开发和利用系统的变革或转型”。在这个意义上，多数欧洲国家也把能源革命叫作能源转型（energy transition）。

目前，人类社会依然处于化石能源时代的石油阶段，但有关能源革命的讨论和实践已经渐入高潮。能源革命（转型）的核心是大力推动可再生能源发展，提高可再生能源在一次能源和电能中的比重，最终实现当前化石能源系统向绿色、可持续的可再生能源系统转变。

能源革命背景下，生产和消费方式将更加分散化和个性化。以分布在世界各地、随处可见的可再生能源为基础，如太阳能、风能、水能、地热、生物质能、海浪能和潮汐能等，这些分散的资源被数百万个不同的能源采集点收集起来，通过智能能源体系进行整合、分配，最大限度地实现能源的有效利用并维持经济的高效和可持续发展。可再生能源这种分散式的本质更需要合作性的组织结构而不是层级结构。

需要注意的是，能源转型不是能源品种的简单替换，而是从思维方式到社会的能源生产和消费方式的整体变革。如德国经济学家赫尔·希尔（Hermann Scheer）说：“向可再生能源转型需要一种全新的能源思考方式，涉及技术、组织和商业模式”。所谓能源思考方式上的转变，就是要充分认识到，风能、太阳能、生物质能等可再生能源其实是人类历史一直利用的“传统能源”。这些能源在能源利用发展过程中由于“间歇性”或“能源密度小”等弱点逐渐被能源密度高的化石能源所取代。本质上，它们是适合本地生产、本地消费的能源，与基于规模经济的大规模生产、远距离输送、大规模消费的化石能源体系是不相适应的。这也带来以下方面的重大转变：能源技术方面，从不断追求大规模高热值能源，转变为多元化、本土化、就地化的分布式能源；信息技术方面，从不断提高流通载体效率，转变为双向或多向信息的交互式流通；生产方面，从不断提高生产效率和生产规模，转变为数字化、个性化、分散式合作生产；交通方式方面，从追求速度和个人化普及，到电气化交通、低碳出行模式等。

以化石能源为基础的传统的产业思维方式是集中性的，结构是层级制的，传统的思维和既得利益将倾向把可再生能源的发展也纳入规模开发、集中管理、统一分配形成超级能源网络模式，而非扁平化分散式开发和共享的智能模式。而具有自愈性、清洁化、市场化、互动化等特点的智能能源系统是新能源转型历程的重大变革，是承载能源革命的基础平台。

其中，电网作为智能能源网络体系中最核心、最领先、最基础的行业网络，是现代能源体系的支柱产业，也是先导性产业。电力流是能源的基本通货，电网的智能化发展对促进能源子系统的协调、耦合起至关重要的作用。

二、物联网在智慧能源系统中的应用

（一）物联网基础概念

1. 物联网的定义

2009年9月15日，根据欧盟第7框架，RFID和物联网研究项目组发布的研究报告定义：物联网是未来互联网的一个组成部分，可以被定义为基于标准的和可互操作的通信协议，且具有自配置能力的、动态的全球网络基础架构。物联网中的“物”都有标识、物理属性和实质上的个性，使用智能接口实现与信息网络的无缝整合。

通俗来说，物联网主要运用传感器、射频识别（RFID）技术、全球定位系统、红外感应器、激光扫描器、气体感应器等各种信息传感技术与设备，实时采集任何需要监控、连接、互动的物体或过程，以及其声、光、热、电、力学、化学、生物及位置等信息，并与互联网结合形成的巨大网络。其目的是将信息网络从虚拟世界向物理世界延伸，建立虚拟数字世界的与物理世界之间的桥梁，使信息化得以有效融合，实现物与物、物与人的交互，实现对物品的控制达到决策自动化，即物品控制智慧化应用。

2. 物联网技术特点

与传统的互联网相比，物联网有其鲜明的特征。首先，物联网是各种感知技术的广泛应用，布设了大量类型多样的传感器，每个传感器都是一个信息源，而不同类型的传感器所捕获的信息内容和格式亦不同；其次，物联网是一种建立在互联网上的泛在网络，互联网仍然是其重要基础和核心，通过各种有线和无线网络与互联网融合，将物体和过程信息实时准确地传递出去；再有，物联网不仅提供了传感器的连接，其本身亦具有智能处理能力，可以对物体实施智能控制，以适应不同用户的不同需求，发现新的应用领域和应用模式。

从技术架构上，物联网可分为三层：感知层、网络层和应用层。感知层由各种传感器和传感器网关构成，其作用相当于人的眼耳鼻喉和皮肤等器官的感觉神经末梢，用于识别物体和过程，并采集所需信息；网络层由各种私有网络、互联网、有线和无线通信网、网络管理系统和云计算平台等组成，相当于人的神经中枢和大脑，负责传递和处理感知层获取的信息；应用层是物联网与用户（包括人、组织和其他系统）的接口，并与行业具体需求结合，实现物联网的智能应用。

3. 物联网技术是智慧能源系统发展的技术支撑平台

想要实现智能化的能源网络，首先依赖于能源系统中各个环节重要运行参数的在线监测和实时信息掌控，物联网作为“智能信息感知末梢”和“物物互联”重要技术手段，可成为推动智慧能源系统发展的重要技术支撑平台。此外，能源系统对物联网技术的应用需求，也将进一步促进物联网产业的发展。

（二）电力物联网

通过智能传感和通信装置在电力系统中实现有效的信息感知和获取，经由无线或有线网络进行可靠信息传输，并对感知和获取的信息进行分析和处理，实现信息自动化交互、无缝连接、智能处理的网络。通过电力物联网可以在智能电网发电、输电、变电、配电、用电、调度等各个环节的实时控制、精确管理和科学决策中发挥重要作用。

智能电网信息化、自动化、互动化的特征，决定了目前的传统电网需要在各个环节与先进物联网技术相融合。随着智能电网的建设以及物联网技术的大量应用，将会形成一个以电网网络为依托，覆盖城乡、连接家庭、用户、用电设备的庞大的物联网网络，成为“感知中国”的最主要基础设施之一。智能电网和物联网的相互渗透、深度融合和广泛应用，将能有效整合通信基础设施资源和电力系统基础设施资源，提高电力系统信息化水平、安全运行水平、可靠供电及优质服务水平，降低线损、提高电能传输效率和使用效率。

电力物联网作为智能电网的长期有效支撑平台，是提升电力系统智能化水平的重要技术手段，有利于对电力系统运行实施有效管理，支撑“电力流、信息流、业务流”的高度融合，是转型为低能耗、低污染、低排放为基础的低碳经济能源体系的有效技术支撑手段。

1. 面向智能电网应用的物联网的基本架构

面向智能电网应用的物联网主要为感知层、网络层和应用层，如图2-10所示。

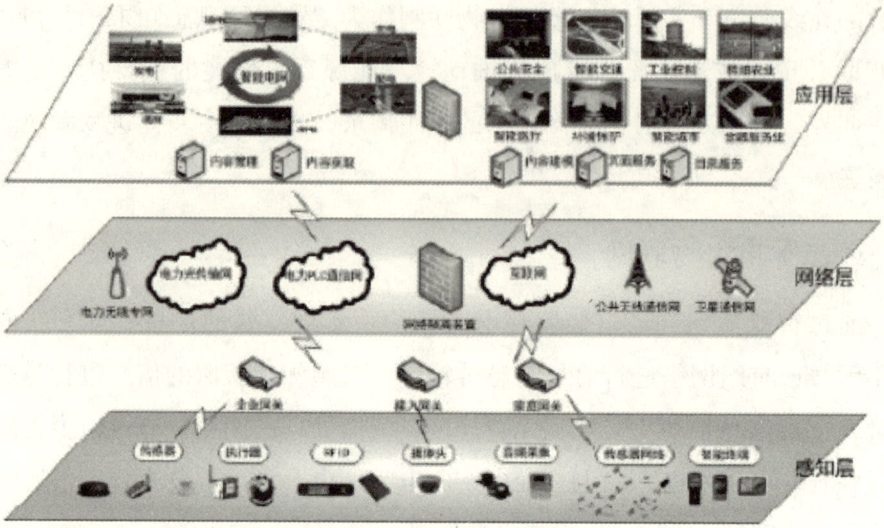

图2-10　电力物联网网络框架

资料来源：课题组根据公开资料整理。

感知层主要分为通信延伸子层和感知控制子层，其中，通信延伸子层的主要功能是将通信终端模块直接或构成延伸网络后将物理实体连接到网络层和应用。感知控制子层则是实现对物理世界的信息采集处理、智能感知识别和自动控制。通信延伸子层相关技术的应用较为广泛，在实际中对于电网的监控数据主要是采用光纤通信等方式，同时也有一些业务是通过电力线载波或无线等通信方式，例如载波通信仍然是保护信息传输的主要方式之一。而在实际的智能电网应用当中，感知控制子层则主要通过基于嵌入式系统的智能传感器、各种新型 MEMS 传感器以及智能采集设备等技术方法，实现对智能电网各个应用环节中机械状态、有关电量、环境状态等信息的采集。在电气设备状态监测、输电线路在线监测等相关方面，除了通过光纤传递保护信息以外，无线传感技术同样得到一定规模的应用，例如无线数字测温系统及基于无线传感器网络的输电线路在线监测系统等。在智能用电和用电信息采集等方面所应用的通信技术，主要包括宽带电力线通信、窄带电力线通信、光纤复合低压电缆以及无源光通信、短距离无线通信、公网通信（GPRS，

CDMA 1X，3G）等。

网络层主要包括核心网和接入网两个部分，其功能是实现信息的路由、传递和控制。在少量特定条件或不具备条件下可借助公众电信网实现物联网的信息控制、传递和汇聚。但在实际的智能电网应用中，物联网的信息交换基本依托电力通信网实现，这是综合考虑了传输可靠性及实时性和对数据安全严格要求的结果。其中核心网的主要部分是电力骨干光纤网，另外还有如电力线载波通信网、数字微波网这样的辅助网；接入网则以电力线载波、电力光纤接入网、无线数字通信系统为主要方法。与此同时，电力宽带通信网也为物联网的广泛应用提供了一个高速宽带的双向通信网络平台。

应用层包括中间件/应用基础设施以及各类应用。在物联网应用中，中间件/应用基础设施可以提供计算、信息处理等常用的能力及资源调用接口、基础服务设施，在此基础上实现物联网的各类应用。电力物联网应用的目的在于利用模式识别、智能计算等技术实现电网信息的处理和综合分析，实现智能化的控制、决策和服务，从而提高电网在各个应用环节上的智能化水平。

2. 物联网的技术优势

物联网以其独特的优势能在多种场合满足智能化电网发、输、变、配、用等重要环节上信息获取的实时性、准确性、全面性的需求。

①利用物联网技术在常规机组内部布置传感监测点，可了解机组的运行情况，包括各种技术指标与参数，从而提高常规机组状态监测的水平。

②利用物联网技术，可以提高对输电线路 、高压电气等电网设备的感知能力，并很好地结合信息通信网络，实现联合处理、数据传输、综合判断等功能，提高电网的技术水平和智能化水平。输电线路状态监测是输电环节的重要应用，主要包括气象环境监测、线路覆冰、导线微风振动、导线温度与弧垂、输电线路风偏、杆塔倾斜、图像监控、绝缘子污秽等监测和预警。这些都需要物联网技术的支持，包括传感器技术、智能分析和处理技术、数据

融合技术以及可靠通信技术。

③利用物联网技术，可以提高电网设备的自动化和数字化水平、设备检修水平及自动诊断水平。通过物联网可对设备的环境状态信息、机械状态信息、运行状态信息进行实时监测和预警诊断，提前做好故障预判、设备检修等工作。

3. 国家电网公司物联网研发现状

国家电网公司成立了专门从事物联网技术在电力系统应用的研发机构，定位于集研发、试验、工程、服务、评测与验证于一体的电力物联网研发和产业化孵化基地，重点开展面向智能电网的物联网核心技术攻关、芯片研制、产品和应用系统开发、标准制定及产品评测、智能电网重大信息通信装备制造以及智能服务和感知电力中心建设，实现了电力物联网应用的多项核心技术突破，成立至今已成功申报多个物联网相关国家级重大科技项目和咨询项目。经过多年建设，电力通信系统主干网络已基本实现传输媒介光纤化，业务承载网络化，运行监视和管理自动化和信息化。

表2-4　2010-2013年电力物联网相关科技专项（国家电网公司）

项目名称
物联网（传感网）在智能电网的应用研究
云计算及物联网技术研究与应用场景分析
电动汽车智能充换电服务网络运营管理系统研究
电力光纤传感、信息感知与光纤无线融合通信技术研究

资料来源：课题组根据公开资料整理。

（三）煤炭、油气系统的物联网

1. 煤矿物联网

煤矿物联网是融合了真实物理矿山、数字矿山和虚拟信息矿山三者为一体的综合体，如图2–11所示。

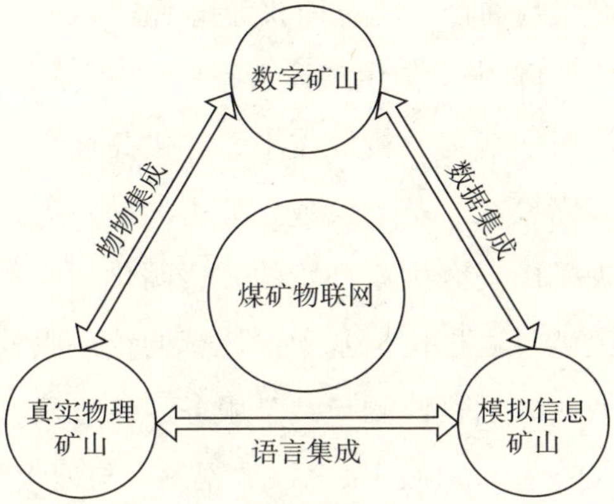

图2-11　煤矿物联网

资料来源：课题组根据公开资料整理。

习近平总书记在推动能源生产和消费革命的讲话中明确指出，要立足国内多元供应保安全，大力推进煤炭清洁高效利用，着力发展非煤能源。煤炭行业的发展也将面临革命性的转变，将由资源限制型向生态环境友好型发展，由传统开采方式向多元科学开采发展，由单一煤炭生产向煤炭综合利用方向发展。煤矿物联网的发展也将随着煤炭行业的发展变革而在矿山得到广泛应用。

从技术发展的模式来看，物联网技术的发展将呈现多种技术聚合发展的模式，如云计算、大数据与物联网的聚合发展，并在聚合发展中出现新的需求、新的研究与发明、新的市场份额。煤矿物联网主要涉及3类技术的发展。

（1）嵌入式智能信息传感技术

针对矿山有限空间中的高效智能化环境感知，着重研究嵌入式智能信息感知技术，从而智能获取与矿山装备运行相关的语义数据。通过在井下环境中嵌入多种感知、计算设备，形成智能环境。嵌入式智能信息感知装置能够根据上下文识别煤矿开采设备的状态、频率、声音等有效信息，进而判断设备的运行状况，以提高设备的开采效率和运行保障能力。该方面主要涉及新材料、新型传感器、微电子技术、语义互操作、嵌入式软件和操作系统、M2M、低功耗网络与通信、能量捕获等技术。

（2）基于大数据的矿山安全生产云服务平台

研究基于大数据时空行为分析等技术，提供高可靠、高扩展、高存取性能的多矿山大数据存储模式。基于大数据分析的矿山灾害孕育、演化及突发的全过程反演，实现矿山安全生产环境的“透明化”，在煤矿灾害的早期发现与预防领域实现突破。通过构建基于云计算的统一服务平台，实现矿山安全生产信息的跨区域实时远程监测与共享服务。该方面主要涉及云计算（包括雾或微云）、大数据与物联网的聚合、数据发现与搜索等技术。

（3）安全性

如何解决煤矿物联网的安全与隐私保护问题，是物联网发展进程中重要兼必要环节。该方面主要涉及传感器网络安全、RFID安全、核心网安全、移动通信接入安全、无线接入安全、数据处理安全、数据存储安全、云安全、安全管理等技术。

2. 油气物联网

（1）建设油气管道物联网的必要性——智能管网需求简述

随着输油气管道的高速建设，构建智能管网的需求越来越强烈。智能管网是指实现了可靠、安全、经济、高效、环境友好的油气管网。将物联网技术应用于油气管道设计、建设、运营、维护和管理的全过程，有利于促进管道的完整性管理和失效控制，提高管道运行的安全性和经济效益。

安全可靠方面的需求。当因设备故障或第三方破坏引发管道输量降低甚至停输时，及时警告并提供应急预案供调度人员选择；当资源供应中断或用户需求发生突变时，通过模拟计算分析管网运行状态的变化，提出合理的工艺运行方案，将管网扰动的影响降到最低，保证管道持续平稳运行；实现对自然与地质灾害的预防、预警，动态分析自然与地质灾害对管道生产的影响范围，制定合理可行的预防措施。

经济方面的需求。准确计量油气管道的运行成本，按照供求平衡的基本规律，研究提出最优化的压缩机、泵、炉等主要能耗设备的运行方案，减少油气输送和分配的损耗，科学实现多种油气资源（进口油、自产原油、天然气、煤层气、LNG等）的合理配置，使管道的生产和资源利用更加高效。

环境友好方面的需求。加强管道的安全预警，防止第三方破坏和泄漏，强化对高后果区管道状况的监控，保证管道沿线的环境质量。

（2）管道物联网体系架构

管道物联网架构由感知层、传输层和应用层3个层次组成（图2–12）。感知层采集现场各类仪器仪表的数据，传输层通过各类传输介质和通信技术实现数据的可靠传输，应用层进行数据的集成与分析应用。目前，管道运行参数在不同的信息系统中存储和管理，为实现管道物联网应用，需将这些系统进行有机集成。管道物联网采用集中式架构，配置独立的存储、服务器设备（图2–13），在数据中心集中部署，通过广域网实现管道物联网与已建信息系统的数据交换，通过统一的信息平台实现数据的集中管理，提供丰富的智能化应用。

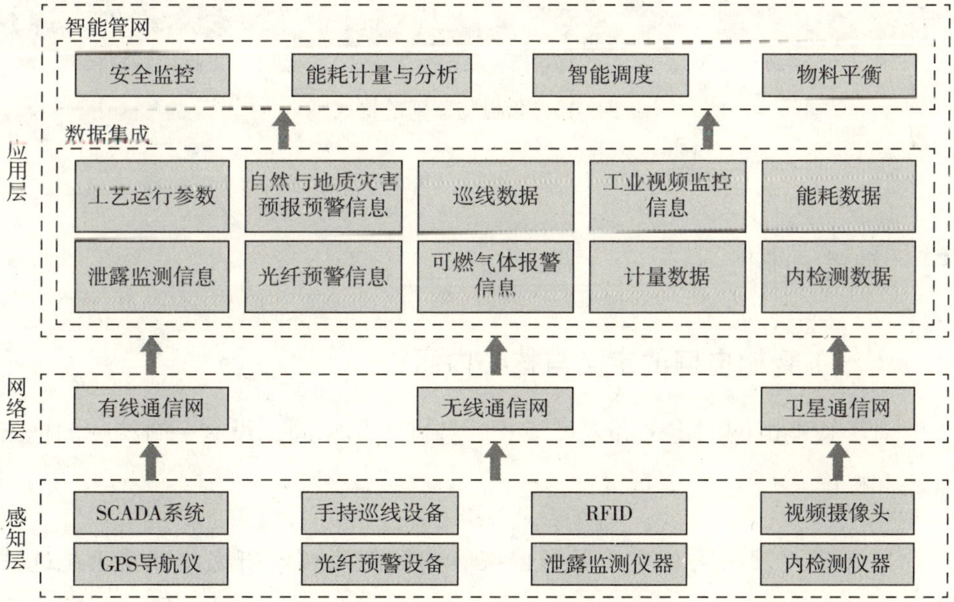

图2-12　管道物联网的基本结构

资料来源：课题组根据公开资料整理。

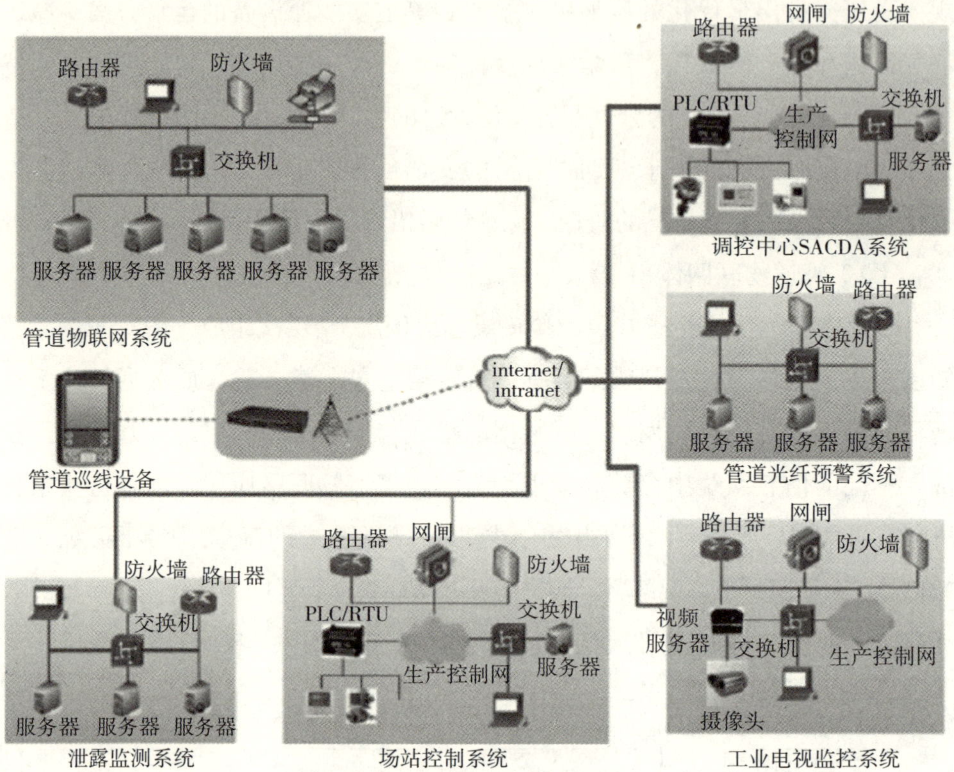

图2-13 管道物联网的构成

资料来源：课题组根据公开资料整理。

三、智能电网

（一）智能电网的定义与核心内涵

对于智能电网的定义和发展模式，各国不尽相同，没有一个统一的框架体系和标准。

1. 国家电网公司侧重于坚强网架，中国电力科学研究院侧重于先进技术的整合

中国国家电网公司将其提出的坚强智能电网描述为：以特高压电网为

骨干网架、各级电网协调发展的坚强网架为基础，以通信信息平台为支撑，具有信息化、自动化、互动化特征，包含电力系统的发电、输电、变电、配电、用电和调度六大环节，涵盖所有电压等级，实现“电力流、信息流、业务流”的高度一体化融合，具有坚强可靠、经济高效、清洁环保、透明开放和友好互动内涵的现代电网。

中国电力科学研究院认为：以物理电网为基础，将现代先进的传感测量技术、通信技术、信息技术、计算机技术和控制技术与物理电网高度集成而形成的新型电网，称之为智能电网。

2. 美国“立体”式智能电网

美国电科院对于智能电网的定义是：由多个自动化的输电和配电系统构成以协调、有效和可靠的方式运作，包括先进的通讯和控制技术应用和电力输送基础设施实现现代化。美国的智能电网又称统一智能电网，是指将基于分散的智能电网结合成全国性的网络体系，主要包括：实现美国电力网格的智能化，解决分布式能源体系的需要，以长短途、高低压的智能网络联接客户电源，实现可再生能源的优化输配。

3. 德国“互动”式智能电网

德国对于智能电网的定义是：集创新工具和技术、产品与服务于一体，利用高级感应、通信和控制技术，为用户的终端装置及设备提供发电、输电和配电一条龙服务，它实现了与用户的双向交换，从而提供更多信息选择、更大的能量输出、更高的需要参与率及能源效率。德国智能电网是把所有能源产生的电量都放在一张电网上进行传输，与此同时，智能电网发电最大的特点是应用了大量的 IT 技术，使其更像一张互联网，因此具有极强的互动性。近两年以来，德国不断加大智能电网和储能技术的创新和发展，并以现代信息和通信手段，将智能电网和储能技术应用于大量的微网、节能建筑等多种分布式能源示范项目，有力推动了分布式能源的快速发展。

4. 其他国家智能电网发展情况

英国政府已制定出“2050年智能电网线路图”，并支持智能电网技术的研究和示范，建设工作将严格按照路线图执行。苏格兰坎伯诺尔德研究中心正在研究智能电网的优化问题，其目标无疑是提升发电效率。该中心利用微电网对新技术进行测试，这是苏格兰智能大电网战略的一部分。丹麦政府在2013年就已经启动了新的智能电网战略，由此推进消费者自主管理能源消费的步伐。该战略将综合推行以小时计数的新型电表，采取多阶电价和建立数据中心等措施，以此鼓励广大消费者在电价较低时用电。加拿大政府标准委员会公布的智能电网标准路线图中，明确建议建立一个指导委员会，来推进智能电网标准化和政策目标制定工作。该路线图的制定是在加拿大自然资源部和国际电工委员会下属加拿大国家委员会的监管下完成的。巴西圣保罗国家输电公司在2013年8月正式宣布其智能电网项目将采用无线城域网技术。到2015年，智能电网的发展将逐渐延伸至巴西圣保罗的各个城市区，用以满足6万家用户的电力需求。

尽管智能电网还没有一个大家公认的完整的定义，但总的来说，智能电网的核心内涵包含以下几个方面。

①自愈性：智能电网应能够对电网的脆弱性和安全性进行实时评估，当系统受到严重级联故障、自然灾害甚至恐怖袭击时，能自主地采取切机切负荷和主动解列等措施，保障电网的稳定运行，避免大面积停电等灾难性事故的发生，将事故受影响的负荷损失降低到最小程度，并在故障元件恢复后自主地将系统快速恢复到故障前状态。

②用户互动性：智能电网应通过各种通信手段向用户发布实时电价信息，向用户提供多种可供选择的供电方案和控制手段，以实现需求侧响应，达到电网和用户的双赢。

③满足21世纪需求的电能质量：通过先进的电力电子技术和控制技术，

消除与频率和电压相关的各种电能质量问题，为用户提供多种可选择的电能质量和电价方案，以满足用户的各种需求。

④大量可再生能源接入和分布式储能：为各种分布式发电提供“即插即用”式的方便的接入和退出，补充集中式发电，通过微电网技术和电能变化技术将可再生能源发电和分布式储能融为一体，使各种清洁能源得到充分利用。

⑤成熟、强壮的电力市场：开放式电网和成熟的电力市场为所有市场参与者提供透明、公平的竞争机会，通过市场的调节作用将电力系统的运行需求（调压、调频、稳定性）与用户的需求（廉价、可靠、清洁）紧密联系在一起，消除输电阻塞。

⑥优化资产管理，提供电网运行效率：通过对电网资产的运行状态进行在线监测和潮流控制。提高设备利用率，实现重要设备的故障预警和状态检修，减小网损，提高电网运行效率。

2009年8月，国家电网公司发布《智能电网第一阶段重点项目实施方案》，包括智能化规划、试点工程、基础建设、专题研究。优先选择了“基础条件好、项目可行度高、具有试点效应”的9个项目作为第一批试点工程，如表2–5所示。第二批试点工程如表2–6所示。

表2-5　第一批智能电网试点工程

综合	1. 上海世博园智能电网综合示范工程
发电	2. 风光储输联合示范工程
	3. 常规电源网厂协调试点工程
输电	4. 输电线路状态监测中心试点工程
变电	5. 智能变电站试点工程
配电	6. 配电自动化试点工程
用电	7. 用电信息采集系统试点工程
	8. 电动汽车充放电站试点工程
调度	9. 智能电网调度技术支持系统试点工程

资料来源：课题组根据公开资料整理。

表2-6 第二批智能电网试点工程

综合	1. 中新天津生态城智能电网综合示范工程
发电	2. 大规模风电功率预测及运行控制
输电	3. 输电线路直升机/无人机智能巡检
	4. 柔性直流输电
配电	5. 省级集中95598供电服务中心
	6. 智能用电小区/楼宇
信息通信	7. 信息平台及安全
	8. 电力光纤到户
跨环节	9. 电网运行集中监控
	10. 输变电设备状态监测系统
	11. 农电营配调管理模式优化试点工程

资料来源：课题组根据公开资料整理。

（二）智能电网技术框架

1. 智能电网调度

调度控制环节通过信息的获取、传输、处理和反馈等，实现对一次电力系统运行的监视、分析和控制，保障电能量流通的安全、经济和高质量，在未来智能电网体系中起到“神经中枢”的作用。电网调度、保护与控制环节是最需要智能化也最能体现智能特征，是智能电网建设的重要和关键一环。经过多年的积累，国内电网的调度基础设施相对较为完善，基本具备进一步发展智能调度系统的建设基础。

智能化的电网调度将覆盖年、月、日前、日内、小时级、15分钟级、5分钟级、秒级多个时间尺度，其建模、分析、评估、决策等功能由现有的集中在调度中心侧完成，逐步延伸到下级调度中心、电厂、变电站、风电集控中心、需求侧管理中心、微电网控制中心等，总体呈“自上而下”趋势，由集中走向分布，如图2–14所示。

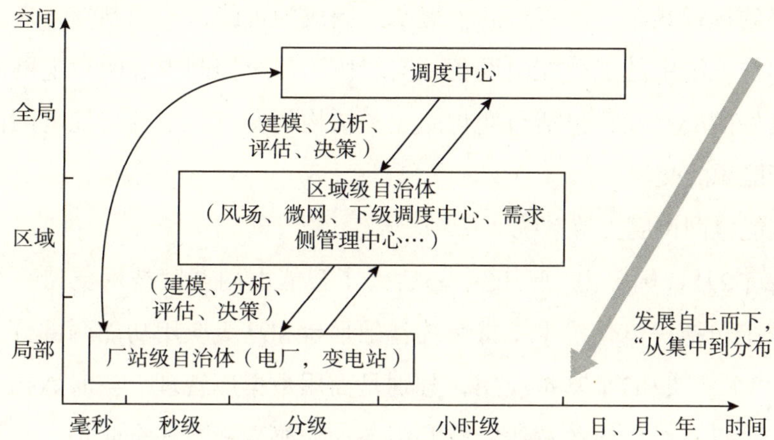

图2-14　调度技术的发展脉络图

资料来源：课题组根据公开资料整理。

（1）国内外智能调度实践案例

①美国PJM调度控制中心AC2研究。

美国PJM公司的先进控制中心（advanced control center，AC2）是一套资产和资源的集成系统，其特点是:①保持业务的连续性，通过准同步运行的方式，逐步替代原有控制中心的系统，提供全面的业务连续性能力；②开放、模块化的软件架构，采用“积木”的设计思想，强调不同软件供应商的互操作性；③AC2通过边界防护、应用与数据保护、监视与管理、访问与授权等手段，提高安全性。

②美国电力科学研究院智能控制中心。

美国电力科学研究院提出的智能输电网由智能控制中心、智能变电站、智能一次输电网组成。作为智能输电网神经中枢的智能控制中心的特点是:①监视及可视化，采用基于相量测量单元（PMU）的状态测量采集替代传统的基于数据采集与监控（SCADA）系统和远动终端单元（RTU）的数据进行状态估计。状态测量结果在地理信息系统（GIS）中混合显示，实现真正的可视化；②评估分析，智能控制中心的在线分析实现模型的动态更新，在线考虑系统未来的运行状态，使真正的中短期控制成为可能；③控制性，通过最优协调分布在系统中的多种控制设备，实现优于传统控制中心的对电网的可控性；④良好的交互性，包括与变化的业务结构的交互，以及与配电网内灵活接入的新能源的交互。

③智能电网调度支持系统。

2008年2月，国家电力调度中心启动了智能电网调度技术支持系统的研究。该系统包括一体化技术支持系统基础平台和高级应用功能两部分。基础平台分为8个模块和2个基本应用，分别是商用数据库管理、实时数据库、系统管理、消息总线、服务总线、公共服务、人机界面、安全防护、数据采集与交换、SCADA。高级应用功能包括实时监控与预警、调度计划、安全校核、调度管理。

④国网电力科学研究院大停电防御框架。

国网电力科学研究院提出了时空协调的大停电防御框架，该框架将SCADA系统、EMS扩展到动态范畴的DSCADA/DEMS，采集和处理广域的静态和动态信息，通过扩展等面积准则（EEAC）算法实现在线的稳定量化分析以及预决策，通过在线预算、实时匹配的策略实现稳定控制的自适应优化及协调。

⑤南方电网综合防御框架。

南方电网针对其复杂的交直流混合输电的特点，提出综合协调防御系统框架，该系统的中心站由1个广域综合信息平台和7个功能子系统构成。7个功能子系统包括:安全稳定实时监测与预警子系统、在线预防控制与辅助决策子系统、安全稳定控制在线协调与优化子系统、超短期安全稳定态势预测与辅助决策子系统、基于在线数据的电网运行离线研究与辅助决策子系统、实测数据离线综合应用研究子系统、电力交易计划安全校核子系统。

⑥三维协调的电网EMS。

清华大学电网调度自动化实验室提出了三维协调的新一代EMS。该系统能够适应电网在空间、时间和目标3个维度上的特点进行多方面协调的综合预警和智能辅助决策，是基于全局优化的实时闭环控制系统，其关键技术包括：基于三维分解协调的体系设计；电网模型重建；综合分析、预警、决策；无功电压优化闭环控制；有功优化闭环控制；基于多智能代理和计算机集群的支撑平台。

（2）智能调度中心关键技术

①信息及计算机关键技术。

电力系统对实时性的要求非常高，其本身的复杂度要求所采用的平台具有强大的计算能力，集群计算机、网格计算技术为应用提供强大的计算能力支持。数据引擎的实现依赖于数据总线、消息总线、服务总线技术。智能控制中心前置的通信接入方式包括光纤以太网、电力宽带、3G及4G无线通信等。安全防护则由入侵检测、多级防火墙、操作记录等技术组成。

电网的控制系统属于典型的分布式环境。目前，针对分布式系统开发的技术包括简单对象访问协议（SOAP）、公共对象请求代理结构（CORBA）、组件对象模型/分布式组件对象模型（COM/DCOM）、中间件、组件技术等。COM/DCOM是组件模型标准，CORBA是分布式应用的服务标准。CORBA和DCOM为分布式应用程序建立服务，服务对象来执行客户端调用的服务。SOAP是基于可扩展置标语言（XML）和超文本传输协议（HTTP）的分布式对象之间的通信协议，是COM/DCOM与CORBA对象进行通信的协议。实际上，利用SOAP的互操作性和CORBA强大的执行能力，两者可以很好地结合在一起。对象管理组织（OMG）正在关注这方面的发展。

②数据及模型关键技术。

IEC 61970，IEC 61968，IEC 61850和公用信息模型（CIM）等系列标准、统一命名规范、电网公共模型和数据统一建模、4级模型（网调、省调、地调、县调）及图形拼接等技术在智能调度中心的数据资源中心的实现，使得各级调度中心基础数据的源端维护、全网共享成为可能。

③电力系统高级应用关键技术。

电力系统高级应用的关键技术包括很多方面，如基于静态、动态和继电保护安全自动装置信息的电力系统综合智能报警技术、安全稳定在线综合预警技术、故障快速诊断技术、高精度母线负荷预测技术、风力发电预测技术、电网运行优化关键技术、检修计划安全校核技术、基于状态检修的检修计划编排及优化技术、电网分析及大规模仿真技术、节能优化调度技术、含分布式能源的调度技术等。这类技术的核心是算法，算法的差异会导致不同的应用效果，在技术实现时应对算法的优劣进行深入比较。

2. 智能配电系统

电力系统由发、输、配、用电环节组成，配电系统作为电力系统中将电能传输给到用户的最后一个环节，与用户的联系最为紧密，对用户的影响最为直接。

（1）智能配电系统特征

智能配电系统具有接纳大规模分布式可再生能源的能力；能够将电力需求侧的分布式电源、储能装置、电力和能源综合高效利用系统等组成的微型能源和电力网络与电网有机融合；大幅度提高配电网安全、经济运行水平，具有设备和系统的故障自愈能力，基本排除用户大面积停电现象，大幅降低系统电能损耗，有效提高系统资产利用率；具有很高的环境兼容能力，与通信信息系统和其他供能系统广泛结合，实现覆盖城乡的电力、能源、信息综合服务体系。

结合以上要求，总结智能配电系统典型特征如表2–7所示。

表2-7　智能配电系统典型特征

特征	解释
高供电可靠性	具有抵御自然灾害和人为破坏的能力，能够进行故障的智能处理，最大限度地减少配电网故障对用户的影响；在主网停电时，能够依托分布式电源、微网系统等继续保障重要用户的供电，并具备故障自愈功能。
优质电能质量	利用先进电力电子技术、电能质量在线监测和补偿技术，实现电压、无功的优化控制；实现对电能质量敏感设备的不间断、高质量、连续性供电。
强兼容性	支持大量分布式电源、储能装置等的灵活可靠接入，实现分布式电源的“即插即用”，支持微网可靠运行，方便电动汽车充放电，对电力用户更具兼容性。

续表

特征	解释
强互动能力	借助于智能表计和用户通信网络，支持用户侧需求响应，为用户提供更多的附加服务，为降低用户能耗提供便捷的互动平台。
高电网资产利用率	实时、在线监测主要设备状态，实施状态检修，延长设备使用寿命；支持配电网快速仿真和模拟，合理控制潮流，降低损耗，充分利用系统容量；降低投资、减少设备折旧；采用有效的移峰填谷措施。
集成可视化信息系统	实时采集配电网及其设备运行数据，实现实时运行数据与离线管理数据的高度融合与深度集成，实现设备管理、检修管理、停电管理以及用电管理等信息化集成，实现配电调度与运行管理一体化。

资料来源：课题组根据公开资料整理。

（2）国内外智能配电系统发展

智能配电系统国家发展智能电网的重点，但目前不同国家和地区的发展路线和侧重点有所不同。

表2-8　　不同国家智能配电系统发展路线

国家	研究重点
中国	探索阶段，建设相关示范工程明确智能配电系统发展的切入点
美国	负荷侧智能管理，聚焦于配电网络和通信、信息技术的集成
欧洲	基于可再生能源的分布式电源接入、分布式发电应用
日本	大规模太阳能等新能源的高效利用，强调节能与优质服务，通过建设智能配电系统实现能源的兼容优化利用，已具备一定智能化水平

资料来源：课题组根据公开资料整理。

（3）智能配电系统技术研究方向

智能配电系统是大量高新技术的集成体，主要技术研究方向简述如下：

①灵活多样化的智能配电系统结构及配电模式：网格状闭环配电系统运行结构相较于简单的开环运行呈现明显优势；交流、直流配电共存。

②智能化配电设备及柔性配电技术：基于无线传感器、光纤传感器、智能传感器、电子式电压和电流互感器等新型传感检测技术的应用，提高配电系统可观测性；一次设备具备信息就地分析处理功能，实现设备间的信息交互；响应速度更快、控制灵活、易于实现智能化的柔性配电技术。

③智能配电系统优化运行与自愈控制：优化运行技术主要体现高级配电

自动化、快速仿真与模拟、自愈控制、综合智能调度等方面。

④高度集成化的配电信息系统：实现配电系统与微网、电动汽车充放电设施、智能用电设施等的一体化、可视化经济调度，优化系统运行效率，实现负荷移峰填谷，保证用户可靠供电。

3. 智能用电技术

智能用电是依托智能电网和现代管理理念，利用高级计量、高效控制、高速通信、快速储能等技术，实现市场响应迅速、计量公正准确、数据实时采集、收费方式多样、服务高效便捷、构建智能电网与电力用户电力流、信息流、业务流实时互动的新型供用电关系（刘振亚，2010）。

我国的智能用电只有满足用户需求，服务并促进智能电网的建设，才能为我国经济社会环境可持续发展提供保障。智能用电涉及的主要技术包括信息通信、高速通信网络、用户侧以及智能测量和控制等技术。

（1）智能用电技术发展路线

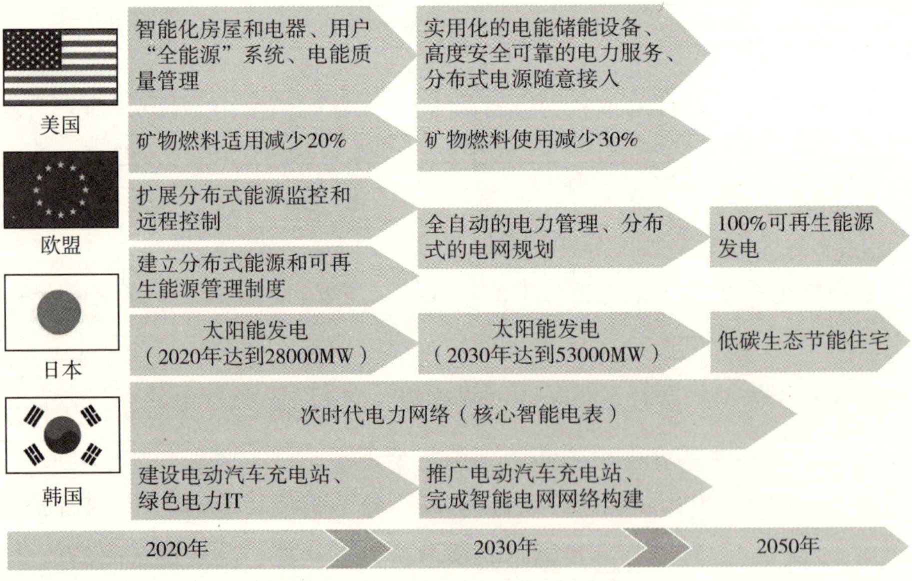

图2-15 国外智能用电发展路线图

资料来源：课题组根据公开资料整理。

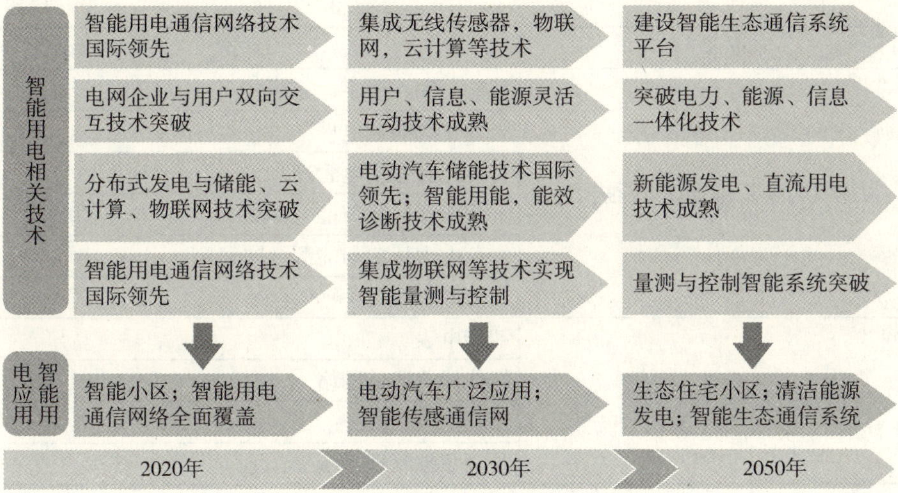

图2-16　国内智能用电发展路线图

资料来源：课题组根据公开资料整理。

（2）智能用电关键技术

表2-9　　智能用电关键技术

技术	细节
信息通信技术	公网通信应用技术
	低压电力线载波通信技术
	无线通信网络技术
	智能用电服务安全防护技术
智能双向互动技术	灵活的信息定制技术
	多渠道的自助服务技术
	客户故障自动诊断与处理技术
	电费双向自动结算服务技术
	多样化缴费技术
	智能化业扩报装服务技术
	在线安全用电服务技术
分布式电源及储能装置接入技术	分布式电源交互机制
	分布式电源接入管理技术
电动汽车及其充放电技术	电动汽车充放电服务技术
	电动汽车充放电设备及管理系统

续表

技术	细节
智能用能服务和能效诊断技术	智能小区、楼宇、家居
	智能化“能效电厂”
	智能化有序用电管理
	远程能耗监测与能效诊断
	绿色电力认购与能源合同管理
	用能分析系统
智能量测及控制技术	智能电表
	智能量测通信网络
	家庭网络系统
	量测数据管理系统

资料来源：课题组根据公开资料整理。

4. 智能电器

智能电网的可靠、安全、经济、高效、环境友好和使用安全的目标实现，依赖于其中起关键作用的变压器、开关电器等设备的智能化。根据我国电网规划，到2020年，全国将建超过1000座智能变电站，为全面建成坚强智能电网奠定良好的基础，这也对变压器、开关电器的信息化、自动化、互动化提出了新要求。

（1）关键技术及发展趋势

表2-10 智能电器关键技术

智能开关电器	智能操作	对短路故障自适应的分闸技术
		选相合闸技术
	状态监测技术	物理结构和信息流架构设计
		传感器及IED的可靠性设计技术
		电子式互感器（EVT/ECT）集成设计技术
		传感器及接口与植入技术
		程序化控制技术
		监测IED研制
		智能组件技术及其与智能开关电器的有机集成技术

续表

智能开关电器	寿命评估技术	智能评测和预报技术
		机械寿命和电寿命预测
		全周期寿命管理
	设备环境友好设计技术	电网友好设计
		自然环境友好设计
智能变压器	智能化技术	数据采集与故障分析技术
		智能控制系统与智能组件
	智能变压器设计	数字化设计技术
		智能组件设计方案
	设备环境友好设计技术	节能、低噪声、无泄漏、无污染、可降解回收、环境友好的应用

资料来源：课题组根据公开资料整理。

（2）实现路线

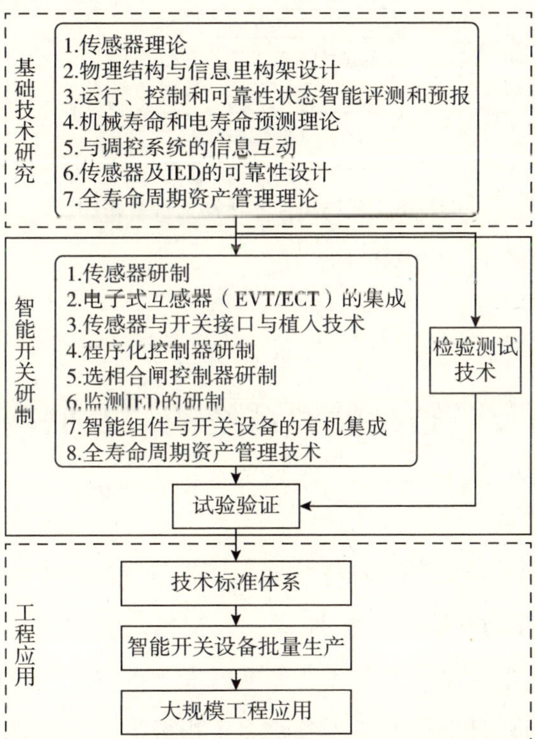

图2-17 至2020年智能开关电器实现线路图

资料来源：课题组根据公开资料整理。

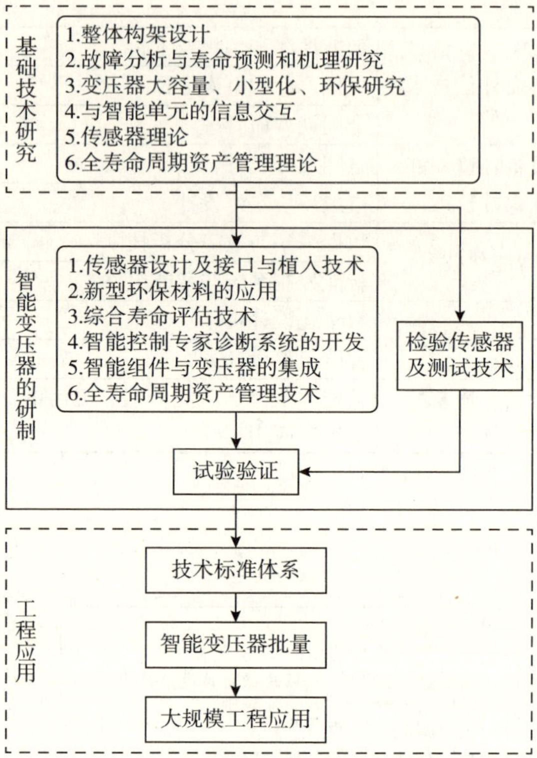

图2-18 至2020年变压器实现线路图

资料来源：课题组根据公开资料整理。

第四节 智慧能源系统的"互联网+"

2015 年3月5日，李克强总理在政府工作报告中提出："制定'互联网+'行动计划，推动移动互联网、云计算、大数据、物联网等与现代制造业结合，促进电子商务、工业互联网和互联网金融健康发展，引导互联网企业拓展国际市场。"7月1日发布的《国务院关于积极推进"互联网+"行动的指导意见》中，"互联网+"智慧能源成为重点行动，"通过互联网促进能源系统扁平化”，其目标和内容与能源互联网具有一致性，并明确提到建设能源互联网。

“互联网+”战略顺应了世界工业发展的趋势。德国提出了工业4.0战略，美国提出了工业互联网战略，其核心特点都是利用互联网技术大幅提升生产率，降低成本，推动经济的发展。据美国通用电气预测，未来20年工业互联网将再造一个美国经济。“互联网+”战略上升至国家层面，将对我国的各行各业，尤其是工业、能源等行业的发展产生极大的推动作用。

一、“互联网+”智慧能源与里夫金的能源互联网

互联网作为一项伟大的发明成果，对我们的商业生活和社会结构带来的挑战和转变之大是以前的任何技术所无法比拟的。互联网对消费者最相关的服务业进行了改造之后，沿着价值链逆流而上，用互联网已经形成的成功经验管理模式，逆向整合传统的能源行业，通过互联网思维和创新，重新塑造能源体系。

这里所讲的互联网，是包括大数据、云计算、物联网等相关技术在内的全互联网技术，以及随之而来的互联网商业模式。将这些要素在具有规模化发展、高垄断性、高度化石能源依赖等特征的能源体系中广泛安装，产生的全新运行体系即能源互联网体系。

杰里米·里夫金在其著作《第三次工业革命》中首次提出构建未来能源互联网的愿景，刻画出一种以可再生能源为主要能量单元，利用互联网技术实现能量流与信息流实时流动，各类能源网络与交通运输网络高度耦合的新型能源利用体系。换句话说，“能源互联网”是指把互联网技术与可再生能源相结合，在能源生产（开采）、转换、配送和利用上从传统的集中式变为智能化的分散式，同信息互联网一样，把普通的电网变成能源型互联网，以此推动第三次工业革命。

杰里米·里夫金指出，未来能源体系的特征是能源生产民主化、能源分

配分享互联网化，即组建以可再生能源+互联网为基础的能源共享网络，在能源通过分散的途径被生产出来之后，利用互联网创造新的能源分配模式。该文提出的能源互联网五大要素如表2-11所示。

表2-11 里夫金能源互联网5大要素

能源互联网元素	能源互联网5大要素具体内容
可再生能源	以化石能源为主的生产模式向可再生能源为主的生产模式转型
分布式发电	把全世界的每栋建筑变为微能源生产工厂，以便就地收集可再生能源
分布式储能	每一栋建筑和每一个基础设施装备储能装置，如氢存储，用以存储间歇式能源发电
能源互联	利用互联网技术将每一大洲的电力网转化为能源共享的互联网络
零排放交通运输	运输工具将转向插电式以及燃料电池动力车，这种电动车所需要的电可以通过洲与洲之间共享的电网平台进行买卖

资料来源：课题组根据公开资料整理。

实际上，杰里米·里夫金提出的能源互联网实现4种能源元素（可再生能源、分布式发电、分布式储能、电气化交通）+互联网，实现能源全球共享互联网络。

二、能源互联网的典型认知和概念

在传统能源基础设施架构中，不同类型的能源之间具有明显的供需界限，能源的调控和利用效率低下，而且无法大规模接纳风能、太阳能等分布式发电以及电动汽车等柔性负荷。

随着互联网理念的不断深化，一种新型的能源体系架构——“能源互联网”的构想应运而生。其主要理念是将可再生能源作为主要的能量供应源，通过互联网技术实现分布式发电和储能的灵活接入，以及交通系统的电气化，并在广域范围内分配共享各类能源。当前，对能源互联网的典型认知方式主要有以下4种：

①Energy Internet：这种认知方式侧重于能源网络结构的表述，以美国的FREEDM 为典型代表。该认知方式立足于电网，借鉴互联网开放、对等的理

念和架构，形成以骨干网（大电网）、局域网（微网）及相关联接网络为特征的新型能源网。在技术层面，重点研发融合信息通信系统的分布式能源网络体系结构。

②Internet of Energy：这一认知方式侧重于信息互联网的表述，以欧洲的e-energy为典型代表。该认知方式将信息网络定位为能源互联网的支持决策网，通过互联网进行信息收集、分析和决策，从而指导能源网络的运行调度。

③Intenergy：这种认知方式强调互联网技术和能源网络的深度融合，以日本的电力路由器为典型代表。该方式采用区域自治和骨干管控相结合的方式，实现能源和信息的双向通信。其中，信息流用于支持能源调度，能源流用于引导用户决策，以实现可再生能源的高效利用。

④Multi Energy Internet：这一认知方式强调电、热、化学能的联合输送和优化使用，以英国、瑞士等国的能源发展方向为典型代表。

综上所述，尽管以上4种认知方式的侧重点有所不同，但都是将互联网技术运用到能源系统，以提高可再生能源的比重，实现多元能源的有效互联和高效利用。

此外，能源互联网的概念分类还可以按照应用侧重的不同进行分类。

①侧重全球电力互联，以国家电网全球能源互联网为代表，主要特点是电力网络在空间上的扩大，将不同区域电网互联，实现不同区域不同类型新能源的跨区消纳。

②侧重多种能源综合，以综合能源系统和新奥泛能网为代表，主要特点是电、热、冷、气、交通等不同能源系统之间互联，一方面通过能源综合开发利用提高能效，另一方面通过将电能转换为热、冷、天然气、电动汽车储能等实现可再生能源的消纳。

③侧重能源信息融合，以美国FREEDM、德国E-Energy、日本Digital Grid和里夫金Energy Internet为代表，主要特点是利用电力电子、信息通信和互联网等技术进行能量的控制和信息的实时共享，实现能源共享和供需匹配，从

而消纳可再生能源。

表2-12　现有能源互联网概念分类

侧重点	代表性模式
侧重全球电力互联	全球能源互联网
侧重多种能源综合	泛能网、综合能源系统
侧重能源信息融合	FREEDM、E-Energy、Digital Grid、里夫金Energy Internet

资料来源：课题组根据公开资料整理

三、智能电网与能源互联网

在能源互联网体系中，智能电网是承载不同能源转化与利用的枢纽，涵盖了传统电源的接入、输电、变电、配电、用电等各个环节，同时可兼容分布式电源和各类储能装置。在技术层面利用信息通信技术、自动控制技术、电力电子技术等，实现电能管理与应用的信息化和自动化。在用户侧，智能电网提供了灵活且具备高度兼容性的接口，实现即插即用的电能应用方式。然而，智能电网与能源互联网具有不同的外延和内涵，其主要区别如表2-13所示。

表2-13　智能电网与能源互联网的主要区别

项目	智能电网	能源互联网
物理实体	电网	电网+气网+输油网+热力网+交通网等
能量利用形式	电能	电能、热能、化学能等
基础理论	信息论、系统论、控制论等	更广泛，复杂交互式的网络系统
架构	国家标准存在差异	依托互联网架构，能源流、信息流自由交换、共享
应用场景	电网为主	延伸至智慧社区、智能能源管理领域

资料来源：课题组根据公开资料整理。

由表2-13可得，能源互联网与智能电网从体量到架构均产生了变化，能源互联网在概念、技术和方法上的内涵和外延则更为全面和深入。能源互联网在开放互联、能量交换和路由等特征上有别于目前一般意义下的智能电网，能源互联网打破封闭的“电力生产&电力消费”体系，将电力系统与其他能源系统进行融合，实现多能源系统之间的协同优化管控。在架构层面，能源互联网依托互联网架构，层次分明、结构清晰，实现能源流和信息流的自由交换和共享。在应用场景方面，能源互联网延伸至智慧社区、智能能源管理等领域，实现用户利用能量的便捷化、一体化、互动化，能够形成灵活多样的技术管理和商业运作模式，具有更大的发展空间和更多的商业形态。

四、能源互联网体系架构

能源互联网的提出是基于现有的能源基础设施，尝试深入融合先进的互联网信息技术和可再生能源发电技术，实现多种能源的广域智能优化配置。能源互联网的建立将克服大规模清洁能源在接入、传输和控制等方面的瓶颈，推动清洁能源的大规模利用与分享，实现多种能源的可持续开发利用。

关于能源互联网概念与内涵，目前尚无统一全面的明确描述。综合能源互联网的研究背景和当前能源互联网的研究成果，总结能源互联网至少应包含3大特征：①以清洁能源作为主要一次能源，传统化石能源消费将逐步向清洁能源的高效利用转变。②允许大规模集中式、分布式发电系统以及储能设备的接入，允许规模化电动汽车接入电网。③能够将互联网信息技术应用到电力、天然气等能源网络，实现广域能源共享。

可见，能源互联网是在现有能源供给系统以及利用可再生能源发电、互联网信息以及先进储能等技术的基础上，以电能为主体形式，以智能电网为载体，并与智能气网、智能热网、电气化交通网紧密耦合的具有互联开放特性的能源共享网络。图2–19给出了信息和能源融合下的能源互联网体系架构示意图。图中，双向箭头表示信息流；单向箭头表示能量流。由图2–19可看出，能源互联网是在搭建有能源互联开放平台的基础上，以电网为核心基础网络设施，形成一个涉及智能电网、智能气网、智能热网和电气化交通网的复杂多网流系统。

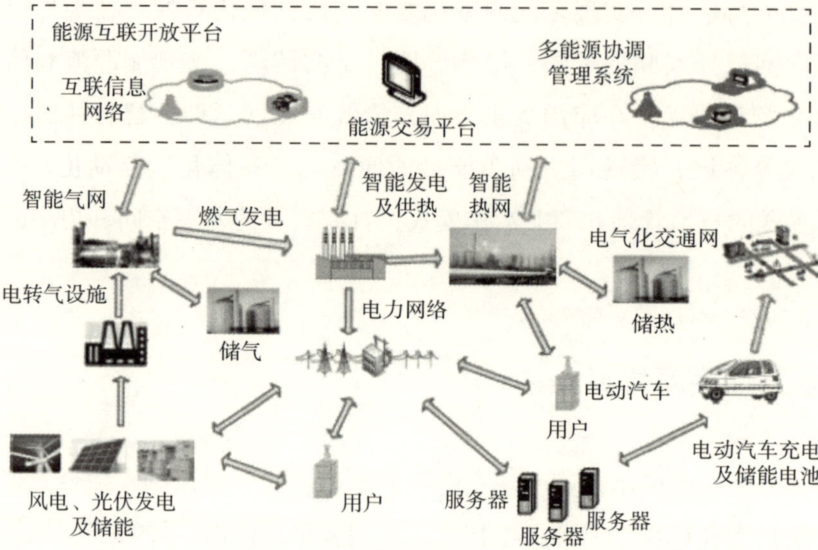

图2-19　能源互联网体系框架示意图

资料来源：课题组根据公开资料整理。

对于复杂多网流系统，由图2–19可看出，能源互联网由智能电网、智能气网、智能热网、电气化交通网紧密耦合构成，并且网络间存有能量流与信息流的双向流动，从而形成一个复杂多网流系统。该系统是以电能作为各种不同形式能源之间相互转化的枢纽，电网与交通网通过电动汽车充放电设施及车主驾驶、充电行为相互影响，电网与天然气网通过燃气发电和近年来出现的电转气技术实现能量双向流动。首先，在电网与电气化交通网的耦合方面，由于未来大规模电动汽车接入电网，电动汽车充电站与换电站的布局、车主驾驶习惯以及充电行为将会对交通流量产生影响，而交通网的实时流量也会反过来影响车主充电时间和特性，从而影响电网正常运行；其次，在电网与天然气网的耦合方面，随着可再生能源发电的大力推广以及“页岩气革命”不断深化带来天然气开发成本的下降，燃气发电的比重将会日益增加，加上日益成熟的电转气技术，若将电转气设施与可再生能源发电机组联合运行，将可能进一步推动电网和天然气网的深度融合。此外，利用热电联产系统和可再生能源发电供热技术可实现电能与热能转换，并进一步发展热电联合系统，也将是能源互联网建设中不可或缺的重要部分。

能源互联网是综合利用可再生能源发电技术、智能输电网技术、互联网信息技术、系统规划分析技术，融合电网、天然气网络、热网与电气化交通网，形成多种能源高效利用的能源共享网络。能源互联网的理想运营方式应为以电网为主导，涉及能源生产者与消费者、能源网络运营商、能源代理商等主体的多行业共同参与的联合运营模式。随着能源与信息的深度融合，能源行业在走向互联高效的过程中，在能源材料及设备，能源生产、交易、消费以及能源资产等方面都将会衍生出新的商业模式，具体包括能源材料及设备的线下市场B2B（Business to Business）行业垂直电商；基于大数据的第三方工业节能商业模式，节能解决方案；从事能源产品交易的能源交易平台，能源资产的利用和代理运营服务，能源资产证券化的互联网金融，能源资产的电子商务；基于大数据的用能咨询方面能源增值服务，新能源汽车产业等。

五、能源互联网关键技术

（一）可再生能源发电技术

清洁替代和电能替代表明“以清洁能源为主导、以电为中心”的能源格局将是能源消费与变革的必然趋势，这也决定了可再生能源发电技术在未来能源发展中的关键作用。以清洁能源为主导的可再生能源发电技术的突破是构建能源互联网的动力之源，可再生能源发电技术主要包括有集中式与分布式风电、太阳能发电技术，运行控制技术，能量转换技术等。其重点研究领域包括风电精准预测与运行调控技术、风电单机容量大型化技术、变速恒频风电系统的商业化开发、高转化效率的光伏材料研发、不同新能源发电系统联合优化运行技术、间歇式可再生能源发电的系统保护技术、大规模新能源发电并网控制技术、智能控制与群控优化技术、先进的分布式电源设备制造技术、分布式能源的智能管理系统、动力与能源转换设备研发、资源深度利用技术等。

（二）智能输电网技术

在以智能电网为主要载体的能源互联网中，可再生能源将成为发电主体，而智能输电网技术是实现大规模可再生能源发电外送和能源资源大范围优化配置的关键技术手段，该技术主要是围绕电网输电各环节，重点在先进输电材料与设备，输电能力以及输电经济性、灵活性、安全性、环境友好等方面进行研究。其重点研究领域包括高可靠性的换流阀，换流变压器，逆变器等输电设备制造；柔性直流输电技术，多端直流输电技术，超导输电技术，海底电缆技术；基于换流设备的控制保护技术，先进电力电子控制技术，电磁环境与噪声控制技术；直流电网技术，大电网优化运行与仿真技术，电网故障诊断恢复与智能重构技术，电网调度预警与决策支持技术，电网安全防御技术等。

（三）储能技术

大容量、规模化储能技术是实现能源利用形式多样化、提高能源利用效率中的关键环节，在能源互联网中开发利用多种储能技术对整个系统的稳定性具有重要作用。首先，在电储能方面，可再生能源发电是未来能源互联网的主要能量供应来源，而大规模可再生能源接入电网所带来的非线性随机波动特性，将会影响整个系统的安全性、经济性、灵活性。据此，需要在能源网络中配置大容量储能系统来平滑可再生能源发电的间歇性和波动性，而且在能源互联网背景下对储能系统的储能材料、储能元件寿命、存储效率以及能量密度等方面要求也更高。在未来能源互联网中具有广泛应用前景的储能技术，至少需达到MW级/MWh级的储能规模。因而，锂离子电池与全钒液流电池等电化学储能技术、超级电容器与超导电磁储能、抽水储能等储能技术，应是后阶段大容量能量储存技术中重点攻关类型。此外，开发大功率、高容量的新型储能材料，延长储能元件使用寿命，提高能量密度也是研究电储能技术中的重点方向。其次，在储热方面，储热技术能够在一定程度上缓解能源供给和需求在时间和空间上失衡的矛盾，目前适合规模化应用的储热技术有水储热、熔融盐储热、相变储热等。由于相变储热能够在几乎无温度变化的情况下实现热能储存，且具有传热速率高、储热密度大的显著优势，在储热环节中具有广泛应用前景，可在新型相变储热材料的开发与选择、相变储热材料在储热装置中的模拟试验等方面开展研究。最后，在天然气储运方面，相比于管道储运，天然气水合物储运具有储存密度高、投资运行费用低且安全性高的优势，在天然气网中的应用市场和发展潜力较大，但目前关于天然气水合物储运技术研究还不成熟，后续应重点加强在水合物的大规模快速生成与运输中的安全问题、确定天然气水合物储运条件、水合物的有效分离手段及分解方法等方面的研究。

（四）互联网信息技术

在能源互联网中，互联网信息技术负责能源信息的识别、采集、分析、传送、管理等方面，是实现多种能源合理调配的关键。能源互联网是信息与能源系统融合的多种能源互联网络，具有通信设备繁多（包括发电设备、各种智能负载等）、通信信息内容复杂、信息数据处理量大等特点。为适应能源互联网的发展，迫切需要在互联网信息技术领域取得创新和突破。在能源信息采集和处理方面，应在基于物联网的信息采集与传输，基于云计算架构的能源信息处理，包含海量数据采集、预处理、存储、分析等功能的大数据技术等方面进行重点研究。在互联网信息通信方面，可研究利用软件定义网络（Software Defined Network，SDN）、以信息为中心的网络（Information-Centric Networking，ICN）等与能量传输特点相匹配的新型通信网络技术，以支撑能源互联网的建设。在设备与平台方面，应重点尝试研制具有产业化前景的中低压大容量的能源路由器、能源交换机、开发适应能源互联网业务要求的信息支撑平台。在通信安全、传输协议和标准方面，系统接口标准和传输协议标准的统一，能源互联网开放平台标准以及跨能源域、多种形式能源实体的互联协议等方面也亟须取得重大突破。

（五）系统规划分析技术

能源互联网是互联网信息技术和可再生能源相结合的产物，发展能源互联网涉及电力与能源、材料科学、控制科学、信息通信等多个学科技术领域交叉。与传统的自顶向下的电力系统相比，能源互联网具有更广泛的开放性和更大的系统复杂性。开展能源互联网系统规划分析技术研究，用系统的思想去顶层谋划、用系统规划分析技术去研究，对构建双向互动、自治高效的能源互联网体系具有重大价值。由于未来能源互联网中能量流动和网络拓扑的变化可能会受市场电价、能源政策的影响以及考虑到多种能源网络与信息网络的融合、能源供需不确定性等特征，可主要从能源互联网体系结构设计与优化、能源交易的技术规范和配套政策、多种能源协同优化调控分析、含多种能源网络的统筹规划方法、能源互联网体系的系统规划设计等方面进行重点研究，以确保能源互联网的健康发展与安全高效运行。

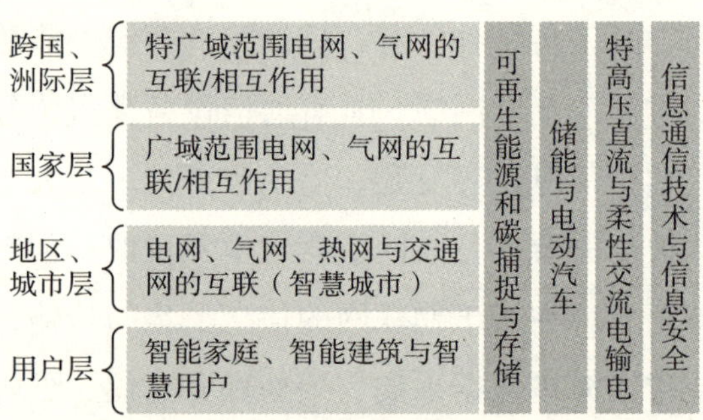

图2-20　全球能源互联网全局框架图

资料来源：课题组根据公开资料整理。

此外，全球能源互联网在全局侧的管理和运营是基于信息化的松散模式，传统基于刚性管理的相关系统不能胜任这种需求。必须通过信息化手段，收集全球能源互联网的相关数据并进行相关处理。信息系统方面，全球能源互联网将形成一个混合信息架构，融合了分布部署和统一部署、紧密控制和松散控制、中心决策和协商决策等架构和逻辑，依托开放的理念实现对全球能源互联网的全面支撑。全球能源互联网信息总体架构如图2–21所示。

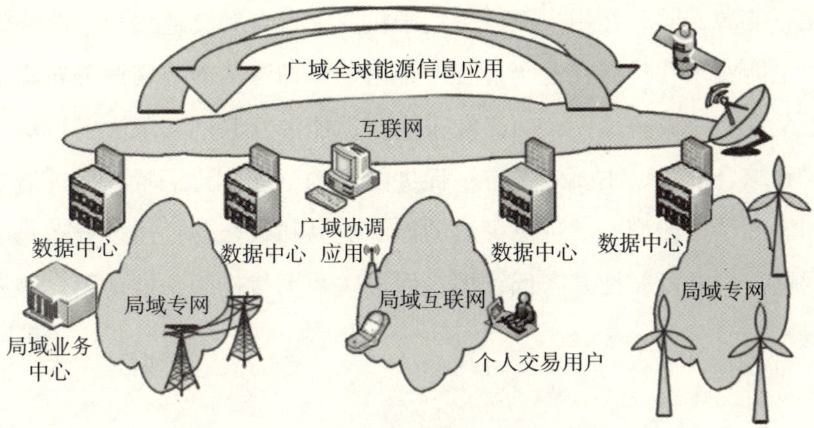

图2-21　全球能源互联网信息总体架构

资料来源：课题组根据公开资料整理。

（五）核心特点

全球能源互联网是全球范围配置清洁能源的综合性平台，本质上全球能源互联网是一系列概念的综合，包括跨洲/国超长距联网、清洁能源、电能替代、能源互联网四大主要概念。

①跨洲/国超长距联网是指利用特/超高压技术，构建跨洲/国的超长距输电通道，实现电能长距离输送和优化配置。

②清洁能源是指进一步发展光伏、风电、水电等新能源和储能技术，实现能源结构优化。

③电能替代是指在用户侧利用电能替代石油、煤炭、天然气等传统能源，实现节能减排。

④能源互联网指的是能源的开放利用和交易，在电力领域主要包括分布式电源、开放电能交易、微电网等内容，代表了更开放和互动的智能电网的发展前景。未来的智能电网，是网架坚强、广泛互联、高度智能、开放互动的“能源互联网”。

从根本上，全球能源互联网主要解决的是清洁能源全球配置问题。由于化石能源资源紧缺及造成环境污染等问题，有必要大力发展可再生清洁能源代替化石能源，同时在用户侧减少用于供热、饮食和交通的化石能源消费，转而用电能实现替代。在这个过程中，由于全球清洁能源资源分布不平衡，总体上呈现“一极一道”，而必须采用全球能源互联网实现大容量清洁能源的输送和综合配置。主要效益有：促进能源的全球优化配置；促进清洁能源发展和能源结构转型；促进更灵活的能源交易和碳交易；通过分布式电源和微电网提高供电可靠性并降低线损；促进“两个替代”，推动用户侧能源结构转型。

第五节　全球能源互联网

一、全球能源互联网的缘起和发展战略

电子和计算机网络的发展由来已久，最初的电子网络（如电话网、电报网、广播网等）和后来发展的计算机局域网（如以太网等）都是垂直集成的网络，而直到互联网的出现才真正实现了水平互联，这也是互联网Internet一词的由来。互联网仅仅是信息网络的一种。受信息互联网所取得的巨大成功的启示，一种由互联网与新能源技术整合形成的“能源互联网”（Energy Internet，EI）由美国学者杰里米·里夫金率先提出，在智能电网的基础上有了许多重大突破。EI被认为是未来能源基础平台，分布式能源、生产消费一体的能源主体将成为其主要组成部分。能源互联网概念也经历了从Energy LAN到Energy WAN到Energy WWW的发展历程。

国家电网公司前董事长刘振亚于2015年2月出版专著《全球能源互联网》。书中指出，应对人类社会可持续发展面临的能源安全、环境污染、气候变化等诸多挑战的关键是加快能源生产和消费革命，大力推进清洁替代和电能替代。刘振亚定义全球能源互联网是以特高压电网为骨干网架（通

道），以输送清洁能源为主导，全球互联泛在的坚强智能电网。2月22日，全球能源互联网发展合作组织在北京发布了《全球能源互联网发展战略白皮书》、《跨国跨洲电网互联技术与展望》、《全球能源互联网发展与展望（2017）》，定义发展为全球能源互联网是以特高压电网为骨干网架、全球互联的坚强智能电网，是清洁能源在全球范围大规模开发、配置、利用的基础平台。全球能源互联网其实质就是智能电网、特高压电网与清洁能源的结合。其中，特高压电网是关键，智能电网是基础，清洁能源是根本。这个定义主要指物理上的连接，显然和互联网的定义相去甚远。

全球能源互联网的发展战略体系共分四层：第一，发展理念是绿色、开放、创新、可持续。第二，发展目标是构建全球能源互联网，推动三（特）网融合发展，打造能源共同体，促进人类命运共同体建设。第三，发展途径为实施“两个替代、一个回归、一个提高”。能源开发实施清洁替代，以太阳能、风能、水能等清洁能源替代化石能源；能源消费实施电能替代，以电代煤、以电代油、以电代气、电从远方来，来的是清洁发电；化石能源回归其基本属性，主要作为工业原材料使用，为经济社会发展创造更大价值；提高电气化水平，增人电能在能源消费中的比重，在保障用能需求的前提下降低能源消费量。最后，发展的基础是加强国际合作，共商、共建、共享、共赢。

未来，能源网、信息网、交通网三网融合将成为趋势。以电力为动力、以数据为纽带，能源网、信息网、交通网在网络形态、业务功能、资源利用等方面的联系日益紧密，呈现相互交叉、相互融合、相互支撑、相辅相成的发展态势。信息网和交通网已基本实现全球互联，能源网尚未实现全球互联，发展明显滞后。推进三网融合发展，要抓住能源网这个关键和短板，加快构建全球能源互联网。三网融合就是以世界能源转型和信息技术革命为契机，以全球基础设施互联互通为保障，发挥网络经济和规模经济优势，加快形成全球能源、信息、交通即“瓦特（Watts）、比特（Bits）、米特（Meters）”融合发展的新格局，推动实现高度电气化、高度智能化、高度全球化、高度人本化的发展目标。

二、全球能源互联网的发展路线图

2015年构建全球能源互联网包括洲内联网、洲际联网和全球互联，2017年改为国内互联、洲内互联和洲际互联三个阶段。第一阶段国内互联，从现在到2020年，加快各国清洁能源开发和国内电网互联建设，推动形成共识，开展技术和标准研究，开发各国清洁能源。第二阶段洲内互联，到2030年，推动洲内跨国电网互联，开发洲内清洁能源基地。第三阶段洲际互联，到2050年，加快“一极一道”（北极、赤道）能源基地开发和电网跨洲互联，基本建成全球能源互联网，逐步实现清洁能源占主导的目标。

届时，将建设北极风电基地，通过特高压交直流向亚洲、北美和欧洲送电，实现这三大洲电网互联；建设北非、中东太阳能发电基地，通过特高压交直流向北送电欧洲，向东送电亚洲，实现非洲、欧洲和亚洲电网互联（建设南美赤道附近地区、大洋洲太阳能发电基地，分别实现北美与南美、亚洲与大洋洲联网和输电）；同时加快开发各大洲集中式和分布式电源，实现各洲内跨国联网和输电，总体形成承载世界清洁能源高效开发，配置和利用的全球能源互联网，保障全球能源安全可靠供应。通过分层分区，紧密协调的电力调控和交易体系，实现全球能源互联网安全、经济、高效运行。

三、全球能源互联网的战略重点

随着经济社会发展，能源生产和消费持续增长，化石能源的大量开发和使用，导致资源紧张、环境污染、气候变暖、冰川消融和海平面上升等突出问题，严重威胁人类生存和可持续发展。2017年构建全球能源互联网有多个战略重点。

（一）电网发展

电网是构建全球能源互联网的基础平台。关键是扩大电网覆盖范围，提高互联互通水平，保障安全可靠运行，适应各类集中式和分布式电源接入和消纳，实现能源大范围优化配置，满足用户多样化的用电需求。战略目标是建成网架坚强、广泛互联、高度智能、开放互动的全球能源配置平台，实现跨洲电网、跨国电网和各国电网协调发展，形成全球电网互联互通的总体格局。重点任务是开展电网互联研究，制定跨国跨洲联网规划；推进各国国内电网互联，提高电网智能化水平；建设跨国跨洲骨干网架和重点洲际联网通道，实现跨国跨洲电网互联。形成连接“一极一道”大型能源基地与亚洲、欧洲、非洲、北美、南美的全球能源系统，实施清洁能源跨洲配置；建设洲内跨国特高压线路，适应洲内国家之间大容量，远距离输电或功率交换需求，提高洲内电网互济能力；建设国家级特高压电网，根据各国资源禀赋和需要，形成特高压交流骨干网架和连接国内大型能源基地与主要负荷中心的特高压直流输电通道。

（二）清洁替代

开发利用清洁能源是构建全球能源互联网的根本，实施清洁替代的关键是解决清洁能源开发经济性、大范围配置和大规模消纳问题，有限且不可再生的化石能源主要作为工业原材料使用。战略目标是加快开发各国、各洲大型清洁能源基地和各类分布式电源，到2050年清洁能源占一次能源比重达到80%以上。清洁能源经济性得到大幅提升，开发成本低于化石能源。重点任务是开展资源调查评估，开发大型清洁能源基地，统筹开发分布式清洁能源，降低清洁能源开发成本，限制化石能源消费增长，从源头上优化能源供应结构。随着可再生能源发电技术和储能技术的突破，以“一极一道”大型能源基地为重点，优化开发各大洲风电，太阳能发电以及主要流域水电，近海地区海洋能和各地分布式电源，清洁能源完全能满足未来全球能源需求。

（三）电能替代

电能替代的核心是提高电气化水平，提升电能在终端能源消费中的比重，这是提高能源利用效率，促进节能减排的必然要求。战略目标是电能逐步替代煤炭、石油、天然气等化石能源的直接消费，到2050年全球电能占终端能源消费比重达到50%左右，实现能源消费高效化、低碳化、清洁化。重点任务是综合运用经济、市场、政策等手段，大力推进交通、工业、建筑及生活等领域电能替代，显著提升经济社会发展的电气化水平。

（四）科技创新

全球能源互联网是技术密集型产业，关键是发挥技术创新的引领和推动作用，不断提升全球能源互联网的安全性、经济性和环境友好性。战略目标是适应全球能源互联网发展需要，尽快实现关键技术突破，全方位提高相关技术水平，保障清洁能源灵活接入、大范围配置和高效率利用。重点任务是加大研究和开发力度，推动特高压、智能电网、清洁能源、储能、大电网运行控制等领域技术创新，重点突破特高压海底电缆和柔性直流输电、大容量低成本储能、虚拟同步机等关键技术和设备，为构建全球能源互联网提供技术支撑。

（五）产业创新

全球能源互联网发展涉及多个产业，关键是通过产业发展将科技创新成果转化为生产力，形成涵盖电源、电网、运行控制等各领域的产业体系和适应全球能源互联网发展的产能规模。战略目标是特高压换流变压器等关键装备形成规模化产能，特高压海底电缆、大电网运行控制等技术实现产业化，风机、太阳能电池等电源装备能够满足全球能源互联网建设需要。重点任务是打造支撑清洁能源大规模开发的电源装备产能和支撑跨国跨洲联网的电网装备产能，形成全球能源互联网产业链，推动产业结构实现清洁低碳转型。

（六）金融创新

全球能源互联网具有资金密集型特征，需要发挥国际金融的支撑服务作用。要研究建立覆盖能源生产、输送、消费全环节的新型商业模式，构建新型投融资平台，调动全球资本市场，形成具有竞争力的金融解决方案。战略目标是形成国际通用的全球能源互联网商业模式，投融资体系结构完善，投融资模式成熟，能够满足全球能源互联网项目资金需求。重点任务是构建多层次的投融资体系、互利共赢的商业模式和高效顺畅的投融资保障机制，积极引导各类资金参与全球能源互联网建设。

（七）机制建设

机制建设是实现全球能源互联网安全经济运行、引导各方积极参与全球能源互联网发展、全面提升各国电网发展能力的重要保障。要研究适应全球能源互联网发展的电力调度、电力交易、教育培训和智库建设等机制。战略目标是建立全球电网联合调度机制，保障电网安全可靠运营，建成完善的全球电力市场。到2050年，跨国跨洲电力贸易量占全球电力消费量的比重达到20%～30%。人才队伍和高端智库建设满足全球能源互联网发展需要。重点任务是研究建立跨国跨洲电力调度机制，统筹协调各国电价与税收机制，推动建立跨国跨洲电力交易机制、教育培训机制，培育国际高端智库。

（八）国际合作

国际合作是构建全球互联网的重要基础和前提，需要凝聚各国各方力量，达成广泛共识，建立互信互利的国际合作机制和统筹协调的政策体系，共同推进全球能源互联网建设。战略目标是建立全球性合作协调机制，各国之间开展全方位务实合作，形成合作共赢的全球能源治理新体系。重点任务是发挥全球能源互联网发展合作组织战略引领作用，开展重大问题联合研究，形成技术标准体系，建立政策协调机制，联合推动重点工程建设。

四、全球能源互联网的前景展望

全球能源互联网的发展趋势就是能源网、信息网和交通网的融合，这和能源互联网的发展方向是一致的。“互联网+电网”和“电网+互联网”可能殊途同归，在不断发展的过程中，不仅集中于电力的调配，具有显著的能源、经济、社会、环境等综合效益，最终体现全球范围内能源的优化和调配，发展前景非常广阔。首先，实现人人享有可持续能源。到2050年，全球清洁能源占一次能源比重将达到80%以上，世界能源供应充足，根本解决亚洲、非洲、拉美洲有关国家和地区的能源贫困问题。第二，有效控制全球温升。全球能源二氧化碳排放量可控制在115亿吨左右，仅为1990年的一半，能够实现全球升温控制在2摄氏度以内甚至1.5摄氏度内。第三，拉动世界经济增长。构建全球能源互联网投资规模超过50万亿美元，将有力带动高端装备制造、新能源、新材料、电动汽车等新兴产业发展，同时获得巨大的时区差、季节差、电价差效益。今后，随着全球能源互联网发展，电力贸易将快速增长，对拉动经济增长发展发挥重要作用。第四，促进世界和平发展。增进南南合作、南北合作，将非洲、拉美等地区的清洁能源资源优势转化为经济优势，解决缺电、消除贫困，缩小地区差异，减小国际争端，让世界成为能源充足、天蓝地绿、明亮和谐的地球村。

参考文献

[1] 刘阳平，叶元煦. 电力产业的自然垄断特征分析. 哈尔滨工程大学学报，1999（5）

[2] 邓梓玲，王小俊，王军民. 我国油气管道数字化建设任重道远. 石油天然气学报，2007（3）

[3] 孙晓利，文斌，妥贯民. 天然气长输管道数字化建设的相关问题. 油气储运，2010（8）

[4] 吴德政. 数字化矿山现状及发展展望. 煤炭科学技术，2014（9）

[5] 赵安新. 数字化矿山及其关键技术应用与研究. 西安科技大学，2006（4）

[6] 朱彤. 能源革命的概念内涵，国际经验及应注意的问题. 煤炭经济研究，2014（11）

[7] 卢志俊，黄若函，周招洋. 物联网技术在智能电网中的应用. 电力系统通信，2010（7）

[8] 崔红升，魏政. 物联网技术在油气管道中的应用展望. 油气储运，2011（8）

[9] 欧海清，曾令康，李祥珍等. 电力物联网概述及发展现状. 数字通信，2012（5）

[10] 丁恩杰，赵志凯. 煤矿物联网研究现状及发展趋势. 工矿自动化，2015（5）

[11] 吴俊勇. “智能电网综述” 技术讲座——第一讲智能电网的核心内涵和技术框架. 电力电子，2010（1）

[12] 能源革命中电网及技术发展预测和对策研究项目组. 能源革命中电网及技术发展预测和对策. 北京：科学出版社，2015

[13] 马韬韬，郭创新，曹一家等. 电网智能调度自动化系统研究现状及发展趋势. 电力系统自动化，2010（9）

[14] 田世明，栾文鹏，张东霞等. 能源互联网技术形态与关键技术. 中国电机工程学报，2015（14）

[15] 马钊，周孝信，尚宇炜等. 能源互联网概念，关键技术及发展模式探索. 电网技术，2015（11）

[16] 严太山，程浩忠，曾平良等. 能源互联网体系架构及关键技术. 电网技术，2016（1）

[17] 权楠，张亚平，司晋新等. 全球能源互联网的信息顶层架构. 电力信息与通信技术，2016（3）

[18] 于凯，余志文，肖斐等. 能源互联网概述. 电器与能效管理技术，2015（24）

[19] 刘振亚. 全球能源互联网. 当代电力文化，2015（3）

[20] 王旭辉. 全球能源互联网发展战略白皮书等三成果发布. 中国能源报，2017（2）

[21] 刘振亚. 构建全球能源互联网有四个重点. 电气时代，2015（7）

[22] 白文亭. 全球能源互联网. 电气时代，2014（8）

第三章

“互联网+”智慧能源的支撑技术与商业模式

第一节 "互联网+"智慧能源的关键技术体系

一、能源互联网的体系架构

能源互联网作为能源技术和互联网技术与思维的深度融合，是中国能源技术革命的具体实现，为能源环境的可持续发展与经济健康增长提供有效支撑，并将助力中国引领第三次工业革命。在能源技术方面，以风电、太阳能为代表的新能源发电技术快速进步，有望在将来10～15年内实现成本占优。在互联网技术方面，物联网、大数据、移动互联网等飞速发展，可为涵盖能源生产、存储、传输、转换和消费的整个能源链条的效率、经济、安全提供有效支撑。

互联网技术与互联网思维正以前所未有的速度与包括能源行业在内的各传统产业相互融合，并已为能源行业的互联网化以及能源物理系统与信息系统的紧密融合提供了先进的信息基础。物联网技术与宽带移动互联网技术为能源互联网提供了能源全生命周期的信息实时采集与实时处理的能力；能量信息化、物理信息融合技术（CPS）、软件定义网络（SDN）、大数据与云计算等互联网技术为更好地实现信息流同能量流的紧密融合提供了坚实的信息技术支撑；社交网络、电子支付、现代物流等互联网应用技术和可靠的电力电子技术及先进储能技术等，为能源互联网提供了管控手段和商业运营模式，为满足不同用户的差异化需求提供了技术和应用模式支撑。

"互联网+"已被实践证明，能够从根本上颠覆众多传统产业的发展模式，并带来革命性的发展机遇。通过融合先进的互联网和能源技术，构建以智能用能、智能输能和智能供能等为基础的清洁、高效的能源互联网，有望逐步消除能源网络之间的隔离性，打破相对封闭的行业格局，已被广泛认为是开启能源革命的重要战略支点。

从国家层面开展能源互联网的顶层设计，是有序推进中国能源互联网建设的重要保障。需要把握能源互联网的形态和特征，分析技术发展的趋势，结合市场环境，实现技术创新，支撑创新商业模式，支撑中国能源战略，把握第三次工业革命带来的机遇。

在能源互联生态网络中，先进互联网技术+能源技术的碰撞与融合，是激发能源技术和体制创新的火花之源。能源路由器、电动汽车、新型高效发电与储能、交直流混合电网、大功率电力电子器件、高温超导、先进电磁材料与传感器件、能源大数据、能源云平台、虚拟电厂、虚拟能源货币等各种先进技术被广泛采用，并促使能源互联体系中生态承载主体发生根本性的改变。

能源互联生态的承载主体，将从现有传统模式中能量传输网络的单一核心，转变为能源基础设施架构、能源商业化支撑平台的双层核心。具中，能源基础设施架构是能量流转网络，能源商业化支撑平台是生态价值流转网络。

（一）能源基础设施架构

在能源基础设施架构层面，将随着分布式能源、新能源、储能、电力电子控制、数据中心等的发展，逐步形成自底向上构建的局域消纳进而广域互联的能量流转核心网络。以先进能源技术为基础，采用互联网理念、方法和技术实现能源基础设施架构本身的重大变革，将使得能量的开放互联与交换分享可以跟互联网信息分享一样便捷。

能源基础设施将在开放架构的基础上，走分层分级发展的道路。在微电网、配电网层面形成局域消纳和广域互联，进而在地区、国家层面形成主干互联，最终实现能源局域网、广域网、主干网的多层级协调发展、紧密衔接，构成广泛覆盖的能源资源配置体系。

（二）能源商业支撑平台

能源商业支撑平台以先进互联网技术为主导，与先进能源技术相融合，构建能源互联体系中的生态价值流转网络，为B2C、B2B、C2C、O2O、P2P等各种形态的商业模式和市场机制创新提供平台基础和技术支撑。

能源互联网是信息演变成为一种新的生产资料之后与传统能源系统相融合的新型生态化能源系统，其形态表现为新型能源系统的各个形式要素（使用方、建设方、投资方、运营方）在不同的时空颗粒度上，依照市场规律的引领，采取不同的组合方式、不同的功能指向，所呈现出的具有相对稳定的外部形式和内部构造的不同样态（图3–1）。

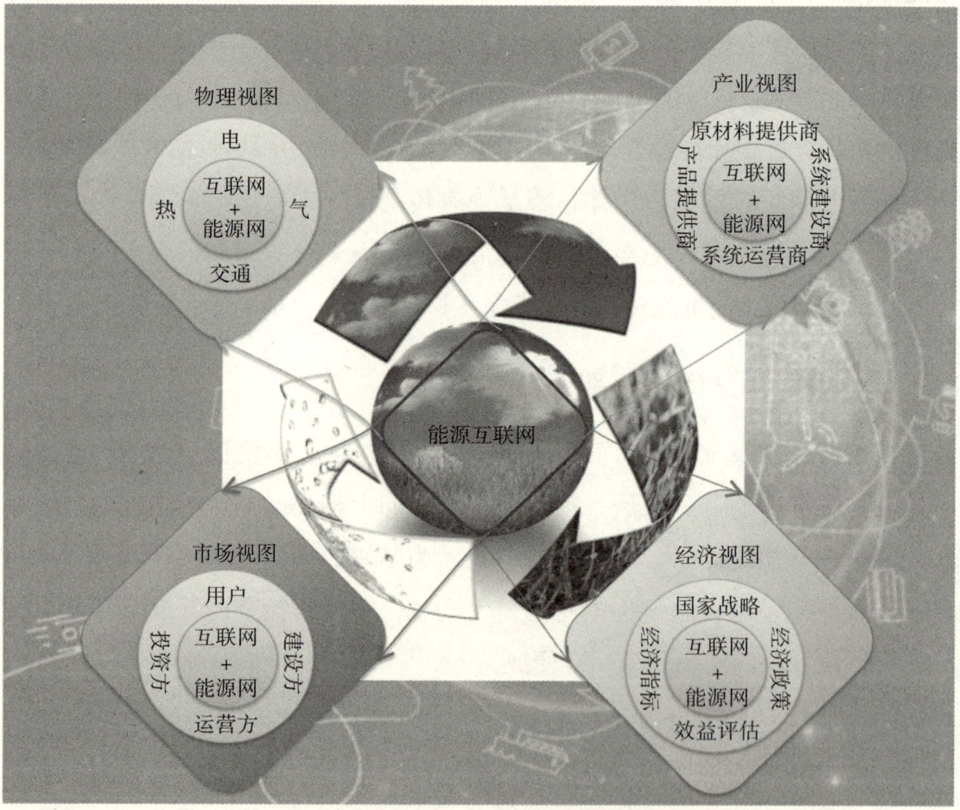

图3-1 能源互联网形态视图

资料来源：课题组根据公开资料整理。

二、能源互联网的三层技术体系

能源互联网作为能源技术和互联网技术与思维的深度融合，涵盖了材料、器件、设备、系统、通信、信息等多方面的技术环节以及政策、金融、运营、管理、标准、市场准入（检测认证）等多方面的非技术环节。

结合能源互联网的三层体系和能源链的五个环节，形成了如图3-2的能源互联网技术体系。能源互联网的相关技术均可落点在该技术体系之中。由于能源互联网技术方向多，涵盖面广，图3-2不可能将所有技术点一一列出，现有体系图中列出的是重要的支撑技术点，这些技术点将在下一节进行阐述。

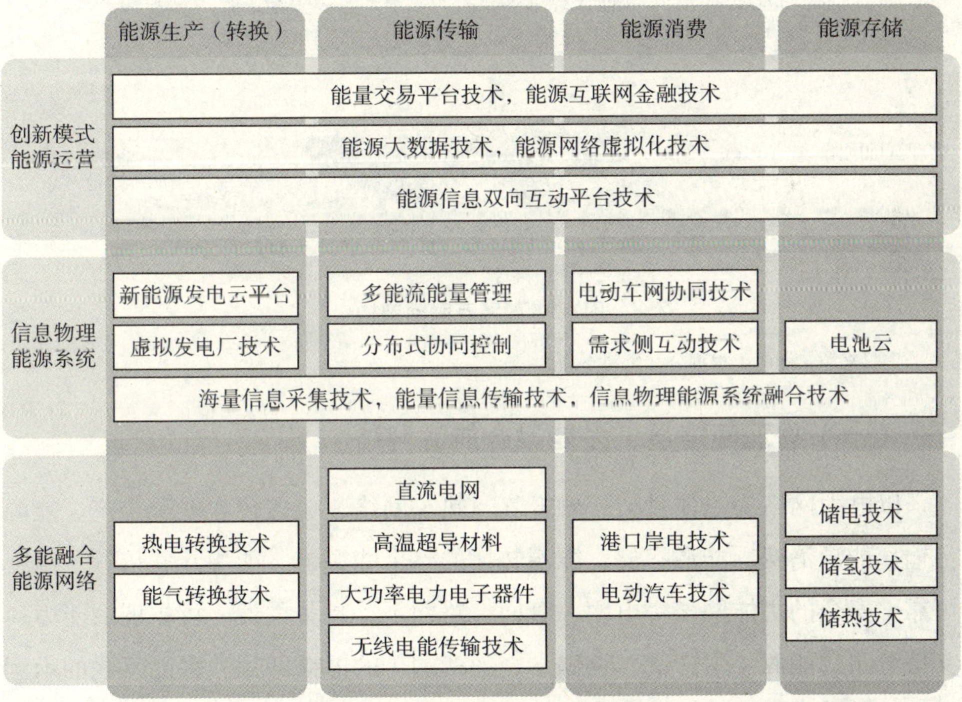

图3-2 能源互联网的技术体系

资料来源：课题组根据公开资料整理。

能源互联网是以可再生能源为优先、以电等二次能源为基础，其他一次能源为补充的集中式和分布式互相协同的多元能源结构，同时通过以互联网技术为管控运营平台实现多种能源系统需供互动、有序配置，进而促进社会的经济、低碳、智能、高效的平衡发展。

如图3–3示，能源互联网可以划分为物理基础网络、信息数据平台和价值实现平台，每层的功能要求及具体内涵如下：

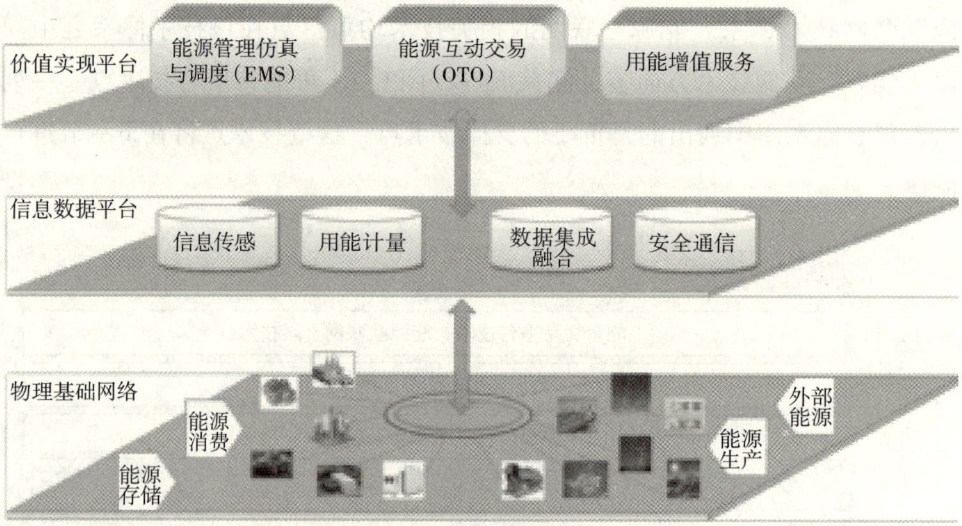

图3-3 能源互联网架构

资料来源：课题组根据公开资料整理。

（一）物理网络层：多能融合能源网络

以电力网络为主体骨架，融合气、热等网络，覆盖包含能源生产、能源传输、能源消费、能源存储、能源转换的整个能源链。能源互联依赖于高度可靠、安全的主体网架（电网、管网、路网）；具备柔性、可扩展的能力；支持分布式能源（生产端、存储端、消费端）的即插即用。多能互联的示例如图3–4所示。

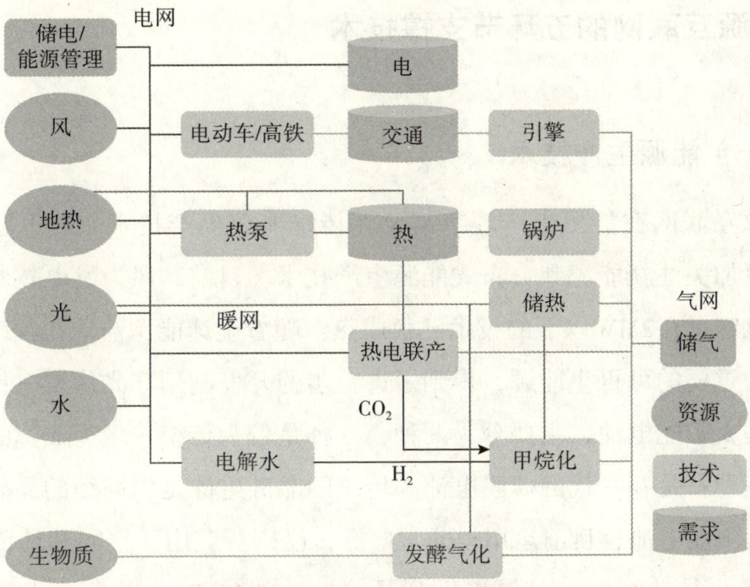

图3-4 能源互联网的领域体系

资料来源：德国华人新能源协会。

（二）信息数据层：信息物理融合能源系统

多种能源系统的信息共享，信息流与能量流通过信息物理融合系统（CPS）紧密耦合，信息流将贯穿于能源互联网的全生命周期，包括其规划、设计、建设、运营、使用、监控、维护、资产管理和资产评估与交易。智能电网在信息物理系统融合方面做了很多基础性的工作，实现了主要网络的信息流和电力流的有效结合。

（三）价值实现层：创新模式能源运营

创新模式能源运营要充分运用互联网思维，利用大数据、云计算、移动互联网等互联网技术，实现"互联网+"能源生产者、能源消费者、能源运营者和能源监管者的效用最大化。是充分发挥"'互联网+'对稳增长、促改革、调结构、惠民生、防风险的重要作用"的核心所在。

三、能源互联网的五环节支撑技术

（一）能源生产技术

能源互联网在能源生产环节需要在传统能源生产技术如热电联产技术基础上更加关注新能源和分布式能源生产技术。目前，风力发电技术进步很快，单机容量在2MW以下的技术已很成熟。随着全球能源清洁化程度加深，风电作为重要的可再生能源，得到了进一步的开发利用。光伏发电技术的关键元件是太阳能电池，主要分为两种，一种是较为传统、较为成熟的晶硅电池，另一种就是新一代的薄膜电池。传统的晶硅电池是以高纯的晶硅棒为原料制成太阳能电池，目前运用得非常广泛，已广泛应用于空间和地面。薄膜电池属于非晶硅结构，其厚度不到晶硅电池的1/100，从而大大降低了制造成本。非晶硅结构的太阳能电池具备易于实现大面积铺展以及弱光性好等优点，使其在太阳能发电技术中占据重要地位。除了发展迅猛的太阳能光伏发电外，太阳能热发电也叫聚焦型太阳能热发电，通过大量反射镜以聚焦的方式将太阳能直射光聚集起来，加热工质产生高温高压的蒸汽，蒸汽驱动汽轮机发电。当前太阳能热发电按太阳能采集方式可分为太阳能槽式热发电、太阳能塔式热发电和太阳能碟式热发电三种。与传统的电厂相比，太阳能热电厂具有三大优势：整个发电过程清洁，没有任何碳排放；利用的是太阳能，无需任何燃料成本；热能储存成本要比电池储存电能的成本低得多。

地热发电是利用地下热水和蒸汽为动力源的一种新型发电技术，把地下的热能转变为机械能，然后再将机械能转变为电能。目前开发的地热资源主要是蒸汽型和热水型两类，因此，地热发电也分为两大类。地热发电的优势是：一般不需燃料，发电成本上多数情况下都比水电、火电、核电要低；设备的利用时间长，建厂投资一般都低于水电站，且不受降雨季节变化的影响，发电稳定等。

（二）能源转换技术

能源转换是多能融合的核心，其包括不同类型能源的转换（切换）以及不同承载方式的能源的转换（变换）。不同类型的能源转换（切换）在能源生产端除了通常的利用发电机等各种技术手段将一次能源转换成电力二次能源外，还包括如电解水生成氢燃料、电热耦合互换等多种形式；在能源消费端，能源转换（切换）是能源消费者可根据效益最优的原则在多种可选能源中选择消费。不同承载方式的能源转换（变换）主要体现在能源传输环节，如在电网中有交流电和直流电之间通过变频器的转换、不同电压等级通过变压器的转换；在天然气管网中，有液态和气态之间的转换；在热网中，通过热泵实现低温高温之间的转换。

1. 热电转换

将富裕电力、低谷电力转换为热能或冷能进行存储，结合具体用户的用能特点，将电能、热能或废弃热能综合管理使用，将大大提高能源的利用效率。另外，通过热电转换，电力系统和热力系统成功连接，热电转换是能源互联网多网融合概念实现的关键技术之一。

热电转换中，主要的储热、储冷技术包括显热储热和相变储热两种形式。由于储热密度高、充放热过程中温度变化较小等优点，近年来，相变储热技术在热能存储领域得到越来越多的关注。冰蓄冷、熔融盐蓄热、合金类相变蓄热等，都是应用较广的相变蓄热方式。

2. 能气转换

能气转换（Power-to-Gas）技术，将富裕电力转换为氢能进行存储并加以利用。能气转换后，氢能的存储具有多种形式，其中直接注入天然气管网，或进一步制成甲烷气体后注入天然气管网的方式，将大大提高氢能的存储规模，其存储量将远大于抽水蓄能和其他储能形式的总量。能气转换后，氢能的利用也具有多种形式，其中最主要的为燃料电池应用。通过燃料电池热电联产系统，电力系统可以和热力网络耦合；通过燃料电池汽车应用，电力系统可以和交通系统耦合。

因此，能气转换在能源互联网中扮演电力网、热力网、交通网融合纽带的角色，是多网融合的关键技术之一。其不仅可克服日常调峰的局限性，而且还能增强全年能源供给的灵活性，尤其是将富裕可再生能源电力转换为氢能，将大大提高可再生能源的利用比例。图3–5 所示，是一个以能气转换技术为基础的能源互联网形态。

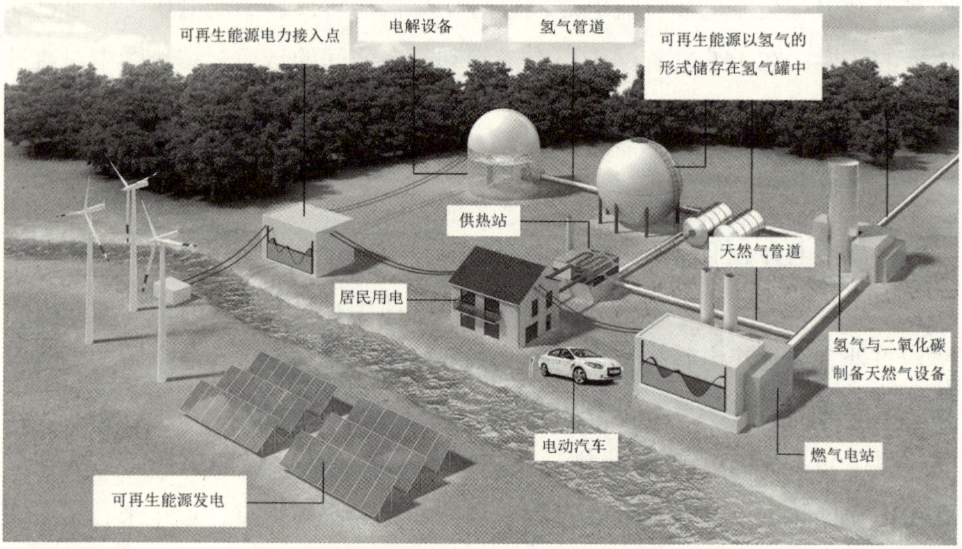

图3-5　能气转换在能源互联网中的应用示意图

资料来源：德国华人新能源协会。

能气转换技术中还包括二氧化碳电化学转化技术。电力存储/CO_2资源化利用可以有效地利用风能、太阳能等可再生能源供电，基于CO_2高温电化学还原技术生产甲烷燃料，直接利用不稳定的可再生电力，以稳定的化学能形式存储电能，开发CO_2电化学转化关键催化剂、反应器设计及系统集成控制关键技术，体现利用可再生能源电力存储、CO_2减排及CO_2资源化利用的社会效益和经济效益。

（三）能源存储技术

能源存储技术主要有物理储能、化学储能、电磁储能、热能存储、氢能及燃料电池五大类十几种技术。目前，储能技术都处于快速发展阶段，未来在可再生能源消纳、提供电力辅助服务、电动汽车、电力需求响应等多个方面都存在广阔的应用前景，是支撑能源互联网运行的关键技术。大容量、低成本、长寿命的新型储能技术，包括替代传统铅酸电池的钠盐电池，可快速充放电、长寿命的锂离子电池，高储能密度的超级电容等，为能源互联网中大容量、分布式能量缓存需求提供支撑，是未来储能技术的共同发展方向。具体的储能技术以及在能源互联网中的应用如表3-1所示。

表3-1　储能技术以及在能源互联网中的应用

分类	名称	能源互联网中的应用领域
物理储能	抽水蓄能	大规模集中式应用
	压缩空气储能	大规模集中式应用；新型地面压缩空气储能系统，还可提供用户侧应用
	飞轮储能	电力调频辅助服务应用；交通领域应用（轨道交通制动能量回收）；企业级UPS
化学储能	铅蓄电池	大规模集中式应用；用户侧应用；通讯基站应用
	锂离子电池	大规模集中式应用；用户侧应用；电力调频辅助服务应用；交通领域应用；数据中心应用；通讯基站应用
	金属-空气电池	大规模集中式应用；用户侧应用
	熔融盐电池	大规模集中式应用；用户侧应用
	钠离子电池	大规模集中式应用；用户侧应用
	液流电池	大规模集中式应用；用户侧应用
电磁储能	电化学电容器	交通领域应用；可再生能源发电支持
	超导储能	电力系统输配电站应用

注：大规模集中式应用，主要包含集中式可再生能源并网、电网调峰调频、系统备用等；用户侧应用，主要包含分布式储能、微电网储能应用、与分布式发电系统配合储能应用等；交通领域应用主要包括电动汽车储能应用、轨道交通制动能量回收应用等；可再生能源发电支持主要包含风力发电机备用驱动电源、平滑可再生能源出力曲线等。

资料来源：课题组根据公开资料整理。

（四）能源传输技术

能源传输网络除输油管道、输气管道等非电能源传输网络外，更主要的是传输电力能源的电力网络。电力传输网从最早的直流网络过渡到了交流网络，交流电力网络成为近几十年最主要的电力输送网络。这些年在高压输电领域，随着需要传输的电力容量越来越大、距离越来越远，出现了特高压输电网络需求，与此相关，特高压运行理论研究、特高压电力装备和试验设备、特高压网络的保护控制装备的研发和生产技术取得了一系列重大突破，并成功应用于工程实践。中国传统的配电网络，一般是开环结构、辐射型网络形式；而随着供电可靠性要求的提高，特别是大量可再生、分布式能源的接入都是在配电网络层级实现，使得配电网络成为多电源、网格化、闭环供电传输网络；主动配电网技术也成为近几年的研究热点；传统的基于过流保护原理的继电保护装置也不再能满足现代主动配电网的测控和保护的需求；与此相适应，基于局域通信网的网络式保护技术研究取得了突破，可适应现代主动配电网的需求，需要在保护原理进一步完善的基础上，进行推广应用研究。为防止配电网络故障引起的电压骤降对敏感用户的影响，快速断路器技术、固态断路器技术的研究也在加强。

1. 直流电网

随着中国新能源战略的推进与智能电网建设的深入，配用电网络已成为实现中国能源高效、低碳利用的关键环节。新能源发电和电动汽车用电呈现显著波动性和随机性，给平衡、同步传输的交流电力系统带来巨大挑战。在电力市场改革和用户用能质量需求提升的背景下，未来电力系统迫切需要提供双向互动、高质低损的用能服务。交流系统在面对新型电力需求时，存在众多问题需要解决，亟须研究新型配电系统，以满足储能的高效、灵活、双向接入需求。

直流电网支撑技术可减少配用电过程中转化的中间环节，提高配用电的效率、可靠性和灵活性，妥善解决分布式新能源和储能系统接入后的系统稳定问题，是国际配用电研究领域的重要发展方向。

直流电网将是能源互联网中骨干网架以及配用电和微电网的核心，是实现能量高效率、低成本传输的关键。需制定符合能源互联网需求的架构与标准，开展直流系统的主回路拓扑结构研究，开展直流系统建模与仿真技术研究，开展智能化直流系统特性及控制保护策略研究，研制换流器、直流变压器、直流断路器、直流电缆、控制保护系统、先进量测和计量系统等核心装备，搭建典型的直流系统仿真和实验平台。研究直流配电网的适用场合和技术经济特性，完成直流电网技术示范应用。

2. 高温超导材料

对新型的具有更高工作温度的高温超导材料进行研究，以降低超导材料应用的难度和成本。针对不同的应用对各系高温超导材料的特性及其制备工艺进行研究；针对超导电缆、变压器、限流器、超导电机等应用开展研究，降低能量流转换设备的损耗，推动高温超导材料的实用化。

3. 大功率电力电子器件

以SiC、GaN等材料为代表的宽禁带电力电子器件具有禁带宽度大、电子漂移饱和速度高、介电常数小、导电性能好等优点，已被公认为第三代电力电子器件的发展方向。预计到2020年，SiC和CaN功率器件将分别获得14%和8%的电力电子市场份额，并将继续保持高速增长。

需要重点解决新一代高压大功率电力电子器件的材料生长与掺杂、器件及封装等问题，为高压大容量直流换流器、断路器的研发提供支撑。对以SiC、GaN等材料为代表的宽禁带电力电子器件的尖端应用开展研究，特别是对其在低功率、高密度、高频等领域中的应用，推动电力电子变换器在电力网络中的应用，使电力电子变换器成为能源互联网中控制能量传输的能量路由。

4. 能源路由器

能源路由器装置是新一代能源管理系统的具体实施装置，在实际应用中智能管理系统的调控指令，包括能源的高效传输、低损耗转换、高度能源自由路由等。通过这些装置，实现能源的远距离、高功率、低损耗传输和调配，完成不同地区上传能源的全网优化分配，实现不同地区用能需求的全网调配。优化的能源路由方式与低功耗能量传输装置的结合是实现能源互联互通、共享能源生产与分配的核心环节。

5. 无线电能传输技术

无线电能传输技术无需电线连接就可实现电能的传送，是一种更安全、更便捷的电能传输方式。先进的无线电能传输技术，在省时省力的同时，还可保证能源的高效利用。这项技术可使用户摆脱电线的束缚，将对人类的电能利用场景产生深远影响。典型的应用对象包括电动汽车、便携设备、家用电器、医疗器械等。在未来的能源互联网中，可广泛用于各种终端设备的接入，实现能源无线互联。

（五）能源消费技术

能源互联网下物理层的能源消费技术主要包括两个方面。

1. 电动汽车技术

电动汽车是一个通用的ICT平台，打造电动汽车价值链参与者之间的强关系和强互动，以及商业模式消费电子化；电动汽车是接入能源互联网最重要的移动设备；电动汽车能够同电力系统完美融合，成为能源互联网的核心之一，发挥多元作用；电动汽车将会是电力网络比重庞大的负荷，同时，具有大规模能量存储能力；电动汽车是能源互联网非常重要的组成部分，既是能源的使用者，也是能源的创造者，是能源的存储单元和能源的传输主体。

电动汽车充电基础设施将会是广泛存在的，多种形式的充电设施并存，同其他基础设施完美融合，通用性极佳，服务主体多元化；充电基础设施是大量移动负荷接入能源互联网的入口，是能源互联网的关键节点；无线充电由于具有安全、智能、部署便利、用户体验佳等诸多优势，将会是能源互联网最重要的入口形式。

2. 港口岸电技术

港口岸电或岸基供电（简称AMP）指船舶靠港期间，停止使用船舶上的发电机，而改用陆地电源供电，大体上可分为三个部分：岸上供电系统（岸上电力从变电站送到靠近船舶的连接点），电缆连接设备（岸上连接点到船上受电装置的电缆和设备，必须满足快速连接要求），船舶受电系统（包括电缆绞车、变压器和电气管理系统）。采用岸电措施后，可将靠港船舶的温室气体和污染物排放量减少 90%以上，显著改善港口地区的空气质量和环境卫生。瑞典2000年率先采用，美国2001年采用，中国2010年开展示范工程。

四、能源互联网的关键使能技术

能源互联网的关键使能技术是一项或者一系列能够体现能源互联网基本特征的支撑技术（图3-6）。能源互联网包括能源协同化、能源高效化、能源商品化、能源众在化、能源虚拟化和能源信息化六大特征。

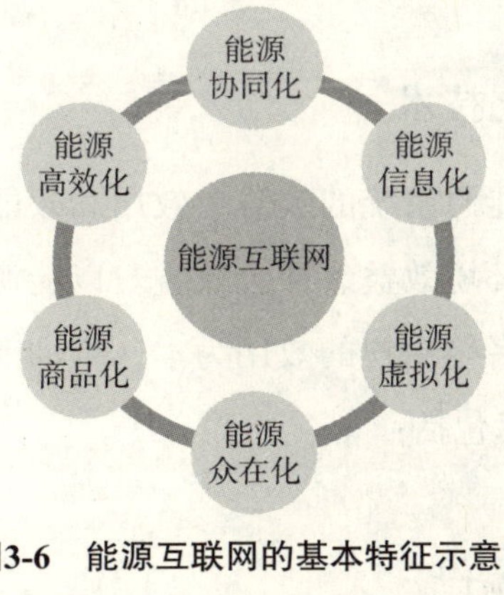

图3-6 能源互联网的基本特征示意图

资料来源：德国华人新能源协会。

（一）能源协同化技术

能源协同化通过多能融合、协同调度，提升能源系统整体效率、资金利用效率与资产利用率。通过能源互联网技术可实现电、热、冷、气、油、煤、交通等多能源链协同优势互补，其潜在效益包括：在产能侧，通过储热、电制氢等方式，可应对可再生能源的不确定性，减少弃风弃光，提高可再生能源的消纳能力，支撑高比例可再生能源的接入；在用能侧通过多能综合利用，实现梯级利用和余能回收，提高一次能源综合利用效率，减少能源消耗和各种污染物排放等；多能源系统协同规划建设，可减少重复建设导致的浪费，提高经济性；为用户多样化用能选择提供了优化空间，可满足用户不同品位能源需求，降低用能成本，提高供能的可靠性。能源协同化的关键使能技术包括：

- 多能流能量管理
- 分布式协同控制
- 电动汽车协同技术
- 新能源发电云平台
- 热电转换技术
- 能气转换技术
- 储能技术

（二）能源高效化技术

能源高效化着眼于能源系统的效益、效用和效能。通过风能、太阳能等多种清洁能源接入保证环境效益、社会效益。以能源生产者、能源消费者、能源运营者和能源监管者等用户的效用为本，推动能源系统的整体效能。能源高效化的关键使能技术包括：

- 直流电网
- 大功率电力电子器件
- 高温超导材料

- 网络友好型风力发电机
- 无线电能传输技术
- 电动汽车技术
- 港口岸电技术

（三）能源商品化技术

能源具备商品属性，通过市场化激发所有参与方的活力，形成能源营销电商化、交易金融化、投资市场化、融资网络化等创新商业模式。探索能源消费新模式。通过以智能电网为配送平台，以电子商务为交易平台，融合储能设施、物联网、智能用电设施等硬件以及碳交易、互联网金融等衍生服务于一体的绿色能源网络发展，实现绿色电力的点到点交易及实时配送和补贴结算。建设能源共享经济和能源自由交易，促进能源消费生态体系建设。能源商品化的关键使能技术包括：

- 能源交易平台技术
- 能源互联网金融技术

（四）能源众在化技术

能源生产从集中式到分布式到分散式实现泛在，能源单元之间对等互联，使能源设备和用能终端基于互联网进行双向通信和智能调控，实现分布式能源的即插即用，逐步建成开放共享的能源网络。能源链所有参与方资源共享、合作，将促进前沿技术和创新成果及时转化，实现开放式创新体系，推动跨区域、跨领域的技术成果转移和协同创新。能源众在化的关键使能技术包括：

- 能源大数据技术
- 能源信息双向互动平台技术
- 能源路由器
- 电动汽车技术

（五）能源虚拟化技术

虚拟化是指通过软件方式将物理资源抽象成虚拟资源，以提升物理资源利用率。能源虚拟化在物理基础层按共享、可调度、可重用的模式设计而形成物理资源池，以按需分配、灵活组装、动态调度的方式来提供物理资源服务，涉及的物理资源包括化石能源（煤炭、石油、天然气）、非化石能源（水能、核能、风能、太阳能、地热能、生物质能等）及能源输送网络（含储能、能量形态转换等装置/设备/系统，涉及电力系统、石油天然气系统、交通运输系统等）。通过对物理资源的描述、抽象、配置、调度等，来实现物理资源池的虚拟化。多个虚拟资源聚合形成虚拟资源池，在虚拟资源池之上，形成虚拟网络。虚拟化前，无论是电力系统还是石油天然气网络系统，其硬件与软件资源独立，软件必须与硬件紧耦合。虚拟化后，硬件和软件资源抽象成共享资源池；软件与硬件解耦，上层操作系统从资源池中分配资源。当软件与硬件彻底解耦时，可以实现软件定义和提供每一项服务（Software Defined Everything，SDE）。

能源虚拟化的关键使能技术包括：

- 需求侧互动
- 虚拟发电厂
- 电池云
- 能源网络虚拟化技术

（六）能源信息化技术

能源信息化基于能量流和信息流的融合，能源链的资源和信息共享，实现互联网与现有业态无缝对接的使能技术。能量信息化与互联网化管控的核心思想是在物理上把能量进行离散化（碎片化），进而通过计算能力赋予能量信息属性（信息化），改变能量的时空控制粒度，实现未来的个性化定制化的能量运营服务。基于能量信息化与互联网化技术，使能量变成像计算资源、带宽资源和存储资源等信息通信领域的资源一样进行灵活的管理与调控，从而使供电与负载在用户侧无缝融合，进而支撑能源互联网发展中技术体系、模式与思维创新的需要。能源信息化的关键使能技术包括：

- 海量信息采集技术
- 能量信息传输技术
- 信息物理能源系统融合技术

第二节　“互联网+”智慧能源中的多能融合（协同）能源网络支撑技术

一、能源互联网中的多能源协调技术

对于“互联网+”智慧能源的多能融合（协同）能源网络而言，能量的协同管理调度技术是最为关键的核心技术之一，该技术主要解决多种不同形式能源之间如何高效地转化，以及这些能源如何与需求侧形成互联的问题。

能源的相互转化，也称为能源协同化，其内涵外延包括多能源的融合以及多能源之间的协同调度。利用能源协同化技术，可将电、热、冷、气等资源构成可靠的能源供应体系。依靠多能互补，使得每种能源能够充分发挥其优势属性，提高多能融合能源网络的效率和适用性。举例来说，电能的特点是能够实时地进行远距离传输，且在传输的过程中电能的质量能够得到保证。此外，电能作为一种清洁的能源，在电能的使用环节对环境造成的污染，较其绝大多数的其他常见形式能源而言都是较小的。因此，在多能系统中，电力应作为核心能源，并在此基础上综合考虑多种形式的其他能源的属性，进而构建多能融合能源网络。

在能源的协同化技术中，可根据能源的转换、存储以及分配将系统分成

三个功能模块。

首先是能源转换模块，该模块主要实现对能量形式实现转换。其可以依据能量的类型、特性以及过程而采用相应具体的技术来实现；其次是能量的存储模块，顾名思义，该模块主要负责多能源融合系统中对某些形式能源的存储。同样以电能为例，目前主要采用电池储能技术存储无法实时平衡的电力生产或消耗，并在能量供给不足时，将能量释放到系统中以实现支撑；最后是能量的分配模块，该子模块主要负责全系统的能量分配。主要利用二次设备传来的信息对网络的用能进行分析，并自动对能量进行调整与配比，该模块可决定不同形式能源在能源消耗中所占的比例。

多能源协同化技术可以带来进一步的收益。由于风电出力具有随机性、波动性和不确定性，在多能协调系统中，可利用多能流能量管理技术对风电机组的不平衡发电电量进行调度与回收。更宽泛地说，对于各种形式的新能源发电系统而言，多能协同使得更高比例的新能源渗透率成为可能。

综上，能源协调技术在工程应用中的实例可举例如下：多能流能量管理、分布式协同控制、电动汽车协同技术、新能源发电云平台、热电转换技术、能气转换技术、储能技术；直流电网、大功率电力电子器件、高温超导材料、网络友好型风力发电机、无线电能传输技术、电动汽车技术、港口岸电技术。

二、分布式能源设备的集成与应用

分布式发电是小型模块化、分散式、布置在用户附近的高效、可靠的发电模式，也是一种新型的、具有广阔发展前景的发电和能源综合利用方式。目前主要包括采用风力发电机作为分布式电源的分布式风力发电以及采用光伏组件将太阳能直接转换为电能的分布式光伏发电系统。分布式发电倡导就近发电、就近并网、就近转换、就近使用的原则，不仅能有效提高同等规模光伏电站的发电量，同时还可有效解决电力在升压及长途运输中的损耗问题。

三、分布式可再生能源与用户的协调互动技术

用户的能源需求主要分为用电需求或用能需求。用户的用电需求是指用户以电能为能源，通过某种电气设备将电能转换为其他形式的能量以满足自身需求时所需要的电能。用户的用能需求是指用户对其需要的某种能量形式的直接需求量，例如用户对冷量或热能的直接需求。智能电网技术与用户需求侧响应的协作发展推动了电网的智能化及分布式可再生能源的有效消纳。利用智能用电双向互动运行模式及支撑技术，动态地整合用户需求侧的资源，并成为智能电网环境下需求响应机制研究的核心。

随着新型能量管理系统的发展，在电力运营商提供一定经济刺激的情况下，将会产生一类负荷。它能够通过对一种用电设备或设备组进行智能控制，改变用电时间和负荷大小以配合电力运营商的需求响应策略，从而获得经济效益。在配套相应储能设备后，这种负荷能够在某些时段完全脱离电网，甚至向电网反向输电，这种负荷可称之为主动负荷。伴随高峰负荷的日益增长和风电、太阳能等分布式可再生能源的高渗透接入，对具有储能能力的主动负荷与系统用电负荷以及可再生能源发电负荷的互动响应行为研究日益成为关注的焦点。智能电网和电力市场发展进一步推动了对需求响应行为评估分析方法的研究。能源与用户侧协调互动的主动负荷互动响应技术系统见图3–7。

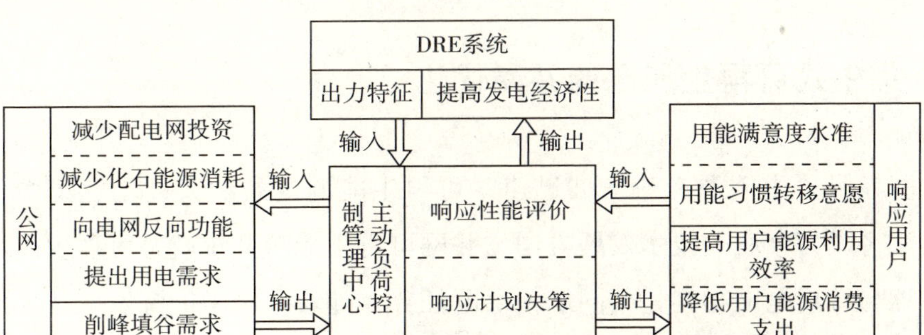

图3-7　主动负荷互动响应技术系统

资料来源：德国华人新能源协会。

目前，国内外研究较多的主动负荷系统主要有配合光伏发电的电动汽车充电站、配合风电的冰蓄能空调以及含分布式可再生能源及配套燃料电池和微型热电联产装置（MicroCHP）的小区负荷。主动负荷系统需求响应的最大优势是在保障用户正常用能需求的同时转移用电需求，实现用电需求和用能需求的解耦，满足电网对削峰填谷的要求，同时有效消纳分布式可再生能源。

主动负荷的响应主要为联合发电与供电侧的互动响应，其互动性主要体现在三个方面：第一，用户改变自身的用能习惯，在特定时期内减少用能需求或转移用能需求，以实现用电负荷削减或转移，改善系统负荷特性，降低系统供电成本；第二，灵活配合风电等分布式能源出力，实现可再生能源的经济吸纳；第三，具备一定程度自给供电能力，减少配电容量和主网电源供给需求，甚至具备能力向其他系统输送能量（包括电能、热能、冷气等多种能量形式）。主动负荷互动响应可在较少调整用能需求时间分布甚至提高用电水平的同时，利用自身需求响应系统，在吸纳分布式可再生能源的同时最大限度地调整用电需求时间分布，满足电网削峰填谷的要求。主动负荷互动响应给电力用户用能、电力系统运行、分布式可再生能源运行创造高水准的经济效率。即在用户用能习惯转移意愿范围内，高效满足用户用能需求，同时经济消纳可再生能源，并满足电网改善负荷特性、减少配电网容量投资的要求。主动负荷的需求响应能够有效地减少新增装机容量，提高系统效益，并有力支撑分布式可再生能源的经济消纳。

四、集中式可再生能源的并网优化

世界可再生能源产业发展迅速，可再生能源电站的大型化、集中化和并网化将成为今后的技术发展方向。并网可再生能源系统就是可再生能源发电系统与常规电网相连，共同承担供电任务。随着可再生能源发电技术的发展，可再生能源已渐渐由补充能源向替代能源过渡。鉴于光伏发电出力的随机性和不连续性，光伏电站并入电网运行会对电网多方面造成影响，例如孤岛效应、谐波污染问题、无功补偿问题以及电压闪变的问题。随着光伏容量的不断加大，给电网带来的负面影响也变得更为明显。

（一）最大功率点跟踪技术（MPPT）

随着光伏发电技术的发展，也为了满足新的要求而不断发展，以提高系统稳定性并且适应各种运行条件，解决以上问题的最大功率点跟踪技术（MPPT）成为集中式可再生能源并网优化的重点技术。光伏发电最大的特点就是其输出的随机性、不连续性和不确定性，而且光伏输出还与其影响因子呈现非线性的关系。太阳辐照度和周围的环境温度都是人们所无法控制的，而这两点却恰恰是影响光伏发电输出的关键因素，随着太阳辐照度和环境温度的实时改变，光伏阵列输出的端电压会随之改变，继而光伏阵列的输出功率也会发生改变。因此，光伏阵列的最大功率点跟踪技术（MPPT）成为研究重点，目的就是使光伏阵列在太阳辐照度和环境温度时刻改变时仍能一直获得最大的功率输出，同时还要求应具有快速性、准确性和稳定性等特点。

（二）并网逆变器

在光伏并网发电系统中，并网逆变器的设计一直都是核心内容和关键技术。研究逆变器的结构以及控制方法，是为了提高整个系统的发电效率，同时还可降低发电成本。光伏并网逆变器与独立逆变器不同之处是它不仅可将光伏阵列发出的直流电转换为交流电，同时还可以对其频率、电压、电流、相位、有功和无功、同步、电能品质（电压波动、高次谐波）等进行控制，可具备多种功能。逆变器及其控制方面，逆变器是光伏发电并网的核心器件和关键技术，合理地设计并改进逆变器的结构和控制方法可有效提升系统效率。随着技术的发展，逆变器由单级拓扑结构发展为多级拓扑结构，目前还出现了许多结合单级和多级的复合拓扑结构，复杂的拓扑结构以及光伏电站容量的不断增加，都对并网逆变器的控制策略提出了更多的要求，并网逆变器将会朝着多模式控制的方向发展，拥有越来越多的功能。由于光伏并网逆变器输出与交流电网连接，交流电网的电压基本不变，所以并网功率的大小可通过控制并网有功电流来得以实现。系统通过调整并网有功功率电流来稳定光伏阵列的输出直流电压，即并网有功功率与光伏阵列输出功率相平衡，这样整个系统方能稳定运行。

五、核能的安全高效利用

核能的开发利用是20世纪人类在能源领域取得的伟大成就，发展核电已成为许多国家保障能源供给、优化能源结构、应对气候变化的重要举措。核反应堆可分为热中子反应堆（简称热堆）、快中子反应堆（简称快堆，也称增殖堆）和可控聚变堆三种。中国核能发展的技术路线是走热堆、快堆、聚变堆三步发展的道路。近期发展已经成熟的热中子堆核电站，满足当前和近期核电发展的需要。第二步发展快中子增殖核电站及配套的核燃料循环体系，充分利用铀资源，实现裂变核能的可持续发展。第三步发展核聚变堆核电站，有望最终解决人类的能源供应问题。

商用核电根据发展历程可笼统地分四代。核电的代际之分，并无严格的科学定义，只是对核电站技术发展历程和技术特点的一种笼统提法。核电技术是建立在成熟工业技术基础之上的，完备的核电机型和技术本身的研发周期非常长，代际之间更多的是一种革新技术与成熟技术思路的差别，代际之间并不能在短期内实现普遍意义上的简单更替。第一代核电技术，指20世纪五六十年代建设的原型堆核电站，目的在于验证核电在工程实施的可行性；第二代核电主要是指在早期原型堆的基础上实现商业化、标准化、系列化的成熟机组，20世纪70年代开始建造，目前仍在运行的大型商用核电站多为第二代核电，福岛及切尔诺贝利事故，促进了核电技术自身的反思，通过一系列的技术改进，第二代核电安全性及成熟度不断提高，成为全球商业在运核电的主力堆型；第三代技术包括改革型能动系统及先进型非能动系统，目前中国在建的EPR、AP1000两种核电技术，走在全球核电技术前列，没有示范堆的经验可以借鉴，在工程建设中遇到的若干工程技术问题，尚需要在建设、调试的实践中进一步成熟，在经验反馈中不断完善；第四代核电技术是指待开发的具有技术创新的核电技术，其主要特征是具有更好的经济性和安全性，核废物产生量最小化，核资源更有效利用，可防止核扩散。

中国二代改进型核电站基本实现自主设计、自主制造、自主建设和自主运营，建成了完整的核燃料循环体系，技术水平已达到国际先进水平，同时造价具有很强的国际竞争力，改进发展潜力巨大。发达国家老机组延寿增容将会有较大发展，二代机型还有一定的生命力。老机组延寿增容和新机组建设并举，二代改进型和三代技术并进将成为世界核电发展的主要趋势。

第三代核电机组的设计原则，是在采用第二代核电机组已积累的技术储备和运行经验的基础上，针对其不足之处，进一步采用经过开发验证可行的新技术，以显著改善其安全性和经济性，满足URD文件或EUR文件和NUSS建议法规的要求。主要堆型包括美国西屋电气公司的先进非能动压水堆（AP1000）、法国阿海珐公司的欧洲压水堆（EPR）、美国通用电气公司的先进沸水堆（ABWR）和经济简化型沸水堆（ESBWR）、日本三菱公司的先进压水堆（APWR）和韩国电力工程公司的韩国先进压水堆（APR1400）等。其中最具代表性的就是AP1000和EPR。

AP1000通过独特的非能动安全系统设计，使反应堆设计更加简单，堆芯损毁概率可忽略不计，提高了核电站的安全性和可靠性；实行模块化设计与建造，有利于提高核电站建造质量和标准化程度；配备行业最先进的全数字化仪表和控制系统，使核电站的运营更加简便。AP1000还采用双层安全壳设计，减小了外部事件影响概率，并增加了严重事故预防和缓解措施，包括堆腔淹没技术、安全壳内氢点火技术和氢复合系统。2007年7月24日，中国国家核电技术公司、三门核电公司、山东核电公司与西屋联合体及其分包商分别签订了依托项目4台AP1000核电机组的核岛采购合同和相应的技术转让合同，经过中美两国政府批准，于2007年9月24日如期生效。通过依托项目建设、设备设计和制造技术的转让，三代核电AP1000关键设备国产化工作稳步推进。

目前，已经实现国产化、完成供货并运抵现场的设备包括：非能动余热排出热交换器、稳压器、堆芯补水箱、主管道和钢制安全壳。反应堆压力容器、蒸汽发生器、主泵等设备的国产化工作也相继取得了实质性进展。

法国阿海珐公司（AREVA）开发的欧洲压水反应堆（EPR），属于第三代改进型先进PWR核电站。EPR是在法国N4反应堆和德国Konvoi反应堆基础上研制的新一代压水堆。在安全性上，EPR针对防止堆芯熔化以及放射性大量释放等安全因素进行了设计改进，采取了很多防备和缓解手段，配置4套相同的安全系统，每套系统都具备独立的在非正常状态下冷却堆芯的功能，从而将堆芯损坏概率降低一个数量级；在经济性上，EPR有着所有轻水反应堆中最高的热效率，达到36%。它有望提供比现有轻水反应堆更低的发电成本，在60年服役年限中核电站利用率可达92%。目前全球在建三台EPR核电站，2005年芬兰奥尔基洛托核电站开工，2007年法国弗拉芒维尔核电站开工，上述两台机组的建设过程屡屡延期。中国的台山核电站于2009年开工建设，2012年9月已完成穹顶吊装，有望成为全球最早建成的EPR核电项目。

在引进消化吸收国外先进技术的基础上，中国正逐步实现三代核电技术的自主化发展。一方面在AP1000技术的基础上积极推进自主产权CAP1400的开发，建成CAP1400重大专项示范工程并进行规模化建设，进一步开发具有更高经济性和安全性的CAP1700核电站。另一方面，中核和中广核集团正在利用已有技术开发具有自主知识产权的三代核电：ACP1000和ACPR1000，主要指标包括达到三代技术指标；采用能动与非能动相结合的先进安全系统；以成熟可靠的技术为基础，借鉴吸收引进的三代核电先进设计理念；具备完善的严重事故预防与缓解措施，考虑应对福岛核电站事故的相关改进和措施；充分利用当前国产化技术，使国产化率保持在85%左右；双层安全壳，具有抗商用大飞机撞击能力。

核电先进国家于21世纪初提出了面向未来的第四代（GenerationⅣ）反应堆的开发计划。第四代反应堆是一种革新型反应堆，其开发目标是要在2030年或更早一些时间创新性地开发出新一代核能系统，使其在安全性、经济性、可持续发展性、防核扩散、防恐怖袭击等方面都有显著的先进性和竞争能力；它不仅要考虑用于发电或制氢等的核反应堆装置，还应把核燃料循环也包括在内，组成完整的核能利用系统。第四代国际核能论坛（GIF）选出了六种优先发展的第四代核能系统：钠冷快堆（SFR）、铅冷快堆（LFR）和气冷快堆（GFR）、超临界水冷堆（SCWR）、超高温气冷堆（VHTR）和熔盐堆（MSR）。中国已取得一定研究成果且具有较大发展潜力的是高温气冷堆和快中子堆技术。

高温气冷堆是在早期气冷堆、改进型气冷堆的基础上发展起来的先进堆型，采用全陶瓷型涂敷颗粒燃料元件，耐高温石墨作为慢化剂和堆芯结构材料，用化学性能和热工性能良好的氦气作为冷却剂，堆芯出口温度可高达700~950℃。高温气冷堆的主要技术特征如下：一是“非能动的安全性”。高温气冷堆是国际核能界公认的一种具有良好安全特性的堆型。性能优异的包覆颗粒燃料是获得其良好安全性的基础。模块化高温气冷堆的堆芯余热利用“固有安全”的先进概念，排除事故下堆芯熔化的可能性。二是系统大为简化，反应性控制方式、压力调节以及专设安全系统大为简化。三是发电效率高。高温气冷堆的氦冷却剂出口温度可高达950℃，可以充分利用其高温氦气的潜力，获得更高的发电效率。四是连续装卸燃料与模块化建造。模块式建造可以减少定期更换燃料停堆的时间、提高运行的可利用因子，增强了其对市场变化的活反应能力，且减少了建造期的利息，有利于降低建造成本。在“863”计划的支持下，清华大学成功建造了10MW高温气冷实验堆（HTR—10），并实现满功率并网发电，长期的运行和各项安全实验验证了高温气冷堆的固有安全性，证明了高温气冷堆的技术可行性。HTR—10的成功建造和运行标志着中国高温气冷堆技术研发取得了突破性成果，使中国在高温气冷堆技术上处于国际先进行列。

快中子堆的突出优点是它具有较大的核燃料增值能力。快中子堆（简称快堆）是由平均中子能量0.08~0.1MeV的快中子引起链式裂变反应的反应堆。在核废物最小化方面，快堆闭式循环可以通过次锕系元素嬗变，使长期放射性毒性降低2个数量级以上。发展快堆闭式循环系统能够充分利用铀资源，实现废物最小化，这是中国核能大规模可持续发展的重要方向之一。中国快堆的发展始于20世纪60年代，第一座钠冷快中子反应堆于2010年7月21日实现首次核临界，2011年7月21日成功实现首次并网发电，发电功率20MW。目前中国快堆技术还不成熟，设备制造经验较少，商业化应用需要从国外成套引进相关技术和设备，短期内大规模部署快堆的条件还不具备。

核能发电本身不会产生温室气体，但是核能的温室气体排放还包括从铀矿开采、冶炼，经铀化工转换，到浓缩和制造反应堆用燃料元件的一系列加工处理过程以及经过核反应堆卸出的乏燃料需要经冷却、贮存和后处理后，对其有用部分加以利用和对其放射性废物进行处理整个核燃料循环（简称核电链）的各个环节。

核电的不同技术对温室气体减排的差异不大，染污减排量主要体现核电链对煤电链的规模替代。研究表明，煤电燃料链与核电燃料链温室气体排放系数分别是1302.3克/千瓦时和13.71克/千瓦时。核电站运行期间的温室气体排放是最小的，仅占整个核电链的14.5%，产生的温室气体的排放主要是为了维持核电站的运行而引入火电造成的。煤电厂运行期间的排放量占到77.9%，随着核电站运行时间的增加，在运行期间增加的温室气体排放量很小，从长期来看核电减排的效益将更加显著。

根据前文内容可以看出，核能具备其独特优势，积极发展核电，能够推动节能减排和资源优化配置。

首先，核能对低碳减排能够起到关键作用，核电具备较好的节能减排效果。从国外国内大环境来看，碳排放空间的约束已经开始限制中国现代化进程。核电清洁性高，有利于环境保护。传统有机化石燃料燃烧所排放的二氧化硫、二氧化碳、氧化亚氮等气体不仅危害人体安全，对大气环境也造成严重的损伤。相比之下，符合安全卫生规范标准设计的、高质量建造并且按照规范运行的核能发电站能够高效、安全运行，并且能够有效回收放射性“三废”，极大地减少了对环境的影响。根据一些学者对核能及减排关系的研究可以得出，随着核能装机容量的提升，替代煤电减排二氧化碳的总量也同步升高，因此核能在发电过程汇总产生的二氧化碳与其他发电方式相比具备不可比拟的优势，对排放峰值数量和时间峰值时间限制具备关键作用。

其次，核能具备高度浓集、高储量、高能量特征。1吨金属铀裂变产生的能量等效于270万吨标准煤燃烧能量。当前地球上已探明的核燃料总能量约等于其他有机燃料的总能量的20倍，其具备较高的替代潜力。另外，虽然核电站的建造成本虽然高于传统火电机组，但是核电其燃料运行成本比例是相对较低的，一般核电站的燃料费用占总发电成本比例20%左右，而火电站则高达40%～60%。因此，在发电成本层面上，核电与火电竞争具有较好经济性。与此同时，在交通系统层面上，核电的发展有助于减轻交通系统对燃料输送负担。因为核能能量的高聚集性，相同能量下的燃料运输量核能会远低于煤炭等化石燃料。通过提升核能发电比例，同步能够减少煤、石油、天然气发电比例，也能够促进上述有机化石燃料价值的转移。综上，核电这种发电方式具备清洁、较为安全、供应能力强、发电规模较大、技术较为成熟等特征。

核能的发展前景是较为光明的。近些年世界各地组织都在积极倡导清洁能源利用，新能源有效替代，减少碳排放量，减缓全球气候变暖进程。在这样一个大背景下，核能行业学者预测核能将在接下来的时间进入飞速发展状态。但是需要了解的是，核能的发展并非畅通无阻，当下需要解决的问题也是存在的。首先虽然核能发电的基础技术已经具备，但是能够投入商业运行的反应堆种类较少，因此提升核电站以及核能发电技术，是一个需要关注的问题。同时，在实际核能发电过程中，会产生较难处理的热污染问题。这是因为当前核电站发电效率较低，核电站平均每发一千瓦时相比同级燃煤机组将会产生多40%的废热，而这部分废热将会转移到环境中。另外，核能的放射性废物污染在当下社会也引起了广泛关注。核电站产生的放射性废物污染通过气态、液态等状态进入环境。

发展核能对我国能源行业具备战略性意义。其重要作用在于，不仅可以推动能源利用的安全高效，带动全行业发展，有效改进环境污染问题。从长远角度来看，核电能够为电力行业、交通行业、工业制造业等行业提供能源供给，取代低效能高污染的传统化石能源。实际上我国核电在过去三十多年的发展中，已经取得了一定成效，但是与发达国家相比仍旧存在差距。我国2020年前核电尚未进入大规模化发展，减排效果尚不明显。受各种因素影响，核电发展缓慢，核电装机徘徊在1亿千瓦左右，减排量大约在10亿吨二氧化碳。若2030年三代核电实现规模发展，减排重要作用开始显现。2030年前后，中国三代核电进入规模化发展阶段，成为减排中的技术主力。2030年若核电装机1.5亿千瓦，每年可减少CO_2排放15.38亿吨；若实现装机2亿千瓦，每年可减少CO_2排放20.53亿吨。上述减排量将占中国排放总量的20%~25%，将显著降低中国减排的压力。届时，核电将成为中国在应对气候变化、实现低碳发展和能源革命的重要抓手。加快推进核电发展，提升核能发电量在全发电量中的比例，从而缓解环境保护压力、交通运输压力、为高新科技产业和装备制造业提供更多电能供给选择，促进经济发展，优化能源结构，保障能源安全。注重专门性人才的培养，社会上加强宣传交易，提升民众对核能的正确认知，促进核能产业在我国的进一步发展。

第三节 “互联网+”智慧能源中的信息通信与能源融合技术

一、信息物理能源系统支撑技术

信息物理能源系统包括能为能源互联网提供数据传输、资源共享的大规模、跨区域网络，包括这类网络末端的数据采集和系统控制节点，用以支持实现能源互联网中相关设备的互联和互操作。信息网络层需要屏蔽掉物理层节点的异构性，为应用业务层以透明的方式提供即插即用式服务，不仅需要接入控制、网络路由、数据传输、发布/订阅等传统计算机网络中所涉及的技术，还需要大量不同于传统计算机网络的新技术，如异构数据的统一描述和语义解析、移动节点的即时定位、控制指令的实时传输和全局网络的时钟同步等。

二、信息物理能源系统融合技术

能源互联网的本身特点对其信息物理系统（EI-CPS）在感知、计算、通信和控制等方面的能力都提出了新的要求，有必要针对这些新要求开展能源互联网信息物理系统体系结构研究，为能源互联网系统规划和建设等提供科学的理论指导。EI-CPS是一个多网络融合的系统，其拓扑结构动态变化、单元具有自适应和自治性，同时有很强的社会性，其建模分析具有一定难度。需要针对EI-CPS能力需求建模方法、EI-CPS演化模型、EI-CPS系统结构优化技术、EI-CPS接口与标准协议、EI-CPS网络协同控制技术等进行研究。

能源互联网应用环境下能源信息呈现出异常复杂的特征，从能源类型维度分析，信息涵盖电、气、热、路四种网络和电、热、冷、交通四种能量形式；从能量流环节维度分析，信息的产生分布在能源生产、能源传输、能源分配、能源消费四个环节；从能源资产全生命周期维度分析，信息的产生来源于规划、设计与建设、运行与监控、运维、资产管理和资产评估及交易五个阶段；从信息产生时间维度分析，信息分为历史信息、实时信息、预测信息；从信息表现形式维度分析，信息分为设备运行状态信息、网络运行状态信息、设备健康状态信息、计量信息、环境信息、地理信息和气象信息等；从信息组织形式维度分析，信息分为结构化信息和非结构化信息；从信息价值维度分析，信息的应用分为物联层、数据层、分析层、预测层、自动化和价值收益五个层次；从信息消费者维度分析，信息客户包括投资商、供应商、运营商、能源终端用户、政府监管部门等。

只有采用统一建模技术和海量信息集成技术，才能准确表达信息背后的业务逻辑，把纷繁复杂的信息集成在一套信息系统（a System of Systems，SoS）中，满足各种差异化业务应用需求。

（一）能源生产（转换）信息物理融合技术

能源生产领域信息物理融合现有支撑技术主要关注于安全生产、提高能源生产效率、降低生产设备运维成本，如传统水、火、核电站的PLC装置、分布式控制系统（DCS）、自动发电控制系统（AGC）、监控信息系统（SIS）和管理信息系统（MIS），风电场、光伏电站、油气田的SCADA系统、气象预测系统等。能源生产领域的新型信息物理融合技术应更关注于能源交易、辅助服务、降低信息系统本身的运维成本等。

1. 虚拟发电厂技术

虚拟电厂是将分布式发电机组（Distributed Generation，DG）、可控负荷（Dispatchable Load，DL）和分布式储能设施（Distributed Energy Storage，DES）有机结合，通过配套的调控技术、通信技术实现对各类DER进行整合调控的载体。

虚拟发电厂结构区别于传统电厂的典型不受地域分布上的分散性的限制。从某种意义讲，虚拟发电厂可看作是一种先进的区域性电能集中管理模式，该模式无需对电网进行结构改造就能有效整合区域内各种形态和特性的电源与用电负荷，对区域内的发电和用电单元实施经济高效的控制。

虚拟电厂应该实现如下功能：网络通信及管理功能；发电管理功能；新能源发电功率预测功能；用电负荷预测及管理功能；数据管理及分析功能；电力市场中的经营能力。

虚拟发电厂具有多样化电源集成的互补性和丰富的调控手段。因此，虚拟发电厂在电力市场中既可以参与前期市场、实时市场，也可以参与辅助平衡市场，改变可再生能源不确定、不稳定的局面。

2. 新能源发电云平台技术

由于风电和光伏发电的间歇性、波动性，新能源发电云平台以提高发电资产投资回报率为最终目标。第一，对投资而言，理性的规划设计达到理论投资收益最大化，投资风险最低；第二，对生产而言，投产后损失电量最少，运维成本最低；第三，对经营而言，基于资产评估与优化策略制定，建立有效的管理模式，进一步提升资产价值。从这三个方面进行全生命周期的管理，达到发电量提升，运维成本不断降低，投资效率不断提升的目的。

以传统互联网和大数据技术为基础，同时结合新能源和分布式电厂的运营技术、行业开发技术、管理技术实现新能源发电云平台可以对新能源电站发电情况进行实时集中监控、功率控制和能量管理，实现发电量损失降低，提升运营效率。最后通过大数据挖掘技术进行发电厂的亚健康诊断和故障预警。

新能源发电云平台的价值，除了提升运营效率外，还可以为每个电站进行全生命周期的资产风险评估和风险评级，从而判断电站的交易可能和潜在交易价值，降低电站投资风险，促进电站交易。

在新能源发电资产都信息化、数据化之后，在此基础上创新商业模式产生，也会不断演化出新的交易平台，比如能源资产交易平台、能源交易平台等。

（二）能源消费信息物理融合技术

本节内容主要阐述在能源消费层面（即用户侧）信息流能量流有机结合互动的相关技术。能源互联网下信息层的能源消费技术包括多个方面。在基本能源消费方面，作为普通消费者的负荷侧能源的互动、高效利用是能源互联网的终极目标。随着能源大环境市场化建设的逐步深入，负荷侧用能呈现多样化发展，进一步提升的互动能源消费对灵活市场下的杠杆政策、新型用电元素的调控方式及互动策略都提出了新的挑战。能源互联网下的能源消费呈现多样化特性，涵盖电能、热、气等多重能源。即终端能源消费者可通过能源替代或者能源转移的方式，综合设计或选择更高效的能源消费方案。用户能源消费互动技术可以在新型用电元素的远程控制和自动响应技术的基础上，提升电网的用电互动服务和用户侧的智能化响应能力；形成适应电力市场化发展的自动响应新模式；支撑能源综合服务商等模式下需求响应效益评价与分享方法。

另外，具有特殊能源消费特性的负荷——电动汽车的普及将改变能源消费的结构，是实现能源消费低碳化转型的重要途径。大规模电动汽车的发展需要合理的充电设施布局相配套，并且需要统一的充电设施接口、通信等标准。在此基础上，发展电动汽车充（放）电导引、充（放）电调控、参与电网优化运行、与新能源发电配合等协同交通网、电力网和新能源发电层面的技术体系，将有效促进能源、交通和信息系统的融合，成为能源互联网的重要组成部分。电动汽车车联网技术包括车—车、车—网、车—基础设施之间的联系技术，通过车联网，可以将电动汽车连成一个平台，实现交通资源、能源资源的最大利用。电动汽车将成为互联网的一个信息节点。

（三）能源传输信息物理融合技术

电力传输网是能源传输的主要网络，现有的智能变电站系统、配电网自动化系统都是典型的CPS系统。智能变电站的变压器油色谱在线监测系统、GIS局放在线监测、高压开关在线监测、避雷器泄漏电流在线监测等状态监测系统已经广泛应用，数字式PT、数字式CT在智能变电站普遍应用，但整体上智能变电站系统稳定性有待提高。配电自动化装置和配电自动化系统在配电网已广泛应用。基于故障指示器技术、地理信息系统（GIS）技术的配电网故障远程监测系统已经普遍应用，并取得较好的运行效果。但配电网单相接地故障检测技术的实用化程度还不够；针对具有大量分布式电源接入的主动配电网，其保护、运行控制、故障监测和故障定位技术还需要加强研究。

电力能源流供给和消费需要实时平衡，为维持电力系统安全、稳定可靠运行的控制系统，其实时性与安全性要求高，对通信信息安全要求也较高；为多能源流的调配、共享、大数据应用、不同特殊应用之间的信息共享等服务的信息系统，其实时性要求相对较低，接口和协议标准化要求高；后者通过信息互联网很容易实现；需要研究在能源互联网中如何有效构建和融合两种不同用途的信息网。

在能源互联网领域，需要借助云计算和网络虚拟技术，例如CDN等实现能源网络的去中心化、异构化以及自组织化，作为能源互联网建设的基础。CDN（Content Delivery Network）内容分发网络技术，其基本思路是尽可能避开互联网上有可能影响数据传输速度和稳定性的瓶颈和环节，使内容传输得更快、更稳定。通过在网络各处放置节点服务器所构成的在现有的互联网基础之上的一层智能虚拟网络，CDN系统能够实时地根据网络流量和各节点的连接、负载状况以及到用户的距离和响应时间等综合信息将用户的请求重新导向离用户最近的服务节点上。其目的是使用户可就近取得所需内容，解决Internet网络拥挤的状况，提高用户访问网站的响应速度。随着能源网络的快速发展，传统网络架构已无法满足现有对能源传输、按需调度的需求。同时，互联网络正在向着去中心化、自组织化等方向演进。

能源互联网状态估计为经济调度、安全评估和在线控制等高级应用提供必要的数据基础，基于PMU的广域量测系统（WAMS）将是未来能源互联网主要状态监控手段。相比传统监控单元RTU，PMU具有更高采样频率，全网“生数据”量将大幅增长。由于能量互联网状态维数很高，传统集中式估计模式存在算法稳定性和大数据传输存贮等问题。如何利用大量测数据估计大规模系统状态成为当前能源互联网状态估计的技术难点。需要在SCADA（数据采集与监视控制系统）和WAMS混合量测系统下，实现基于信息融合技术的非线性分布式静态和动态状态估计以及基于一致性协议的线性分布式静态状态估计，从而有效减少大量测数据传输与存储，为能源互联网分布式控制和调度提供必要的实时运行数据。

（四）能源存储信息物理融合技术

电池管理系统是实现电池成组、大规模应用的关键技术。其可以采集、分析电池模块的荷电状况、设备运行情况，并配合SCADA系统的指令，管理电池组进行充放电操作。SCADA系统采集、监视储能系统的运行，向上级管理系统（例如电网的SCADA系统）传递运行数据，接收上级管理系统的操作指令，并下达给电池管理系统进行充放电操作。

三、大数据、云计算技术

能源互联网具备“分布式、联起来、开放性”的特征，涵盖大规模分布式能量的收集与存储，实现能量的双向流动。为了实现该目标，就必须实现信息的快速、广泛、准确采集，通过信息交互，实现不同区域、不同类型的能源生产与消费者能量双向流动与优化控制。

能源互联网的传感器信号采集远比目前丰富，例如：通过广泛使用的智能插座，实时获取终端用户电能质量监测数据；通过成本低廉、可靠性高的电压、电流传感器，获取用户负荷数据和系统内实时频率、潮流等；通过光照、风速等传感器，预测分布式能源出力信息等。能源互联网有可能成为智能终端传感器和传感网络使用的最大用户。

海量数据采集系统将为信息分析提供足够原始数据，从而为优化系统控制，实现能源互联网内不同用户的交互提供可能。在能源互联网的建设中，利用传统的传感器已经无法对某些电力产品的质量、故障定位等做出快速直接测量并在线监控。而利用智能传感器可直接测量产品质量指标以及故障等。需要开展各类光电、磁电等新型传感器件的研究，为能源互联网中更多类型、更广分布范围、更大数量规模的分布式电源和负荷的计量、监测提供基础支撑。

四、能量信息传输技术

能源互联网需要连接的智能设备的种类和数量将会达到海量级别，能源互联网的海量信息能够准确及时地传递给控制中心，将影响能源互联网建设的成败。通过可靠、廉价的通信方式实现采集数据的上传，对能源互联网能否经济可靠地建立有着十分重要的意义。

借助能源互联网中的电力线作为传输媒介、利用电力线通信方式支持信息的高速、双向传输，可有效节省布线资源，使电网集控制终端、数据通信、能量传输于一身。

随着技术的发展，电力线通信系统物理层的数据率已超过了200Mbps。当工作带宽进一步提高且充分考虑利用电力线三相之间形成的多输入多输出构架后，系统物理层有望达到Gbps的量级。电力线通信应用范围可扩展到包括Internet接入、家庭联网、家庭智能控制、新能源监控及电力安全生产等众多领域。依托能源网络实现信息传输的电力线通信技术，将在能源互联网中能源与信息的有机融合发挥至关重要的作用。

量子信息技术中的量子保密通信是人类已知唯一的具有长期安全性保障的保密通信解决方案，作为一种革命性的保密通信技术，它在国际上被广泛认为是未来信息社会的安全基础之一。在量子保密通信在各个领域的安全应用中，除了密钥分发的核心技术和绝对安全的保密通信技术外，还可以针对能源互联网的安全结构以及应用业务的特点，设计数据加解密、完整性校验、身份认证、系统防入侵检测等一系列技术解决方案，开展与现有能源互联网应用模式相结合的各种应用尝试（如远程数据容灾备份等），探索能源互联网领域量子保密通信技术使用和滚动发展的机制，以此充分利用现有产业环境和保证产业良性健康持续发展。

量子保密通信作为国家重点发展的具有引领新兴产业发展潜力的前沿技术，已列入国家“十二五”科技发展规划纲要。在科技部、中科院、自然科学基金委等前期支持下，中国量子保密通信技术迅速赶超欧美等发达国家，在工程化、网络化和应用研究上已处于国际领先地位。

五、物联网技术

物联网的概念最初来源于MIT自动识别中心（Auto-IDLabs）提出的网络无线射频识别（RFID）系统，即把所有物品通过射频识别等信息传感设备与互联网连接起来，实现智能化识别和管理。随着技术进步，信息与通信技术的目标已经从满足人与人之间的沟通，发展到在任何时间及任何空间内实现人与物、物与物之间的连接。物联网是未来网络的整合部分，它是以标准、互通的通信协议为基础，具有自我配置能力的全球性动态网络设施。在这个网络中，所有实质和虚拟的物品都有特定的编码和物理特性，通过智能界面无缝链接，实现信息共享。

这个系统通过信息传感设备，按照约定的协议，把任何物品与互联网连接起来，进行信息交换和通信，以实现智能化识别、定位、跟踪、监控和管理的一种网络，是在互联网基础上延伸和扩展的网络。从通信对象和过程来看，物联网的核心是物与物以及人与物之间的信息交互。物联网的基本特征可概括为全面感知、可靠传送和智能处理。

全面感知是指利用射频识别、二维码、传感器等感知、捕获、测量技术随时随地对物体进行信息采集和获取。

可靠传送是指通过将物体接入信息网络，依托各种通信网络，随时随地进行可靠的信息交互和共享。

智能处理是指利用各种智能计算技术，对海量的感知数据和信息进行分析并处理，实现智能化的决策和控制。

物联网主要有以下信息功能（图3–8）：

信息获取功能：包括信息的感知和信息的识别，信息感知是指对事物状态及其变化方式的敏感和知觉；信息识别是指能把所感受到的事物运动状态及其变化方式表示出来。

信息传输功能：包括信息发送、传输和接收等环节，最终完成把事物状态及其变化方式从空间（或时间）上的一点传送到另一点的任务，这就是一般意义上的通信过程。

信息处理功能：指对信息的加工过程，其目的是获取知识，实现对事物的认知以及利用已有的信息产生新的信息，即制定决策的过程。

信息施效功能：指信息最终发挥效用的过程，具有很多不同的表现形式，其中最重要的就是通过调节对象事物的状态及其变换方式，使对象处于预期的运动状态。

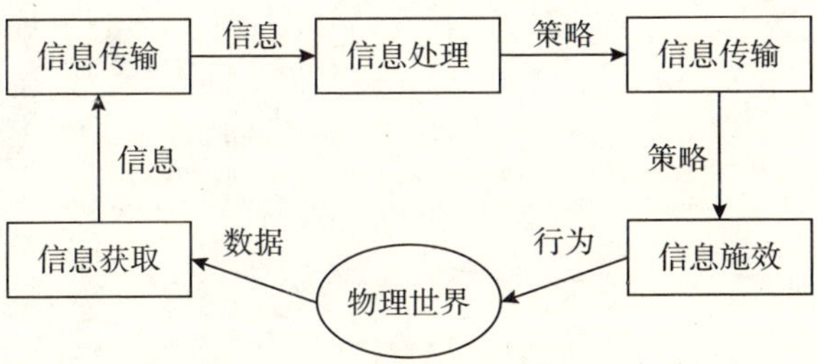

图3-8 物联网信息功能模型

资料来源：德国华人新能源协会。

为实现以上功能，物联网自下而上分为底层传感器网络、泛在传感器网络接入网络、泛在传感器网络基础骨干网络、泛在传感器网络中间件、泛在传感器网络应用平台5个层次（图3–9）。

物联网技术涉及多个领域，这些技术在不同的行业往往具有不同的应用需求和技术形态。物联网的技术构成主要包括感知与标识技术、网络与通信技术、计算与服务技术以及管理与支撑技术四大体系。

（一）感知与标识技术

感知与标识技术是物联网的基础，负责采集物理世界中发生的物理事件和数据，实现外部世界信息的感知和识别，包括多种发展成熟度差异性很大的技术，如传感器、RFID、二维码等。

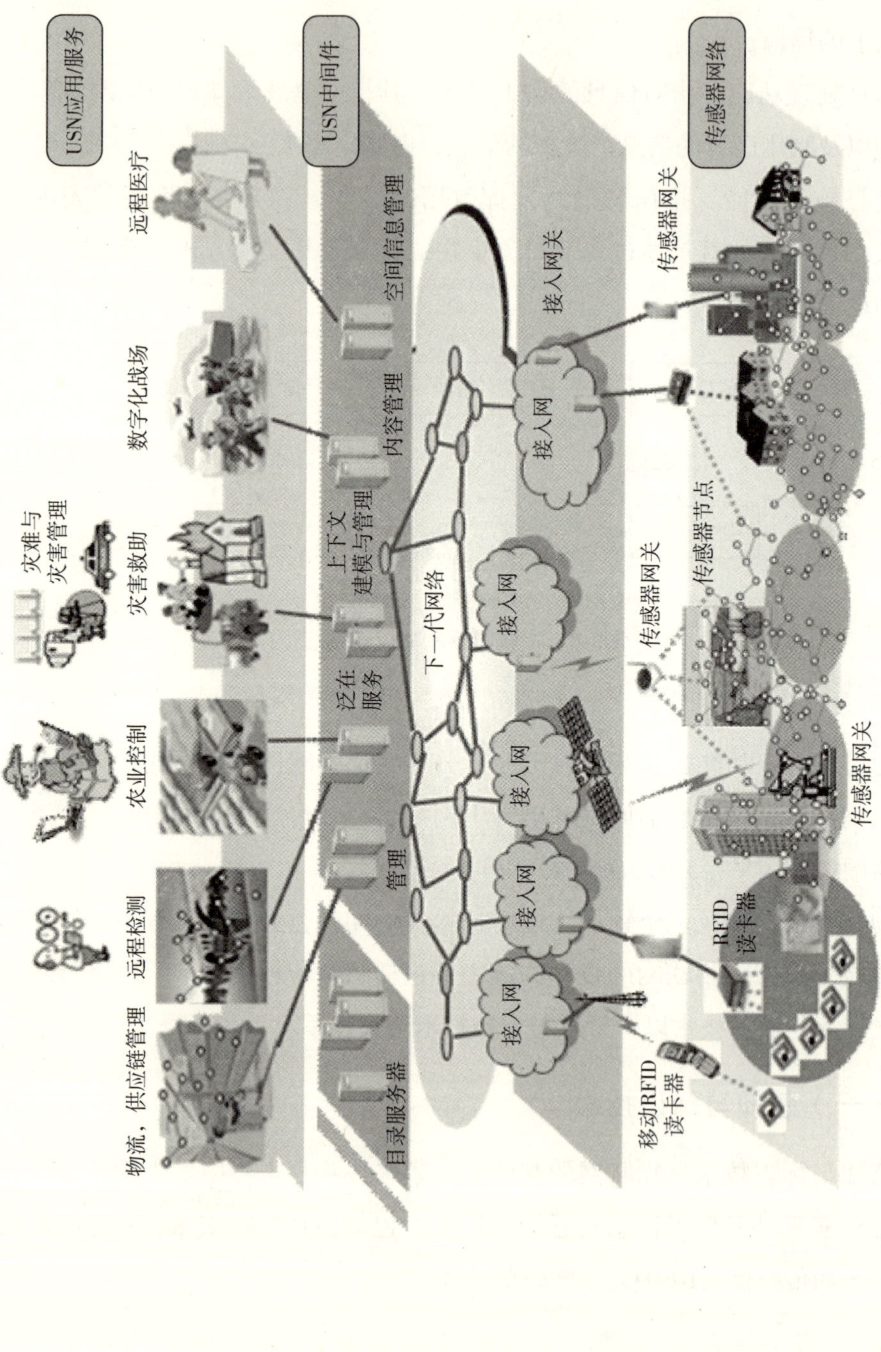

图3-9 物联网体系框架示意图

资料来源：德国华人新能源协会。

1. 传感技术

传感技术利用传感器和多跳自组织传感器网络，协作感知、采集网络覆盖区域中被感知对象的信息。传感器技术依附于敏感机理、敏感材料、工艺设备和计测技术，对基础技术和综合技术要求非常高。目前，传感器在被检测量类型和精度、稳定性、可靠性、低成本、低功耗方面还没有达到规模化应用水平，是物联网产业化发展的重要瓶颈之一。

2. 识别技术

识别技术涵盖物体识别、位置识别和地理识别，对物理世界的识别是实现全面感知的基础。物联网标识技术是以二维码、RFID标识为基础的，对象标识体系是物联网的一个重要技术点。从应用需求的角度，识别技术首先要解决的是对象的全局标识问题，需要研究物联网的标准化物体标识体系，进一步融合及适当兼容现有各种传感器和标识方法，并支持现有的和未来的识别方案。

（二）网络与通信技术

网络是物联网信息传递和服务支撑的基础设施，通过泛在的互联功能，实现感知信息高可靠性、高安全性传送。

1. 接入与组网

物联网的网络技术涵盖泛在接入和骨干传输等多个层面的内容。以互联网协议版本6（IPv6）为核心的下一代网络，为物联网的发展创造了良好的基础网条件。以传感器网络为代表的末梢网络在规模化应用后，面临与骨干网络的接入问题，并且其网络技术需要与骨干网络进行充分协同。

2. 通信与频管

物联网需要综合各种有线及无线通信技术，其中近距离无线通信技术将是物联网的研究重点。由于物联网终端一般使用工业科学医疗（ISM）频段进行通信（免许可证的 2.4 GHz ISM频段全世界都可通用），频段内包括大量的物联网设备以及现有的无线保真（WiFi）、超宽带（UWB）、ZigBee、蓝牙等设备，频谱空间将极其拥挤，制约物联网的实际大规模应用。为提升频谱资源的利用率，让更多物联网业务能实现空间并存，需切实提高物联网规模化应用的频谱保障能力，保证异种物联网的共存，并实现其互联互通互操作。

（三）计算与服务技术

海量感知信息的计算与处理是物联网的核心支撑，服务和应用则是物联网的最终价值体现。

1. 信息计算

海量感知信息计算与处理技术是物联网应用大规模发展后面临的重大挑战之一。需要研究海量感知信息的数据融合、高效存储、语义集成、并行处理、知识发现和数据挖掘等关键技术，攻克物联网“云计算”中的虚拟化、网格计算、服务化和智能化技术。核心是采用云计算技术实现信息存储资源和计算能力的分布式共享，为海量信息的高效利用提供支撑。

2. 服务计算

物联网的发展应以应用为导向，在“物联网”的时代，服务的内涵将得到革命性扩展，不断涌现的新型应用将使物联网的服务模式与应用开发受到巨大挑战，如果继续沿用传统的技术路线必定束缚物联网应用的创新。从适应未来应用环境变化和服务模式变化的角度出发，需要面向物联网在典型行业中的应用需求，提炼行业普遍存在或要求的核心共性支撑技术，研究针对不同应用需求的规范化、通用化服务体系结构以及应用支撑环境、面向服务的计算技术等。

（四）管理与支撑技术

随着物联网网络规模的扩大、承载业务的多元化和服务质量要求的提高以及影响网络正常运行因素的增多，管理与支撑技术是保证物联网实现“可运行—

可管理—可控制”的关键，包括测量分析、网络管理和安全保障等方面。

1. 测量分析

测量是解决网络可知性问题的基本方法，可测性是网络研究中的基本问题。随着网络复杂性的提高与新型业务的不断涌现，需研究高效的物联网测量分析关键技术，建立面向服务感知的物联网测量机制与方法。

2. 网络管理

物联网具有“自治、开放、多样”的自然特性，这些自然特性与网络运行管理的基本需求存在着突出矛盾，需研究新的物联网管理模型与关键技术，保证网络系统正常高效地运行。

3. 安全保障

安全是基于网络的各种系统运行的重要基础之一，物联网的开放性、包容性和匿名性也决定了不可避免地存在信息安全隐患。需要研究物联网安全关键技术，满足机密性、真实性、完整性、抗抵赖性的四大要求，同时还需解决好物联网中的用户隐私保护与信任管理问题。

将“物”纳入“网”中，是信息化发展的一个大趋势。能源行业也是纳入网中的重要部分。物联网将带来信息产业新一轮的发展浪潮，必将对经济发展和社会生活产生深远影响。

第四节 “互联网+”智慧能源中的创新运营技术

一、“互联网+”创新运营技术

能源互联网作为促使能源经济转型的重要手段，其重点是把能源经济的重点从如何开发利用转换为能源资源有效利用和优化配置。从能源互联网的经济视图来看，能源互联网势必对解决能源的需求、能源的定价机制、能源产业的组织结构、能源对其他产业结构变动趋势等能源领域的重大问题产生巨大而深远的影响。“互联网+”创新运营技术主要是为了实现能源互联网的价值链。

能源互联网的经济性可以表征为通过多种与能源相关政策的优化组合，单位GDP的能源强度，碳强度和污染强度得到极大降低，经济对能源、资源和环境要素的依赖减弱，新的经济增长点和竞争力逐步培育起来，从而形成一条高效率的可持续低碳发展路径，顺利实现《强化应对气候变化行动——中国国家自主贡献》（INDC）报告中对2020年后强化应对气候变化行动目标。

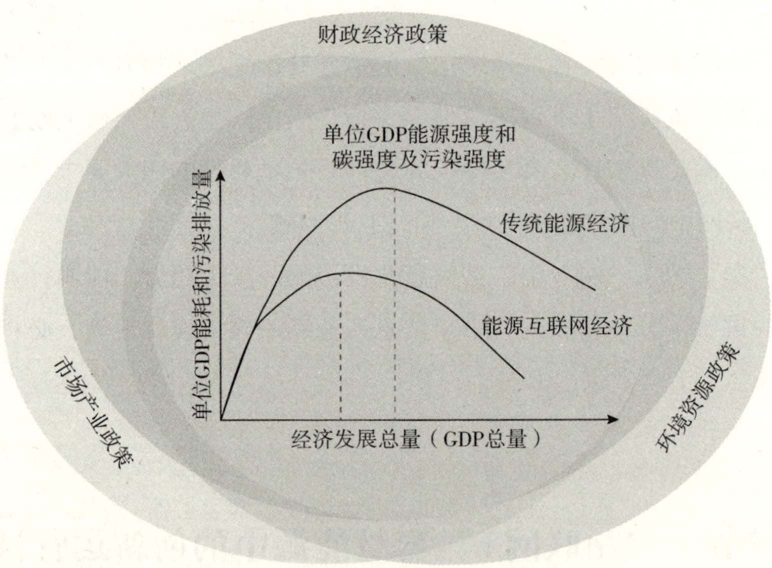

图3-10 能源互联网形态经济视图

资料来源：德国华人新能源协会

大量事实表明，中国能源增长不能满足国民经济发展的需求，能源消费总量明显地受到资源禀赋的约束，高能耗的粗放经济增长方式以及由能源消费所带来的环保问题，已成为国民经济发展的瓶颈因素。如图3-10所示，历史数据显示一个国家的经济增长与能源强度和环境污染排放强度之间呈现出先排放后治理的倒U形曲线形状，即能源强度和污染强度会随着经济增长和经济实力的积累呈先恶化后改善的趋势。从能源互联网形态的经济视图看，能源互联网将加速中国经济转型的步伐，政府通过制定能源经济及相关产业政策和法规，改变倒U曲线的轨迹走向，使倒U曲线拐点提前到来，拐点强度大幅下降，即提前降低能源强度和污染水平。与传统能源系统相比较，能源互联网将极大促进能源产业升级，提升能源创新经济比重，减少单位GDP能耗降低和提升环境质量。

通过能源互联网的财政税收政策、市场产业政策和资源环境政策的优化组合，还原能源商品属性，使能源价格真正反映出环境和资源成本，进而引导经济结构调整，引领能源技术创新，达到能源强度和污染水平降低，实现可再生能源对常规能源的替代，以期达到2030年非化石能源占比达到20%的目标。

价值实现层的应用业务主要基于能源物理实体与信息网络的深度融合，基于大数据分析、分布式控制、智能计算和复杂网络等新技术，对不同的能量流动环节进行整体优化，提高能源的利用效率，并通过不同能源间的替代和转化，提高可再生能源的应用比例。对此，在价值实现层中主要包括能源交易、能源调度和虚拟电厂等类型的应用，其中，能量交易是指根据能量的需求与供应情况，实时提供能量的交易价格，以此引导提升整个社会的用能效率；能量调度主要基于能源的生产能力、消费需求、气象环境、能源成本、基础设施状态等信息，对能源的生产、输送、存储、转换和消费等进行控制和调度，以便在满足系统供需平衡等约束的同时，使系统的单个或多个调度目标达到优化均衡；虚拟电厂是指通过减少终端用电设备和装置的用电需求的方式来产生“富余”的电能，即通过在用电需求方安装一些提高用电效能的设备，达到建设实际电厂的效果，是用户侧响应的典型具体体现。

二、能源大数据技术

在能源互联网下，信息物理融合的能源系统必将产生海量数据。大数据采集、大数据预处理、大数据存储及管理、大数据分析及挖掘、大数据可视化等技术，将帮助能源系统效率提升，包括能源生产和消费效率的提升以及通过对能源设备故障信息的挖掘，追溯其在设计、制造等环节的潜在缺陷，优化设备的设计和制造。

信息分析，提取信息中蕴含的潜在价值，是实现更高效的能源利用，降低用户的能源支出的关键一环。麦肯锡指出：数据，已经渗透到当今每一个行业和业务职能领域，成为重要的生产因素。人们对于海量数据的挖掘和运用，预示着新一波生产率增长和消费者盈余浪潮的到来。“大数据”在物理学、生物学、环境生态学等领域以及军事、金融、通讯等行业存在已有时日，成为云计算、物联网之后又一颠覆性的技术革命。

大数据能在能源的勘探、生产、运输、消费的各自领域中成为创新的催化剂，在能源供应链上叠加信息链，能帮助各方更透彻地了解上下游的行为和变化，从而能够彼此智慧协作，实现整体最优。东京大学计算机研究所全部电力管控权交给了云计算数据中心，并按照时间和实际需求，实时对研究所进行电力调控后，研究所的能耗比例从原有的75%下降到22%。

能源互联网通过丰富的传感器实时采集的数据将远远超越现有企业IT架构和基础设施的承载能力，实时性要求也将大大超越现有的计算能力。如何盘活这些数据资产，使其为能源系统控制、企业能效决策乃至个人经济生活服务，是能源互联网必然的升级方向。

利用大数据技术，可以通过数理统计、模式识别、神经网络、机器学习、人工智能等深度数据挖掘算法，在海量数据中，挖掘出能源生产和消费中能量损失的原因，通过层层剥离分解，量化损失原因的占比，为能源生产和消费效率提升找到方向。

智能电网是大数据的重点应用领域之一。与智能电网相比，能源互联网集成的系统更多，参与者更多，产生的数据规模更大，复杂程度更高，大数据技术是支撑能源互联网发展的关键技术之一。如何激励各利益相关方参与能源互联网的建设和运营，需要了解各利益相关方的行为和心理，从而制定相适宜的激励机制，如能源生产消费者（prosumer）参与需求响应和电力交易以及其用能和节能情况，受其家庭规模、用电量大小、家庭居住环境和收入情况等各种因素影响，也受到社会经济发展、天气数据等方面的影响，需要根据历史用能数据（如来自AMI的数据）结合外部数据进行数据分析；能源互联网中分布式能源生产情况、用户用能情况的预测，也离不开数据分析。电力系统与供热、冷和燃气系统的互通互动，有赖于数据的共享和数据分析。能源互联网系统和设备监控也需要数据分析作为支持。

从能源设备全生命周期角度考虑，利用大数据技术，可以挖掘出零部件故障信息，追溯其在设计、制造、装配、运输、安装各个环节的潜在缺陷，快速找寻引起故障或失效的原因，及时提出关联性解决方案；依赖数据挖掘引擎，可以发掘产品设计仿真结果输入输出之间的参数关联性，进而优化系统模型参数，提高数字化模型的准确性，缩短测试验证周期，进而降低产品设计研发成本。

三、储能应用的关键性问题

电池云技术是储能应用的重要关键问题。能量信息化与网络化管控技术可将存量巨大而利用率极低、碎片化存在的电池储能设备（如铅酸电池）通过互联网化能量管控和运营来提高有效利用率。通过互联网化的能量管控与协同，根据峰谷电价的波动与用电负载变化，使这些碎片化的储能设备在峰电价时放电、谷电价时储电，达到削峰填谷、降低用户侧用电成本的目的。通过能量信息化与网络化管控，可将碎片化的电池以物流配送方式配送，实现“能量跟着用户走”。这可有效提高电池的利用率，降低用户购买与使用电池的成本，同时也可实现电池资产在能量需求层面的细粒度复用，实现电池的有效梯次利用。

四、能源网络虚拟化技术

传统的能源网络是单向网络，由配电方对用户进行电力调配和传输。而互联网为双向传输网络，同时互联网络的架构逐渐向去中心化、异构化演进。因此，现在能源领域的很多技术，例如需求侧互动、电力交易等都需要更为灵活的网络架构的支持。软件定义网络（Software Defined Network，SDN）是一种新型网络创新架构，是网络虚拟化的一种实现方式，其核心技术通过将网络设备控制面与数据面分离开来，从而实现网络流量的灵活控制，使网络作为管道变得更加智能。因此，在能源互联网领域，可以参考SDN技术和架构，使能源互联网架构更为灵活，以支撑未来业务和技术的发展。

五、信息双向互动平台技术

用户参与并引导社会力量广泛参与是搭建能源互联网的关键，用泛在的可再生能源替代传统能源，可以降低产品成本，提高产品竞争力，并创造更多的就业机会。用户的广泛参与并不是说传统电力企业在能源互联网时代将扮演不重要的角色，传统电力企业依旧是能源互联网的最主要承担者。在能源互联网时代，部分传统优质电力企业将充分利用在智能电网方面的丰富经验，将成千上万户分布式能源生产企业或用户接入主干电网，从而完成自身从传统的集电力生产、传输、运营于一体的单一电力能源生产商转型成为电网管理运营服务的运营商。另外，创新型企业也将在能源互联网领域搭建类似“淘宝”这样的能源互动交易平台，从而真正实现能源的双向按需传输和动态平衡使用，最大限度地适应新能源的接入和生产。

信息双向互动离不开信息安全。信息安全整体方案应当是从物理层、网络层、应用层、监控层、认证层以及人事管理等层面的综合解决方案，任何一个层次的不足，都可能引起整体安全性的降低。对每个安全分区的安全隔离做好规范的防范措施非常重要。还需考虑在安全性和便利性的平衡、短期和长期解决方案的权衡。

例如，在有关核心系统管理员账号管理上，需要通过软硬件多厂商重复认证方式确保核心账号的全生命周期管理；在生产系统维护过程中，需要通过线上流程实现自动化的安全业务审批管理。在能源发电资产现场网络管理方面，可通过网管交换机的广播风暴防护、回环防护、监控告警等一系列防范方案实现现场网络的可靠性、可维护性、可追溯性、及时性和安全性。

高效可靠的网络连接和网络安全是能源互联网的基础，将作为关键的基础架构为上层应用提供可靠安全的通讯平台。真正意义上的能源互联网，必须是广泛的实现广域网的连接前提下，实现能源领域海量数据的联合，然后用先进的大数据进行智能处理。在海量数据源的广域网接入要求下，成本和安全是至关重要的。

在数据源接入端，在国家能源网络安全规范的安全划区、横向隔离、纵向加密的原则下，高效利用现有互联网资源，用精简的、便利的方式实现广域网接入；通过现场安全管理、远程集中管控的方式，实现可靠的数据源安全接入。

在数据集中处理的数据中心或云平台，必须在物理层、网络层、应用层、监控层、认证层以及人事管理等各个管理层面加强安全管理和控制维护。核心资源的多重多厂商个人认证、数据加密、数据容灾、异地备份等核心数据保护机制将作为数据中心的核心；全面监控审计、自动化部署维护，将作为有力安全保护层，在实现各种维护功能的同时，将人为的操作同核心数据之间实现安全隔离。

总之，在能源互联网的建设中，数据源的接入是前提，安全是关键；在大数据处理中心，安全是核心，管理是关键。

六、能源互联网金融平台技术

互联网金融是目前互联网领域的热点研发方向之一。互联网金融采用互联网的手段和方式，为传统的金融服务提供了新的途径和支撑。互联网金融借助互联网平台，实现了丰富的金融产品和供求双方的匹配；同时，借助互联网上碎片化的信息，对个人及企业征信系统给出了更丰富完整的解决方案。借助互联网金融平台，可以充分匹配资金供求双方需求，增强个人及企业授信的可行性和可靠性；同时，借助互联网平台，也提供了更为灵活的操作，提升了用户体验。

在能源互联网建设领域，将同样面对互联网金融的产品化。在传统能源产业同互联网结合的同时，需要在能源互联网领域建立信用机制，保障传输及交易安全。因此，能源金融互联网将是能源互联网领域的重要方向。

解决能源互联网领域信用及交易问题的一种可行方法为区块链技术。区块链（Blockchain）是比特币的一个重要概念，区块链是一串使用密码学方法相关联产生的数据块，每一个数据块中包含了过去十分钟内所有比特币网络交易的信息，用于验证其信息的有效性（防伪）和生成下一个区块。Block Chain技术因其特有的序列生成方式，有限的序列组合，就有很好的加密特性和货币属性。在能源网络向能源互联网演进的过程中，如何实现可信交易，可追踪的能源生成、传输、交换、消费等全生命周期的追踪和管理，Block Chain将起到重要的作用。只有实现全生命周期的可信、可追踪，才能在此基础之上产生可信的交换及交易。

七、能源互联网的能量耦合技术

能源互联网具备在能量层次上具备以下特征：以电能为核心，融合包含多重形式能量的生产传输转化存储，能够与太阳能、光伏、热能、生物化学能等其他形式能源进行协调互动。能源互联网是以电力系统为枢纽，实现天然气系统、交通系统、供热系统之间的相互耦合，同时可以接入大规模分布式电源和储能设备的综合能源系统。在能源互联网能量耦合层面上，当前面临的几大关键问题包括：多种能量形式的耦合、能量传输各环节的耦合、信息和能量的耦合。

能量耦合器件是实现能量耦合的最小单元，也是能源互联网底层设备和运行基础，其根据功能可划分为产能、用能、储能和转化元件。与此同时，需要建立能源互联网物理抽象模型，即建立综合能源网络耦合模型。“能源接口的主动识别和被动识别技术”能够保障多个能源用户之间的有机联系，与网络深层交互的、作为综合能源网络关键节点的“能源路由器”，保障能源网络传输各环节之间的有效耦合，保障多重能源高效配置于相互转化。

在能源互联网的运营过程中，需要在能源交易过程中对风能、太阳能、生物质能等可再生能源及天然气、石化能源等多能源进行联合优化。而智能插座、智能电表等智能家居能够将能量耦合过程的经济性直观地展示给用户侧。另外，在能源网络架构之间的相互耦合过程中，可通过利用多能流互补控制技术实现多能源网络的柔性化智能化，优化调整综合能源潮流分布。

第五节　智能电网与其他能源网络、交通网络的互联技术

一、智能电网与能源互联网

能源互联网的范畴有广义和狭义之分。广义上，能源互联网涵盖电力系统、油气热力管网、电动汽车充换电网络、供水系统等网络集合，是一种多种能源网络协调互补理念下的未来能源系统。这种广泛互联的能源系统可以实现最大程度上提高能源系统的效率，通过智能化手段实现供需双方互动，

高比例接纳可再生能源、满足用户多样化用能需求。狭义上，能源互联网是以智能电网为基础，连接各类发电设施、各类用电终端及分布式能源系统的智能化、互动化的能源网络，并融合互联网理念形成能源电力生态系统，属于智能电力系统的范畴。智能电网是能源互联网的核心或者主体组成。

从清洁化、电气化、信息化、互联网化、市场化的发展方向看，能源互联网应是一个以智能电网为基础，连接各类发电设施、各类用电终端及分布式能源系统的智能化、互动化的能源网络，并融合互联网理念形成能源电力生态系统。对比分析电网与互联网在网络属性、传输内容、构建方式、运行规律等方面的异同点（如表3-2所示），能源互联网并不是互联网与电网的简单相加，而是形成以智能电网为基础平台、借鉴互联网架构模式的创新型能源系统架构（如图3-11所示）。

表3-2　　　　互联网与电网的比较分析

	互联网	电网
传输内容	传输信息，作为交流和交互的媒介，具有可复制性	传输电能，作为生产资料满足人们生产生活的物质需求，具有不可复制性
构建方式	具有主干网—广域网—局域网的分层结构；元件即插即用、网络协议开放	分层分区结构，一、二次系统协同配合；由发—输—变—配—用各环节构成的相对集中封闭网络
运行规律	遵循香农定律；拥有自我调节机制，分散调控；采用“best effort”尽力而为的传输协议和方式；信息无损网络；可以大量存储	遵循基尔霍夫定律；分层集中调控；不可存储；有损网络，存在物理、经济传输极限

资料来源：课题组根据公开资料整理。

借鉴互联网理念，能源互联网将由分布式和集中式能源输送配置网络构成“网”，由信息网络及智能控制系统构成“云”，由能源获取系统和利用设备构成“端”，由交易平台、多元业务和商业模式构成“服务”，网—云—端—服务形成有机、开放的平台系统，实现电力流、信息流及多种能源流的深度融合、双向互动。在这一架构下，电将作为介质，数据和交易将作为核心，多种能源和服务将在这一立体平台上实现商品化交易。

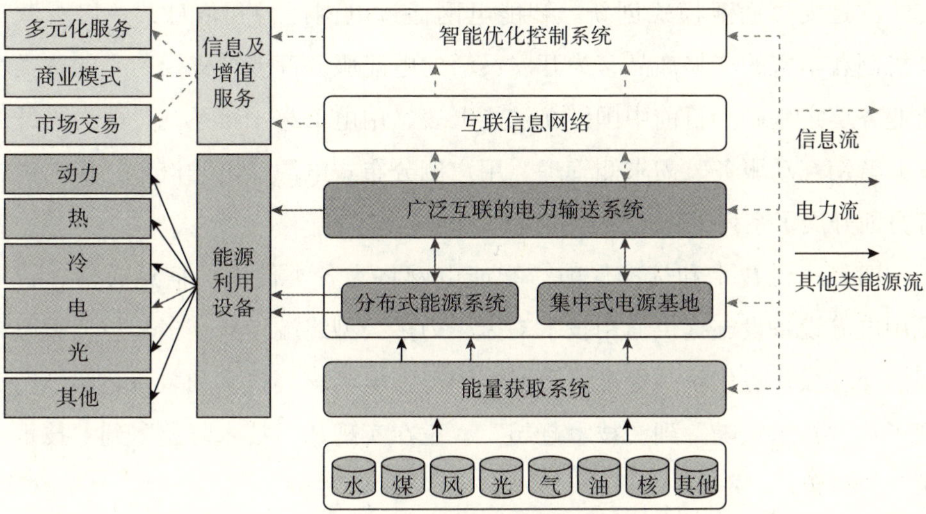

图3-11 能源互联网的架构示意图

资料来源：课题组根据公开资料整理。

二、智能电网与其他能源网络的互联技术

智能电网是功能强大的能源转换、高效配置和互动服务平台，将为能源互联网发展及其他能源的接入提供基础支撑。

一是能源大范围优化配置。智能电网具有广泛互联、坚强的电网骨干网架，能够促进各类能源集中与分散并存的高效开发、优化配置和有效利用，是实现能源大范围优化配置的基础平台。中国在大容量远距离输电、输电设备状态监测以及直升机、无人机、机器人输电线路智能巡检、输电线路冰冻灾害预防和治理、柔性直流输电、智能变电站、配电自动化、调度智能化等领域进行了一系列的研究与实践，对供电可靠性和能源大范围优化配置能力的提升具有重要作用。

二是促进源—网—荷互动、提高间歇性电源的利用程度。智能电网注重利用信息通信技术促进源—网—荷互动，以适应风电、光伏发电、分布式电源大规模接入和各类用户智能终端即插即用的需求。

三是支撑商业模式创新。智能电网通过电网运行和信息共享以承载市场机制和丰富的交易产品，为开展灵活的电能服务商业模式及衍生的各类增值业务奠定基础。目前中国已在智能电表、用电信息采集系统、电力光纤入户、营销互动服务、需求侧管理、用户侧分布式电源、电动汽车充换电设施等方面开展了系列工程实践。

四是提供技术和标准保障。智能电网将为各类储能、信息通信、智能配用电等设备设施提供通用技术支撑，为多类型终端设备、多利益相关方之间的交互操作提供统一标准。当前中国智能电网核心技术和装备整体已经实现了从“技术跟随”到“技术赶超”，正在实现从“技术赶超”到“技术引领”的跨越。

智能电网能量管理技术（EMS，Energy Management System）是一种典型的信息物理融合技术，EMS系统通过信息流调控能量流，可看作电力系统运行的大脑和神经中枢，其核心技术包括电力系统的监测、状态估计、潮流分析、安全分析、优化调度与闭环控制。随着能源互联网的发展，传统的电力系统能量管理技术也亟须向多能流耦合系统能量管理技术扩展。

多能流是能源网区别于传统电网的关键特征，冷、热、电、气等多类能量在能源网中的流动，充分体现了多类能量相互转换、耦合和作用的物理特性。新一代能源管理系统，需要在能源互联网基础上，基于物联网、云计算和大数据分析等先进技术，突破原有不同能量形式割裂化管理的窠臼，实现冷、热、电、气、交通等多种能量形式的协同调度和实时动态管理，以用户为中心，满足其不同品味的能量需求，实现能源梯度利用。

将传统电网能量管理问题拓展到包含电力、天然气和冷热等多能流系统的综合能量管理，提出涵盖不同动态特性的多能流耦合建模与状态估计技术；通过多能流的协同计算，统一求解电网潮流、热网水力和热力工况及天然气网工况，进而提出多能流系统多时间尺度安全分析方法和严重性评估指标；研究多能流系统动态过程的相互影响，建立基于混合时间尺度的多能流优化调度模型；通过多能流协同能量管理，可显著提高终端用户的综合用能水平。

三、电力系统与天然气网络系统的互联

天然气—电力混合系统由天然气管网和电力系统组成。天然气管网主要包括天然气管道、调压阀、阀门和压气站。天然气由供给源进入管道，然后通过管网被输送到用户。通过控制管网中不同节点的压力和调压阀或者阀门阀芯位置来调节天然气流量。通常压气站由发动机、燃气轮机和压缩机组成。由于摩擦的存在，天然气在输气管道中会产生压力损失从而导致能量损失，为了补偿这部分损失，天然气网中配置一定数量的加压站。压力的调节需要消耗额外的功率，其与流过加压站的流量和加压比成比例。通常由燃气轮机来提供这部分能量，可将其等效为天然气网中额外的负荷。

燃气轮机是耦合天然气管网和电网的关键部分，它可被看作天然气管网和电网之间的能量转换器。对天然气管网来说，燃气轮机可看作燃气负荷，该负荷的大小取决于燃气轮机在电网中的出力而在电网侧，燃气轮机则是一个电源。混合负荷问题可分为两种不同的情形，天然气管网流量依赖于电力需求，燃气轮机的出力受制于其燃气供应。对于第一种情况，应首先解决电力潮流问题，然后把管网中的燃气负荷和燃气轮机发电负荷需求一起考虑，得到管网的负荷矢量，进而解决管网流量分析问题。对于第二种情况，首先进行管网流量分析，计算可用于发电的天然气流量，然后就可以确定发电机的有功输出，进而解决电力潮流问题。管网的整个运行成本很大程度上取决于网络中压缩机的运行成本，因此，管网优化的目标就是在满足终端用户流量和压力要求的前提下使压缩机消耗的总燃料最少。

电力系统与天然气网络存在相互制约关系，天然气网的随机性会加剧电力系统的不确定性，电—气互联系统之间的相关性会对优化调度方案产生影响。在电—气正相关的情况下，相关性越强，成本的期望值越高，标准差也越大。这是因为在正相关时，电—气负荷同时增加，导致成本增加，而在负相关时，电负荷增加的同时气负荷减少，电力网与天然气网之间相互协调互补，减小了成本的波动。对于节点电压，在电—气正相关情况下，相关性越

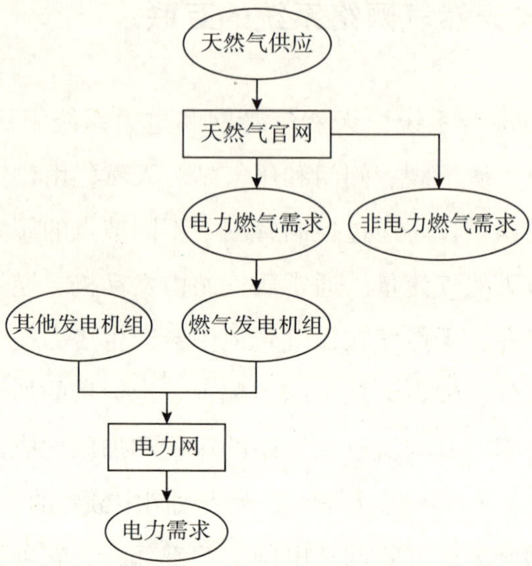

图3-12 天然气网络系统和电力系统的互联结构示意图

资料来源：课题组根据公开资料整理。

强，电压幅值标准差越大；在电—气幅值负相关情况下，相关性越强，电压幅值标准差越小。可见天然气网的不确定性会在一定程度上加剧电力系统的不确定性，电—气互联系统之间的相关性会对优化结果造成影响。天然气始终保持一次能源形式，直接来自天然气田，而电能是在发电站由一次能源经过转换的二次能源。天然气通过管网由天然气田供应端送到用户，而电力则通过电力线传输。另外，天然气管网能够储存一些天然气供峰荷时使用，而电力则不能有效储存。

存在于两个网络之间的优化问题很重要。对系统运行人员而言，需要为混合系统制定最高能效的运行方式而对于市场参与者而言，则追求用于购买燃气、发电和损耗的总成本最小，各分支成本可能会因为地理位置不同而不同。因此，存在两个基本的目标函数，一个是基于技术角度，另一个是基于经济角度。在电力系统优化中，经典的优化目标就是网络损耗最小。而对于天然气管网来说，它的优化目标是管网中压缩机消耗的燃料总和最小。因此，一个混合系统的优化目标定义为混合网络运行的总能耗最小，它包括管网中压缩机消耗的功率和电网中的电力损耗。天然气总成本由天然气源和运行成本两部分组成。对于运行成本，只考虑压缩机消耗的电功率成本。随着天然气管网和电力网络之间相互依赖程度的逐渐加深，为了支持有效的系统规划和运行，混合系统的优化问题变得越来越重要。

四、电力系统与电气交通的系统互联

电动汽车可以和电网进行互联互动。电动汽车充电设施的空间优化规划，可根据道路交通信息及配网现状将快速充电站、充电桩规划在合理位置。研究电动汽车集群的分层、分布式充放电优化控制策略，实现对电动汽车充放电的控制引导和与负荷、新能源的有效互动，通过对电动汽车的控制平抑负荷波动、消纳新能源。研究基于大数据分析的实时信息发布机制，通过反映发电成本、阻塞成本、电网固定成本的实时节点电价，引导电动汽车到合适的充电站充电，从而缓解电网阻塞，提升电网安全经济运行水平。

电动汽车与电网的互动技术包括电动汽车接入电网技术、电动汽车电池向电网放电技术、智能电网与电动汽车互联互通协同技术。通过电动汽车与智能电网的互动，实现电网大规模地接入电动汽车，通过电能在电动汽车和电网间的双向流动，实现削峰填谷、节能降耗的目标。

参考文献

[1] 能源互联网强势来袭哪项技术能颠覆我们的未来?[EB/OL]. http://www.360doc.com/content/17/0310/09/39728173_635477861.shtml，2016.03.24

[2] 徐晖.能源互联网的思考与探索. 电器工业，2015（10）

[3] 许正中，刘尧. “互联网+”时代经济发展趋势与机遇. 人民论坛，2015（35）

[4] 曹伟. “互联网+”浪潮下的虚拟社会管理研究. 商品与质量，2016（1）

[5] 曹军威，杨明博，张德华等.能源互联网——信息与能源的基础设施一体化. 南方电网技术，

2014（8）

[6] 能源互联网基础[EB/OL]. https://wenku.baidu.com/view/a14a09ef10661ed9ac51f33b.html，2016.03.04

[7] 刘世成，韩笑，王继业. “互联网+”行动对电力工业的影响研究. 电力信息与通信技术，2016（4）

[8] 高峰. 能源互联网思考与探索. 电器工业，2015（11）

[9] 曾嵘. 能源互联网发展研究[EB/OL].http://waterbolik.github.io/%E8%83%BD%E6%BA%90%E4%BA%92%E8%81%94%E7%BD%91/2016/11/02/%E8%83%BD%E6%BA%90%E4%BA%92%E8%81%94%E7%BD%91%E7%A0%94%E7%A9%B6

[10] 霍宇. 供电所分布式光伏发电项目研究与应用. 郑州大学，2015

[11] 赵迪. 新型太阳能蒸汽式发电装置的分析与研究. 科技资讯，2015（9）

[12] 陈从磊，徐孝轩. 全球地热发电现状及展望. 太阳能，2015（1）

[13] 胡达，刘凤钢，黄云等. 国内外地热发电的新技术及其经济效应. 中国能源，2014（10）

[14] 展望与解读中国能源互联网的发展形态. 清华大学能源互联网研究院，2017-02-28

[15] 尹晨晖，杨德昌，耿光飞等. 德国能源互联网项目总结及其对我国的启示. 电网技术，2015（11）

[16] 未来新能源+互联网碰撞=能源互联网？EV视界[EB/OL]. http://news.ddc.net.cn/newsview_57885.html，2015.01.31

[17] 能源互联网是撬动整个能源革命的战略支点. 低炭地产，2016（2）

[18] 贾常艳. 互联网来袭新的产业价值链应运而生. 电器工业，2015（8）

[19] 国务院. 国务院印发关于积极推进”互联网+”行动的指导意见，2015.

[20] 张吉. 面向移动云计算的虚拟化资源管理. 南京邮电大学，2013.

[21] 蔡蕊. 基于vSphere的虚拟路由管理及分配系统的研究. 东华大学，2014.

[22] 李世全，李景波. 面向云化的核心网架构研究. 工程技术:引文版，2016（3）

[23] 慈松. 能量信息化和互联网化管控技术及其在分布式电池储能系统中的应用. 中国电机工程学报，2015（14）

[24] 曹婷，桂凌宏. 分布式光伏发电并网技术的应用及其展望. 电子制作，2014（11）

[25] 程瑜，安甦. 主动负荷互动响应行为分析. 电力系统自动化，2013（20）

[26] 安甦. 主动负荷系统需求响应行为特征分析. 华北电力大学，2013

[27] 焦婷婷. 灵活互动智能用电的技术内涵及发展方向. 民营科技，2014（11）

[28] 谭敏刚. 智能需求侧并网检测与控制系统的研制与开发. 东南大学，2015

[29] 杨峰. 基于电路切换机制的能量管理系统. 天津大学，2014

[30] 高赐威，梁甜甜，李扬. 自动需求响应的理论与实践综述. 电网技术，2014（2）

[31] 韩晓男. 大型光伏电站并网特性及其控制技术研究. 华北电力大学，2014

[32] 艾欣，韩晓男，孙英云. 大型光伏电站并网特性及其低碳运行与控制技术. 电网技术，2013（1）

[33] 王少义，李英姿，王泽峰. 太阳能光伏并网系统发电量预测方法. 北京建筑工程学院学报，2013（1）

[34] 艾欣，韩晓男，孙英云. 光伏发电并网及其相关技术发展现状与展望. 现代电力，2013（1）

[35] 宋荣远. 小型风力发电机电流型并网逆变器研究. 大连海事大学，2013

[36] 秦为坤. 基于改进PR控制策略的光伏并网逆变器的研究. 安徽大学，2016

[37] 汪海宁，苏建徽，张国荣等. 光伏并网发电及无功补偿的统一控制. 电工技术学报，2005（9）

[38] 汪海宁，苏建徽，张国荣等. 具有无功功率补偿和谐波抑制的光伏并网功率调节器控制研究. 太阳能学报，2006（6）

[39] 叶奇蓁. 中国核电发展战略研究. 电网与清洁能源，2010（1）

[40] 康晓文. 核电前景:安全性与经济性之平衡. 中国投资，2013（12）

[41] 世界核电行业占比差异巨大的原因[EB/OL]. http://www.chinairn.com/news/20131218/140155948.html，2013.12.18

[42] 欧阳予. 先进核能技术研究新进展. 中国核电，2009（2）

[43] 贾小波. 第四代核能保障体系介绍. 中国核电，2010（3）

[44] 王诺. 堆外核测技术及其卡件的研发. 上海交通大学，2010

[45] 陈伟，张军，李桂菊. 核电技术现状与研究进展. 世界科技研究与发展，2007（5）

[46] 张福海. 中国核电行业竞争格局分析. 东南大学，2009

[47] 缪鸿兴. AP1000先进核电技术. 自动化博览，2009（8）

[48] 我国核电站建设关键在师夷长技，设备国产化. 北极星电力网新闻中心[EB/OL]. http://www.gesep.com/News/Show_346320.html，2013.07.29

[49] 法国EPR的技术特点与前景展望[EB/OL]. http://www.docin.com/p-964129597.html

[50] 熊伟，杜晓超. 后福岛时代核电专业发展现状分析. 中国电力教育，2013（5）

[51] 邵宇. 新形势下我国核电的发展[EB/OL]. http://www.docin.com/p-684127285.html，2012.02.23

[52] 欧阳予. AP1000核电机组本土化研究进展. 中国核电，2012（1）

[53] 王天峰，鲁军. 简论核安全与未来核能发电的发展. 黑龙江科技信息，2008（13）

[54] 欧阳予. 世界核电技术发展趋势及第3代核电技术的定位. 发电设备，2007（5）

[55] 符晓铭，王捷. 高温气冷堆在我国的发展综述. 现代电力，2006（5）

[56] 孙玉良. 高温气冷堆技术及其在我国的发展. 中国科协青年学术年会，1998

[57] 吴宗鑫. 我国高温气冷堆的发展. 核动力工程，2000（1）

[58] 林立志，杨小晶，林雷. 高温气冷堆核电站——新型的核能发电技术. 国际电力，2004（4）

[59] 尹清辽，孙玉良，鲍鸥. 从气冷反应堆发展历史看核能技术路线的战略选择. 工程研究-跨学科视野中的工程，2007（1）

[60] 王宏渊. 我国快堆闭式核燃料循环体系的现状及展望. 能源工程. 2013（5）

[61] 王宏渊. 我国快堆应用前景分析和探讨. 能源与环境，2013（4）

[62] 姜子英. 我国核电与煤电环境影响的外部成本比较. 环境科学研究，2010（8）

[63] 陈春武，李娜，钟朋园等. 虚拟电厂发展的国际经验及启示. 电网技术，2013（8）

[64] 刘吉臻，李明扬，房方等. 虚拟发电厂研究综述. 中国电机工程学报，2014（29）

[65] 常龙. 基于云计算的移动流媒体平台的研究与实现. 东北大学，2013

[66] 车欣悦. 关于内容分发网络（CDN）的一些思考. 有线电视技术，2012（8）

[67] 陈明. CDN本地负载均衡系统设计和实现. 北京邮电大学，2008

[68] 袁冰. CDN业务发展现状浅谈. 中国新通信，2015（18）

[69] BAOLi-hui，包立辉，HUANGYan-fei等. 高并发网站的架构研究及解决方案. 中国计算机用户协会网络应用分会2012年网络新技术与应用年会，2012

[70] 郑新. 智能电网与传感器. 电器工业，2015（10）

[71] 王熠，张焰，刘菲等. 量子通信应用于核心金融信息领域的探讨. 财经界:学术版，2016（3）

[72] 肖玲玲，金成城. 基于专利分析的量子通信技术发展研究. 全球科技经济瞭望，2015（5）

[73] 孟千胜. 物联网终端网络管理研究与实现. 河南理工大学，2012

[74] 安陆. 物联网的智能应用机制探索. 甘肃科技，2013（24）

[75] 林巧民. 物联网安全及隐私保护中若干关键技术研究. 南京邮电大学，2014

[76] 杨一鸣. 基于物联网的疗养院健康监控模块的设计与实现. 山东科技大学，2012

[77] 史冬冬，云队列. 一个基于Hadoop的大规模消息基础平台. 东华大学，2012

[78] 马宏伟. 物联网技术与应用简析. 大众科技，2014（3）

[79] 孙其博，刘杰，黎彝等. 物联网:概念、架构与关键技术研究综述. 北京邮电大学学报，2010（3）

[80] 刘玮，王红梅，肖青等. 物联网概念辨析. 电信技术，2010（1）

[81] 刘强. 无线传感器网络组网关键技术研究. 电子科技大学，2012

[82] 杨晓冬. 农业信息化中物联网技术应用的需求评价与对策研究. 南京邮电大学，2011

[83] 原静. 基于物联网的风电机组优化调度方法研究. 华北电力大学，2015

[84] 耿亚，邵姣. 浅谈物联网技术及应用. 中文信息，2013（11）

[85] 尹红健. 物联网技术应用前景. 企业家天地旬刊，2013（10）

[86] 魏一. 中国能源消费与经济增长、生产要素关联机制研究. 山东大学，2009

[87] 马树才，李国柱. 中国经济增长与环境污染关系的Kuznets曲线. 统计研究，2006（8）

[88] 王治中，张庆君，吕科. 大数据时代航天遥感系统的挑战和机遇. 工程研究-跨学科视野中的工程，2014（3）

[89] 大数据可让能源利用变得更智慧_新浪地产网[EB/OL]. http://news.dichan.sina.com.cn/2014/07/18/1160997.html，2014.07.18

[90] 抓住能源互联网发展机遇，加快中国经济战略转型. 科技日报[EB/OL]. http://ecep.ofweek.com/2012-10/ART-93000-8600-28820052_3.html，2012.10.08

[91] 王燕平. 能源互联网推动能源革命. 自动化博览，2015（7）

[92] 鲍忠铁. 数字货币的利与弊. 金融博览，2016（3）

[93] 杨方，白翠粉，张义斌. 能源互联网的价值与实现架构研究. 中国电机工程学报，2015（14）

[94] 孙国强，陈霜，卫志农等. 计及相关性的电—气互联系统概率最优潮流. 电力系统自动化，2015（21）

[95] 张义斌. 天然气—电力混合系统分析方法研究. 中国电力科学研究院，2005

[96] 能源互联网中大数据技术能做什么？中国投资咨询网[EB/OL]. http://www.ocn.com.cn/chanjing/201604/ipgwn21113031.shtml，2016.04.21

第四章

“互联网+能源”发展的国外经验与借鉴

第一节 国外“互联网+能源”发展情况综述

由于化石燃料的逐渐枯竭及其造成的环境污染问题，在第二次工业革命中奠定的基于化石燃料大规模利用的工业模式正在走向终结，以新能源技术和信息技术深入融合为特征的一种新型能源利用体系——“互联网+能源”即将出现。由于“互联网+能源”在能源领域能够带来巨大的变革，对于工业与社会发展具有决定性的影响，因此一些主要发达国家已开始关注并推动“互联网+能源”的发展，并明确提出“第三次工业革命”将围绕“互联网+能源”展开。

当前，国际上对于“互联网+能源”的建设尚未形成一个统一的认识，丹麦、美国和德国等发达国家也并未明确提出“互联网+能源”这一发展战略，但其在能源系统转型中已经开展了较多研究，积累了较为丰富的经验，能为我国“互联网+能源”的建设提供参考。当前，针对“互联网+能源”这一理念，国际上典型的认知主要有三种，包括能源互联网（Energy Internet）、多能源网（Multi Energy Internet）和信息互联能源网（Internet of Energy）。

能源互联网（Energy Internet）侧重于能源网络结构的描述，以电力网络为基础，将热网、天然气网等网络与电力网络互联，同时借鉴互联网中开放、对等的理念，最终构建以骨干网、局域网和相关互联网络为特征的新型能源网。该理念在美国尤为体现，美国是最早提出发展智能电网的国家，希望构建以现代信息和储能技术为支撑的、适应可再生能源接入的新一代智能化电网。在智能电网发展经验技术基础上，美国进一步对分布式能源、天然气与电力系统交互网络进行研究，努力构建以智能电网、交通网、天然气网互联为载体，以发电侧光伏、风电等新能源为动力，以负荷侧天然气分布式能源、储能装置的合理应用为辅助的美国能源互联网。美国国家科学基金会自2008年起支持北卡州立大学建立了FREEDM研究中心，目的是研发可以实现分布式设备即插即用的下一代电力系统，以此作为能源互联网的原型。与此同时，美国国家可再生能源实验室提出的综合能源系统ESI，指出了未来能源互联网中多种能源物理网络互联互通的一种实现途径，以此作为未来综合能源系统框架。

多能源网（Multi Energy Internet）强调电、热、气等多类型能源之间的联合输送与协调转换，最终实现多类型能源的优化使用，在丹麦得以体现。丹麦是欧盟国家中可再生能源使用和相关关键技术研发的领跑者，2011年丹麦率先进行智能电网Fast Track试点项目，与此同时丹麦大力发展风电、热电联产和区域供电，大力构建基于服务的灵活性交易，跨行业能源系统的集成设计规划运行的具有丹麦特征的多能源网。未来丹麦仍旧坚持大力推动风电能源发展，计划将提升风电在全部能源消费的比重，构建摆脱化石燃料依赖、不含核能的新型丹麦能源系统。

信息化能源网（Internet of Energy）这一概念侧重于信息互联网层面，提出将信息网作为整个能源网的支持决策网，通过互联网的信息收集、分析和决策，进而指导能源网络的优化运行。该理念在德国得以体现，德国于2008年提出“E—Energy”计划，力图打造新型能源网络，在整个能源供应体系中实现数字化互联及计算机控制和监测，同时积极发展电转气技术，电转气的转化效率可达60%～70%。目前已实施库克斯港等6个示范项目，涵盖了“综合调节大规模风力发电与供热需求”、“可再生能源联合循环利用”、“用户与电力系统双向互动”、“完全自由零售市场”、“最小二氧化碳排放”等多方面内容，具有典型性和代表性。

本章选用美国、丹麦和德国作为发展“互联网+能源”的典型代表，探索他们发展“互联网+能源”的具体内容，以此来为我们国家发展“互联网+能源”提供经验。

第二节　美国能源互联网发展分析

一、美国能源互联网发展条件

（一）美国的总体能源状况分析

美国自然资源丰富，化石资源总探明量居世界前列，是世界上重要的能源生产大国，其石油、天然气和煤产量一直在世界上占有重要地位。同时，美国作为世界上最大的经济体，资源消耗量巨大，也是世界上能源消费大国，但是其自身的能源产量目前还无法满足能源需求，因此美国是世界上主要的石油进口国之一。另外，美国风力、太阳能等可再生资源十分丰富，近年来，美国正在大力开发可再生能源，以此调整自身的能源消费结构（图4-1、表4-1）。

美国早期80%以上的能源消耗以石油、煤炭和天然气为主，石油是美国最主要的能源，应用于生活生产等各个领域，从1990年开始，随着经济的快速发展，美国石油消耗量明显增加，2003年石油消耗量量为9.1431亿吨，占世界石油消耗总量的25.1%。长期以来煤炭作为美国电力部门的首选能源，90%以上的煤炭用于发电，2003年美国煤炭消费量为10.91亿吨，占世界煤炭消费总量的25%。美国天然气虽储量丰富，但早期由于开采技术水平不高限制产量不高，不能满足自身消费量，因此天然气的使用主要依赖于进口。

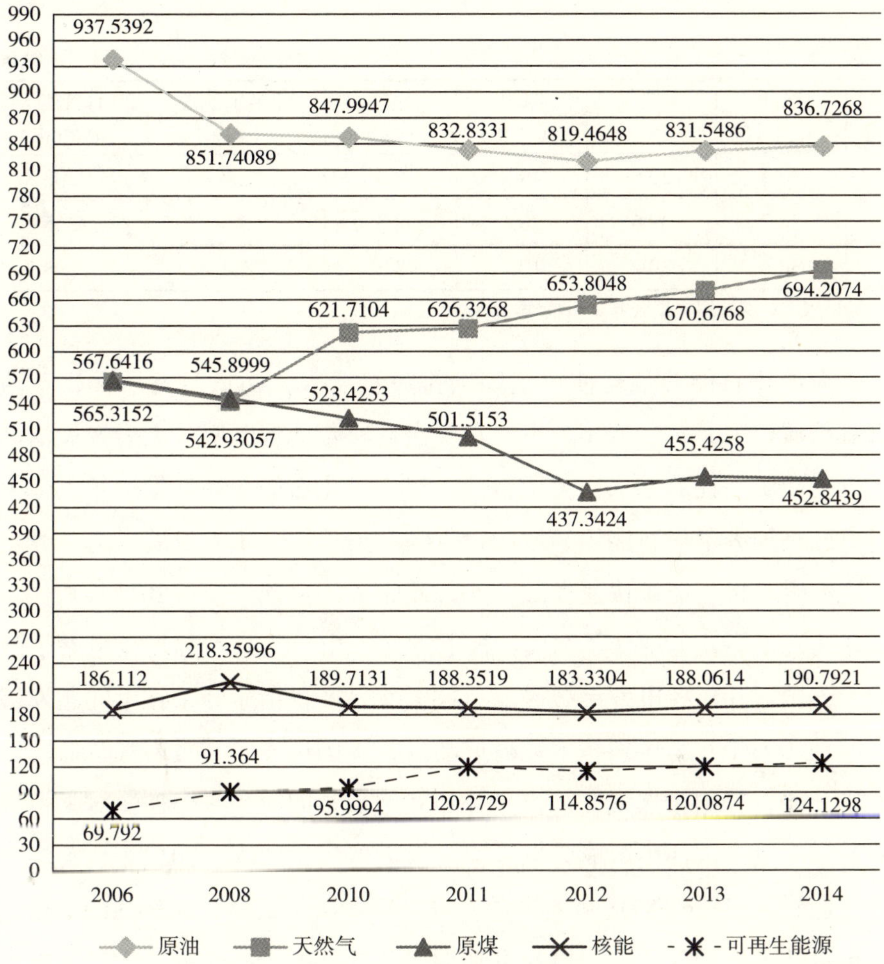

图4-1　美国能源消费情况

资料来源：课题组根据公开资料整理。

表4-1　美国能源消费情况

	原油（%）	天然气（%）	原煤（%）	核能（%）	可再生能源（%）	合计能源消耗（Mtoe）
2006	40.3	24.3	24.4	8.0	3.0	2326.4
2008	37.29	23.77	23.9	9.56	4.0	2284.1
2010	37.1	27.2	22.9	8.3	4.2	2285.7
2011	36.1	27.6	22.1	8.3	5.3	2269.3

续表

	原油（%）	天然气（%）	原煤（%）	核能（%）	可再生能源（%）	合计能源消耗（Mtoe）
2012	37.1	29.6	19.8	8.3	5.2	2208.8
2013	36.7	29.6	20.1	8.3	5.3	2265.8
2014	36.4	30.2	19.7	8.3	5.4	2298.7

资料来源：课题组根据公开资料整理。

巨大的化石能源消耗使得美国碳排放量巨大，污染日益严重，环境问题日益严峻。因此，2009年，奥巴马上台后实行能源新政，大力发展清洁能源，改变能源消耗的结构，美国石油、煤炭等化石能源消耗量逐年下降。同时，奥巴马加大了对新能源领域的投资与政策扶持，重点发展风力、光伏发电，这使得可再生能源快速发展。2013年，美国风能产能较2012年相比增加了74%，太阳能发电增加了41%。核电方面，由于受日本福岛核电站事故的影响，美国近几年核电发展缓慢。早期天然气产量由于开采技术问题发展缓慢，但是2003年水力压裂技术取得成功后，美国爆发了“页岩气革命”。从2007年开始，美国天然气开采量呈井喷式增长，同时，美国加快对天然气管道的扩容建设，这使美国成为世界第一大天然气生产国。2014年，美国天然气产量达到创纪录6.682亿吨油当量，进口量达历年最低，天然气的价格也随之逐年走低。天然气的大规模开发利用以及较低的价格使得天然气发电迅速发展，未来新能源及天然气机组将成为美国发电的主流。

近十年来，美国石油、煤炭等化石能源消耗量下降加快，天然气消耗量增长较快，可再生能源也在稳步发展，能源消费结构逐渐向消费天然气和可再生能源的方向发展。2014年，美国煤炭、石油等化石能源消耗量占总能源消耗量的56.4%，天然气占30.2%，可再生能源占5.4%。未来，美国将重点发展风力、光伏等可再生能源发电，计划到2020年可再生能源发电比例达到10%，2030年达到35%以上，实现能源的高效清洁利用。

（二）美国的能源政策与规划分析

能源消耗过高一直是美国经济发展面临的重大挑战，2006年美国能源消耗高达160亿吨油当量，占世界能源消耗的20%。如此高的能源消耗势必引起巨大的碳排放量，据统计，2006年美国人均碳排放量高居世界首位，达到19.78吨。这也使得布什政府在国际谈判中一直处于被动地位，动摇了美国在世界气候问题上的主导地位。此外，2008年爆发的金融危机使得美国经济低迷、失业率持续上升。在如此内忧外患的情况下，奥巴马上台后提出新能源政策，以此来促进美国经济复苏和创造就业机会。

奥巴马政府将新能源政策上升为国家战略，先后出台了《美国复苏与再投法案》、《清洁能源安全法案》、《2010年美国能源法》和《新能源政策》，加大对新能源领域的投资，减少对传统能源的依赖，减少二氧化碳排放量，改善国内能源的消费结构。在保障美国能源安全的同时，继续维护美国在世界经济格局和政治格局上的主导地位。

美国新能源政策的主要内容具体包括：①提高传统能源利用效率，重点提高汽车能效，大力发展插电式动力混合汽车。②颁布新的建筑、家用电器和工业节能标准，政府主导推动各类建筑设施升级，设立节能目标。③建设数字化智能能源网，重点投资建设智能电网，逐步实现太阳能、风能等接入电网，推进分布式能源的发展。④强调以技术创新实现新能源目标，鼓励新能源相关技术研究与使用，大力发展生物燃料的生产工艺技术。⑤严格控制碳排放量，推动碳交易市场的建设。

美国能源新政包含了大力发展新能源、可再生能源、低碳经济、智能电网、减少碳排量等核心思想，而奥巴马以此作为美国经济复苏的起点，既加快美国能源结构的转型，又促进美国经济复苏、创造就业机会，同时也维护美国在国际立场的话语权，帮助美国在新能源领域占领制高点。此能源新政战略无疑具有系统性、深刻性和前瞻性，值得我们高度重视，并且可以给我国发展“互联网+能源”就政策制定上提供一些宝贵的建议。

二、美国在能源互联网领域的探索

（一）能源互联网先驱——美国智能电网发展现状

目前，美国虽然还未明确提出发展“互联网+能源”的战略，但是其之前提出的智能电网就电网层面和“互联网+能源”的内涵有诸多相似之处，都强调了可再生能源和分布式能源接入电网、微电网的运行控制和互联、储能设备的接入电网以及需求侧响应资源的整合利用等相关内容。另外，智能电网也融入了互联网理念，以“绿色、高效”为目标，以双向互动和扁平化为主要特征，是以现代信息和储能技术为支撑的新一代智能化电网。智能电网在能源绿色化中不可替代的地位和作用，决定了智能电网是“互联网+能源”的主要技术模式，是发展“互联网+能源”的先驱。因此，研究智能电网就电网层面能对我们研究“互联网+能源”提供技术方案以及商业模式等方面的指导意见。

1. 美国智能电网发展历程

美国发展智能电网不是偶然提出，而是社会、经济发展的必然。美国消费者导向型市场经济模式强调了高度自由、追求资源效率的最大化，而智能电网的发展是其固有经济模式的必然选择，受到政府、企业、市场、消费者的共同推动。首先，从政府来看，智能电网符合新经济的发展趋势，有利于应对能源危机、发展清洁能源以及应对金融危机。从企业市场来看，智能电网推动产业升级，带动一些新兴产业诸如电动汽车、物联网等发展，增加国内的就业机会。从消费者角度来看，智能电网为消费者带来便利，消费者可以实时根据电价的变化调整自己的用电，选择自己合适的用电方案节省开支。

表4-2　　美国智能电网发展历程

时间	内容
2001年	EPRI开始智能电网的研究
2003年	布什总统要求美国能源部（DOE）致力于电网现代化建设，DOE发布“GRID2030”建设报告
2004年	DOE启动电网智能化项目
2005年	DOE与NETL合作发起了“现代电网”研究
2007年	DOE发布电力输送系统升级战略规划
2009年	奥巴马总统将智能电网提升为美国国家战略

资料来源：课题组根据公开资料整理。

美国智能电网发展历程如表4-2所示。其最早是由EPRI提出，前期由布什政府推广发展，强调采用先进技术对传统电网的升级，突出强调了高温超导电力技术的应用，实践证明此发展战略技术路线过于超前。2009年奥巴马上台后将智能电网提升为国家战略，重点强调电网基础设施建设对于清洁能源发展以及经济就业的带动作用，此电网发展战略与奥巴马提出的一系列新能源政策相符合，可见发展智能电网是发展可再生能源以及分布式能源接入电网的基础与先决条件，能确保电网的安全运行。

近几年，美国政府大力推进智能电网的发展，其推进措施的核心主要分为如下几个方面：①促进智能电网的投资：落实财政激励政策与资金安排，促进智能电网发展，政府投资建设智能电网示范项目。另外，政府调整电价来保障电网公司在智能电网投资方面的回报。②建立组织结构和工作体系：成立美国联邦智能电网工作组来协调相关机构，以此推动智能电网的发展。③加强标准体系建设：由私营部门、研究机构、电力企业以及政府共同制定《NIST智能电网互操作性标准框架和路线图1.0》，提出智能电网概念参考模型，明确行动计划等，并且以此作为基础继续建立相关标准。④完善相关辅助与保障措施：对各州提供人力资源、行政管理经费等相关方面的支持，保障对各项智能电网投资与建设任务的高效管理。⑤强调各界要自主创新：特别强调需求侧响应的重要性，重点发展可再生能源发电、分布式发电、电动汽车以及储能技术，提高电网运行效率、降低电能损耗等。

2. 智能电网的架构与研究成果

美国智能电网是一个完整的信息架构和基础设施体系，实现对电力客户、电力资产、电力运营的持续监视，利用“随需应变”的信息提高电网公司的管理水平、工作效率、电网可靠性和服务水平。在功能上满足未来数字化信息社会对电能的高可靠性、高质量的要求；适应灵活的发、用电方式，满足分布式、可再生能源发电接入和灵活的用户供、用的需求；电网具有自适应纠正和自愈能力，主动预防而不是被动地应对紧急情况；持续优化运行以最有效地应用各种资源和设备；电网信息整合更全面；鼓励需求侧响应和用户对电网的交互，提供相应的便利接口。其具有交互性、自愈和自适应能力、优化能力、预测能力、包容能力、集成能力以及更高的安全性。

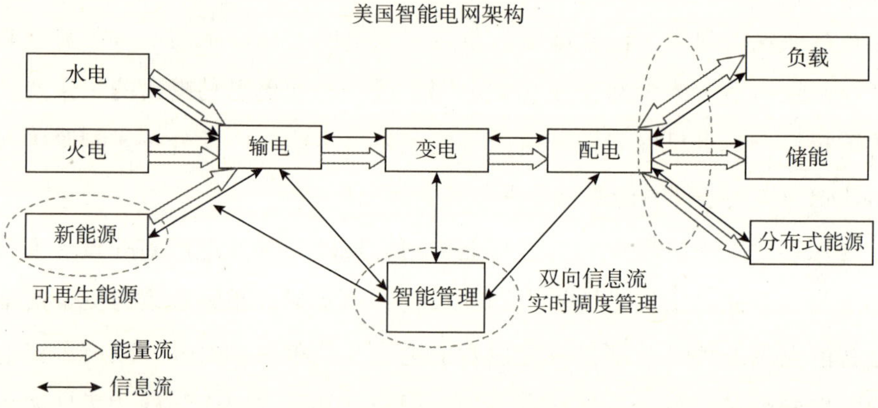

图4-2 美国智能电网概念图

资料来源：课题组根据公开资料整理。

其概念图如图4-2所示，实时调度及管理、双向信息流以及新能源发电是未来美国智能电网发展的三大特征，发电侧，新能源发电和储能的智能接入，减少发电环节的碳排放量，提高发电效率。输电与配电侧，采用先进的控制、分析、监测、决策技术以及新兴输配电技术，包括无缝的图像化接口、智能化DMS平台、广域测量以及配变电自动化等，实现电网的智能管理，实现突发事件的快速诊断及快速恢复，提高电网的安全性，使电网真正具有自愈功能。用电侧，智能表计的应用及家庭自动化的实现，利用电力市场加强电力公司与用户之间的协调互动，消除信息的不对称，更好地实现需求侧响应。

美国对智能电网的研究工作已经开展了10年之久，也取得很好的成绩。目前，美国对智能电网的部署情况如下：①输电侧：主要任务是部署同步向量测量装置PMU、输电线路监测和输电系统通信网。②配电系统：部署自动开关、电容器和变压器的自动传感及其控制系统。③用户侧：部署智能电表及其通信系统、数据管理系统，部署家庭显示器、可编程恒温器、用户侧网关，实施动态电价。

3. 智能电网典型试点项目分析

智能电网提出后，美国社会各界都积极参与到智能电网的建设中，政府投资主导推进，高科技企业和各大高校积极参与开发，在美国多地建设示范项目，以期改善能源结构、优化电网配置，构建智能电网的最初模型，为智能电网的全面推广提供支持。接下来，我们将重点介绍迈阿密智能能源综合项目、博尔德智能电网城市、德州智能电网社区这三个项目的实施情况，为我国构建“互联网+能源”提供商业模式方面的发展建议。

（1）“迈阿密智能能源”综合项目

“迈阿密智能能源”是美国最广泛的一个智能电网项目。该项目旨在使用联邦政府的刺激基金，加强该地区的智能电网和可再生能源的建设，为该地区的居民提供更多的用电选择，节约电费。该项目由政府以及美国知名大公司组成联盟组织实施，为迈阿密—戴德县的居民安装100万只智能电表，提供先进家电和智能电力控制系统，并且为家庭提供能源管理和实施方案。

该项目主要内容包括：①通过中央控制系统连接智能电表、数字变电所、高效变压器、发电侧和别的设备构建智能系统，实时监测用电状况，一旦发生故障自动修复或者派人维修。②智能电表的使用让用户了解不同时段电价的高低，从而调整自己的用电规模，节省电费。③一些大学安装太阳能发电设备，通过电池储存太阳能电力，供电价高峰时使用，有效减少电费的支出。④投入使用即插式双燃料电动汽车以及建设充电桩，推广电动汽车的使用。⑤实施消费者技术使用项目，在1000多个家庭进行新技术实验，以此来确定何种技术让消费者最为满意。

（2）博尔德智能电网城市

2008年，在各方努力下，艾克希尔能源公司（Xcel Energy）宣布投资将博尔德市建成全美第一个智能电网城市。该智能电网试点城市的运作模式是风险和利益共享的自负盈亏模式，由Xcel能源公司牵头，联合另外7家科技、工程和软件公司组成了“智能电网联合会”（Smart Grid Consortium），共同投资智能电网城市项目。该项目是企业参与智能电网建设的一个典范，对我国企业参与“互联网+能源”建设有重要借鉴意义。

该项目实施过程中在城市中建立了新的电能测量系统，实时监测各个节点的运行状况，为实时决策提供数据支持；升级电网来支持独立的发电储能设备接入，包括太阳能电池板、电池、混合动力车等；安装智能电表，让用户实时了解电价变化；改造升级现有变电站，以便远程监测各项数据；建立风能发电储存系统，在必要时将储存的风电返回电网；城市中很多交通工具使用电力能源，推广电动汽车的使用。

（3）德州智能电网社区

“德州未来智能电网社区”是德州电力可靠性委员会风电整合技术解决方案中的一部分，充当利用清洁技术的未来分布式能源系统社区开发的测试模型。该项目采用改进的技术监测电网的运行，并扩大智能门户功能以实现需求侧响应。这一社区是德州首个采用太阳能的智能电网社区，利用锂电池储存太阳能发电为每个智能电网住宅提供动态的能源系统，配合智能家居来充当支持“调峰”的智慧能源。当用电高峰期时，一些空调、电冰箱等智能家居停止工作一段时间以错开高峰电价。另外，动态能源系统启动为智能家电供电，节省用电成本。当用电低谷时，洗衣机、洗碗机等智能家电将得到有效利用。该示范项目提高了电网的稳定性和降低了总体电力成本，为后来智能电网社区的建设提供了模型，使能源利用变得更高效、更环保、更智能。

通过这三个项目，我们不难发现，美国智能电网示范项目的建设主要围绕以下几个方面：智能电表、数字变压器等设备的普及加强了电网各个节点之间的信息联系，使电网趋于智能化，做到电网的故障自愈以及智能管理；储能、智能电表的应用使得用户能合理使用家用电器，以此来节约自己的用电成本，做到用户侧参与调峰，实现需求侧响应；电动汽车的使用成功使得交通网与电网交互发展，减少尾气排放，实现低碳交通。

4. 智能电网的核心——美国需求侧响应发展分析

需求侧响应是美国智能电网框架的重要组成部分，是美国智能电网技术发展的一个重点。美国智能电网侧重于大规模利用光伏、风电等可再生能源，强调分布式能源的发展，然而新能源的间歇性问题一直是阻碍可再生能源大规模利用的重要因素。如果一味采用传统的自动发电控制系统AGC来调峰，势必造成资源的极度浪费，新能源应用的比例无法提高，电力系统安全稳定性下降。而需求侧响应在用电侧采用市场的机制引导用户改变自身消费行为，帮助电网调峰的同时又给电力用户带来了收益，在应对新能源接入电网的间歇性问题，提高系统稳定性方面，降低系统的整体运行成本以及实现能源优化配置具有重要作用。

美国于1992年就开始需求侧响应方面的研究，2005年颁布《能源政策法》与2011年联邦能源监管委员会第755号令都促进了美国需求响应的研究及相关项目开展。如今，在美国需求侧响应的基本理念已经得到广泛接受和认同，美国也成为世界上实施需求侧响应项目最多、种类最齐全的国家。接下来就美国需求侧响应项目的种类、产品及商业模式做相关介绍，以期给我们国家发展“互联网+能源”在需求侧响应这一块提供启发。

美国需求侧响应项目种类很多，按响应信号性质不同，分为价格型需求侧响应和激励性需求侧响应。基于价格的需求侧响应指用户调整用电需求以响应零售电价的变化，包括分时电价、实时电价和尖峰电价等。依照不同的电价机制，用户将调整用电时段在低价时段，同时自行减少在高价时段的用电，从而达到减少电费的目的。参与此类需求侧响应项目的用户与实施机构签订定价合同，并自愿进行负荷的调整。

基于激励的需求侧响应是指需求侧响应实施机构通过确定的时间或根据时间变化来制定政策，当系统可靠性受到影响或者电价较高的时候激励用户及时响应并削减负荷，其中包括直接负荷控制、可中断负荷、需求侧投标、紧急需求侧响应和容量／辅助服务计划等。①直接负荷控制是指在紧急情况下，在不给用户提前通知或只短时间通知的前提下，以支付给用户一定奖励或电费折扣为交换，遥控调整或关闭用户的电器设备。此方法在美国已经实行了很长时间，最常见的就是远程控制空调、热水器等设备的用电方式，以此来削减负荷。②可中断负荷是指电力用户同意在系统紧急的情况时削减负荷从而获得一个电价折扣的回报，但是如果用户没有如约执行削减，则会受到惩罚。可中断负荷的电价一般由电力管治机构确认发布，削减量由供电公司提前50～60分钟发布，接到通知后用户须削减负荷。此方法参与用户以大型工商业用户为主，普通居民由于规模的限制参与程度不高。③紧急需求侧响应项目是由系统运营机构设置一个激励性支付价格，在出现紧急情况的时候消费者如果削减负荷则可获得相应的激励性支付，但这种响应是自愿的，并不会受到惩罚。此项目如今在多个电力批发市场中得到了应用，但考虑其用户自愿性的特征，所以无法成为一种可靠的负荷削减的方法，只能作为辅助方案。④需求侧投标是一种最新型的激励型需求侧响应项目，让大型用户参与投标，表达自己在一定价格下愿意削减的负荷或者削减一定负荷所期望的价值。它有两种实现形式：第一种是在日前市场中消费者投一个价格和可削减负荷的组合标，如果该标被选中后，那么第二天此消费者必须按要求削减相应负荷，否则就会受到惩罚。第二种形式，消费者无须投标，而是作为一个价格接受者，在接到通知后削减负荷，所得的收益按当时的市场出清价格获得支付。⑤容量市场项目类似于一个保险，用户提前获得一个确定的支付，当遇到紧急情况时，则按事先约定削减负荷，但是不管紧急情况是否出现，用户都已经获得了这个确定的激励支付，所以受到了用户的欢迎。⑥辅助服务项目要求消费者就其可削减的负荷提前参与辅助服务市场报价，如果竞标被接受的话会获得与发电侧相同市场价支付，等到可削减负荷真正被调度后，还能再次获得一个现货市场价格支付，因此收益较高。但辅助服务项目类似于发电机的旋转备用，要求用户的反应速度较高，因此对用户侧通信设备、计量装置要求较高，一般水泵负荷、空调、热水负荷等是较理想的参与负荷。

针对以上美国需求侧响应项目，美国不同地区的电力市场推出了不同的需求侧响应产品，以此来满足客户的需求，分别有紧急需求响应计划（EDRP）、日前需求响应计划（DADRP）、需求侧辅助服务计划（DSASP）、实时需求响应计划（RDR）、实时电价响应（RPR）计划等，为用户提供多种选择的同时，也解决了系统安全稳定的问题。另外，之前的美国需求侧响应主要由工商业大用户参与，普通小用户由于规模所限制参与需求侧响应市场的积极性不高，在此背景下，需求响应负荷集成商这个新的服务行业就此诞生。当今的美国需求响应市场较为发达，拥有数十个负荷集成商。负荷集成商作为众多负荷与电网沟通的桥梁，主要负责统计有意愿参与电网需求侧响应的一些用户的信息，包括负荷特性、通信量测等设备的基本情况以及所期望的参与需求侧响应的补偿金额，并对此进行评估，之后与电网签署调度管理的相关协议。当电网运行中出现紧急情况，调度中心直接将指令发给负荷集成商，由负荷集成商将指令分解到每个用户应该完成调度的要求，最后结算补偿金额。负荷集成商的出现让电网的调度更加合理与方便，在不影响电网安全稳定运行的前提下，提高了调度的效率，实现多赢。

未来，发电侧接入光伏和风力等可再生能源发电，其间歇性问题对需求侧响应的挑战越来越大。美国目前正在发展基于用户的实现技术，针对工业用户、商业用户和居民用户等不同的用户设计不同的商业模式以促进用户更好地参与市场。目前，需求侧调频是美国针对居民用户参与辅助服务市场的一种新模式，该方案对平抑新能源发电的波动性具有重要作用。该方案主要是通过电网下发的调频指令给负荷集成商，负荷集成商分解指令到每一个用电设备，由用电设备完成负荷调节的要求。针对居民用户来说，可供调频的负荷包括空调、洗衣机、洗碗机、热水器、电池充电装置、电动汽车等开关负荷和具有较大惯性的负荷，若对其进行统一管理则能为调频服务并且产生巨大的经济效益。而在这整个过程中，负荷集成商的作用体现得非常明显，它在电网和用户之间构建了一个桥梁，其具体的服务模式在此不加赘述。在技术方面，考虑到需求侧调频是以分钟为单位的，响应速度较快，因此先进的通信技术、量测技术以及反事故措施是非常必要的。诸如指令传输所需Zigbee无线网络技术、量测所用的高级计量系统AMI、针对不同用户采用的开发性的通信规约以及出现人为破坏、软件缺陷等问题后的反事故处理措施，这些也是美国在推进需求侧调频过程中正在不断努力发展和完善的。

（二）“互联网+能源”重点——美国分布式能源发展分析

加快分布式能源发展是美国能源新政的核心，也是智能电网发展的重要目标。分布式能源是指安装在用户端或者靠近用户端，优先满足用户自身能源需求的能量供给系统。在为用户供应能源的同时，也提高了能源的配置质量和弹性，达到了清洁用能的目的。对于电网和用户，分布式能源展现出了巨大的优越性，能源的自给自足使得用户的用电成本降低，提升了经济效益；在负荷高峰时，能帮助系统调峰，提高电网供电的安全；热电联产减少了集中供热以及输配电的损耗，提高能源利用率；利用清洁能源实现分布式发电，有利于环境保护。美国是发展分布式能源最早的国家，发展初期主要是小型的热电联产分布式能源系统（CHP），后来逐步演化成了冷热电三联供（CCHP），发展迅速。截至21世纪初，美国已建成以冷热电联产为核心、容量为10万千瓦及以下的天然气分布式能源系统近2000座，应用范围涵盖石油、化工、学校和医院等各个领域。我国分布式能源虽然也受到了热捧，上海、广东等地区也有示范项目，但都处于初级阶段，发展缓慢。因此，对美国的分布式能源发展及政策的分析对推进我们国家分布式能源发展以及政策的制定具有重要意义，对“互联网+能源”的构建具有重要指导意义。

考虑到每个国家自身资源的差异性，因此选取的分布式能源发展类型也不同。美国本身拥有丰富的天然气资源，已探明的储量为7.7万亿立方米，居世界第六位。另外，随着页岩气革命的爆发，使得美国天然气产量迅速增长，年均增长速度接近4%，于2009年超越俄罗斯，成为世界第一天然气生产国。得天独厚的能源优势和低廉的天然气价格使得美国天然气分布式能源迅速发展，2003年，天然气分布式能源总装机5600万千瓦。占全美电力装机7%，发电量占9%。预计到2020年，美国将新增各类热电联产机组9500万千瓦，届时，热电联产机组装机容量将占全国发电总装机容量29%，其中天然气分布式能源系统将占据增长的主要地位。

此外，美国相关法律法规的扶持也是天然气分布式能源如此迅猛发展的一个重要因素。美国先后推出了《1987年能源法》、《2001年美国能源政策》、《2005联邦能源政策法案》、《清洁能源安全法案》、《2010年美国能源法》和《新能源政策》来鼓励热电联产和分布式能源的发展。这些激励政策概括起来土要分为以下几个方面：给予分布式能源项目减免部分投资税；缩短分布式能源项目资产的折旧年限；简化分布式能源项日获得经营许可证的程序；支持分布式能源项目并网。这一系列政策的实施，为投资者进入市场扫除了障碍，同时通过创造市场需求给市场公开承诺，以此来给投资者投资信心。另外，美国还出台财政补贴、税收减免等政策吸引投资者投资，从而激活整个分布式能源市场，极大地促进分布式能源的发展。

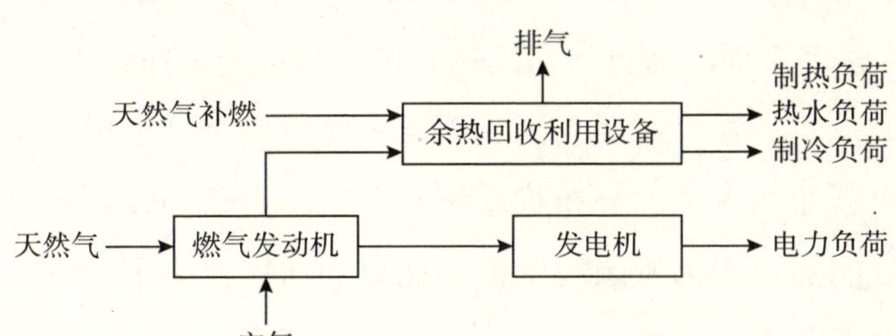

图4-3 美国天然气分布式能源系统示意图

资料来源：课题组根据公开资料整理。

天然气分布式能源系统即冷热电三联供（CCHP）以小规模、小容量（几千瓦至50MW）、模块化、分散式的方式布置在用户附近，可独立地向用户输出冷、热、电能，实现能源的自给自足。其工作示意图如图4-3所示，通过天然气为主要燃料带动燃气轮机或内燃机发电机等燃气发电设备运行。产生的电力满足用户的电力需求，系统排出的热通过余热回收利用设备（余热锅炉或者余热直燃机等）向用户供热以及供冷。经过能源的梯级利用使能源利用效率从常规发电系统的40%左右提高到80%左右，大量节省了一次能源。

目前，美国的CCHP按供应范围划分主要有区域型系统和楼宇型系统，其主要应用在写字楼、商厦、学校、医院等特定性建筑或者工业园区、科技园区等较大的区域，普通居民用户由于规模太小，因此，目前应用CCHP较少。其中，纽约大学的CCHP项目建设得较好，以高效的能源效率和卓越的可靠性，获得了美国环保署2013年能源之星热电联产奖项。纽约大学的CCHP项目建于2010年，在原有的中央电厂基础上扩建了2台燃气轮机发电机组，2台余热锅炉，1台蒸汽轮机发电机组，可提供1.34万千瓦/小时的电力、高达40.8吨/小时的饱和蒸汽，满足纽约大学近5万名师生的日常电力、蒸汽、冷气和热水需求。在设计方面，考虑到可用空间太少、电网连接复杂以及周边社区环境复杂，纽约大学将整个CCHP项目直接建于市政道路的下面，避免造成周边设施的迁移，充分展现了高效的工程设计。在经济性方面，CCHP既可并网也可孤岛运行，当校园所需电力较低时，多余的电力就出售给当地的电力公司Con Edison公司。整个系统的运行效率高达75%，每年能为纽约大学节约超过500万美元的能源成本。在可靠性方面，美国东海岸曾受到飓风“桑迪”的袭击而大面积停电，纽约大学的分布式系统在此期间不仅为校园提供了不间断的电力、制冷、制热，也为校园周围被迫撤离的居民提供了所需的电、热、冷能源，展示出了出色的可靠性。

美国天然气分布式能源的发展在能源领域还催生出了一系列新的商业模

式。由于分布式能源系统的复杂性、技术难度大，造就了新型的以分布式能源为核心的专业化能源服务公司的出现。该类型的公司主要通过对能源统一规划，集成多种能源技术，因地制宜、因需而异地为用户提供个性化的能源服务和节能服务。其主要运营模式大致可分为3种：一体化能源服务模式、一站式能源管理或能源系统外包模式、能源咨询和节能改造模式。一体化能源服务模式是分布式能源站设计、投资、建设、运营一条龙服务的模式，此种运营模式主要针对不擅长能源管理、专业知识缺乏的用户。能源服务商帮助用户负责分布式能源项目的投资、建设和运营，根据用户的需要供应能源，以运营收益获取投资回报，而用户免除了分布式能源的固定资产投资，由专业的能源服务商进行专业的管理，提高了设备运营效率，实现双赢。能源服务商的收费标准目前有以下几种方式：①以量定价，根据用户实际使用冷、热、电的数量，收取能源使用费。②能源物业，考虑冷、热能源的数量不好计算，可根据建筑的使用面积，提前和用户约定价格，打包收取冷热电的使用费用。③混合收益，设定最低使用量，不论用户是否使用能源都要缴纳费用，超出部分可以以量定价，也可以按面积定价。④根据分布式能源项目的投资规模，用户提前给服务商固定的投资回报与运营收益，实际运营的成本由用户承担，能源使用量具体多少与项目的收益无关。一站式能源管理服务是指用户自己负责分布式能源项目的投资建设，委托能源服务商运营管理，项目运营成本由用户自己承担，能源服务商指收取固定的运营管理费，整个项目的投资风险完全由用户承担。能源咨询和节能改造模式主要是用户委托能源服务商对能源设备的保养和维护，包括对设备的监测与评估，确保设备的运行安全，服务商收取相关的维护保养费用。

未来，美国分布式能源会向分布式能源网的方向发展，不再以单一能源供应为主，而是将天然气、风、光等多类能源结合，因地制宜地根据顾客需求进行调度，形成更高效的能源系统。另外，在一定区域内，利用能源站集成技术，可将多个能源站集中起来进行能源调配，形成节约高效、有序配置的用能方式，实现能效最大化。

（三）能源互联网模型——美国FREEDM计划

为了应对美国可再生能源大量普及以及分布式发电大规模接入可能引起电网不稳定等问题，美国北卡罗莱纳州立大学提出了未来可再生能源电力传输和管理系统FREEDM计划，其主要是应用先进的电力电子技术、高速数字通信和分布控制等技术，将大量分布式发电装置、分布式储能装置和各类型负载互联起来，实现能量的双向流动、对等交换和能量共享，建立具有智慧功能的革命性电网架构。

FREEDM主要具有以下几个特征：①支持任何时间、任何地点的分布式光伏发电、分布式储能以及其他分布式交流电机接入，跟USB接口一样，实现即插即用。②具有能量管理设备（IEM），除了能自动对分布式可再生能源（DRER）、分布式储能装置（DESD）以及各类型负载进行功率电压调节外，还能够进行电网侧电压管理和短路电流控制，而不是进行简单的开断。开放的标准DGI、固态变压器SST整合在IEM系统中，使IEM具有能量路由器的功能。③具有智能故障管理设备IFM，实现故障的自动判断与隔离。

FREEDM系统的框架如图4-4所示，物理层面上（图中通过细线相连），69千伏传统电网和FREEDM系统通过一个高压电力变电站IEM相接实现能量的交换以及电压的变换，FREEDM系统由12千伏的母线与各个独立的分布式模块通过能量管理设备IEM相连，由IEM实现对DERE、DESD以及负载的自动管理，IFM作为故障管理设备实现对故障的判断与隔离。信息层面上（图中粗线相连），将各个节点的信息采集后都送往FREEDM系统的“大脑”DGI中，通过云计算和大数据来完成智能分析，实现对各个节点的控制。此系统既可以并网运行，也可以孤岛运行，若传统电网出现故障时，IEM会将FREEDM系统从主网中隔离开来，依靠可再生能源发电和储能实现孤岛运行，由DGI实时平衡功率，具有非常高的可靠性。

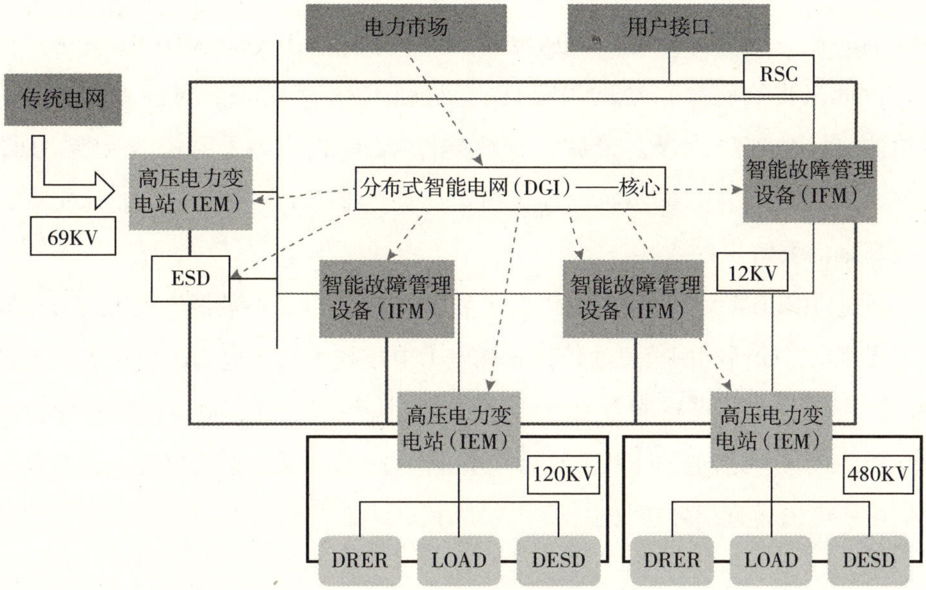

图4-4 FREEDM系统框架

资料来源：课题组根据公开资料整理。

目前，虽然整个FREEDM系统的架构已经提出，但是很多技术问题亟待解决。首先，IEM中的所包含固态变压器SST的是整个系统的关键设备之一，它是一个三端口电力设备，可以实现直流—交流、直流—直流转换，为不同类型的负载、分布式能源和储能设备提供了接口，实现用电侧和大电网的解耦，使用电侧模块化，彼此产生的影响较小。由于在一个单位功率因数下，固态变压器所连接的部分对于主干网表现出来的特征是一个纯电阻负载或者纯有功电源，没有无功方面的问题，使得电压特性、电能质量更好。目前，固态变压器存在的主要技术问题就是能量转换效率太低。其次，故障隔离设备（IFM）主要用于系统故障自动诊断、自动隔离和网络重构，它与IEM系统通过RSC系统相连进行信息交互，保证网络的快速故障隔离和能量供应。如果用户侧发生故障时，IFM就会把故障隔离出12千伏母线防止故障电流注入12千伏母线。同样地，如果12千伏母线侧出现持续性故障的时候，IEM会将用户端从电网隔离开，使用DRER和DESD给用户供电，以此来提高整个系统的可靠性。目前，IFM存在的主要技术问题是故障检测与定位速度太慢。最后，开放的标准DGI作为整个系统的大脑，DGI的整个软件的架构体系如何设计，所有IEM、IFM节点控制方式如何实现，这些都是需要解决的。

通过FREEDM系统，我们可以看出美国对于“互联网+能源”研究与技术发展主要侧重于如何利用信息通信技术和电力电子技术实现电力系统中各类型能量单元协调互动、提高电力系统中可再生能源利用比例、适应高渗透率分布式新能源接入，这对我们国家发展“互联网+能源”就分布式能源、储能装置如何接入电网具有指导意义。

三、美国能源互联网发展方向

面对全世界都在发展“互联网+能源”的热潮，美国率先提出了FREEDM计划，侧重于对配电侧和用电侧的开发，希望利用信息通信技术和先进的电力电子技术实现储能、分布式发电以及负载之间的协调互动，以此作为美国发展“互联网+能源”的雏形。接下来，美国将继续推进对“互联网+能源”的构建，完成社会能源消费结构的转型。

首先，电力系统作为能源相互转换的枢纽，是“互联网+能源”的核心，因此未来美国仍将继续加快对电力系统的建设。发电侧，美国将继续加大风电、光伏等清洁能源的开发利用，提高清洁能源发电的比例，加大对天然气发电的开发，减少对煤炭、石油等化石能源的依赖；输电侧，美国将继续加快对电网的建设，包括建设国家电力骨干网、区域电网互联等，将继续推进智能电网的建设；配电侧及用电侧，未来美国将大规模接入分布式光伏、风力发电、分布式储能以及热电冷联产，用户层面将普及智能电表、智能家居和电动汽车的使用，实现用户与电网的良好互动。其次，页岩气革命的爆发后天然气的成本大大降低，使得天然气发电、热电联产迅速发展；与此同时，电转气（P2G）技术逐渐成熟，可以将可再生能源机组的多余出力转化为甲烷，再注入天然气网被利用。因此，未来天然气网和电网之间的能量流动将从单向变为双向，两网交互发展。另外，电动汽车的迅速发展，使得电力系统与交通系统之间通过充电设施互相影响，交通网和电网之间也会紧密联系，共同发展。

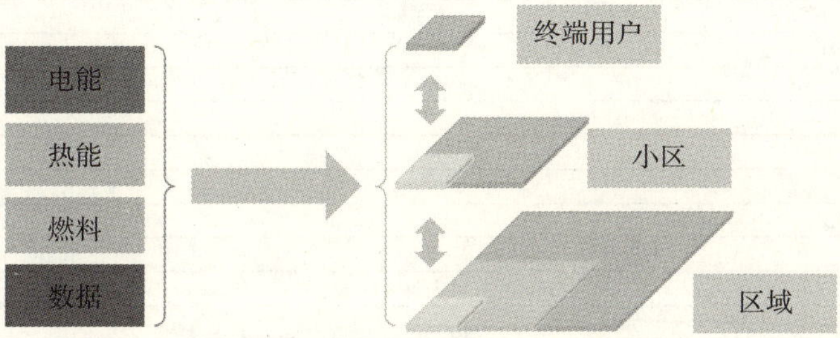

图4-5 美国综合能源利用系统ESI

资料来源：课题组根据公开资料整理。

未来，美国发展“互联网+能源”把重点放在多类型能源网络的高度耦合上，实现不同类型的能源综合优化。为此，美国国家可再生能源实验室不久前提出了未来综合能源利用系统ESI，该系统主要是对特定区域内不同规模的电力、燃料和供热系统从规划和运行两个层面优化，实现多个小型能源系统的互联融合，整体做到最优化配置。其基本结构如图4–5所示，首先将各类终端用户的家庭小型能源系统整合成社区能源系统，接着将各类独立的社区能源系统整合形成一个区域范围内的能源互联网络，由该网络实现一定范围内的资源优化配置，为终端用户提供不同类型的能源服务的同时，推动能源网络与经济社会中的信息数据网络、交通网络等其他网络融合，促进数据信息与能量流的整合，实现多种网络的互联互通。

第三节 丹麦多能源网发展分析

一、丹麦多能源网的发展条件

（一）丹麦的总体能源状况分析

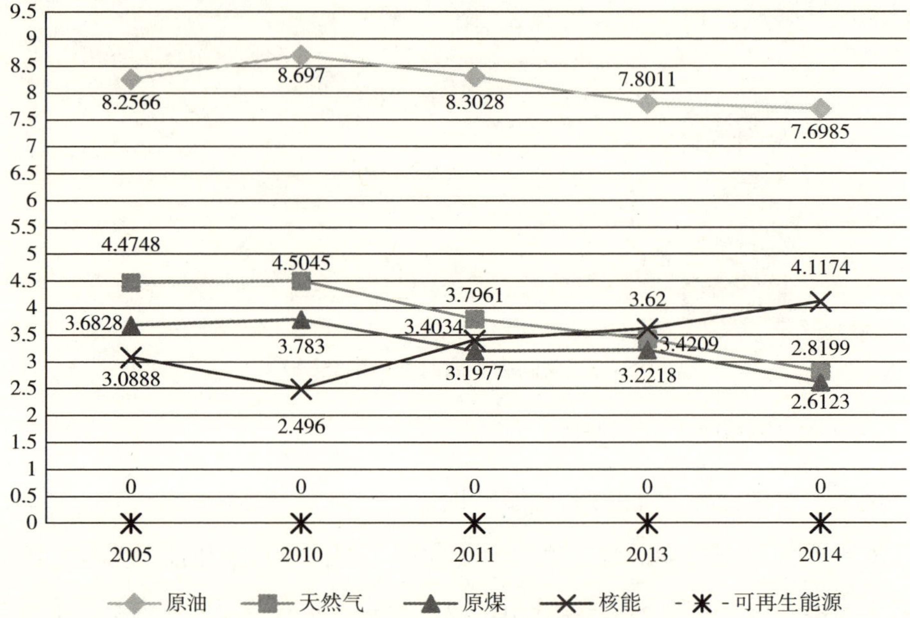

图4-6 2005～2014年丹麦能源消费情况

资料来源：课题组根据公开资料整理。

丹麦自然资源较为贫乏，除石油天然气外，自然资源矿藏很少，但是丹麦的风能与生物质能较为丰富。20世纪70年代前，丹麦一直依赖石油作为主要能源，自石油危机后，丹麦开始采取积极的有利于可持续发展的能源政策，努力提高其他资源的比例。与此同时丹麦积极开发风能、生物质能和太阳能等可再生能源，大力调节能源结构。

表4-3　丹麦能源消费情况

	原油（%）	天然气（%）	原煤（%）	核能（%）	可再生能源（%）	合计能源消耗（Mtoe）
1980	67.3	0	29.7	—	2.96	19.4
1990	43.55	10.06	40.24	—	6.13	19.5
2005	41.7	22.6	18.6	—	15.6	19.8
2010	44.6	23.1	19.4	—	12.8	19.5
2011	44.4	20.3	17.1	—	18.2	18.7
2013	43.1	18.9	17.8	—	20	18.1
2014	44.5	16.3	15.1	—	23.8	17.3

资料来源：课题组根据公开资料整理。

从表4-3中看出，从20世纪80年代起到21世纪初，丹麦总体能源消耗水平接近持平。相比20世纪七八十年代，尽管丹麦国民收入取得了增长，在工业、管理和住房中的自动化程度增加，经济累计增长达78%；但是由于丹麦采用重点开放热电联产、区域供热（制定市政供热规划）、集成资源、提高建筑能效等方法与政策，丹麦用于空间加热的每平方米的能源消耗量大幅降低，丹麦能源利用效率得到了提高，因此出现了能源消耗总量增长几乎为零，总能源消费增长并不明显的结果。

20世纪80年代初，丹麦是一个能源进口国，93%的能源消费依赖进口；1973年爆发第一次世界石油危机后，油价涨幅达到三四倍。1979年，第二次石油危机爆发，石油提价严重加大了丹麦国际收支赤字。受两次能源重创，丹麦开始尝试改变依赖传统能源的模式，在能源消费结构上开始进行转变。现在丹麦石油消费量相比20世纪80年代下降了近50%，新的和可再生能源—生物能、废物回收、风能以及太阳能等已经占据丹麦能源消费超过20%的比重；丹麦从20世纪90年代初开始使用天然气作为能源，现在天然气的使用量已经达到了约占丹麦总能源消费的16%。

由此可以看出，丹麦在可再生领域得到了迅速的发展。1980年时，丹麦可再生能源所占据比例还处于较低的水平。在通过能源结构转型过程之后，石油的比例正在逐渐降低，可再生能源的比例正在逐渐提高，这说明可再生能源正在逐步替代石油的地位；丹麦在研发利用风能的同时，也较早开始进行生物能和太阳能的利用。现在很多丹麦可再生能源的技术已较为成熟并且能够和传统能源竞争。

丹麦除了大力发展清洁能源外，也在努力推动能源的高效利用和绿色使用。在20世纪末，丹麦已经具有超过50%的废物可以回收利用；约有1/4的废物在热电联产（CHP）厂被焚烧，为热电联产的生产带来好处，剩下只有20%的废物不能被利用。在过去的几年中丹麦的垃圾焚烧厂通过种种改造，已经能满足国际上关于环保的各种严格要求。另外，还有18家大型的垃圾焚烧厂正在向热电联产（CHP）的方向努力。上述垃圾焚烧厂中的任何一家每年的垃圾量均达四万吨，这些垃圾厂能够处理丹麦90%左右的可燃性废物。近年来，丹麦在减少垃圾焚烧厂对环境的污染方面也做出了努力，其中包括净化焚烧垃圾后产生的废气以及充分利用焚烧后的残留物质。利用生物能（包括干草、木料等）能够大大减少丹麦的二氧化碳的排放量，高效利用生物能来配合CHP的技术目前已经被研发出来，今后丹麦将越来越多地利用生物能来满足能源的需求。

在可再生能源利用方面，丹麦的风能利用一直处在世界领先水平。从20世纪70年代起，丹麦生产的风涡轮越来越大同时更有效率。在风能充足的地方，丹麦500～600千瓦、设计最先进的风机的产电效率能够和效率最高的燃煤电厂的产电效率相媲美。从20世纪80年代开始，私人消费者通过私营的风场协会对风涡轮的生产进行投资。尽管政府不再对新的风涡轮生产给予补贴，但是国家对风机生产的电进行补贴。这些风机主要是在风场里，其中有两个坐落于海滨地带。21世纪初，丹麦风机的总装机容量已经超过了600兆瓦，在2004年的电力生产中，3.5%的电力是通过风能生产出来的。根据丹麦非盈利组织绿色国度网站消息，丹麦风电行业协会发布的2014年最新行业数据显示，2014年丹麦风电企业整体发展势头迅猛，出口总额增长超过16.7%，营收增长7.4%，新增就业5%，丹麦风力发电量占电力消费总量的比例高达39%。

到21世纪，丹麦已经成为石油和天然气的净出口国，可再生能源开发利用，特别是风力发电和生物质能热电联产应用，在欧盟成员国中处于领先地位。由于大量采用节能技术和大力发展可再生能源产业，丹麦在能源供应和温室气体减排方面的各项指标普遍优于其他发达国家。目前，丹麦能源自给率为156%，日本和美国分别为18%和71%；丹麦人均能耗3.6吨油当量，日本和美国分别为4吨和7.7吨。人均温室气体排放量丹麦为10.4吨，日本和美国分别为9.4吨和19.7吨。

（二）丹麦的能源政策与规划分析

在1973年石油危机后，丹麦政府将发展低碳经济作为国家层次战略之一，1976年丹麦能源署成立，该机构的主要职能为调动各方面资源，统筹制定国家能源发展战略、组织实施并进行监督，其管理范畴包括国内能源供应、生产、销售以及节能领域，优先开辟可再生能源，大力发展优质资源，引导丹麦国民能源消费方式以及国家能源结构调整。

前一小节中我们可以发现丹麦能源结构中并未包含核能，这是由于全民公投导致丹麦政府决定放弃开发核能，取而代之的是更适合丹麦发展的采用加强发展风能和生物质能等可再生能源政策。2008年丹麦政府设立丹麦气候变化委员会，为国家减少石油、煤等化石燃料依赖，构建无化石能源体系设计总体能源发展方案和路线图。

丹麦通过设立一系列法律，鼓励发展低碳环保的可再生能源，鼓励个人和企业节约能源和提高能效。丹麦政府于1976年通过了《供电法案》，于1979年通过了《供热法案》，该法案将丹麦275个城市分为了四个主要的区域并根据区域的划分来规划中央CHP、区域供暖、天然气供应，以建设高效供热区域系统；此外1981年通过《可再生能源利用法案》（该法案后于2008年进行修订），2003年通过《能源供应法案》（该法案后于2010年12月进行修订）。与此同时，丹麦也采取了相应的鼓励政策，其中主要包括固定电价政策、可再生能源建筑补贴（该政策由《丹麦能源政策协议》中规定）、区域供暖等政策，这些政策对太阳能热利用和生物质利用均提供了支持。丹麦政府还对可再生能源进行补贴并进行税收减免。丹麦政府对风电的补贴起始于1979年，根据立法敲定私人投资风电能获得风机购买价格30%的补贴；1981年，丹麦政府开始对热泵和太阳能供暖提供补贴，比例自1980年的5%提高到2001年的8%，大大推动了可再生能源在建筑领域的应用；另外，丹麦规定，部分小型可再生能源系统免征公共义务附加税（PSO），大型可再生能源系统减税。相对地，丹麦政府选择采取征收“能源供应安全税”，2012年《丹麦能源政策协议》规定，由于化石燃料消耗减少导致的煤炭、石油和天然气税收的减少，政府决定对所有燃料，包括采暖用的生物燃料和化石燃料征收“能源供应安全税”，用于为可再生资源提供部分资金来源。《丹麦能源政策协议》中也规定，2013年起新建建筑禁止使用石油和天然气采暖；区域供热区内的既有建筑自2016年起不得安装新的石油锅炉。这些措施降低了石油和天然气的消费，减少了使用石油和天然气进行采暖。这些能源税、二氧化碳排放税、欧盟的二氧化碳排放交易体系等也为丹麦可再生能源的发展提供了可持续的资金和机制支持。

相应地，丹麦也采取了鼓励可再生能源接入的电价政策。丹麦的可再生能源上网电价包括市场竞价和补贴两部分，对于风电，在市场竞价的基础上，根据不同的并网年份，采取差异化的电价补贴政策，确保补贴的合理性；对于陆上风电和非招标海上风电，政策规定2014年后并网的风电实行固定补贴，在满负荷发电6600小时内，在市场成交价基础上补贴0.25丹麦克朗/千瓦时。与此同时，丹麦对可再生能源进入市场以及上网采取优惠。在丹麦《电力供应法》中规定了可再生能源的优先上网强制性，电网公司对于无法及时入网的风电场业主需要给予经济补偿；在丹麦《可再生能源法》中规定电网公司也需要对被限制入网的新建海上风电场主给予经济补偿。

丹麦已在2011年实现了可再生能源占比达到20%，预计2020年将可再生能源的比例将会提高到35%，使风力发电将占全国总用电量的50%。未来丹麦在新能源的开发利用中将重点推进风能发展，在其制订的最新能源计划中，明确提出到2030年能源构成将是风能占50%，太阳能15%，生物能和其他可再生能源占35%。特别强调丹麦领先全球的风电产业发展；丹麦设定计划于2050年之前建立一个完全摆脱对化石燃料依赖、并且不含核能的能源系统，这一计划被称为丹麦的“第二次能源革命”。

二、丹麦在多能源网领域的探索

（一）丹麦智能电网发展分析

作为全球范围内可再生能源发展最快的国家之一，丹麦的可再生能源比例从1980年的占比3%扩大到现在超过70%的占比。丹麦根据本国自然环境以及自然资源特点，主要推动以风力发电为核心的政策，大力加快风电设备制造与创新，风力发电已经约占丹麦全国发电总量的20%。风力发电往往受风速变化的制约和影响，丹麦在开发风电的同时，需要解决风电接入电网导致的可能出现的稳定性降低问题。丹麦过去的电力供应方式为大型发电站集中生产，然后传送给用户。然而，在丹麦全境拥有几百个区域热电联产厂、数千台风力发电机、大量太阳能以及生物燃料发电设备的现在，对电网进行智能化改造从而将任何地方以任何形式生产的电能进行全局调度并且输出，同时保障高效性与节能性成为丹麦智能电网的变革方向。丹麦将自身电网的建设作为重要目标，为了将丹麦电网建造成先进的、能够适应大规模可再生能源的、融合可再生能源和信息技术的智能电力系统网络，丹麦采取了下面一系列工作。

首先，丹麦着手在家庭中安装智能电表。2009年5月起，丹麦电力公司SEAS—NVE逐渐开始将智能电表投入洛兰岛家庭中安装并使用。其次，丹麦开始开展智能电网实证实验。2009年12月，丹麦电力公司SEAS—NVE与松下公司共同启动智能电网实证实验。实验内容为检测SEAS—NVE智能电表性能以及松下住宅网络系统“Lifinity”的有效性。该实验主要分为两个阶段，第一阶段为家庭用电量可视化以及家庭照明器具远距离操控，第二阶段为家庭供热设备控制，燃料电池以及蓄电池的使用。随后，丹麦成立专门面向智能电网的研究集团。考虑未来丹麦电动汽车与混合动力汽车比例的提高，用于电动汽车空置充电与计费的智能技术和整个能源系统保障稳定的措施成为丹麦的未来着力点。丹麦最大能源公司DONE能源公司、丹麦地区能源公司Oestkraft、丹麦技术大学、西门子公司、Eurisco和丹麦能源协会共同成立EDISON研究集团，其主要研究方向为发展大规模电动汽车智能基础设施。该集团首先研发智能技术，然后投入实施。实验内容为研究当电动汽车数量增加时电网发挥的作用，主要通过模拟方式来研发电网技术，其研发出来的电网技术也可以应用于其他分布式电源。

而2011年丹麦在博恩霍尔姆岛（Bornholm）进行的实验即为丹麦第一个完整的智能电网测试——丹麦智能电网Fast Track项目测试。博恩霍尔姆岛约有四万居民，其岛内风能占据资源很大比例。博恩霍尔姆岛上有2000个家庭参与试验实施过程，在项目进行中，参与者家庭居住于装备有智能电表与智能电器的智能房屋里，智能电网与天气预报系统相连，可以自动调节室内的温度，保持最舒适的居住环境。智能电网还可以根据整个电网的负荷和能源的价格自动调节冰箱、洗衣机、烘干机等家用电器的运行时间和用电量。例如，智能电网可以选择在电路负荷最低的时段，自动开启洗衣机洗衣，最合理地利用电能。

现阶段丹麦已有六十余家智能电网公司，这些公司承担欧洲测试和示范工程总量的22%。与此同时，丹麦技术大学的PowerLabDK实验室进行着大规模的测试与技术试验，PowerLabDK实验室现已经向博恩霍尔姆岛27000名电力用户提供了完整的电力系统，其中33%的能源来自风能。通过分析博恩霍尔姆岛的实时反馈数据并用于模拟测试，从而进一步开发更完善的电力系统。

2013年，丹麦气候能源以及建设部网站公布，丹麦开始启动新型智能电网战略，从而大幅推进消费者自主管理能源消费的步伐。该新型智能电网战略将综合推行以小时计数的新型电表，采取多阶电价和建立数据中心等措施，鼓励消费者在电价较低时用电。

目前，丹麦在智能电网的研发和演示方面处于欧盟领先地位，欧洲智能电网方面大约22%的研发成果都在丹麦产生，丹麦已成为欧洲智能电网最大的研发基地。丹麦具有透明公开的能源交易市场和先进的实时电价制度。据分析，智能电网市场有望在未来10～15年达到数十亿欧元。丹麦智能电网建设所带来的这场能源革命将影响许多丹麦经济领域：可再生能源行业、信息技术产业、建筑业和房地产市场、能源储存运输行业等众多产业。

在信息互联网发展的成功激励下，全世界范围内的能源行业寄希望于通过采用“互联网+能源”的结构模式来实现向全行业提供基于先进互联及分布式能源智能管理的全新应用模式。而丹麦在欧洲智能电网领域处于领先地位，对于发展“互联网+能源”，丹麦具有独特的理念：一是丹麦坚持基于服务的灵活性交易；二是丹麦强调跨行业能源系统集成设计、规划和运行。丹麦在这两种理念的驱动下，希望为能源行业不同的利益相关方带来丰富的商业机会和挑战。与此同时，丹麦进一步使用新型的“互联网+能源”技术解决方案，从而更进一步推动能源市场转型以及丹麦“互联网+能源”的发展。从丹麦本国的角度出发，采用以市场为基础的措施，从而保障无论是客户端还是各种能源供给端的灵活性，成为丹麦实现可再生能源目标的主要解决方案之一。丹麦将传统设计理念应用于电力系统中从而实现资源共享，比如说通过新兴的举措来建立不同的能源系统之间的跨界互联。此外，丹麦这两条独特的理念从很大程度上反映了丹麦的“互联网+能源”的技术解决方案和业务计划，这两者可以协同产生附加价值，而这也是“互联网+能源”的另一个核心价值所在。

（二）丹麦热电联产实现区域集中供热

丹麦的能源政策为多样化的能源供应政策，丹麦利用本国的资源，通过热电联产方式提高供给效率，同时采用节能策略以及大力发展再生能源政策。在丹麦与欧盟能源合作中，丹麦也对如何增加热电综合利用、可再生能源的利用，以及如何提高能源的使用效率进行了重点研究。随着世界经济的发展，各国能源问题日益突出，相应的节能措施越来越受到各国的关注。而丹麦的节能供热技术在世界上处于领先地位。丹麦成功地实现了人均国民生产总值增加的过程中，人均能耗并未获得增加的结果。其原因就在于丹麦努力推动冷、热电联产，积极发展节能技术，提倡科学利用能源，靠能源利用效率的提高支撑起国民经济的发展。

作为丹麦政府实行的有计划的市场经济方式，热电联产是丹麦供热发展的基石。从20世纪70年代末以来，丹麦已经投入大量资金用于热电联产的建设，主要用于哥本哈根地区、Jutland地区的新热电联产系统建设。而在1979年颁布，1990年修订的供热法案对于丹麦热电联产起到了很大的推动作用。在1903年9月，丹麦第一家热电联产厂（CHP）已经开始试运行。热电联产厂主要工作过程为通过焚烧生活垃圾为社区发电，而给社区发电所产生的剩余热量为附近的居民区或者医院提供区域供热。

丹麦大型热电联产厂的燃料接近90%是煤，随着经济和技术发展，一些人口密集区的热电联产厂燃料开始转变为天然气。丹麦积极发展大型热电联产厂的同时，也同时努力发展小型热电联产厂。丹麦政府对小型热电联产厂提供向电网售电的补助，从而使小型热电联产厂的用户能够获得较低价的热量。在补助政策的鼓励下，大多数用户的采暖方式都从油炉转变为使用对环境有益的热电联产厂能源，而20世纪末用于烧天然气的热电联产燃气轮机技术获得简化，从而使建造热电联产厂的成本进一步得到降低。为了实现2005年之前将总的二氧化碳排放量降低20%的目标，丹麦将200个区域供热厂改造为以天然气或者垃圾作为燃烧原料的小型热电联产厂。通过这种转变，实现了燃料能量利用率达到90%的效果。与此同时，由于燃烧原料的转变（从煤、石油到天然气），2005年丹麦二氧化碳排放量减少了五百多万吨。近些年来，利用生物能区域供热厂也正在逐渐转变为热电联产厂，出现了新的气化技术与经济利益。丹麦在赫尔宁市实施的“赫尔宁生活计划”，其目的在于利用家庭生活垃圾进行区域热电联产。这种通过能源回收进行区域供热的方式，能够使各个城区的需求趋向统一化，为区域供热用户提供清洁能源。

在丹麦开始实施热电联产的基础上，直到20世纪20年代至30年代中期，丹麦在哥本哈根建立了统一的区域供热网络。这标志着区域供热的地位的提升——区域供热成为热电联产中的重要组成成分，而不再是发电厂发电的副产品。现在哥本哈根区域供暖系统已经成为丹麦大型区域供暖系统之一，东西向长约50千米，其供暖年量可达35帕焦耳。集中供热系统三大组成部分为供热能源、供热网络以及供热用户，而热电联产的热效率相比大型汽轮机组发电和小型锅炉发热都要高，与区域大型供热锅炉效率接近。在丹麦，由于热电联产，高效锅炉技术快速应用，通过构建热电联产，从而使整个能源供应系统效率得到了一定程度上的提高。20世纪70年代，接近30%的家庭供暖已经得益于区域供热系统。丹麦政府一方面通过立法的方式保障本国供热节能工作顺利开展，推动本国能源节约：1981年丹麦立法强制实行区域集中供热，取消供热竞争机制；20世纪末丹麦政府为推广区域供热系统，对供热系统采取补贴政策，也要求所有新建住宅楼中必须安装独立供热装置。

现阶段已经有超过60%的丹麦家庭采用区域供热的方式进行家庭取暖，丹麦拥有六大集中供热供暖区域，拥有400余个小型分散集中供暖区域。截止到2013年，丹麦区域供暖量已经达到134帕焦耳。其中72.8%的区域供暖来自于热电联产，和传统的独立供暖发电系统相比节约了接近30%燃料。过去几十年内，小型热电联产机组提供的区域供暖热量获得明显提升。丹麦现已有670座分散式与集中式热电联产机组。丹麦的大型供热网络现在已经比较完备，管网几乎已经和所有类型和规模的建筑联通。丹麦大型区域供暖系统由多个输配管网组成，这些输配管网由传输管网相连，而区域供暖系统的热量来源于不同类型的热源厂（比如说大型煤矿开采工厂、大型天然气开采工厂、城市垃圾处理场、工业生产链余热等）。

结合丹麦未来能源结构转型，对于区域集中供热系统丹麦未来有两大目标：一是在2020年风力发电目标占据全国供电量50%；二是在2035年丹麦实现全部使用可再生能源进行供热与发电。前者由于风力发电的波动性，需要平衡风力发电在整个电力系统中的发电占据比例，因此通过采用不同手段来提高区域供热以及热电联产系统的灵活性，与此同时，将风力发电整合起来；而当风力发电量处于峰值时，可以利用蓄热技术和构建热储存设备减少集中式以及分散式两种热电联产厂的电力产量同时进行供暖。后者目标涉及可再生能源利用，因此需要将所有发电厂产热需要燃料转换成可再生能源，而能够灵活使用各种燃料的区域供热系统，能够在这方面充分发挥作用。

（三）市场机制下丹麦大规模风电消纳措施分析

加强对风能的开发利用一直是丹麦发展无碳经济、实现国家能源结构调整的举措。截止到2011年，丹麦20%的能源来自于风力发电，计划到2020年可再生能源的比例将会提高到35%，使风力发电将占全国总用电量的50%。经过多年从政策到运营的摸索，丹麦形成了一套有效的风电发展和消纳的方法，这也使得丹麦计划于2050年之前建立一个完全摆脱对化石燃料依赖，并且不含核能的能源系统的目标成为可能。

风电不可控的间歇性和波动性使得其接入难以实现供需平衡，光靠传统发电厂通过实时调节化石能源的燃烧量而改变发电量来调峰是不可靠的。一旦风电大规模接入，十分容易导致电力系统崩溃，造成巨大的经济损失。而丹麦运用电力市场机制成功解决了风电接入电网的波动性问题，成为世界上风电接入量最高的国家。因此，对丹麦电力市场运行规则和运行机制的研究对我国应对风电调频调峰问题上具有重要的指导意义，以期为我国构建“互联网+能源”和实现大规模风电接入提供相关建议。

虽然现在欧洲在构建ecogrid实现欧洲电力联网，但早在2000年，丹麦、挪威、瑞典和芬兰四国就已经实现电网互联，构建了北欧电力市场，丹麦电力市场成为北欧电力市场中的一部分。北欧电力市场主要包括日前交易市场、短期交易市场和平衡市场。日前市场在供电前24小时关闭，买卖双方向电力交易所提交每小时的报价单，电力交易所汇总后以供需平衡、实现区域内社会经济效益为基础，核算出每小时的边际价格，交易信息以通知单形式发给平衡责任方和调度机构。短期交易市场在供电前1小时关闭，主要考虑到电力系统运行的不确定性和预测误差会导致日前市场产生不平衡电量，短期交易市场再给买卖双方提供一个交易平台来调节供需、协商价格，减少平衡市场的不平衡量，避免电价过高的风险。平衡市场是输电网运营商中电力调度机构运行的实时市场，在真正调度前几十分钟问发电企业买入上调或下调电量以维持最终交易平衡。无论哪个交易市场，买卖双方一旦达成交易后就必须在约定的供电时刻按照交易完成电量生产和电量使用。一旦一方或者双方违背协议供需电量，就需要缴纳违约金。此外，随着市场机制的完善，北欧电力市场还出现了期货市场和电力备用市场等，多元市场的协调开展实现供电的可靠性和电价的稳定性。接下来，就丹麦利用市场机制成功调节风电波动所采取的措施做简要分析。

1. 基于风电预测技术及本国电力市场机制进行风电消纳

基于准确的风电预测以及本国电力市场的相关机制是丹麦消纳风电的重要方式。之前已经提到，日前交易市场及短期交易市场中风力发电商报价都依赖于自身对发电量有一个很好的预估，而实现这一切的基础就是风电预测。早期安装的风机没有测量设备，无法进行实时监测，但是当时由于接入的比例较少，通过传统电厂就可以帮助风电调频。直到2004年大量风机并入电网，风力发电的预测才被重视。为此，丹麦将所有风机划分为若干个区域，将风速接近的地区划在一起，通过对新式风机所测风速及出力来预估没有安装实时监测的老式风机的出力，并且实时更新。目前，丹麦风电预测的精度已经做得非常高了，有报告指出，丹麦6小时精度的最大误差在60万～80万千瓦。此误差水平相当于丹麦所有的风机得到的平均风速偏离了2米/秒，而最大误差出现的概率不到10%。

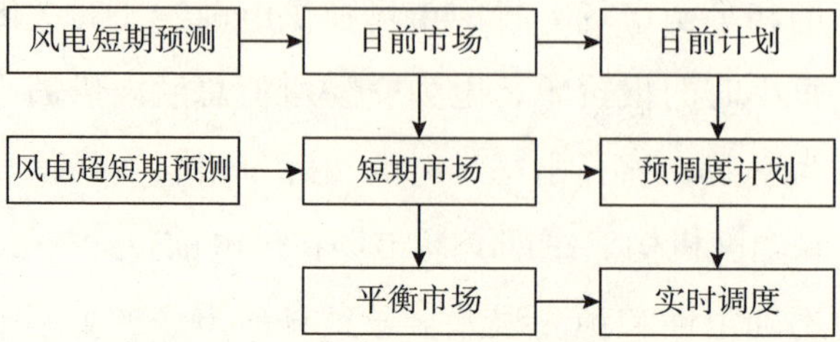

图4-7　电力市场风电消纳结构示意图

资料来源：课题组根据公开资料整理。

丹麦通过电力市场机制及风电预测实现风电消纳的过程如图4-7所示。首先，风电企业问风电预测公司购买预测服务，利用短期预测结果参与日前市场报价，通过日前计划承担主要发电任务。其次，利用风电的超短期预测结果参与短期市场报价，对日前市场的交易量进行调整，减少平衡市场中的不平衡量。最后，丹麦国家电网公司作为丹麦电网运营商，事先与主要生产者、大用户和一些平衡责任方签订协议，让他们参与电力平衡市场，提供向上调整或向下调整的调频备用容量竞标，包括备用容量及价格，最后以系统边际价出清，完成调频服务，实现系统供需平衡。由于丹麦电网公司不以盈利为目的，这也确保其在电力市场中的公正性。

从报价方面来看，风力发电的能源虽然是免费的，但是风场的建造和运营成本仍偏高，因此相较于相同级别的火电厂，其报价肯定较高，价格上没有任何优势。为此，丹麦政府为了让风电的价格有竞争力，出台了一系列风能的补贴方案，给予风力发电适当补贴，从而降低其市场价格，使其优先于火电被市场消纳。比如，对于2000年后并网的陆上风电场给予为期10年的补贴；另外，在风电并网发电最初的2000小时，给予250克朗/千瓦时的补贴，相当于丹麦区域电价的平均水平。如此大的补贴使得丹麦的风电在市场中几乎是“免费”的，必然优先被市场消纳。风电的补贴势必会加重丹麦政府的财政支出，因此丹麦政府规定所有用户必须履行公共服务责任，根据电量的消耗缴纳额外的费用，这项公共责任费用其中一部分包含了对风电的补贴。丹麦政府通过这样的举措既促进了风电更好地被电网消纳，也让污染比较严重的传统电厂更多地参与平衡市场弥补风电的波动性带来的供需不平衡，还提高了普通用户对环境做贡献的积极性，可谓一举多得。

2. 依托北欧电力市场提供电力储备

加强国际互联是丹麦应对风电波动性的另一个重要举措，前面已经提到，北欧市场的建立加强了丹麦与北欧别的国家电力市场之间的联系，这也使得丹麦能够利用他国的资源为本国风电提供储备电源。比如与丹麦北部相连的挪威水电丰富，水电装机容量占全网总装机容量的99.5%以上，水电灵活调节能力强，可以作为风电的最佳搭档。芬兰的火电在电力市场中相较风电价格昂贵，但在挪威出现旱季时，可以成为丹麦风电的另一个储备电源。因此，发展与其他国家电力系统互联成为丹麦消纳风电的必要条件。

当丹麦出现过多风电的时候，丹麦的区域电价就会变得极低，此时风电机组在北欧电力市场的报价就会很低。这时，邻国的用户就会优先选择丹麦的风电来满足自身需求，通过联络线由丹麦向邻国输送直到满足该地区的平衡，即在满足联络线不过载的情况下区域间的电价会趋于相同。当风电过少时，丹麦本国的传统发电机组报价较高，此时丹麦可以通过北欧电力市场购买别的国家报价最低的一部分机组所发的电量来满足自身需求，消除供需不平衡。通过这样的方式，使得北欧各国形成一种互惠互利、互相制衡的局面，让不同类型的发电单元互相配合，实现资源优化共享。

3. 依靠电力市场价格机制实现负载响应

以别国的资源作为自己的储备电源确实能为丹麦消纳风能提供很大的帮助，但是向邻国输送电力需要架设长距离传输线路，这笔投资是巨大的。另外，大风区往往处于跨境区，邻国未来也会扩大风电出力，因此，这个方案并不是长远之计。为此，丹麦提出了负载响应，现在已经在丹麦起步，未来会成为消纳风电的重要方式。

负载响应指的是负载根据价格信号调节自身的用电量，在不影响人们生活舒适的前提下，优化利用资源。例如，平时生活中的电动汽车、热泵等对风能的辅助调节都可以归为负载中响应。以热泵类负载响应为例，丹麦一些能源服务公司通过与用户签订合同，远程监控管理用户的热泵用电量，同时还和电力市场中平衡负责方签订合同，作为辅助服务商参与电力供需平衡调节。这些公司开发一些在线监测和管理的软件，通过监测实时电价和用户室内的温度，根据室内温度的变化范围，智能调节用户热泵的用电量。当风力发电不足、电价较高且室内温度高于下限时，关停热泵；当风力发电充足、电价较低且室内温度低于舒适温度时，打开热泵。通过这样的方式，既为用户节省开支，也帮助系统运营商调节电力供需平衡，同时能源服务公司向用户和系统运营商收取能源服务费作为自身收益，实现多赢。

这些能源服务公司才刚起步，未来随着电动汽车的快速发展，将区域电动汽车联合起来作为储能装置配合电网进行风力消纳是一个发展方向。相信在未来电力市场机制激励下，该类能源服务公司会有更多发展空间。

三、丹麦多能源网发展方向

未来，丹麦将继续大力发展风电等可再生能源，以实现2050年之前建立一个完全摆脱对化石燃料依赖，并且不含核能的能源系统的目标。为此，丹麦构建的“互联网+能源”也将主要以消纳风电为目的。

为了应对风电的大规模接入，丹麦电网公司提出了一系列方案。首先，一个坚强的电力系统是远距离传输风电的关键，因此现有的电网必须升级改造，加快推进智能电网的建设，加快国际联络线的建设，增加跨国电力交易，以此使电力系统更加坚强。其次，加快灵活发电机组的建设，未来风电机组将不再单纯依靠风力来发电，而是整合生物能、光伏以及天然气等清洁能源配合风力发电，尽量在发电侧就平抑风力发电的波动性。另外，在供需之间建立更加智能的通信网络，增加需求侧响应的有效性，未来将继续利用冰箱、电动汽车、热泵等负载响应来调峰，当风电过剩时可将多余风电储存在电动汽车内，或者以热能的形式储存在由热泵加热的建筑物中。因此，丹麦电网公司正在把电力、热力、交通作为一个整体进行规划，以实现灵活的经济资源调度，优化资源配置。最后，储能作为解决风电波动性的最好方式，丹麦政府于2014年新投入2030万欧元发展储能技术，大大推进了电池储能、压缩空气储能、飞轮储能、车电互联（V2G）等储能技术的发展。同时，北欧最大的太阳能电池系统也已经在丹麦Ballerup市的保险公司Topdanmark楼顶开工，面积约有一个足球场那么大，该系统建成后预计提供光照可以使该公司每年节约130万丹麦克朗，相当于该建筑每年能量消耗的15%。

除了丹麦政府和电网公司，丹麦的大部分企业也在进行可再生能源的开发利用。丹佛斯公司前不久刚提出了零碳屋的构想，其主要是在用户住宅上装备太阳能光伏发电的电地暖系统，还采用供应热水的太阳能集成板，构建低耗能住宅。此类住宅在为用户提供舒适环境的情况下，还能作为系统的储备电源。由于电地暖的蓄热特性，在清洁能源发电高峰时，可将电能转化为热能蓄积在建筑物内；而在清洁能源发电低谷时，利用蓄积的热量维持房间温度。

第四节　德国信息化能源网发展分析

一、德国信息化能源网的发展条件

（一）德国的总体能源状况分析

德意志联邦共和国属于自然资源相对贫乏的国家，工业原料和能源方面主要来源为进口。特别是矿物原料对进口依赖较大。德国的工业尤其发达，作为世界第五大能源消费国和欧盟最大经济体，自20世纪七八十年代两次能源危机以来，德国努力进行能源结构的优化与调整，重点提升可再生能源在整个能源的消耗比重；尽量降低能耗，鼓励开发和使用水能、风能、太阳能和生物能等再生能源，从而减轻对石油依赖程度。

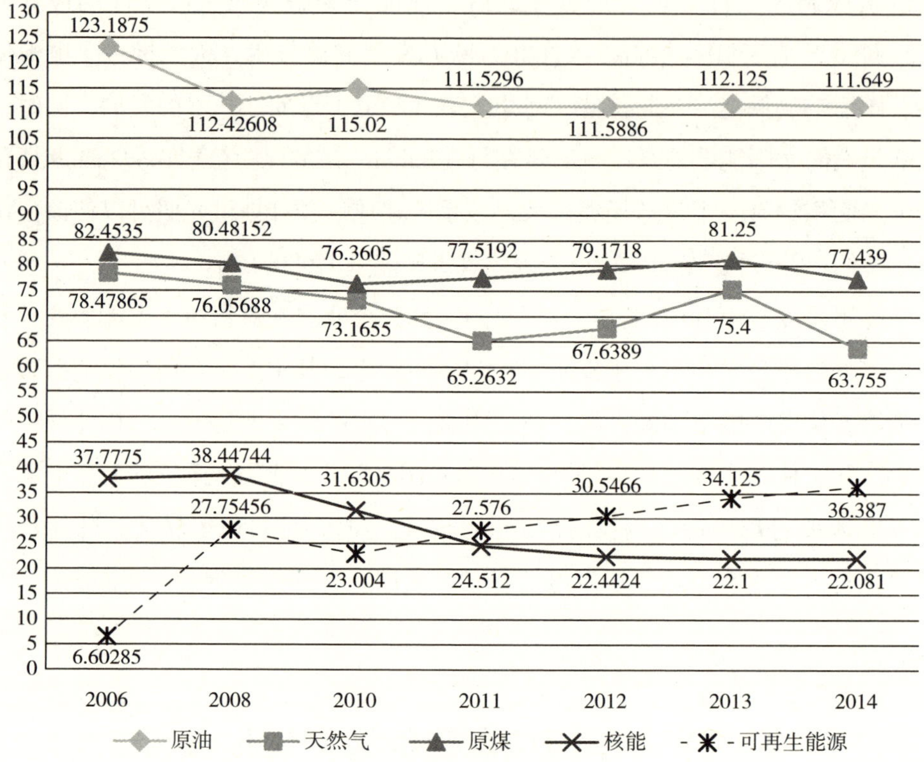

图4-8　德国能源消费情况

资料来源：课题组根据公开资料整理。

表4-4　　德国能源消费情况

	原油（%）	天然气（%）	原煤（%）	核能（%）	可再生能源（%）	合计能源消耗（Mtoe）
2006	37.5	23.89	25.1	11.5	2.01	328.5
2008	33.54	22.69	24.01	11.47	8.28	335.2
2010	36	22.9	23.9	9.9	7.2	319.5
2011	36.4	21.3	25.3	8	9	306.4
2012	35.8	21.7	25.4	7.2	9.8	311.7
2013	34.5	23.2	25.0	6.8	10.5	325.0
2014	35.9	20.5	24.9	7.1	11.7	311.0

资料来源：课题组根据公开资料整理。

德国拥有少量铁矿和石油矿藏，文献中指出，德国天然气需求量约1/3可以由国内提供。德国煤矿含量较丰富，其中褐煤是德国采矿工业中最大工业部门之一，其产量在德国国内能源工业中占据首位。核原料铀储量有限，于20世纪80年代初德国选择核原料浓缩铀国外进口。然而由于大量开采褐煤会对环境造成危害，随着德国能源供应结构多样化，褐煤开采量已经降低。即使如此，由于德国自身能源主要依赖进口，并且石油短缺、风力有限、太阳能贫乏、核能发展受限，再加上德国具有高度发达的工业体系，这就导致德国不能够完全放弃煤炭开采产业。因此，我们可以看出煤炭能源仍稳固占据德国能源比例24%左右，这是超过发达国家平均比重的。

从20世纪80年代末起，德国开始进行天然气置换煤气的进程，实施“气源多元化”，大力推动天然气管网设施蓬勃发展。目前德国是世界第三大天然气消费国，天然气占据德国能源消费总量中20%以上的比例，德国80%的天然气依赖进口。

据德国联邦统计局数据，在21世纪初，德国在实现经济增长前提下总能源消费量呈下降状态。德国正在致力于提升可再生能源比例，同时降低原油、核能等可能具有环境破坏性的资源的比例。尤其是德国2011年起主张放弃核电，并于2012年关闭了境内七座核电站，从而实现了德国单位GDP能耗相比2011年下降了1%，人均能耗下降了0.4%。

从图4-9中可以看出，可再生能源迅速发展是德国能源转型过程中最显著的成果。从总体上看，德国可再生能源提供的能源供给在合计德国能源消耗总供给中的比例逐渐上升。在德国电力供给方面，由可再生能源提供的电力供给在德国电力总供给中的比重也在稳步上升。

2011年，德国可再生电力在总电力供给中的比重首次超过20%，成为仅次于褐煤发电的第二大电力供给来源。截至2013年12月，可再生电力在总电力供给中的比重达到24.7%。在以下领域德国处于全球或全欧洲领先地位：①风力发电总装机能力全球领先；②新建光伏发电能力增长最快；③太阳能利用设施全欧洲规模最大、增长最快；④生物柴油生产居欧洲领先地位。

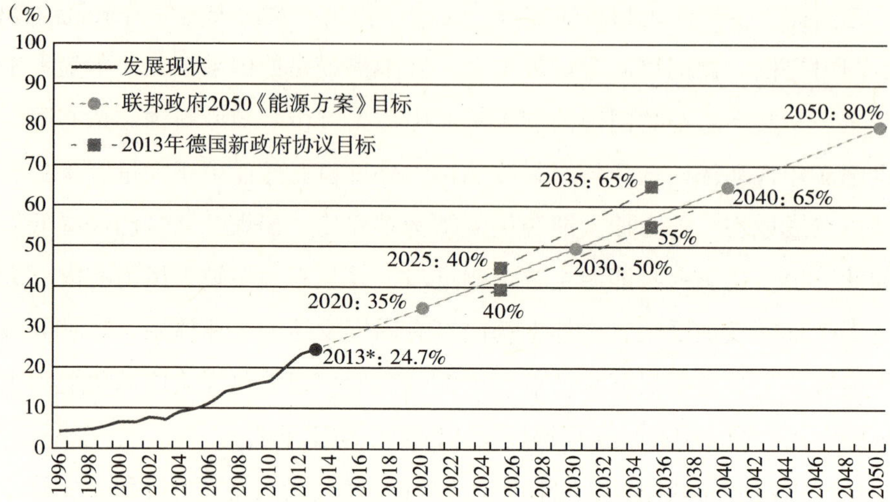

图4-9　德国可再生能源发电占电力总供给的比重（现状和目标）

数据来源：德国联邦能源和水资源协会（BDEW），2013年12月。

由于德国政府政策鼓励，德国2004年可再生能源发电量已经突破全部发电量的10%，德国全部电力消费中可再生能源发电量从2006年的11.9%上升到14.3%。

总体上可以看出，德国能源结构变化大致有以下几个特点：①德国煤炭储量丰富，通过大力开发并且综合使用煤炭，来支撑德国庞大的工业系统。②经历1973年石油危机导致的原油价格飙升后，德国开始进行能源结构调整，鼓励开发和使用水能、风能、太阳能和生物能等可再生能源，从而减轻对进口石油依赖程度。

目前，德国能源消费结构仍以石油和天然气为主，煤炭占据一定比例。从整体趋势上来看，煤炭和核能在德国能源结构中比重正在呈下降趋势，天然气和可再生能源使用比例正在呈上升趋势。

（二）德国的能源政策与规划分析

在过去十几年中，德国完成了新能源领域的一系列创新。无论在风能、太阳能，还是生物能、地热等领域，大都由德国主导。德国当前可再生能源占全部能源消耗比例已经超过11%。

1990年起，德国开始逐步建立可再生能源政策体系。1991年德国制定《电力入网法》，强制要求公用电力公司购买可再生能源电力，为可再生能源入网提供政策保障，德国由此开始进入可再生能源规模化发展阶段。2000年4月，德国政府正式通过《可再生能源法》（EEG），其核心为建立可再生能源发电的固定上网电价（Feed-intariff）制度，对推动风电、太阳能、光伏等可再生能源发展发挥决定性作用，该法案正式揭开了德国能源结构变革的序幕。此外，《可再生能源法》还建立了可再生能源发电的成本分摊制度，运营商承担可再生能源电厂到电网的接网费用，电网公司负责电网的改造、升级费用，并负责可再生能源上网电量整体平衡，在全网范围内分摊可再生能源发电高成本。这部法律规定，新能源占德国全部能源消耗比例最终超过50%，并为此制定了政府补助、新能源发电无条件入网、新能源与传统能源非对等税收等一系列非常规政策，全力扶植新能源产业发展。

德国立法保障可再生能源发展的同时，也在努力推动发展可再生能源项目实施。1989年起，德国制定德国太阳能光伏发展计划——即“千屋顶计划”，并于1990年正式实施。该计划的内容为，政府为每位安装太阳能屋顶的住户提供补贴。该计划的目的在于，通过住户安装太阳能屋顶来获得安装太阳能设备的经验，从而使新住房与可再生能源发电需求兼容。与此同时，也鼓励住户利用并消费太阳能。而当前德国太阳能光伏发电主要采用“上网电价”政策。

整体上，在清洁能源方面，2010年德国在清洁能源领域投资从2009年的20.6亿美元增加至41.2亿美元，位居G20国家的第二位，仅次于中国。德国投资大量用于分布式的太阳能光伏发电，使得德国一年新增光伏发电装机80亿~90亿瓦。此外，在风电方面，德国已经累计投资了47亿美元。

在发展核能方面，2011年日本福岛核危机加快了德国放弃核能源的步伐并且加快推进新能源战略转型的实施。2013年德国政府毅然决定关闭7座运行时间最久的核电站，并宣布德国将在2020年全面终止现有17座核电站的运营，全面退出核能，成为全球首个“退出核能”的国家。德国政府计划21世纪20年代中期前关停所有核电站，并期待将新能源比例提高到35%，于21世纪中旬实现新能源比例达到80%。关闭核电站导致的结果是，德国南部的电网形势开始趋于紧张。因此，德国在最新修订的《能源经济法》中针对电站的储备产能制定了新的法律规范。它为加速电网扩建奠定了基础。

德国政府通过名为“未来能源”监察程序对德国能源结构转型进展定期发布年度总结报告，并根据报告在能源方案和能源政策调整中设定未来能源结构转型目标。同时，德国政府为加强能源结构转型建立了有效的政府工作架构和计划实施程序，这一点为政策推行提供了保障。其中，德国总理与州长的半年期的能源会议、电网论坛与可再生能源平台以及社会民众之间的对话，为各领域进一步降低能源消费量，更好地利用能效潜力，推动可再生能源发展，使电力生产体系更适应于能源供应过程。

德国自从通过能源方案后，陆续启动了160余项措施，其中包括很多短期措施。这些措施为协调电网规划、推动了计划制定以及审批流程；保障了海上风力发电厂的投资建设以及电网发展协调性的建设；降低了光伏发电入网电价，为可再生能源入网以及能源系统优化提供更多可能；与此同时，实现了建筑物方面的节能改造，使热电联产资助变得更高效。

在能源转型计划下，德国的目标是，到2050年将可再生能源比重增加至80%，并将能源消耗减少50%。同时，德国政府计划到2020年和2050年分别将温室气体排放减少40%和80%～95%。德国政府预计，能源转型计划将于2020年创造50万个就业，这一数字在2030年将会达到80万。

二、德国信息化能源网发展

（一）德国E-Energy示范项目分析

在中国，“互联网+能源”技术处于蓬勃发展阶段，对于“互联网+能源”的顶层设计以及相关示范工程项目对所涵盖的理论分析、技术开发、实证研究和推广应用需要借鉴德国能源技术创新促进计划的经验和教训。

作为工业和社会支柱的电力行业，面对社会日益增长的需求，资源不断被消耗的压力以及环境逐渐恶化的挑战，亟须找到一种解决方案能够保障优化能源供应与资源配置效率。而信息通信技术的应用成为解决方案的一个突破口。利用信息通信技术，我们可以构建一个“互联网+能源”大系统，其中的组成元素既有发电机组、可再生能源接入，又有电网设备、电气设备以及家庭设备。

2008年德国联邦经济技术部启动了E-Energy促进计划，该计划为期4年，总预算为1.4亿欧元（约12.6亿元人民币），包括智能发电、智能电网、智能消费和智能储能四个方面。其目标是建立一个能够实现具备自我调控能力的信息化的能源系统，德国也成为实践能源互联网最早的国家。“E-Energy”也被称之为“以信息通信技术为基础的未来高效能源系统”。

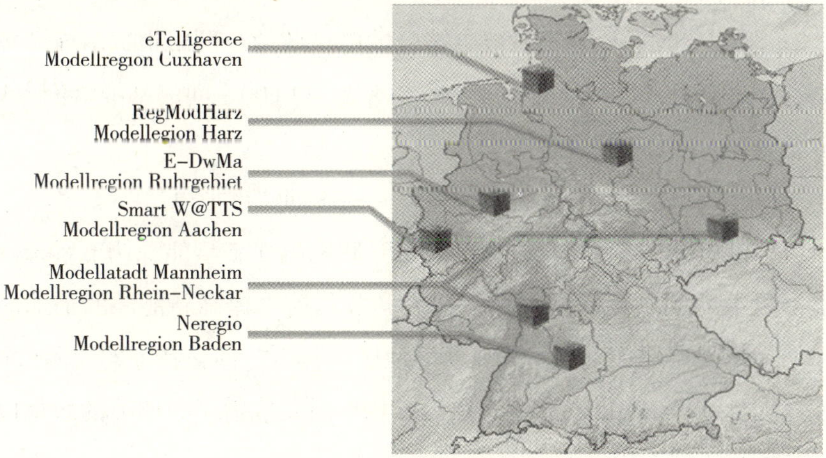

图4-10 德国E-Energy六个试点项目

资料来源：课题组根据公开资料整理。

德国联邦经济与技术部选拔出了六个试点地区项目开始于2008年年末开发与测试“互联网+能源”的具体核心技术，德国联邦与经济部为这六个项目提供研发资助。在这六个项目中，数千个家庭和数百家公司加入了这些实验验证项目的测试中。

1. 风力发电结合热电联产，构建新型能源调节系统——库克斯港eTelligence项目分析

库克斯港的天然地理特性为：人口较少、风能资源丰富以及大负荷种类单一。库克斯港为面向波罗的海的渔港城市，因此会有大量电能消耗于海产品冷却、温泉等处的供热需求。但与此同时，库克斯港也具有风力发电条件，因此，综合调节大规模风力发电，实现热电联产等用户电力需求成为发展该项目的主要动力。

该项目的物理结构包括：一座风力发电厂、一座光伏电站、两座冷库、一座热电联产厂。该项目对六百余户家庭主要进行下列调节措施：

（1）根据电价和风力发电出力波动来对两座冷库负荷进行自动的功率调节，充分考虑用户的用电需要来进行面向用户的发电量调节。

（2）采用分时电价和实时电价结合的电价政策，同时根据新能源发电情况来制定优惠电价和高峰电价，例如，在8:00～20:00之间的基准电价为39.8欧分，但是其他时间为11.7欧分。

（3）集中管理多重分布式电源和负荷——即“虚拟电厂”。

库克斯港eTelligence项目主要是通过互联网构建新型能源调节系统，即对于新能源发电的间歇性和波动性，通过调节负荷来提高新能源的消纳能力，最终目的为推动构建一个专属库克斯港地区的具有一体化特征的能源市场。

库克斯港地区eTelligence项目在运行几年后，取得了很明显的效果以及社会经济效益。主要有以下几个方面：

①通过集中管理分布式电源及负荷，即通过设定虚拟电厂减少了风电等具有不稳定因素的新能源接入而导致的输入输出功率不平衡的问题发生概率，大约降低16%左右，效果十分显著；与此同时，虚拟电厂根据内部电量供求关系进行结算，作为电能消费者又作为电能生产者与区域售电商进行电

力交易，实现了降低成本的效果；虚拟电厂也对热电联产的电力生产进行调节，在其调节下，利润也得到了增加。

②分时电价和实时电价政策的采用减少了家庭用电总量；分段电价导致用户家庭节约了超过10%的电能，而优惠电价和高峰电价的制定使用户在优惠期间负荷增长近30%，相对地，高峰时刻用户负荷降低了20%。

③基于eTelligence项目设计的OpenIEC61850通信规约标准已经被德国境内认可。

在eTelligence项目中，以虚拟电厂为主要控制核心的新型能源调节系统，能够对可再生资源与变热需求进行组合利用，而传统热电联产系统往往是根据市场交易来优先进行判断，前者的难易度往往小于后者。在eTelligence项目中给我国“互联网+能源”工程建设带来了启示：通过构建虚拟电厂来统一控制热电联产系统，削弱热电联产系统自身作为发电设备单独参与市场交易的特点，那么可以在热需求量大的时节更好更灵活地完成电力需求调节。

2. 大力推动水力发电，设计可再生能源循环利用最优方案——哈尔茨山地区RegModHarz项目分析

哈尔茨山地区具有自然资源丰富的特点，因此可以看出其具有可再生能源与电力市场直接进行电力交易的条件。哈尔茨山地区RegModHarz项目目标为最大化利用可再生能源，通过分散太阳能、风力、生物质能等可再生能源发电，协调抽水蓄能水电站发电总量，对日前市场和日内盘中市场电价和备用市场进行预测从而决定生产计划。

哈尔茨山地区RegModHarz项目主要物理架构由两个光伏电站、两个风电场、一个生物质发电组成，整体共计具备86MW发电能力。其核心示范内容为整合用电侧储能设施、电动汽车、可再生能源以及智能家用电器虚拟电站。可以看出，其内涵范围涉及用户侧的多重能源需求元素，毋庸置疑可以认为是“互联网+能源”的前瞻性项目。

哈尔茨山地区RegModHarz项目主要内容大致如下：

①构建“即插即用”的家庭能源消费管理系统。家庭能源消费管理系统可以根据电价政策来决定家庭设备运行状态。与此同时，也可以根据家庭设备总负荷来追踪可再生能源发电总量，从而构建负荷和新能源发电之间的互动桥梁。

②在配电网中配置十个电源管理单元，从而实现电网关键节点的电压与频率等关键电力运行指标的实时监控，能够及时发现电力网络中的异常情况，从而能够定位电网不稳定的环节，时刻追踪电网薄弱区域。

③由光伏发电、风力发电、生物质发电、电动汽车以及储能设备共同构成的虚拟电厂与电力市场间直接进行电力交易。

哈尔茨山地区RegModHarz项目也有很多典型成果，主要有以下几个方面：

①根据项目需求开发基于java开源软件平台OGEMA，其平台体系结构包括OGEMA服务（包括运行环境、资源管理、数据模型、访问控制、数据记录以及网站界面）、应用（包括热泵管理、应急电源缩减、基于价格管理以及效率分析等等）、资源装置（包括热泵、电动汽车、电价、天气预报等）以及通讯驱动程序（包括KNX、ZigBee、EEBUS、Modbus以及IEC61850等软件平台）四部分，对外界接入设备进行数据结构以及设备服务，采用标准化模式，独立于生产商的能效管理和建筑管理。

②由光伏发电、风力发电等储能设备共同构成的虚拟电厂能够直接参与电力交易，从而提高了配电网系统调节控制手段的丰富性。

③RegModHarz项目对哈尔茨山地区的水电以及储能设备能够进行有效调节，因此很好地削弱了风力发电机、光伏发电等输出功率的波动性和不稳定性。证明了在区域电力市场范围内100%清洁能源供能的可实现性，进一步推动了在清洁能源丰富地区实施电力清洁能源供能的发展。

哈尔茨山地区RegModHarz项目主要通过针对新能源发电进行蓄能从而削弱其波动性和不稳定性，与此同时试点地域性可再生能源发电场和灵活发电机组构成的虚拟电厂运行模式，利用IEC61850等通讯标准来构成一个统一的标准化的可再生能源循环利用最优系统。

3. 构建具有发电消耗双重特征的电力消费者，建设智能能源路由器——莱茵鲁尔地区E-DeMa项目分析

莱茵鲁尔地区的E-DeMa项目为德国目前最大个人家庭智能用电实测项目。它是代表了面向未来电子能源市场的地区联网能源系统开发的示范项目，所有参与测试家庭均借助先进信息与通信技术与网上电力市场联系起来，用户可以实时查看家庭用电总量以及实时电价。

莱茵鲁尔区的米克海姆和克雷菲尔德城市具有电力负荷密度差异大的电力负荷特性。因此E-DeMa项目侧重于差异化电力负荷密度下的分布式能源社区建设。针对其中有十余户用户具备热电联产装置的700余户用户，莱茵鲁尔地区E-DeMa项目主要构建的是包括光伏逆变器、家庭储能单元、智能电表几个部分的“智能能源路由器”，基本手段是将发电商、用户、售电商和设备运营商整合到同一个系统框架中进行虚拟电量和备用容量的电力交易。2009年起，电力公司RWE开始牵头E-DeMa项目，Miele（电器公司）、ProSyst（软件公司）、西门子公司、克雷菲尔德电力公司以及多特蒙德、波鸿和杜伊斯堡-埃森的高等院校等多家企业和机构陆续加入该项目。

莱茵鲁尔地区E-DeMa项目主要实施内容为以“智能能源路由器”为核心的电力管理过程，该过程具有两方面主要内容，一方面可以调度分布式电力给电网、社区或者其他电力用户；另一方面，可以对用户用电需求进行智能监控并实现积极响应。能源路由器主要功能在于对电厂发电量和电力用户用电量数据进行收集并计算出最佳电力分配传输路由。与此同时，对于接收到的电能，重新计算电网电力承载过程以及用户负荷变化情况，从而分配新的物理地址，从而进行电力传输。

可以看出，当电力网络结构较为复杂时，通过能源路由器的调度能够提高网络整体配置电力的效率，从而能够保障电力网络的稳定。在米克海姆和克雷菲尔德两个城市主要安装有两种能源路由器。第一种能源路由器为典型直接负荷人工控制，其用电数据是通过家庭内部通讯通道向用户终端发送；

第二种能源路由器则相反，是通过互联网来接收价格信号从而实现家电设备智能控制，其数据传输为完全自动控制，用电数据向终端以及家庭用电管理系统同时进行传送，从而进行电力自适应控制与调度。

文献中提到，莱茵鲁尔地区的E-DeMa项目为欧盟“超级智能电网”计划试验之一，也是一个虚拟电力市场实验，它采用的是虚拟电价和月度电费单，而月度电费单可以体现用户每月电费的节省量。E-DeMa项目的主要目的为，通过电表让电力用户了解各时段用户自身用电量，了解什么时候用电最多，然后根据用户消费心理来进行用电负荷的调整与反馈，从而实现电费的节约。事实上，在普通德国家庭里，实施E-DeMa项目第二年德国家庭的电费普遍得到了节约，这可以归功于该项目促进的节电意识的培养与提高。而在德国人眼中，这只是向家庭能源智能利用转变迈出的第一步。

4. 开拓电力零售领域，追踪电力消耗过程，构建电力交易平台——亚琛Smart Watts项目分析

亚琛Smart Watts项目为由地方电力公司主导，通过保障零售商电力采购与销售自由，提升电网配置效率，营建完全自由零售市场的示范项目。

根据文献，亚琛Smart Watts项目中参与家庭数达到了250户，Smart Watts项目主要目标为：利用高端的具有一定水平的信息通信技术，追踪电力从生产到消耗价值链中每一步，进而向用户传达其所用的电力来源以及用户所用电器的电力消耗水平。

该项目通过建立智能电力交易平台来实现所覆盖区域分布式能源交易，具体实现过程为消费者通过智能电表来获得用户自身实时电力消耗水平。与此同时，消费者也可以得知电力市场实时电价水平，然后根据电力价格高低来调节与控制家庭用电方案以及电动汽车用电配置方案。

电力用户可以对自己的电费套餐进行自由选择，并且套餐中电价采用的也是分时电价制度。用户可以通过智能插座与智能电表获知数据，再通过电子设备查询用电量以及总电费额度，同时也可以通过应用程序控制家电是否

运转，或者通过参数设定自动配置家电运行状态。在Smart Watts项目实行过程中，实际实验数据表明，在电价峰值时刻用户负荷下降约5%，相反地，在电价谷值时刻用户负荷上升了约10%。

亚琛Smart Watts项目另外一项主要成就是搭建了EEBus体系架构。智能家居中各种电气设备之间存在多重通讯标准，这会带来一定问题，而EEBus体系架构可以将现行通信标准翻译给电网、发电商、电力用户、售电商和电器商等各种部门，即EEBus体系可以起到一个“翻译”的作用。

智能家电通过EEBus沟通无线电技术（通道），ZjgBee、KNX（Konnex）+协议（协议）以及AE128（密钥），再通过EEBus-Bridge能源管理网关连接EEBus节点，EEBus节点一支通过以太网（通道）、传输控制/网络协议（协议）、RSA和AES加密算法（密钥），再通过路由器将数据传递到数据中心。另一支通过PLC（通道）、KNX+协议（协议）和搭配ETS软件（密钥），再经过一个EEBus节点与智能电表相连接。与此同时，该节点也可以通过以太网EEBus-Bridge和路由器（或者直接通过GPRS）（通道）、IP隧道通过KNX+、传输控制/网络协议（或者直接通过GPRS）（协议）以及配对（KNX）、RSA/AES加密算法（LAN）或SSL/TLS+证书（密钥）和数据中心相连。而数据中心和智能组合以及智能市场相连。在EEBus体系中，IOS-App可以采用无线电技术（通道），无线局域网（协议），Wi-Fi网络安全接入和SSL协议（密钥）实现数据沟通。

5. 保障家庭供电、控制电费价格，构建三方虚拟能源市场——“曼海姆示范城市”Moma项目分析

德国南部工业城市曼海姆有众多的卫星，并且其具有能源供给基本来源于分布式能源的特点。针对分布式能源应用广泛的特点，“曼海姆示范城市”Moma项目主要建设目标为构建以能源消费者、能源生产者以及网络运营者三者为主体，以能源消费者为中心（消费者有权得知如何降低能源消耗）的虚拟能源市场。通过对该虚拟能源市场的研究，从而得到消费者对能源利

用效率的影响程度。Moma电网将来自500余个电力生产商提供的电力配送至曼海姆以及德雷斯顿。电网具备电力传输以及电力宽带系统，连接用户智能设备。

“曼海姆示范城市”Moma项目主要内容及测试阶段分别如下：

第一阶段：Moma项目前期准备阶段，主要目的为下阶段试验测试技术；

第二阶段：Moma项目实际试验阶段，测试具有自动控制家用电器开启闭合的“能源管家”新系统；

第三阶段：将第二阶段中构建的“能源管家”与智能电表和门户网站相协调配合，从而能够向参与项目的电力用户提供更多电价服务方案，从而鼓励用户尽可能在非高峰时间用电；

于2009年10月起到2010年9月，“曼海姆示范城市”Moma项目开始投入第一阶段测试，测试范围包括20名电力用户，主要测试内容为“智能电表”，包括以下四个方面：

①通过测试对电力系统稳定性进行改善。

②为第二阶段以及后续测试提供相关安装操作信息。

③对电力用户参与项目后获知电力能耗信息后的用电行为变化进行分析。

④对参与项目的电力用户的满意度以及对新技术的接受度进行调研。

在第一阶段良好的测试结果下，德国于2010年10月起到2011年7月进行了“曼海姆示范城市”Moma项目的第二阶段测试，测试范围扩大到100名电力用户，主要测试内容为“灵活电价”——即动态电价信息，包括以下三个方面：

①为电力用户提供动态电价信息。

②通过融合新技术，采用“能源管家”平台沟通电力用户与电力系统。

③实现电力功耗的可视化管理。

在第二阶段结束后半年，即于2012年3月到2012年10月“曼海姆示范城市”Moma项目开始进入最后一个阶段的测试，测试范围内空前扩大，有700名电力用户参与其中，该阶段主要为对构建的“智能能源管家”进行统一测试，主要测试内容有：

①“智能能源管家”能够为用户提供动态电价信息。

②根据“智能能源管家”反馈数据，从而分析电力用户行为。

③进一步为研究网络行为提供数据。

与此同时，文献中提到，Moma项目提出了一个创造性概念——细胞电网，并将其划分为三个等级：电力用户家庭可以认为是物体细胞，小区可以认为是配电网细胞，而电力市场和电网控制区域可以认为是系统细胞，三者等级逐渐上升。在细胞电网中每层细胞能够进行优化、平衡以及细胞间调整。细胞与其对应的上级细胞之间通过IP地址识别实现自下而上通信、通过PLC通讯识别实现自上而下通信。总之，通过在当地电网中部署先进信息通信技术以及小型装置，电力用户能够直接体验到可再生能源的电能使用的波动性。

德国利用风能和太阳能发电的小型电站的建立意味着电网不仅可以使用中央发电机组，还可以使用分布式能源生产电能，而这一点正要求电网中央控制架构进行变革。而德国Moma项目则是应对技术挑战取得供求平衡的先行项目，其力求在高波动性的可再生能源发电过程与能源消耗之间达成平衡，从而提高资源配置效率。Moma项目为德国制定弹性电价，为建立智能电网与智能电表之间的智能通信沟通平台提供了可行性依据。

6. 完善配电网薄弱环节，构建基于互联网区域能源市场——卡尔斯鲁厄和斯图加特地区Meregio项目分析

MEREGIO是ABB、IBM、SAP、EnBW（德国最大电力公司之一），以及系统计划工程公司和卡尔斯鲁厄大学共同开展的一个合作项目。以卡尔斯鲁厄和斯图加特地区作为“样板”，在竞标中利用信息和通信技术（ICT）消除因采暖和电力消耗导致的CO_2排放。项目物理组成部分有1000台智能仪表，该智能仪表均配备双向宽带通信接口，其中800台分配给家庭用户与工业用户，50台用于蓄能系统，其余150台被分配与发电机组。

Meregio项目开展地——德国南部格平根以及弗莱阿姆特两个乡村小镇具

有发达的工商业，并且当地配电网中已有大量分布式可再生能源。大量具有不稳定性的可再生能源接入配电网以及配电网网架结构的稳定性无法跟上，这将会导致一系列电网问题。因此Meregio项目主要内容为通过得知每一户电力用户负荷，从而定位配电网中最薄弱环节。主要目的为更好地预测、配置资源，降低电网拥堵，削弱因分布式电源接入导致的配电网问题。Meregio项目的核心同eTelligence项目一致，目标为构建基于互联网的区域型能源市场，但是与后者相区别的是，Meregio项目中的电源是以传统的火电和燃料电池为主。

卡尔斯鲁厄和斯图加特地区Meregio项目主要措施有以下几点：

（1）引入红绿灯分段电价制度，依次表示高电价、中等电价和低电价

例如，在最初三个月内当电力用户看到电价从红段变到绿段，相应会增加25%~35%用电量；从黄段变到绿段，相应会增加10%~22%用电量；三个月后，用户的电力用量会逐渐下降并且达到稳态。此时从红段变到绿段，相应会增加7%~12%用电量；从黄段变到绿段，相应会增加4%~7%用电量。

（2）定制用户负荷曲线

智能电表将用户实时用电负荷数据上传到EnBW数据中心，定期会对一段时间内的用电负荷数据进行统计，根据数据统计结果建立每个家庭用电负荷特性曲线。电网运营商根据家庭负荷曲线能够更准确地预测每一个节点每一个用户的负荷情况，从而可以定位配电网薄弱环节，并且可以采用可视化技术进行表示。

（3）进行有效设备改造

Meregio项目中在变电站内部安装可变式的变压器，该变压器的引入提高了分布式能源消纳能力。可以根据低压电网中的可再生能源接入情况来对变压器进行调整，从而稳定中压电网中的电压水平。

在技术层面上，因为电网运营商获得了整个电力网络供应与用户需求的实时信息，从而Meregio项目可以通过优化整合大量分散发电资源与电力需求实现高效需求侧主动管理。而在Meregio项目中的实时通信能够有效实现电

力运营商与用户的双向沟通。一方面，运营商得到控制网络信息，可以用来预测电力潮流并对可能发生的情况进行反应；另一方面，通过为区域内的用户安装智能电表，运营商可以收集用电信息并可以把实时变化电价反馈给用户，用户也可以根据它来作出用电时间的调整，政府通过Meregio项目鼓励居民错峰用电，参与削峰填谷，并以此来增加电源的利用效率，减少传统化石能源的温室气体排放。Meregio项目为传统化石能源融入能源互联网提供了很好的示范。

（二）德国智能电网和分布式能源领域发展分析

相比于美国和丹麦的“互联网+能源”建设，由于德国计划于2022年左右完全退出核能，因此德国必须相应跟进其他能源的发展。德国在智能电网领域、分布式能源发展领域以及热电联产领域具有自己的发展特点。

德国属于较早进入“互联网+能源”发展阶段的国家，在“互联网+能源”发展的同时，德国通过积极开展、参与智能电网研究项目提升智能电网发展技术。与此同时，德国也提出了“智能电网2.0”新概念。在分布式能源发展中，德国以政策为导向，利用智能电网技术与储能技术构建具有德国特色的分布式能源发展网络；与此同时，德国也在较早时刻开始进行热电联产规划，德国通过的热电联产（CHP）法和《可再生能源法》极大地推动了德国国内分布式能源领域的发展。

德国每年消耗电力约为600万亿千瓦时，这些能源现在大约有近1/4损耗在传输过程与变压过程中，而德国开发智能电网的目的在于更高效地利用可用资源并大大减少能源传输损耗。因此于2012年，德国联邦教育及研究部正在为欧洲大型能源合作研究项目“Energy To Smart Grid（E2SG）”提供技术支持。其研究内容为将电力从生产者传输至消费者的新技术。该项目为期三年，目的在于将能源配送过程中的损耗降低20%。该项目欧洲总预算约为3400万欧元。德国合作伙伴承担490万欧元，德国联邦教育及研究部资助440万欧元，聚焦纳米电子技术的公私合作机构ENIAC Joint Undertaking提供190

万欧元。为了将能源从电力生产者传输至终端用户过程中的损耗降低20%，E2SG项目合作伙伴集中精力于经济、高能效、安全的设备的联网组建，而这些设备就包括利用安全通信技术将家庭用电信息传输给供应商的电表和用于家庭电器、内外部照明电器以及储存能源的智能供电电源设备。为了确保安全和保密的抄表信息以及能源控制过程，并且实现能源损耗降低20%的效果，如上所述的智能设备需要将最新节能技术和电网信息、传感器数据三者进行集成一体化。这些组件所具备的新功能并不会影响当前安全性以及舒适度。

在智能电网发展方面，2013年7月起，德国四大输电网公司共同推出灵活投切负荷调峰平台，该平台主要面向对象为直接介入高压电网的大型用电单位，相当于提供一个可移动小型调峰电厂。从战略意义上讲，该措施将智能电网发展推入新阶段。传统电网调度方式为根据系统发电来调控符合，从而决定每日运行调度方式，但是此项举措能够从保持发电电源相对稳定的角度出发，要求负荷根据发电出力量来进行智能调节，从而期望更节省发电费用以及温室气体排放。该举措标志着德国能源互联网的进阶到“智能电网2.0”阶段[54]，智能电网将具备“负荷跟随发电出力”的重要特点。

基于2012年年底能源经济法相关条款，该平台上四大输电网公司将会每月提出总量为150万千瓦的调峰容量招标公告。其中用于灵活投切的负荷将分为立即投切负荷和迅速投切符合两种，立即投切符合为一秒钟之内通过自动调频控制完成切负荷，而迅速投切负荷则是在15分钟之内通过输电网来调控完成切负荷。提供投切的负荷每兆瓦收取2500欧固定费，然后根据实际需要切断的负荷实现价格浮动，价格浮动在40～400欧每兆瓦时之间。允许的竞价容量从最小5万千瓦到最大20万千瓦。提供容量的方式将会分为三种，每日征召或每星期乃至每两个星期征召。如果计划中提供发电的风机和光伏电站受阻，无法提供足够的发电出力，就必须相应地提高其他传统发电能源，比如火电和水电的发电量。然而，当传统发电能源距离负荷中心较远，或者受到输电线路容量限制，那么及时切断可用于投切的工业负荷为最有效也是最经济的策略。从经济角度来讲，此类可供投切负荷的出现，为能源企业提供了更广泛的运营方式，也为投资进入电网提供方便。这也要求工业企业在相应生产线端和物流线端引入智能控制系统，从而实现瞬间智能化切负荷操作，即一个工业企业可以在高峰电价能源紧缺时通过停止生产来获得电费收益，并且将未完成的生产任务转移到低谷电价时段，该工业企业即可获得双重收益。这种计划手段已经公开明确的激励和市场群体具备不确定性的响应相结合，能够推动各种新兴产业发展。

在分布式能源领域，由于其变负荷性灵活、初期投资低、输电损失小以及适合可再生能源发展等特点，受到了迫切需求改善能源供应问题的各国的需要。德国在成功发展风电的基础上，以政策为导向，大力推动智能电网技术以及储能技术研发，从而极大地促进了本国分布式能源的发展。在德国，可再生能源在配网总发电量比重不断上升，但是网架结构和网架规划方法由于过于老旧往往无法跟上增加的发电量。事实上，德国部分中压和低压配电网中，由于分布式能源电力总量输出已经超出该地区负荷总量而导致的潮流逆向情况已经出现。一般的配网中潮流逆向是被允许的，但这要求电网中的测量装置与电力系统继保护装置需要为双向潮流的情况进行特别设计以及重新整定数值。而德国在面对大规模分布式电源接入配电网这一情况，并没有在网架架构以及规划上做出根本性变革，而是选择安装远程测量仪器、采用成本分摊方法来对分布式能源发展速度进行控制、配套利用储能技术与飞轮技术、重新分配分布式能源所占权重、研发并安装新型测量装置等方法来保障电网安全。与此同时，德国从法律上制定并明确了接入中压配电网和低压配电网的分布式能源并网技术标准，确保公共电网安全与稳定，同时大力推动了分布式能源系统的市场推广。

作为分布式能源系统的一项重要组成部分，德国也在不断推进热电联产领域的发展。2002年德国制定了热电联产（CHP）法，规定电网运营商必须与热电联产电厂并网，热电联产电厂在正常售电价之上每kWh还能够获得相应售电量补贴，热电近距离输电方式所节约的电网建设与输送成本需要返还热电联产电厂，同时要求电网运营商以标准电价收购热电联产电厂的上网电量。2007年德国对热电联产法进行修订，进一步要求电网运营商有义务对热电联产电厂进行接纳，并且对热电联产电厂必须予以优先调度，同时原有奖励措施延长到2016年，取消容量限制。此外，德国对于运用热电联产电厂来改造使用传统锅炉并供热工业企业。热电联产电厂负荷率超过70%可以免交环境保护税，同时，德国新建造的大楼强制采用可再生能源供热，采用热电联产方式进行供热的可以等同为可再生能源供热。德国《可再生能源法》对热电联产采用了一系列优惠政策，而其中使用沼气的热电联产尤其适用于清洁能源补偿机制。现在德国已经将热电联产纳入城市发展规划体系之内，继续采用热电联产免税政策，增加其他发电环保税，继续支持德国热电联产领域的发展。

德国在推动能源转型计划过程中，几乎在每一个时间段都会陆续从各处推出技术革新或政策引入。德国发展“互联网+能源”中推动能源转型中的成功之处在于，将能源从工业原料消耗品转变成金融商品和金融工具，有效地对社会一次能源需求进行调节。

三、德国信息化能源网发展方向

面对互联网发展的大趋势，德国率先提出了“工业4.0”概念，在未来德国能源转型中，德国选择废除核能发电，构建新型储能设备和新型智能转换系统，大力发展储能电池来进行结构转变；与此同时，德国也正在利用“电动汽车”进一步推动能源互联网商业模式的前进，努力在2020年使柏林成为世界性电动汽车与移动生活示范都市。

工业4.0（industry 4.0）为德国政府《高技术战略2020》确定的十大未来项目之一，并且该项目已经升级为德国国家级战略。工业4.0战略要点主要包括有：建设物理信息系统网络，该系统将物理设备与互联网互联，构建包括智能机器、储存系统和生产设施的虚拟网络—实体物理网络系统（CPS）；建设智能工厂实现智能生产；利用通信设施与虚拟网络—实体物理网络系统形成横向集成、纵向集成和端对端集成的人人、人机互联的智能网络。在德国“工业4.0”被称为“第四次工业革命”。

而电力网络是整个工业社会的神经系统和网络系统，是工业网络系统运转的核心力量。以电力大数据为例，电网为电力数据资源管理者，将这些大数据通过虚拟网络—实体物理网络系统充分利用起来，利用互联网充分实现用户与售电商、售电商与发电商之间的自由沟通，从而建立一个从传统电网到能源互联网的进化体系。而能源市场化、去中心化、智能化等特点将构建新的能源体系，新的“互联网+能源”将会具备智慧，具备自我进化能力等特征。2011年8月，德国第六能源研究计划决定2011～2014年拨款34亿欧元，重点资助与能源互联网相关的关键技术，包括可再生能源利用技术、能源效率提升技术、能源储存系统、电网技术以及可再生能源在能源供应中的整合等。

同时，德国未来能源转型过程中，率先发展的是储能技术，以此来应对分布式能源接入波动性等问题。近来储能技术取得突破性进展，光伏发电系统成本逐渐降低，德国能源储存业务市场前景越来越广阔。德国复兴信贷银行率先对家用光伏蓄电池实施储能补贴政策，从而鼓励用户安装光伏蓄电池系统。德国的著名储能公司Younicos致力于发展智慧储能系统和电池管理系统，为电网提供问题解决方案。Younicos主导建设了欧洲第一家商业储能项目和德国首例用于电网调频的储能电池项目，通过高效整合电网中元素，利用智能软件系统整合多种电池技术和电力电子技术，从而实现电网和微网能效管理需求的自动响应。2014年9月，德国宣布建立第一个工业用电储能电池频率项目，为电网提供频率调节、电压支撑和启动容量。德国联邦太阳能产业协会（BSW Solar）于2015年7月宣布，德国已经为住宅用锂离子储能电池系统提供储能补贴已经一年，已经安装约4000个太阳能加蓄电池储能装置。光伏系统所有者可以通过存储一些由电池板产生的能源从而使整个系统的价值提高一倍，可以看出储能技术具有广泛的应用价值。与此同时，德国的储能补贴计划在提高德国公众储能系统意识方面获得了一定成功。

电动汽车产业的地位在能源互联网中越来越高，电动汽车产业将成为

"互联网+能源"中重要的商业模式之一。而德国能源互联网内的电动汽车商业模式正在飞速发展进程中。目前，柏林几乎已经是德国乃至全世界电动汽车产业链配备最完整的地区，柏林具有近5000辆电动汽车，具有四大电动汽车分时租赁中心，超过2000个充电桩，四座多功能综合快充充电站以及数百家"互联网+能源"创新企业提供技术支持。德国也正在不断地开展示范和创新科研项目来推动电动汽车产业的发展。

在德国，推动"互联网+能源"建设，促进能源结构变革的实现是一个清晰的标志，这标志着德国与其他欧洲国家进行紧密联网的重要性。成功的能源结构变革不仅依靠国家电网的拓展，与欧洲其他地区电网的互联也有着举足轻重的地位。发展规范化、标准化、自动化的新型"互联网+能源"系统，是德国未来重大的技术科技项目，同时也可以极大地推动整个欧洲范围内的"互联网+能源"系统发展。

第五节　国外综合能源系统建设及实践经验对我国发展的启示

一、推进电力市场建设，完善需求侧响应方案

借鉴丹麦、美国应对风电波动性的经验，我们发现电力市场机制是应对大规模可再生能源接入的主要手段，因此推进"互联网+能源"构建的第一步就是要建立统一开发、自由竞争的电力市场机制。随着电改9号文及相关配套文件的出台，我国明确未来电力市场的总体框架，未来将继续深化推动电力市场建设，积极开展电力需求侧管理和能效管理，完善需求侧响应机制。

电力市场建设方面，要积极打造适应能源发展的具备可持续性、竞争性的电力市场。第一，逐步建立区域交易中心和省级交易中心，探索建立跨

省跨区交易机制，加快推进全国统一电力市场建设，扩大西部能源基地电力向东部经济发达地区的电力输送，优化资源配置。第二，构建统一类型的电力批发市场，形成双边交易、日前市场、当日市场、实时市场完整的交易平台，引入辅助服务市场、输电权市场和容量市场，形成促进可再生能源利用的市场机制。第三，加快放开零售市场，赋予用户选择权，培育多元化市场主体，推进需求侧响应激励机制。第五，进行电价改革，核定输配电成本，制定政府监管的输配电费用，逐步放开零售电价，解决电价交叉性补贴问题。第六，建立市场风险防范机制，健全电力监管机制，完善电力法律法规体系，不断强化电力标准体系。

需求侧响应方面，目前我国实行的还主要是需求侧管理，侧重于行政手段，引导用户减少负荷或者推移负荷，市场化不强，用户参与度低，积极性不高。随着电力体制改革的深入，售电侧的放开，参考美国的需求侧响应的产品、项目及丹麦的需求侧响应实施方案，未来我们国家应继续深化推进需求侧响应机制建设，建立并推广供需互动的用电系统。第一，充分发挥政府在需求侧响应中的主导作用。政府要继续完善实施需求侧响应的政策和法律法规，规范参与各方的行为，营造良好的实施环境，引导电力需求侧响应工作的顺利开展；鼓励电力企业、电力公司参与需求侧响应，多渠道筹集资金，为发展需求侧响应提供资金保障；重点研究电价价格政策的调整，建立科学的电价体系；建立电力需求侧响应监管机构，保证电力需求侧响应的可靠有效实施。第二，落实电网企业作为实施需求侧响应工作的主体地位，对电力公司采取激励措施，鼓励其充分发挥主体作用，建立需求侧响应绩效考核机制。第三，加大对电力用户宣传教育力度，普及需求侧响应的基本知识；加大对需求侧响应用户侧系统安装的投资，如安装智能电表等，减少用户的参与成本；建立需求侧响应激励补偿机制，对用户削减负荷提供经济补偿，提高用户参与需求侧响应的积极性。第四，给予参与需求侧响应研究推广的电力企业、能源服务公司一定补贴，支持电力企业节能产品的研究、开发、推广和应用，支持相关电力需求侧项目的试点；支持能源服务公司探索新的金融产品和商业模式，支持其承办电力需求侧响应项目，打造清洁、有序、互动的用电服务平台。

二、加大清洁能源投入，优化能源消费结构

在智能电网的研究范围内，对于分布式发电、储能和可控负荷等分布式设备主要采取局部消纳与控制的方式。而对于“互联网+能源”，其研究重点从局部消纳转变为广域范围内的优化，其控制范围也转变为基于信息物理融合系统（CPS）的协调控制。其实现途径为横向深入推进清洁煤电、核电、海洋可再生能源综合利用，同时推动光伏发电、抽水蓄能等清洁能源基地建设，有效增强电网保障能力；纵向构筑电源、电网、用户、储能协调发展的电力供给和消费体系，全面提升电力安全稳定供应水平和清洁高效利用水平。在能源开发上，通过风能、太阳能等清洁能源替代化石能源，从而推动能源可持续利用。

在推动清洁能源替代的同时，我国应同时推动电能替代。“电气化水平”这一概念，即电能占终端能源消费比重，是衡量一个国家和地区经济社会发展程度的重要指标。提高电气化水平，就是要面向终端能源消费市场，倡导“以电代煤、以电代油”的能源消费新模式，通过电能替代不断提高电能在终端能源消费中的比重。国际上在清洁能源推广和改善能源结构方面有一些成功经验可以借鉴，其中以美国、日本、欧盟较为典型，这些国家的成功经验主要表现在宏观和微观两个层面上。宏观上，国家在扶持政策、金融补贴、技术研发与推广方面给予很大力度的支持，微观上，电力企业通过完善电网架构、加大营销投入、改善服务品质并利用市场机制对用户进行合理有效的引导。

为着力优化能源结构，提高清洁能源比例，我国主要可以从以下几个方面进行建设：第一，加快抽水蓄能综合示范基地建设，引领华东地区抽水蓄能发展。为适应核电、可再生能源和特高压交直流发展需要，加快推进抽水

蓄能发展，突破抽水蓄能建设运营体制机制障碍。加快抽水蓄能电站建设，确保2023年前新增600万千瓦左右抽水蓄能装机。第二，加快海洋可再生能源综合利用示范基地建设，引领我国海洋可再生能源利用。在海洋能丰富的地区规划海上风电项目。另外，积极推进海洋能源基地建设，努力建设兆瓦级模块化大型海洋潮流能发电机组示范项目。第三，加快光伏发电综合示范基地建设，引领东部地区分布式光伏发电发展。以国家光伏发电应用示范区为依托，推进与工业厂房、公共建筑相结合的光伏发电发展，形成分布式光伏发展示范效应。与此同时加快推进喜阴植物种植区、水产养殖区、荒坡荒地、水库等的综合利用，发展农光、渔光互补地面电站。另外，重点推进光伏发电应用综合示范基地建设，引领东部地区分布式光伏发电发上。宏观上国家在扶持政策、金融补贴、技术研发与推广方面给予很大力度的支持，微观上电力企业通过完善电网架构、加大营销投入、改善服务品质并利用市场机制对用户进行合理有效的引导；建立需求侧响应激励补偿机制，对用户削减负荷提供补偿；继续深化离岸海岛核电的开发研究和比选工作，加快海岛核电研究和工程实践，建成海岛核电示范项目，探索我国沿海地区核电发展新方式，通过核电与所在地区的融合发展、协同发展的创新机制，引领我国核电和谐发展之路。

三、建设分布式能源网络，构建用户侧智慧能源系统

结合美国天然气分布式能源发电和丹麦分布式风力发电的发展经验，分布式能源不再以单一能源供应为主，发展天然气、风能、光能、热能、生物质能等能源协调互动的分布式能源网络将是分布式能源发展的主流。未来，依托天然气冷热电联产分布式能源技术，耦合太阳能、风能、生物质能等可再生能源发电技术和储能、热泵、余热利用等新型高效能源技术，应用智能能源管理技术构建的用户侧智慧能源系统将是发展的重点。该智慧能源系统能实现各种能源的梯级利用和智能协同，实现能效最大化将是我们国家未来

发展分布式能源网络的重要方向。

国外分布式能源网络发展多年，我国分布式能源发展也已经开始起步，从发达国家成功的经验我们可以看出，国家层面的法律保证、政府层面的执法决心、政策的可落实性、技术的进步、电力企业和能源服务公司的参与是发展分布式能源网络、实现可持续发展的重要保障。第一，制定鼓励分布式系统发展的政策，完善促进分布式能源发展的财税、价格政策和措施，包括税收减免、财政补贴等，充分发挥财政税策的引导和激励作用，为分布式能源创造一个良性的发展环境。第二，完善分布式系统并网运行管理措施，制定明确完整的包括基础标准、技术标准、评估标准等在内的分布式能源框架体系，确保分布式并网发电有章可循。第三，建立科学的上网电价体系，使得分布式发电多余的电能可参与现货市场或者辅助服务市场进行售卖，调动用户的积极性。第四，改革电力系统，建立适应分布式能源发展的分散式、智能型电网，加快智能电表、先进测量元件等设备的安装，积极应对分布式能源并网安全。第五，积极引导企业和高校开展包括光电转换、旋转材料、逆变等设备制造技术以及蓄电池等储能技术的研究，提高我国自主研发的水平；在设备制造方面，吸取外国分布式能源制造业的成功经验，建立严格的产品设备质量体系，提升我国分布式装备的制造水平。第六，积极推进区域型和楼宇型分布式能源项目的建造，通过财政补贴、税收减免等引导能源服务商对分布式能源项目投资、管理和运营，大大调动分布式能源市场的活力，建立产品多样化、服务多元化的市场机制。

四、发展网络信息技术，加强交通、电力与天然气网络之间的协调互动

智能电网的信息系统以传统工业控制网络为主体，而“互联网+能源”系统以下一代互联网组成的开放式信息网络为主体，基于信息物理融合系统以及软件定义网络，从而实现能源信息全面监视与精确控制。通过信息网络、

广域测量、高速传感、高性能计算、智能控制等技术，实现各层网架和各个环节的高度智能化运作，自动预判，自动识别大多数故障和风险，实现能量流和信息流的高度融合与双向互动，实现能源在各区域的高效配置。多年的实践经验表明，如果没有信息通信技术支撑，那么电网的智能化将无法实现。各国专家已基本认同智能电网，即是将先进的传感测量技术、信息通信技术、分析决策技术、自动控制技术和能源电力技术相结合，并与电网基础设施高度集成的新型现代化电网。发达国家为实现智能电网，均高度重视信息通信技术的发展。

近些年来飞速发展的大数据、云计算、物联网、移动互联网等信息通信技术，能够强化"互联网+能源"一体化平台支撑能力，提升系统智能分析决策能力，强化信息化保障能力。充分发挥网络信息技术在"互联网+能源"中的核心技术作用，能够有效地支撑"互联网+能源"的协同与创新发展。主要可以从以下几个方面加大力度：①建立开放泛在的通信网络体系。通过建立开放泛在互联的通信网络体系，满足分布式能源等用户终端的开放接入；实现电网与公共通信网的有序互联，满足能源交易等对外部单位或用户服务的要求；实现网络末端的泛在覆盖，为移动终端提供通信通道。②全面建成电力云平台。通过全面构建电力云平台在生产控制、经营管理和公共服务三个领域中的应用，形成电力云计算和应用服务体系，统一支撑公司生产控制、经营管理和公共服务等领域各类业务应用。③构建智慧能源互联网络。通过构建智慧能源互联网络，努力提高信息网络承载能力，规范智能终端接入标准，实现终端移动互联接入，全面提升智能电网信息感知能力和业务互动化水平。④提升大数据管理。通过构建大数据平台内部经营管理、电网实时运行、用户用电信息和外部数据，提供统一的数据集中共享服务，提升数据资产价值挖掘。⑤建设新一代信息安全智能防御体系。通过建设新一代信息安全智能防御体系，强化可信互动、通信传输和工业控制三类安全防护，保障智能电网创新发展。⑥保障信息运维过程。强化信息通信运维管理，实现信息通信一体化运维，提高运维自动化水平和实时监控预警能力。⑦进行信息通信技术服务外延化研究。电网公司在信息通信技术的研究和应用上有着丰富的经验，随着电力体制改革的逐步深入，售电市场的逐步放开，市场上会有更多的电力企业需要专业的电力相关技术支撑，因此可以尝试以先进的信息通信技术和优秀的经验为其他电力企业提供服务。

考虑到天然气对环境影响较低，是一种绿色能源，因此充分利用具有高效、反应快、建设时间短等特点的联合循环燃气机组，将天然气网络与电力系统耦合起来，进行天然气网络与电力系统的协调规划，将天然气网络规划、天然气发电机组规划与输配电网络规划统一协调考虑，设计包括天然气管道、燃气机组和输电线路选址与定容等在内的最优气电协调规划方案。利用电转气技术推动天然气网络与电力系统的深度融合[59]，即将电转气设施与可再生能源发电机组联合运行，可将多余的电能转化为天然气存储起来，这也为电能储存技术提供了一条新的解决方案。

而交通行业已经成为发电行业之外的另一化石能源主要消耗行业。近年来，随着电池储能技术的发展与成熟，电动汽车成本逐渐下降，从而以电动汽车为核心的电气化交通系统进入飞速发展阶段。电气化交通系统特别是电动汽车正在逐渐成为“互联网+能源”的重要组成部分，即以电动汽车为纽带，将电力系统与交通系统耦合起来。

电力系统与交通系统的耦合主要体现在规划与运行两个层面上。在规划层面上，充电设施将是未来连接交通与电力系统的纽带，具有举足轻重的地位。建设充电设施的目的是向车主提供充电服务，因此充电设施规划必须考虑交通网络的结构、道路车流量以及电动汽车车主的便利程度等因素；而且充电设施的选址会影响车主的日常驾驶行为，从而最终影响交通网络的流量分配。与此同时，充电设施的选址和定容也会影响电力系统负荷的时空分布，因此充电设施规划有必要与电力系统和交通系统的规划协调进行。另一层面则是交通系统与电力系统在运行层面的协调。交通系统和电力系统一样是具有相当复杂性的网络系统，而交通系统需要关注的变量则为建统网络流量，利用实时道路检测、卫星定位、车载导航等技术，实现交通流量控制从静态监控到动态监控的转变。通过视频监测技术、车联网技术等，可以进行交通信号实时调整，最终实现交通流量优化控制。交通系统与电力系统之间存在复杂的交互影响，在“互联网+能源”系统中对而这进行协调控制，从而可以优化并提高二者的运行总价值。

综上，利用互联网以及其他前沿信息技术，促进能源网络内部设备信息交互，从而最终达成能源生产与消耗的最优化配置，是发展“互联网+能源”重要环节。

参考文献

[1] 陈波，陈靓. 美国新能源政策及对中国新能源产业的影响，国际展望. 2012（1）

[2] 李果仁. 奥巴马政府新能源政策的启示与借鉴. 柴达木开发研究，2012（2）

[3] 李立理，张义斌，葛旭波. 美国智能电网发展模式的系统分析. 能源技术经济，2011（2）

[4] 张扬. 解读美国最新智能电网政策. 能源技术经济，2011（9）

[5] 周蓉. 国内外智能电网建设现状述评. 成都纺织高等专科学校学报，2013（3）

[6] 章义发. 美国智能电网. 高科技与产业化，2009（10）

[7] 美国智能电网发展状况[EB/OL]. http://www.360doc.com/content/14/0221/10/ 9950369_354420691.shtml，2014.02.21

[8] 张国衡，张沛，张科. 美国智能电网试点项目评述. 南方电网技术，2013（4）

[9] 王怡然. 关于电力需求响应，美国值得我们借鉴什么[EB/OL]. http://news.bjx.com.cn/html/20151103/677577.shtml，2015.11.03

[10] 王冬容. 激励型电力需求侧响应在美国的应用. 电力需求侧管理，2010（1）

[11] 阮文俊，刘莎，李扬. 美国需求响应综述. 电力需求侧管理，2013（2）

[12] 陈大宇，张粒子. 美国电力需求侧调频实践及其对我国的启示. 现代电力，2015（5）

[13] 周启航，陈晨，荀竞. 负荷响应机制在美国智能电网中的新模式. 四川电力技术，2013（4）

[14] 王新雷，田雪沁，徐彤. 美国天然气分布式能源发展及对我国的启示. 中国能源，2013（10）

[15] 美国的天然气分布式能源的政策和现实[EB/OL]. http://www.china-nengyuan.com/exhibition/

exhibition_news_65673.html，2014.08.19

[16] 周凤起. 冷热电三联供-天然气利用新方向. 建设科技. 2006（17）

[17] 分布式能源商业模式研究[EB/OL]. http://hvdc.chinapower.com.cn/news/1036/ 10363038.asp，2014.12.25

[18] 高伟. 美国分布式能源现状与思考—中国城市燃气协会分布式能源专业. 委员会赴美分布式能源考察报告[EB/OL]. http://www.sae.sh.cn/chn/NewsMore.aspx?nId=728，2014.04.22

[19] Alex Q. Huang，Mariesa L. Crow，Gerald Thomas Heydt，Jim P. Zheng and Steiner J. Dale. Proceedings of the IEEE：The Future Renewable Electric Energy Delivery and Management（FREEDM）System: The Energy Internet，2011

[20] Alex Huang. FREEDM System：A Vision for the Future Grid[C]. IEEE Power and Energy Society General Meeting，2010

[21] 德国美国关于能源互联网的探索和实践[EB/OL]. http://www.cecol.com.cn/news/20150620/0615446320.html，2015.06.20

[22] 曾鸣. 能源互联网领域前沿科技发展报告[EB/OL]. http://www.bjnsf.org/nsf_qysd/ 201512/t20151225_10327.html，2015.12.25

[23] 丹麦可再生能源政策. 阳光工匠光伏网[EB/OL]. http://www.china5e.com/news/news-895579-1.html，2015.01.20

[24] 丹麦节能情况介绍[EB/OL]. http://ccn.mofcom.gov.cn/spbg/show.php?id=2085

[25] 车巍等. 丹麦：清晰的绿色发展线路图[EB/OL]. http://jjckb.xinhuanet.com/2013-06/20/content_451210.htm，2013.06.20

[26] 丹麦新能源发展现状及其对我国的启示[EB/OL]. http://www.xzbu.com/7/view-6180456.htm，2014.09.18

[27] 丹麦大力发展智能电网情况研究分析[EB/OL]. http://www.chinairn.com/print/news 953300.html，2014.08.21

[28] 丹麦政府启动智能电网战略[EB/OL]. http://www.chinadaily.com.cn/hqgj/jryw/2013-05-02/content_8920198.html，2013.05.02

[29] 苏然等. 丹麦小岛测试智能电网. 世界科学，2013（10）

[30] 丹麦成为欧洲最大的智能电网研发基地[EB/OL]. http://www.nengyuan.com/news/d_2013100611111293285.html，2012.09.17

[31] 尤石等. 从基于服务的灵活性交易到跨行业能源系统的集成设计、规划和运行：丹麦的能源互联网理念. 中国电机工程学报，2015（7）

[32] 王振铭. 中国城市供热考察团出访德国、丹麦的报告——关于发展我国热电联产集中供热的建议. 区域供热，1995（4）

[33] 何斯征. 国外热电联产发展政策、经验及我国发展分布式小型热电联产的前景. 能源工程，2003（5）

[34] 取经丹麦，高效节能的区域供暖和热电联产. 中国能源报，2015-07-06

[35] 丁坤，何世恩，汪宁渤，周识远，陟晶，马彦宏. 丹麦风电调峰调频的政策和机制及对我国的启示[C]. 全国风力发电技术协作网第五届年会，2011

[36] 陈思. 电力市场机制下丹麦大规模风电消纳经验[EB/OL]. http://www.chinaero.com.cn/zxdt/djxx/ycwz/2015/04/147573.shtml，2015.04.17

[37] 政乾方. 丹麦何以实现高比例风电运行[EB/OL]. http://news.bjx.com.cn/html/ 20150225/591866.shtml，2015.2.25

[38] 分布式光伏发电系统的现状和展望[EB/OL]. http://www.suneast-es.com/article/20140628205611.html，2015.11.18

[39] 丹麦：低成本与零排放的供热解决方案[EB/OL]. http://www.civilcn.com/nuantong/ntlw/1396227725247223.html，2014.03.31

[40] 德国经济概况[EB/OL]. http://wenku. baidu.com/link?url=U0xkSswRTevcO7_EeDXInXoonpJM7sjq5wqKk5tfBwxmYpqJ3baenVPqQCg3najDYzDDVQ9f3_QwytXwXP2jKvmk-5__D5J6E2u8QCv0IkC，2015.10.27

[41] 徐庭娅. 德国能源转型的进展、挑战及前景分析[EB/OL]. http://www.ncsc. org.cn/article/yxcg/yjgd/201404/20140400000850.shtml，2014.03.18

[42] 德国新能源发展大盘点[EB/OL]. http://www.cpnn.com.cn/sd/gj/201501/t20150109_ 776732.html，2015.01.09

[43] 德国新能源的发展样本[EB/OL]. http://guangfu. bjx.com.cn/news/20150109/580502.shtml，

2015.01.09

[44] 德国在通往新能源道路上有荆棘有坎坷[EB/OL]. http://www.chinairn.com/news/20150109/174200128.shtml，2015.01.09

[45] 德国“能源转型计划”的五大成就分析[EB/OL]. http://hvdc. chinapower.com.cn/news/1033/10337725.asp，2014.07.25

[46] 尹晨晖等. 德国能源互联网项目总结及其对我国的启示. 电网技术，2015（11）

[47] 可再生能源直接交易背景介绍. 中国行业研究网[EB/OL]. http://www.chinairn.com/news/20131205/155723603.html，2013.12.05

[48] 田世明，栾文鹏等. 能源互联网技术形态与关键技术. 中国电机工程学报，2015（7）

[49] 看西门子E-DeMa如何打造家居智能用电[EB/OL]. http://www.kongzhi.net/news/detail_ 142742.html，2013.05.20

[50] 能源互联网[EB/OL]. http://www.360doc.cn/article/2621577_458451984.html，2015.03.27

[51] 分布式供电实现供需平衡[EB/OL]. http://www.autooo.net/classid89-id139902.html，2015.03.16

[52] MEREGIO智能电网项目[EB/OL]. http://auto. vogel.com.cn/news_view.html?id=293801

[53] 德国新项目致力于改善智能电网的能源分配[EB/OL]. http://m.eet-cn.com/ART_8800673140_628868_NT_7050c4d5.htm，2012.08.11

[54] 德国：开启“智能电网2.0”新模式[EB/OL]. http://smartgrids. ofweek.com/2013-08/ART-290010-8420-28709980_4.html，2013.08.07

[55] 如何区分“工业互联网、能源互联网、工业4.0”[EB/OL]. http://jingyan. baidu.com/article/cbcede072d7a8d02f40b4dfa.html，2014.12.14

[56] 大珂珂. 看一看来自德国的“头牌”储能公司如何玩转储能. 无所不能[EB/OL]. http://news.bjx.com.cn/html/20150917/664410-7.shtml，2015.09.17

[57] 韦青. 德国储能补贴首年产生四千个系统[EB/OL]. http://www.chinaet.net/news/ 201406/4957.html，2015.07.30

[58] “电动车”就是能源互联网最大的商业模式[EB/OL]. http://www.haokoo.com/internet/1207837.html，2014.11.16

[59] 董朝阳等. 从智能电网到能源互联网：基本概念与研究框架. 电力系统及自动化，2014（8）

[60] 孙宏斌，郭庆来，潘昭光. 能源互联网：理念、架构与前沿展望. 电力系统自动化，2015（19）

[61] 马钊，周孝信，尚宇炜等. 能源互联网概念、关键技术及发展模式探索. 电网技术，2015（11）

第五章

创新能源互联网发展的能源体制

能源体制革命既是能源消费革命、供给革命、技术革命和国际能源合作的重要支撑和体制保障，也是推动能源生产和消费革命的加速器，更是判断能源革命成败与否的标准。2014年6月习近平总书记在中央财经领导小组第六次会议上指出，推动能源体制革命，打通能源发展快车道，坚定不移推进改革，还原能源商品属性，构建有效竞争的市场结构和市场体系，形成主要由市场决定能源价格的机制，转变政府对能源的监管方式，建立健全能源法制体系。这是推动能源体制革命和发展能源互联网的基本遵循和科学指南。

第一节　能源互联网发展要求能源体制创新

能源互联网是一种互联网与能源生产、传输、存储、消费以及能源市场深度融合的能源产业发展新形态，具有设备智能、多能协同、信息对称、系统扁平、供需多元、交易开放等主要特征。能源互联网是推动中国能源革命的重要战略支撑，对提高可再生能源比重，促进化石能源清洁高效利用，提升能源综合效率，推动能源市场开放和产业升级，形成新的经济增长点，提升能源国际合作水平具有重要意义。

能源互联网体系与传统能源系统相比，出现了产业链层次性和产业链独立性的两个革命性变化。

一、能源产业链层次性的变革

产业链层次性的变革是指由传统能源的“生产—输配—消费”产业链上中下游一体化变革为四个层次，即由设备层、网络层、平台层、应用层组成，对传统能源产业链的供需两侧进行重构，系统扁平化，实现端—网—云—人协同和多能互补。

设备层包含能源生产设备、能源消费设备等，供需两侧重构，既是能源生产者（供应负荷）也可是能源消费者（消费负荷），能源供应设施、用能设施由独立使用到组团合理使用，供应设施与用能设施通过科学匹配，促进能源设施使用效率和能源利用效率的大幅提升。

网络层包含管网等基础设施以及通信网、互联网、物联网等，能源技术与物联网、大数据、移动互联网等技术深度融合，供应侧和需求侧通过智慧能源网络、分布式能源和储能设施等实现协调平衡，能源输送通道和通信网络更加完善，具有自然垄断性质的能源管网等基础设施实现第三方公平接入和互联互通，形成比较完善的智慧能源系统和能源安全保障体系。

平台层包含交易中心、调度中心以及电商平台、大数据平台（云计算平台）和金融平台等，以先进互联网技术与先进能源技术相融合，构建能源互联网体系中的生态价值流转网络。通过以电子商务为能源商品提供交易平台，融合碳交易、互联网金融等衍生服务平台，依托智能用电设施、云计算、物联网、储能设施等硬件组成有机整体的绿色能源网络，为F2C、B2C、B2B、C2C、O2O、P2P等各种形态的商业模式和市场机制创新提供平台基础和技术支撑。

应用层包含如法律、政策、规则在内的制度体系以及供应商、消费者、运营商和服务商、监管者等，市场与政府的边界清晰，市场在资源配置中起决定性作用，同时更好发挥政府作用。通过市场机制，还原能源商品属性，激发所有参与方的活力，创新能源投资市场化、交易金融化、营销电商化、融资网络化、消费自主化等商业模式，形成能源互联网生态体系，建立能源自由交易体系和能源共享经济发展方式。

二、能源产业链独立性的变革

产业链独立性的变革是指从上中下游一体化转变为按照市场规则要求的、去中心化的端—网—云—人，既相互独立又相互依存的现代能源体系，包含由物组成的硬件系统（能源系统）和由制度组成的软件系统（能源体制）两个层面。能源体制层面包括制度设计、市场规则制订、市场秩序维护、法治完善，形成能源市场体系、价格体系、能源治理体系和法制体系；能源系统层面包括能源供应、传输和存储、使用系统、信息通信系统，形成深度融合的能源与信息通信基础设施系统。因此，在重构能源系统的同时，要求形成与之相适应的能源体制，引入竞争，鼓励社会资本进入市场和多元投资，有效激活能源市场，促进能源资源优化配置，提高能源效率，增加清洁能源比重，优化能源结构，建立起清洁低碳、安全高效的现代能源体系。

“端”是指能源获取系统和利用设备，即线下能源运营终端和线上手机移动应用APP、Web应用平台以及计算机等终端，共同创造供给侧与消费侧终端及其连接。

“网”是指对数据进行实时采集和传输的物联网和移动互联网等互联网技术以及能量流的输送网络，包含分布式能源和集中式能源输送配置网。

“云”是指能源运营管理平台，将由智能硬件设备上传的运营各个环节的海量信息进行分析整理，使零碎个体的数据变为对客户和管理者有实际价值的信息资产与解决方案，云端与终端实时互动；在信息安全方面，通过混合云的方式对公有云与私有云进行区分，公有云对客户敏感信息进行抽离，实现数据安全，构建区块链生态模式，私有云实现客户定制诉求，提升远程管理能力。

“人”是指行业的监管人员和运营决策人员运用能源运营管理平台处理后的数据以及各种平台和移动终端提供的设备定位、运行监控、安全预警、维护提醒、报表分析、用量预测等功能，对人员、资产、经营行为进行更加安全、及时的管理与干预，从而降低项目财务风险、大幅提升资产利用率并有效维护市场规则和秩序。

三、能源体制的六大颠覆性创新

满足于能源互联网发展要求的能源体制革命，应立足于企业自主经营、公平竞争，消费者自由选择、自主消费，商品和要素自由流动、平等交换，创建有效竞争的能源市场结构，通过颠覆性创新，创建现代能源市场体系。

一要由“被动选择”到“主动选择”，还原消费者权利，全面放开用户选择权，赋予用户对能源的自主选择权，消费者可按需求自主、高效、清洁、低成本用能，创造美好生产生活环境。

二要由“点式改革”到“链式革命”，重塑能源产业组织，从油气产业链、电力产业链、一次能源到加工转换到终端消费全产业链上中下游全方位推进改革，独立调度中心和交易中心、输送环节和配送环节，实现生产、交易和调度、输送、配送、销售业务的合理有效分离，建立主体多元的市场竞争格局。

三要由“专享资源”到“分享资源”，创新资源配置方式，在资源配置上由行政手段为主改为经济手段为主，以招投标、拍卖、竞争性谈判等方式，通过市场竞争有偿取得资源，建立起主体多元、准入公平、竞争有效的市场交易体系。

四要由“政府制定”到“市场竞价”，通过市场竞争形成价格，形成反映市场供求关系、包括外部成本在内的全成本能源价格形成机制。

五要由“政监合一”到“政监分离”，重塑能源管理体系，创建市场与政府边界清晰、权责明确、高效透明、公平公正、监管有力的能源管理体制和监管体系，推进能源领域治理能力现代化。

六要由“政监合一”到“政监分离”，重塑能源管理体系，创建市场与政府边界清晰、权责明确、高效透明、公平公正、监管有力的能源管理体制和监管体系，推进能源领域治理能力现代化。

第二节 适应能源互联网发展要求的能源体制革命总体要求

一、指导思想

全面贯彻党的十八大和十八届三中、四中、五中、六中全会精神，深入贯彻习近平总书记系列重要讲话精神，按照中央财经领导小组第六次会议和国家能源委员会第一次会议重大决策部署要求，适应和引领经济社会发展新常态，着眼能源产业全局和长远发展需求，以改革创新为核心，以“互联网+”为手段，以智能化为基础，促进能源和信息深度融合，推动能源互联网新技术、新模式和新业态发展，推进能源领域供给侧结构性改革。遵循“创新、协调、绿色、开放、共享”发展理念，按照发挥市场在资源配置中的决定性作用、更好发挥政府作用的要求，着力破解制约能源互联网发展的体制机制障碍，创建面向全球化、面向市场竞争、体系完整的现代能源体制以及可再生能源与天然气发展优先、分布式与集中式相互协同、需求侧与供应侧互动、节约高效的现代能源体系，支撑和推进能源革命，提供清洁低碳、安全高效的能源，满足国家经济发展、人民生活改善、生态环境优美的现代化进程需要。

二、基本原则

能源互联网的核心是面向能源网用户开展综合服务，通过制造模式从大规模制造到大规模定制的颠覆、消费模式从产品经济到体验经济的颠覆、商业模式从分工式到分布式的颠覆，以具有能源特色的基于对等、互联、开放、共享互联网思维进行能源互联网运营，通过气、电、冷、热、蒸汽、水等多能源联合优化，显著提高能源综合利用效率和清洁能源利用比重。

（一）坚持平等理念，提供用户选择

传统能源系统对多种能量的需求难以“一揽子”满足，用户被动式消费、选择权得不到尊重，近邻之间能源难以交易、互换，能源得不到高效利用。因此，必须全面放开用户选择权，赋予用户对能源的自主选择权，消费者可按需求自主、高效、清洁、低成本用能。要以能源互联网形成新的生产模式、管理模式、营销模式、商业模式，注重创新互联网化的商业模式。要以分布式天然气和可再生能源发展为重点，促进小微企业与家庭、个人等参与能源和电力交易。要以用户为“上帝”和出发点，打破垄断、分工合作、促进竞争、提供选择，能源用户依法拥有相应的话语权和选择权，生产者和消费者的角色被进一步模糊，促进能源生产与消费融合，大幅度提升用户参与程度与用能体验。

（二）坚持开放理念，重塑竞争市场

要全面开放能源及电力市场，符合条件的各种主体均可进入市场，形成主体多元的市场竞争格局。通过创建能源互联网市场规则，健全能源互联网市场机制，建立统一开放、竞争有序的市场体系。其中：能量市场完成能量交易，辅助服务市场保证整个系统的安全稳定运行，增值服务市场提供超出常规服务范围的服务，金融资本市场提供能源领域金融性资本运作平台。商业模式由参与市场的主体决定，或可出现能源交易供需方都是商家的B2B模式，能源供应商直接把商品或服务卖给终端用户的B2C模式，个人与个人之间在网上买卖能源或提供能源服务的C2C模式，用户发布能源或服务需求信息并选择性价比最佳供应商（由供应商报价、竞标）的C2B等交易模式。

（三）坚持协作理念，实现多能互补

传统能源系统以集中式供给为主，传输损失大、系统效率偏低、可再生能源消纳比率有限，电力、热力、燃气及分布式能源等分项进行规划，缺乏一体化总体筹划和部署，多能融合效用难以发挥。因此，要实现具有自然垄

断性质的能源管网等基础设施的第三方公平接入，建设以智能电网为基础，与天然气管网、热力管网、交通网络等多种类型网络互联互通，多种能源形态协同转化、集中式与分布式能源协同运行的综合能源网络，形成支撑气、电、冷、热等多种能源形态灵活转化、高效存储、智能协同的网络系统。推进能源输送通道和通信网络在量测、计算、控制等多功能环节上的高效集成，建设信息系统与物理系统相融合的智能化调控体系，实现能源互联网的实时感知和信息反馈，通过智能能源网络、分布式能源和储能设施等互联互通，实现供应侧和需求侧协调平衡，建成不同能源管网、不同主体之间互联互通的现代能源运输和通信体系。

（四）坚持分享理念，构建共享生态

基于互联网技术和理念，建立新型能源市场交易体系和商业平台，发展储能和电动汽车应用、智慧用能和增值服务、绿色能源灵活交易、能源大数据服务应用等新模式和新业态，构建能源互联网开放共享生态体系。坚持平等互利、共赢发展、不断创新原则，通过创建成功的商业模式与利益共享机制，为海量用户提供多样化、高质量服务。融合小区、楼宇、家庭应用场景下电、热、冷、气等多能源系统，提供小区、楼宇、家庭综合能源服务，推进家庭能源管理。利用天气信息与传感器找到能耗源，通过控制家用电器参与需求侧响应，利用可视化、移动端应用及分析，根据实时能源价格提出可行建议，推进综合智能家居与多能源管理。

“互联网+”将促进能源产业高效开发利用。通过推动能源消费革命、供给革命、技术革命和体制革命，利用互联网的智慧运行云平台，促进能源的智能开采、优质化加工、分质分级利用、废弃物利用流程全链条的智能化改造，实现能源的智能化生产，增强能源供应灵活性、柔性化；推进用户侧建设冷热电三联供等综合能源利用基础设施，促进分布式天然气与可再生能源的协同生产，实现能源高效的梯级利用与深度调峰，提高能源综合利用水平；加快能源生产、管理和调度体系的智能化改造，实现能源供应链集约高效运营。

三、战略目标

能源是人类生存和发展的重要物质基础，是事关国计民生的战略性资源。当前新一轮能源革命蓬勃兴起，全球能源发展呈现出低碳化、智能化等新特征。能源供给消费低碳化，天然气和非化石能源将成为未来世界的主体能源；能源开发利用智能化，智能微网、能源互联网等新产业新业态将蓬勃发展。能源互联网将随着能源革命的不断扩展、深入推进而得到快速发展，同样具有并突显低碳化、智能化等特征。

能源互联网的本质特征是：基于能量信息化与互联网化技术，使能量变成像计算资源、带宽资源和存储资源等信息通信领域的资源一样进行灵活的管理与调控，使市场、政府、生产商、运营商、消费者等相关方可在公开、公平、公正的统一交易平台上，实现企业自主经营、消费者自由选择、包括数据要素在内的各种要素和商品自由流动，从而使供能与负荷在用户侧无缝融合，能源资源得到高效清洁利用和优化配置。遵循对等、互联、绿色、开放、共享理念，利用物联网、移动互联网、大数据、云计算等互联网技术，再造能源技术与信息技术深度融合、分布式与集中式能源并重、多能互补、源荷网储协同的现代能源系统，形成有效市场竞争结构及价格机制、政府高效治理体系、还原能源商品属性的现代能源体制，建立清洁低碳、安全高效的现代能源体系。

能源互联网是一种能源产业发展新形态，相关技术、模式及业态均处于探索发展阶段。为促进能源互联网健康有序发展，能源互联网的发展可分为三个阶段，发展和改革目标如下：

到2020年，分布式发电和分布式储能大规模普及应用，支撑各种分布式电源接入；基于能源互联网的多能源交易系统上线应用；实现多种能源网络互通互联，多能综合利用；建成智能电网2.0和特高压骨干网。初步建立能源互联网市场机制和市场体系。初步建成能源互联网技术标准体系，形成一批重点技术规范和标准。催生一批能源金融、第三方综合能源服务等新兴业态。培育一批有竞争力的新兴市场主体。探索一批可持续、可推广的发展模式。积累一批重要的改革试点经验。

到2025年，能源互联网初步建成，实现多元化能源间的智能调度；天然气分布式多联供、分布式发电、分布式储能、虚拟电厂在用户侧得到普及性发展；城市智能多元化能源网建成，可根据用能需求进行不同来源的能量的调度，调峰能力增强，智能化用能系统完善，支持区域内的多能综合利用系统。建成较为完善的能源互联网市场机制和市场体系。形成较为完备的技术及标准体系并推动实现国际化，引领世界能源互联网发展。

到2030年，在全国范围推广建设新能源微网，并形成多元化能源互补的非化石能源互联网络。非化石能源消费占一次能源消费比重超过20%，天然气在一次能源消费中的比例达15%，风电、光伏发电装机分别达到5亿千瓦。实现市场体系完善、价格机制健全、政府管理规范、市场监管有效、法制体系完备的能源体制革命战略目标。创建法制完备、统一开放、竞争有序的现代能源市场体系，创建真实反映市场供求关系、资源稀缺程度及对环境影响程度的价格机制和财税体系，创建行业发展战略、总体规划、法律法规标准、行业政策、能源储备与应急等职能相对集中的、高级别的能源管理体制，创建统一、独立、专业化的监管机构，形成门类齐全、结构严谨、配套衔接、有机统一能够保障国家能源安全和可持续发展的能源法律法规标准体系。

第三节　适应能源互联网要求的能源体制革命的主要任务和路线图

一、2020年中国能源体制革命的主要任务

能源互联网的发展运营从根本上依赖能源市场交易机制与价格形成机

制的创新，没有合理的市场机制和创新的商业模式，能源互联网难以真正实现。因此，要着力推动能源体制革命，充分发挥市场在资源配置中的决定性作用，全面深化能源领域改革，为发展能源互联网提供必要条件和制度保障，驱动形成能源新业态。

为促进能源互联网快速、健康发展，必须尽快健全和完善一系列政策保障措施。

（一）建立统一开放竞争有序的现代能源市场体系

一是分离自然垄断业务和竞争性业务。完善市场准入，鼓励各类投资主体有序进入能源产业的各个领域。

二是建立健全能源市场基本交易制度。分步建立全国统一市场与多个区域市场相互衔接，规则统一、功能互补、多层级协同的现代能源市场体系。

三是建立调度和交易相对独立的天然气、电力系统等交易体系。重点推进上海、重庆、新疆等能源交易中心建设，形成公平规范的现货期货市场交易平台。在交易规则、交易程序和交易范围上逐步与国际接轨，逐步形成全国统一的能源交易市场，形成由不同区域价格构成的全国能源价格体系和能源市场流通格局，构建全国性和区域性为主与省级和其他分销市场相结合的能源交易和调度体系。

四是对石油、天然气、煤炭等资源矿业权完全采用招投标。通过市场竞争有偿取得，实施输电网与配电网业务和资产的有效分离，推进石油和天然气管网产权独立以及管道运输服务和销售业务的完全分离，全面强制推行管网等基础设施第三方公平准入。

五是加快培育能源互联网、泛能网和综合能源服务市场。构建集中式能源、分布式能源以及储能设备、负载设备无差别对等互联的能源系统。

（二）建立健全反映真实成本的能源市场价格形成机制

一是放开竞争性环节市场价格。实施“管住中间，放开两端”的电力价格机制，建立完善独立、基于绩效的激励性输电和配电价格体系。放开成品油以及天然气价格，除配气管网外，其他油气管道等基础设施收费逐步实现市场化，形成由市场决定的能源价格机制。

二是建立绿色电力价格形成机制。加快电力价格市场化改革，加快推进电力输配分离试点，减少不同电力用户之间的交叉补贴，完善终端售电价格结构。完善电力峰谷电价、调峰电价、阶梯电价等价格形成机制。将可再生能源和天然气发电的正外部性收益内部化，推行绿色电力证书制度、招标电价制度、可再生能源发电的固定电价和溢价的电价体系。

三是加快完善石油天然气价格形成机制。完善成品油价格形成机制，加强与国际油价接轨力度，全面放开中下游和进口环节的准入限制与价格管制，建立石油期货交易中心，积极融入全球石油期货定价体系。加快改革成品油消费税，将成品油消费税由中央税改为中央与地方共享税；推进成品油消费税从生产环节征税向消费终端转移。建立促进大幅提升天然气比重的合理价格机制，完善天然气管道运输价格管理办法，制定调峰价格管理办法。

（三）建设能更好发挥政府作用的能源管理和监管体制

一是设立高级别的能源管理机构，对行业发展实施宏观管理。综合运用规划、政策、标准等手段厘清政府和市场的边界，制定完善的“权力清单、负面清单、责任清单”，有效落实规划，明确审核条件和标准，规范简化审批程序，继续取消和下放行政审批事项，切实减少政府对微观事务的干预。

二是逐步整合能源管理职能，适时组建能源部（或能源与气候变化部）。统一加强能源公共服务与政策调控职能，将分散于发改委、能源局、财政部等部门的政策职能整合至能源部统一承担。

三是设立独立、统一、高层级、专业化的能源监管机构。“政监分离”，明确监管责任，加强社会性监管，确保以电网、天然气管网为核心的网络型基础设施等自然垄断环节的公平竞争。加强监管能力建设，创新监管方式，提高监管效能，维护公平公正的市场秩序。

四是在能源部框架下组建相对独立的能源监管部门。维持环境、安全、质量等方面的社会性监管格局不变，整合经济性监管职能，由能源监管部门统一履行。相对独立的监管职能既可在过渡期确保能源政策的统一性，又可通过政监分离确保监管的独立性。

（四）建立立法、司法、执法完备的现代能源法制体系

健全完善中国能源法律法规体系，是建立能源管理法治秩序的基本要求，是实现能源可持续发展进行的顶层设计，是在能源领域贯彻落实依法治国基本方略、推进依法行政、保障中国能源安全的重大举措。要尽快推动出台能源法，加快修订电力法、煤炭法，制定石油天然气法，实施可再生能源法，并加快能源监管条例等法律法规建设。

出台能源基本法。出台统领能源各专门法和配套法规的《能源法》，从整体上规定能源法律法规体系的基本框架和总体思路，确定能源其他法律法规制定和修订的基本依据，规范能源战略规划、监督管理、开发生产、加工转换、储备与运输、贸易、调峰与应急、环境保护、科技创新等行为。

完善能源单行法。尽快修订《电力法》，适应电力体制改革需要，明确市场主体，建立电力交易、调度机构设立和运行制度，支持新能源和分布式能源发展。研究制定《石油天然气法》，按照石油天然气体制改革要求，确定资源所有权制度、矿业权退出转让交易制度、管道独立和第三方公平准入制度等。落实好可再生能源相关法律，明确可再生能源发展规划实施主体和责任，完善可再生能源技术创新以促进产业体系建设的发展路线，为可再生能源发展提供法制保障。

加强法规规章建设。完善《电力监管条例》《电网调度管理条例》《对外合作开采陆上石油资源条例》《对外合作开采海洋石油资源条例》《探矿权采矿权转让管理办法》《矿产资源勘查区块登记管理办法》《矿产资源开采登记管理办法》等。研究制定《石油储备条例》《海洋石油天然气管道保护条例》以及《能源监管条例》，明确能源监管规则、规定、方法、程序。

二、2020年中国电力、新能源、石油天然气和煤炭体制改革的主要任务

（一）2020年中国电力体制改革的主要任务

1. 战略目标

到2020年，现代电力市场体系基本建成，电力市场价格机制基本健全，独立的监管体系基本形成，政府管理职能得以充分发挥，新的电力规划体系基本建立，电力法制体系更加完善。

2. 主要任务

第一，合理有效分离发电、输电、配电、售电业务，实现电力建设和运营成本方面的透明，形成有效的资源配置方式，推动市场的良性竞争。一是建立独立的交易中心。构建以区域电网为基础的区域性电力交易中心，打破省间的交易壁垒，通过事先确定电力交易的种类以及相关规则，为各交易主体提供更加灵活的电力商品交易平台，并实现电网的完全开放。二是明晰调度机构职能属性。电网调度机构必须以中立的身份为电网企业、发电企业以及电力用户等所有市场参与主体提供公平、公正、透明的服务，及时发布相关信息。三是有效分离输电和配电业务。实现输电业务和配电业务的财务分离，无歧视性地向第三方公平开放所有输电网和配电网，鼓励除电网外的其他社会资本参与新增配电业务发展。四是全面放开售电业务。按照电压等级、用电容量和用电类型等分阶段放开用户选择权。五是积极开展电力需求侧管理，构建鼓励用户积极参与的电力市场。

第二，由市场竞争决定价格。一是逐步建立一个不区分电源种类的、统一类型的电力现货批发市场，负责日前交易和日内交易。形成在电力批发市场中根据机组的发电报价进行发电排序的机制，并按照边际电价进行市场清算。继续推进发电公司与用户或零售商间的双边交易，逐步取代发电公司的基本计划电量。放开零售电价，通过市场竞争决定电力定价。二是核定独立

的输电和配电电价，逐步建立激励性输电和配电电价体系。三是建立辅助服务电价机制、竞争性容量市场定价机制、需求侧响应价格激励和导向机制以及低碳环保价格机制。四是核算各种类型用户电价间交叉补贴数额，先行解决工业内部交叉补贴问题。

第三，加强政府的监管和管理，构建系统的电力规划体系。保持监管机构的高度独立，加大市场主体在监管中的参与力度。明确政府管理职能和定位，构建相互协调、职能统一的综合性政府管理体系。统筹考虑电力供应侧、需求侧和电网资源状况，进行电力的系统规划，实现资源的最优配置，加强电力规划战略研究，建立基于市场机制的电力规划新体系。

第四，进一步完善法制体系。抓紧修订完善《电力法》。加强业务许可制度、电价机制、监管机制、需求侧管理机制等方面的法律建设，并与相关配套法规相衔接，逐步形成涵盖电力供应、消费、技术、体制等方面的电力法律法规体系。加强电力体制改革政策制度体系建设，进一步加强电力标准体系建设。

（二）2020年新能源改革和发展的主要任务

1. 发展目标

到2020年，非化石能源占一次能源消费的比重达到15%，风力发电装机容量达到2.5亿千瓦，光伏发电装机容量达到1.5亿千瓦，生物质发电装机容量达到1500万千瓦。

2. 主要任务

第一，形成有利于新能源发展的价格机制。一是基于市场竞争和新能源需求偏好建立新能源上网电价新机制，发挥其边际成本低的优势。可采用基于差价合约的上网电价机制，由政府制定不同时期新能源的执行电价，发电商通过电力市场出售电力，但以执行电价进行结算，以保障新能源投资收益的确定性，促进新能源的发展。二是切实落实可再生能源配额制，实现可再生能源的优先调度和利用。三是推行可再生能源电力绿色证书交易机制，建立完善绿色证书登记及交易平台，实现可再生能源电能的绿色价值，提高可再生能源发电企业的收益水平。四是引入容量市场、辅助服务市场，激励市场参与各方提供多样化的市场服务，提高新能源的消纳水平。五是建立完善碳排放权交易体系，推动排放权的有偿发放，加强碳排放约束，提高碳排放主体使用新能源的比例。六是强化需求侧响应机制，通过采取有效的价格激励措施，引导电力客户改变用电方式，提高终端用电效率，构建用户积极参与的电力市场，实现用户与电网互动，缓解新能源波动对电网的影响。

第二，建立有效的治理体系。一是强化统筹科学的规划制定和实施机制，切实发挥引导、规范和协调作用，打破条块割据和市场封闭，在全国层面综合统筹、优先开发利用可再生能源。协调水电、风电、光伏电站与其他传统发电电源、电网的布局和运行，因地制宜推动风/水、风/气、光/气等多种发电互补运行。二是改革传统监管方式，建立与综合性能源管理相配套的规范化、标准化、数字化的专业监管方式，强化监管手段。三是推进可再生能源项目投资管理制度改革，适应可再生能源项目的规模相对较小、投资建设运营主体多元的特点，最大程度上放开项目投资，并给予一定的税收、贷款优惠政策，促进和吸引全社会投资开发利用可再生能源。

（三）2020年中国石油天然气体制改革的主要任务

1. 战略目标

到2020年，石油天然气法制体系基本完善，石油天然气市场体系基本形成，石油天然气价格机制基本健全，政府对石油天然气市场的宏观调控基本到位并形成规范有序、公开透明的监管体系，达到“法制体系完善、市场体系形成、价格机制完善、政府管理规范”的战略目标。

2. 主要任务

第一，建立现代石油天然气市场体系，着力推进投资主体多元化。一是放开石油天然气勘查开采准入。有序放开勘查开采市场准入限制，明确探矿权采矿权市场主体的资质标准，允许具备资质条件的市场主体参与常规石油天然气和非常规石油天然气资源的勘查开采。实行矿业权招投标制度，公开公平向符合条件的各类市场主体有偿出让石油天然气资源矿业权。实行更加严格的区块退出机制，对未履行合同约定义务或违反法律规定的矿业权人应强制其退出矿业权。建立油气矿业权一级市场和二级市场，建立和完善矿业权流转和储量交易机制。建立和完善油气地质资料公开和共享机制，完善油气地质资料汇交使用机制，强化企业汇交地质资料的义务，加强政府对地质资料的统一管理。推动国有大型企业分离石油天然气油田服务等辅助服务业务。二是放开石油天然气进出口限制。实施石油成品油进出口资质管理制度，允许符合条件的各类企业进出口原油和成品油。鼓励各类企业进口管道气和液化天然气。三是推进油气管道独立。有序推进国有大型企业的油气主干管道、分支管道和省级管道独立，组建国有资本控股、投资主体多元化的天然气管道公司。推进油气基础设施向第三方市场主体公平开放，实现油气基础设施的管输、存储等业务与销售业务完全分离。完善特许经营管理办法，推动城市燃气管网的配售分离和基础设施第三方公平准入，规范发展LNG点供业务。四是推进建立上海石油、天然气期货交易所，逐步推进上海、新疆、重庆、广东、湖北等地建设石油天然气交易中心，建立和完善石油天然气市场基本交易制度。同时，建立相对独立的油气管道调度中心。

第二，放开价格，由市场竞争形成。放开成品油、天然气价格。完善石油天然气管道运输价格和成本监审办法，加强政府对自然垄断环节的监管。理顺油气资源开发税费关系，研究建立国家权益金制度，完善油气矿业权使用费、矿业权价款、资源税等制度，合理确定负担水平。完善对部分困难群体和公益性行业的补贴机制。

第三，加强政府对石油天然气行业的管理，实现科学监管。加强石油天然气行业总体规划，建立规划实施、监督检查、评估考核机制。健全监管机制，加强政府对市场准入、交易行为、垄断环节、价格成本等重点环节的监管。制定更加严格的质量、安全、环保和能耗等技术标准，加强税收、质量、安全和环保监管。启动建设长三角现代天然气市场体系综合改革试点工作。

第四，加强法制建设，完善法制体系。推动《石油天然气法》以及《石油储备条例》《海洋石油天然气管道保护条例》等立法工作，加快《矿产资源法》《石油天然气管道保护法》以及《对外合作开采陆上石油资源条例》《探矿权采矿权转让管理办法》《矿产资源勘查区块登记管理办法》《矿产资源开采登记管理办法》等法律法规修订工作，完善油气行业相关配套政策和实施细则，健全油气行业标准体系。

（四）2020年中国煤炭体制改革的主要任务

1. 战略目标

到2020年，煤炭过剩产能有效化解，煤炭产能结构有所优化，重点区域煤炭交易市场建成并发挥重要作用；煤炭成本核算制度、价格形成机制规范并固化；政府管理与监督边界清晰，审批事项精简，监督职责明确；填补立法空白和内容缺漏，消除不同立法规定之间的矛盾和冲突，达到“市场机制进一步优化、价格形成机制逐步定型、政府监管框架明确、法律体系基本完善”的战略目标。

2. 主要任务

第一，提高产能集中度，建立有效的区域性和全国性煤炭交易市场。继续淘汰落后煤炭产能，推进煤炭产能政策性退出机制，鼓励煤炭企业兼并重组和资源整合，提高产业集中度。鼓励区域煤炭交易中心和全国性煤炭交易市场体系建设，促进形成多层次市场体系，为建设全国性煤炭交易市场奠定基础。

第二，系统研究和制定煤炭价格发现机制。进一步完善煤炭成本核算制度，建立切合实际的煤炭企业专项资金提取和使用制度，制定科学合理的煤炭成本确认和摊销制度，使煤炭成本核算更加规范化、合理化；同时通过公平、合理的顶层税费制度安排和设计，合理确定包括外部性在内的煤炭税费总体负担水平，减少税费重复交叉，取消不合理收费。

第三，精简涉煤审批事项，制定煤炭管理与监督机构重组方案。依法依规对现有涉煤行政审批事项进行全面梳理，精简审批事项，做好权力、负面、责任三张清单的界定工作，大幅减少政府对企业的直接管理，将投资决策的指导职能还给企业，真正落实企业资产运营的自主权和风险自担责任。探索建立煤炭行业监管分离机制，逐步形成煤炭管理监督机构优化重组方案。

第四，修改完善《煤炭法》等相关法律法规。加快《煤炭法》修订进程，抓紧抓好煤炭法修订工作，注意填补立法空白和内容缺漏，消除不同立法规定之间的矛盾和冲突，增强规定条款的可操作性。搭建起以《煤炭法》为核心，以煤炭行政法规为主体的法律法规标准体系框架。

三、2025年中国电力及新能源、石油天然气和煤炭体制改革的主要任务

（一）2025年中国电力及新能源体制改革的主要任务

1. 战略目标

到2025年，电力市场体系进一步完善，电力市场价格机制逐步健全，电力治理体系和法制体系有效运行。

2. 主要任务

第一，现代电力市场体系进一步完善。一是建立独立的调度机构。将调度机构从电网公司独立，按照电网物理联网的条件，以实现区域平衡、构建能源竞争格局的环境和保证技术安全为原则，设立独立调度机构，交易中心与调度中心可合并为一体但仍是相对独立的机构，形成独立系统运营机构，负责组织和运营区域的电力交易市场。二是鼓励多元化主体参与市场。随着改革的推进，电力市场体制愈发成熟，会出现一些新的市场参与主体，主要包括从事电力交易的中间商、虚拟电厂、金融机构等。这些多元化主体可以

不断激发市场活力、发挥市场优化资源配置的作用。

第二，电力价格机制进一步健全。一是进一步完善电力交易市场，时间维度包含日前交易市场、当日交易市场和实时（平衡）市场。引入电力金融市场，增强市场的流动性，促进电力市场的公平和有效竞争，同时平抑发电商现货市场的投机行为，稳定现货市场价格。二是建立完善的激励性输电和配电电价机制，基于降低输配电成本以及提高可再生能源利用率、供电可靠性、供电质量等目标，逐步建立激励性输电和配电电价体系，促使电网公司降低成本、提高生产效率。三是以税收等为手段，解决居民、农业用户交叉补贴问题。四是鼓励虚拟电厂等多元化主体参与市场竞争。虚拟电厂是可把分散在各处、与不同层级的电网相连的分布式能源电站、储能、电动车等设备以及负荷集合起来进行集中控制调度并完成市场运营的整体系统，其可达到模仿传统大型发电厂的特征功能，能够参与电网运行和电力市场。虚拟电厂可以协调确保新能源的大规模上网，参与市场调频调峰，还可与需求侧管理相结合进一步提高能源利用效率。

第三，健全监管体系，强化规划执行。加强对价格和市场准入的监管，尤其是电价核定、调整、监控以及输电、配电业务许可等方面。进一步明确政府的电力规划主体地位，加强对电力规划全过程的管控，由统一的国家电力主管部门来组织全国电力总体规划编制，调配优质资源，提前谋划，科学研究，公正独立，将电源侧、电网侧、用户侧规划统一考虑，争取尽早颁布实施，并根据执行情况适时滚动修订。

第四，加强电力依法行政。合理界定电力管理部门、电力监管机构和其他相关组织的权力与职责，做到依法行政；明确电力企业、消费者的权利与义务，规范市场主体在电力建设、生产、销售和使用过程中的行为。

（二）2025年中国石油天然气体制改革的主要任务

1. 战略目标

到2025年，基本形成以“石油天然气法”为核心的石油天然气法治体系，基本形成以负面清单准入管理制度为基础的高效行政实施体系，基本建立起完善的石油天然气价格机制，基本形成统一开放、竞争有序的现代石油天然气市场体系，达到“法治基本完善、基本依法管理、价格机制健全、市场体系完善”的战略目标。

2. 主要任务

第一，建立现代石油天然气市场体系。对常规油气、页岩油气、煤层气、可燃冰等资源矿业权采用招投标。基本实现原油、成品油管网等基础设施产权独立；实行配气服务的第三方公平准入，通过强制要求允许居民绕开本地的配气公司寻找自己的供应商或批发商。基本建立中长期交易、现货交易与期货市场相结合的石油天然气市场体系。

第二，建立完善的石油天然气价格机制。建立和完善资源税、成品油消费税等真正反映外部成本的财税政策，基本建立反映资源稀缺程度、市场供求关系、环境成本和社会承受能力的价格机制。

第三，建立科学的石油天然气管理和监管体系。深化石油天然气领域管理体制改革，转变政府职能；加强行业管理，将行业发展战略、总体规划、法律法规、储备与应急等职能相对集中到能源主管部门统一管理。

第四，建立完善的石油天然气法律体系。基本建立以“石油天然气法”为核心，以石油天然气专项法为支撑的法律法规体系。

（三）2025年中国煤炭体制改革的主要任务

1. 战略目标

到2025年，基本建立开放、竞争、有效的煤炭市场体系；基本实现煤炭市场价格发现功能；基本形成分工明确、管理职能清晰的煤炭行业管理与监督机制；基本形成完善的煤炭法律法规体系，达到“市场体系基本完善、价格机制基本健全、政府监管基本清晰、法律体系基本完备”的战略目标。

2. 主要任务

第一，完善煤炭矿业权交易市场，推进全国性煤炭交易市场建设。推进煤炭矿业权交易体系建设，全面放开煤炭勘探、开发和配售各环节；继续推进煤炭企业兼并重组和资源整合，形成垄断竞争的煤炭市场格局；构建以全国煤炭交易中心为主体，以区域煤炭市场为补充，现货交易、期货交易、中长期交易和场外交易的多层次、全方位的市场体系。研究推出煤炭相关期货的衍生品，进一步完善煤炭期货市场的建设工作。

第二，有序推进煤炭外部成本内部化。完善煤炭成本核算制度，合理确定煤炭成本构成；逐步推进煤炭生产利用造成的空气、水、土地等外部环境影响内部化工作，还原煤炭的商品属性，基本实现市场的价格发现功能。

第三，落实煤炭管理监督机构优化重组。优化煤炭管理与监督机构重组方案，基本完成煤炭管理、监督机构优化重组工作，基本形成分工明确、管理职能清晰的管理、监督机制。

第四，完善《煤炭法》配套规章和制度。以《煤炭法》为核心，制定和完善煤炭资源矿业权管理办法、煤炭规划实施办法，加强对煤炭资源的规划管理；制定和完善煤矿井下人员特殊保护条例、煤矿职业危害防治管理办法，依法保障煤炭从业人员的合法权益；制定和完善煤矿矿区环境保护条例、煤矿资源综合利用管理办法，强化煤炭开发利用环境管理。

第四节　建立和完善能源互联网可持续发展的政策建议

2014年中国颁布了《2014～2020年能源发展战略行动计划》，针对当前存在的能源供应与消费问题，提出了2020年要实现的目标，为能源互联网的提出和建设奠定了基础。李克强总理在2015年政府工作报告中提出“互联网+”行动计划，这一计划的提出为国家能源发展战略指明了前进的方向。通过能源互联网的建设，可以有效推进能源革命，实现国家能源发展战略目标。

2016年2月29日，国家发展改革委、能源局、工信部联合印发《关于推进"互联网+"智慧能源发展的指导意见》，从十个方面提出了包括推动建设智能化能源生产消费基础设施，加强多能协同综合能源网络建设，推动能源与信息通信基础设施深度融合，营造开放共享的能源互联网生态体系，发展储能和电动汽车应用新模式等重点任务。

但是，目前能源互联网发展仍存在诸多问题。能源互联网建设意味着通过资源的重新配置来发挥资源的最大效能，而在此过程中，每踏出一步都面临着全新的转变，需要相应的制度来支撑和保障其顺利发展。然而，中国现阶段还没有形成与之配套的一系列财政扶持政策、税收减免政策和投融资政策，同时也没有相应的法律、规章、制度以保障投融资金的安全和投资收益的合理评估。因此，在中国能源互联网研究和实践的初级阶段，需要通过政府强有力的政策支持和引导，来推动能源互联网尽快由概念阶段上升到实践和应用阶段。

一、发展规划

能源互联网的建设是一项系统工程，不仅是各类高新技术的整合与集中应用，其建设与发展更需要有与之配套的发展战略、产业规划、整体架构设计、相关规范和标准体系等的制定，涵盖环节多、涉及部门广、参与主体丰富，需要能源企业、设备制造企业、科研单位、能源用户等各方面的相互配合和协作。因此，战略规划政策需求是首要并重要的。第一，需要发挥中国的举国体制优势，突出政府的主导作用，统筹规划，促进能源互联网快速稳定健康发展；第二，鉴于能源互联网是多类型用能网络的多层耦合，电力网络是能源互联的枢纽，而中国的资源禀赋以及电力行业特点决定了中国的能源互联网模式不能完全照搬欧美国家的理论体系，因此需开展中国能源互联网的架构设计；第三，需要建立统一的规范和标准体系，它是推动中国能源互联网建设的关键，也是未来能源互联网能够实现多能源互联以及信息实时交互的重要保证；第四，创新规划机制，多规合一。由政府发展改革部门牵头并组织规划区内多种能源、多个电网等方面的建设和运维主体，科学、高效、合理地编制统一的能源发展规划（包含电力、燃气、供热规划等），并注重上下层级规划、能源规划与城市规划和土地规划之间的无缝衔接，保证规划的指导性、引领性作用和有效实施。

（一）统筹规划能源互联网的建设与发展

国家有关部门应根据《能源发展战略行动计划（2014～2020年）》《关于推进“互联网+”智慧能源发展的指导意见》以及能源发展“十三五”规划，组织编制能源互联网及相关产业协调发展。具体包括：一是深入开展国家能源规划研究。由能源主管部门牵头，能源管理各行业管理部门共同参与，明确多种能源总体供需平衡和结构优化、能源流向、分区域的供需平衡及能源运输体系建设等问题。二是落实制定规划的配套政策和推进措施。政府加强组织领导，研究制定推进能源互联网建设的各项重大举措。从国家长远发展出发，将能源互联网战略研究、关键技术突破和关键设备研制等作为战略性新兴产业，置于优先发展的地位，纳入国家重大科技项目计划，力争自主掌握核心技术。强化企业主体地位，以产业创新联盟为抓手，建立能源互联网技术研发平台，围绕关键业务领域和支撑技术领域，不断完善能源互联网关键技术研究框架。通过强化系统集成机制、统筹协调机制和产学研用结合机制，创新多元化科技投入机制，加快科技成果转化步伐。三是培育和发展能源互联网生态圈。依靠政策扶植，有机整合能源互联网建设的参与者和潜在利益相关者，并以能源互联网为契机，推动全社会“互联网+”行动计划的发展。

（二）开展中国能源互联网的架构设计

针对中国实际能源分布特点、用能情况以及社会经济条件，构建适合中国的能源互联网络体系。具体包括：一是提出中国发展能源互联网的架构和体系。应立足于中国能源行业自身的特点和现有的信息、控制、管理系统发展水平，基于综合资源规划的相关理论，并结合未来相关技术的发展趋势，以保证中国能源互联网能够有效解决中国能源行业以及经济社会发展中的实际问题，能够同时满足各类能源网络的规划建设、协调运行以及信息数据共享需要，从而最大程度地实现资源优化配置，提高能源综合利用效率。二是统筹考虑各类能源网络。包括各能源网络的规划、建设、改造、技术升级以及相互整合。以新能源电力系统为核心，通过互联网以及相关技术手段，统筹考虑不同一次和二次能源供应网络的规划、建设、改造和技术升级，实现各类用能网络的无缝对接及其在运行控制和管理维护上的智能化，从而实现整个能源利用体系的“横向多源互补，纵向源网荷储协调”，进而达到各类能源网络整合、能源综合利用、能源结构调整的目标。

（三）制定能源互联网相关规范和标准体系

建立统一的规范和标准体系是推进中国能源互联网健康发展的关键，也是未来能源互联网能够实现多能源互联以及信息实时交互的重要保障。因此，应由国家统一部署制定能源互联网的规范和标准体系。研究解决设备与设备、设备与能源网络（如接口、路由器等）、设备与通信网络以及信息与数据间存在的隔离问题，逐步完善互联网中各类型设备、数据接口标准以及信息传输协议，从而保证互联网中各品种能源流与信息流之间的互联互通，推进能源互联网的建设与部署。组织各方面的力量集中科研攻关，依托电力、石油、天然气、传统互联网等相关行业现有的标准体系，完善融合后纳入中国能源互联网体系框架，最终形成完整的能源互联网规范和标准体系。

二、产业政策

能源互联网的发展不是基于现有的能源生产消费方式和市场模式，而是要通过能源互联网的建设推进中国能源市场发展，实现行业体制变革，提高中国能源行业的融合性和开放性。在其发展初期，由于诸多风险因素的制约，极易出现投资主体缺乏参与积极性、投资不规范等问题，因此需要建立一套合理的能源互联网投资收益评估机制。同时，为了引导能源互联网建设的良性发展，有必要理顺能源价格形成机制，特别是不同能源之间的价格比价关系，充分发挥市场对资源优化配置的作用。第一，作为重要的能源输送和配置平台，能源互联网相关产业从投资建设到生产运营的全过程都将对国民经济、能源生产和利用方式、环境等带来显著效益，因此需要站在国家发展战略的高度，构建能源互联网投资收益评估机制。第二，建立科学合理的价格形成机制是保障能源互联网市场机制有效运转，从而引导能源互联网健康有序良性发展的关键。现行的各种能源价格形成机制，普遍存在一些问题，如不能充分反映市场信号、引导资源的优化配置。为提高能源互联网建设的综合效益、加快建设步伐、保障主体利益、维护市场秩序，一方面需要不断激励能源交易市场的演进，以政策为指导，明确市场结构、准则和适宜该市场的技术要素；另一方面需要完善价格机制，合理反映市场信号，优化能源调配，因此需要国家相关部门积极推进能源价格形成机制改革。

（一）建立能源互联网投资收益评估机制

要站在国家能源发展战略的高度，建立能源互联网投资收益评估机制。对能源互联网投资、建设、运行和效益进行科学评估，在此基础上，加大财政扶持力度、优化税收减免政策和投融资政策。在开展评估工作时，还应充分考虑各利益相关方价值，设计试点项目的评估方法和评估标准，社会价值、企业价值和用户价值是设计者考虑的核心内容，同时试点项目中其他合作主体的价值诉求也应被纳入考虑范畴，这样的评估结果才有助于充分调动各方的积极性，从而得出更容易被认可的评估结论。

（二）推进能源价格形成机制改革

建立灵活高效的能源价格机制。基于能源生产端的结构性矛盾，建立用户端的价格联动机制，增强用户主动参与意愿，从而形成能源生产端与用户端的良好互动。建立反映资源稀缺性的能源价格机制，实行有利于节能、环保的能源价格政策。促进新能源价格体系尽快形成。目前，国家通过补贴的方式来保障新能源发展，但是这并非长久之计。新能源要想长期可持续发展，必须突出其清洁能源特点，增强自身核心竞争力。这其中，通过价格机制充分发挥其资源和环境成本优势，体现其社会综合效益，是关键所在。

三、财税政策

能源互联网具有以下特性：一是基础性和公益性。随着可再生能源技术、通信技术以及自动控制技术的快速发展，能源互联网是一种以电力系统为核心，集中式和分布式可再生能源为主要能量单元，依托实时高速的双向信息数据交互技术，涵盖煤炭、石油、天然气以及公路和铁路运输等多类型多形态网络系统的未来新型能源利用体系。能源互联网不仅服务于能源资源的优化配置，保障国家能源安全，而且能源供应提供的是全社会需要的公用产品，对社会的覆盖是全方位的，对提升国民经济的整体竞争力发挥着重要作用。二是资本密集和投资长期性。能源互联网相关产业属资本密集型行业，同时能源互联网项目投资周期较长，客观上对资金周转能力和融资能力提出了更高的要求。基于能源互联网的这两个特性，有必要出台一系列有针对性的财税支持政策，支持能源互联网相关技术与产业的发展。第一，在能源互联网关键技术研发、重大工程示范试点、产业发展与新技术推广应用等方面，需要政府加大财政支持力度，给予补贴扶持等方面的激励。第二，为了推进能源互联网向规模化、产业化、集约化的方向发展，需要中央及地方政府进一步优化税收服务环境，积极落实税收优惠政策。税收优惠政策通过对经济社会环保效益好的能源互联网相关产品、技术和设备实施税收减免等，进而促进能源互联网的快速发展。

（一）加大财政支持力度

在能源互联网关键技术研发、重大工程示范、产业发展与新技术推广应用等方面，要加大补贴扶持力度，给予资金支持。具体包括：一是加大政府补贴力度。对于有市场潜力的能源互联网相关技术研发和设备制造，要根据其自身的开发价值，按照一定的比例进行补贴。应加大财政资金支出和补贴力度，支持能源互联网相关技术创新、基础设施建设。尤其是对处于发展起步阶段的能源互联网相关企业，可考虑采取直接补贴的形式，为其发展提供一定的财政支持。二是设立能源互联网产业发展基金。由政府财政部门安排专项基金发起，并吸收社会资金设立能源互联网产业发展专项基金，以促进能源互联网产业发展，培育创新空间，有序鼓励各方资源参与到创新过程中。通过创新促进互联网通信、能源大数据、云计算、物联网等高新技术的发展，推动相关高科技产业的新技术革命以及新商业模式的发展、成熟。

（二）优化税收减免政策

为了推进能源互联网向规模化、产业化、节约化的方向发展，应进一步优化税收服务环境，积极落实税收优惠政策。具体包括：一是实行关税减免政策。对于购置或使用进口设备的企业，政府可酌情对其实行关税减免优惠政策等。二是实行所得税减免政策。对于能源互联网核心技术和关键设备制造企业，政府可酌情对其实行所得税减免优惠政策等。三是其他优惠措施。对于购置国产技术和设备的企业，实施允许国产设备加速折旧、允许投资减免、研发费用加倍、税前抵扣等优惠措施。

四、投融资政策

在中国当前的金融市场环境下，通过金融政策和制度创新，为能源互联网相关企业科技创新提供完善的融资渠道，为规避和化解创新风险提供金融工具和金融制度安排，是政府推进能源互联网发展的重要职责。在投融资激励政策方面，在能源互联网研发阶段，实施政策性投资、政策性贷款以及商业贷款，能够很好地激励投资者对能源互联网项目进行投资。但随着产业的不断发展，以“政府”为中心的投融资模式要发生转变，因此，需要逐步拓展投融资渠道，建立多元投融资机制。

一是建立多元融资渠道。建立直接融资与间接融资互为补充的多元融资渠道。可考虑采取发行股票和中长期债券等资本化方式拓宽能源互联网产业的直接融资渠道；借鉴发达国家经验，打通民营资本和社会资本的进入渠道，例如设立专项贷款、使用第三方融资模式等。建立国际金融机构能源互联网相关项目融资、商业银行绿色信贷、企业债券融资、设备融资租赁、碳金融及衍生品和能源产品期权市场等多种模式在内的完整融资体系。二是建设多元投融资机制。积极促进多元投融资体制建设，切实落实支持能源互联网发展的金融政策。制定相关金融政策，鼓励金融机构加大能源互联网相关企业的金融支持力度，激励金融机构拓展适合能源互联网发展的融资方式和配套金融服务政策。完善特许经营权招投标方式、PPP项目融资方式，支持符合条件的能源互联网企业发行企业债券融资，支持试点项目发行项目收益债券；支持地方政府投融资平台公司，通过发行企业债券建设能源互联网基础设施；上述企业债券融资均不受年度发债规模指标限制。

五、绿色能源交易机制

（一）建设基于互联网的绿色能源灵活交易平台

建设基于互联网的绿色能源灵活交易平台，支持风电、光伏、水电等绿色低碳能源与电力用户之间实现直接交易。挖掘绿色能源的环保效益，打造相应的能源衍生品，面向不同用户群体提供差异化的绿色能源套餐。培育第三方运维、点对点能源服务等绿色能源生产、消费和交易新业态。

（二）建立可再生能源实时补贴机制

建立基于互联网平台的分布式可再生能源实时补贴结算机制，实现补贴的计量、认证和结算与可再生能源生产交易实时挂钩。进一步探索将大规模的风电场、光伏电站等纳入基于互联网平台的实时补贴范围。

（三）发展绿色能源证书交易体系

探索建立与绿色能源生产和交易实时挂钩的绿色证书生成和认证机制，推进绿色证书交易体系与现行排污权交易体系相融合，并通过合理的机制，将绿色证书交易作为碳排放权交易的有益补充。推动建立绿色能源生产强制配额制度，实现基于互联网平台的绿色证书交易与结算。推动绿色证书的证券化、金融化交易。

六、政府治理机制

中国对能源领域管理和监管主要采取行政手段，经济手段和法律手段运用的不多，行业管理色彩较浓，能源政策、规划滞后。主管部门更加注重通过投资项目审批、制定价格和生产规模控制等方式干预微观经济主体的行为，政府监管缺位问题突出。因此，在监管机制方面，任何政策的有效实施都离不开完善的监管机制，需要建立完善的能源互联网管理体系。

建立完善的能源互联网管理体系。设置专门的能源互联网管理及服务机构，实行政监分离。政府、市场、生产者、运营者、消费者等多方共同参与管理。政府要对能源互联网的发展进行统一规划，制定相关的法律、法规、标准、规范，确保能源互联网中市场体系的公平竞争。创新项目核准机制，简化核准程序。能源管理和电力体制改革应实行统一管理，切实解决各自为政、多头管理问题。制定出台“打捆”核准办法，对一些新增的配售电业务等项目，在一个窗口、实施一站式服务、一并核准包括变电站和线路、供暖和管道、供气和管网以及风电、光伏发电、冷热电三联供、储能等项目。加快推进行业协会市场化运作和自律，广泛吸引各类社会主体参与其中，形成真正有较强约束力的自律组织。

在“互联网+”背景下，应制定与市场相适应的监管框架，为能源互联网的发展创造一种公平、合规的外部环境。要修订完善现有的监管制度，使其与能源互联网的要求相适应。要创新监管手段，由以人力监管为主的传统监管方式逐步向以信息化技术和互联网平台为支撑的新型监管手段转变。要建立多层次监管格局，不断拓宽党政机关和互联网企业、科研机构、能源行业的合作，共同形成多层次的监管格局。加强监管机构能力建设，确保监管到位。加强监管机构的独立性，尽快提升在设备、人才、手段、水平等方面的监管能力。强化对电网、气网、热网等管网企业投资及运维成本约束以及公平无歧视开放的监管，加强对调度机构和交易机构行使手中权力的约束和监督，强化对有关部门、企业设置市场壁垒和阻碍市场公平竞争行为的监管，坚决查处和通过媒体集中曝光一批市场主体的违法违规行为。进一步增加信息披露的公平性、公开性，各种交易信息、用户数据应及时公开，切实解决信息不公开、不及时、不对称的问题。

建立信息公开机制。尽快出台相关规制，要求煤炭、石油、天然气、电力市场交易信息系统应能使交易主体便捷地获取信息，以此引导市场成员的交易行为以及能源的生产和使用行为；同时，约束获得信息的主体不得泄露信息，保证信息安全。需要公开的信息主要包括：市场成员和调度交易中心向监管机构提供的数据和信息；调度交易中心定期向市场成员发布的市场和系统信息；监管机构根据所获信息，对市场成员的行为以及市场宏观情况进行评估的评估指标等。

参考文献

[1] 郭焦锋，高世楫. 气体清洁能源是中国能源发展战略选择. 人民日报，2013-09-04（16）

[2] 郭焦锋，高世楫，洪涛，武旭，王海芹，李维明. 加快发展气体清洁能源是中国可持续发展

的重要选择（国务院发展研究中心调查研究报告），2013

[3] 【美】罗伯特·海夫纳三世（Robert A. Hefner Ⅲ）. 能源大转型——气体能源的崛起与下一波经济大发展. 北京：中信出版社，2013

[4] EIA. Annual Energy Outlook，2014

[5] EIA. International Energy Outlook，2013

[6] EIA. Key World Energy Statistics，2012

[7] Kolb，Robert W. The Natural Gas Revolution: At the Pivot of the World's Energy Future. The Pearson FT Press，2014

[8] MIT Energy Initiative. The Future of Natural Gas: An Interdisciplinary MIT Study. http://mitei. mit.edu/publications/reports-studies/future-natural-gas，2011

[9] 【美】杰里米·里夫金. 第三次工业革命. 北京：中信出版社，2012

[10] 国家能源局法制和体制改革司. 能源法律法规体系研究总报告，2013

[11] 本书编写组.《中共中央关于全面深化改革若干重大问题的决定》辅导读本. 北京：人民出版社，2013

[12] 胡家勇. 论完善产权保护制度. 经济学动态，2014（5）

[13] 国务院办公厅. 能源发展战略行动计划（2014～2020年），2014

[14] 中国能源财经税收政策研究课题组. 中国可持续能源——财经与税收政策研究. 北京：中国民航出版社，2006

[15] 郭云涛. 中国能源与安全. 北京：中国经济出版社，2007

[16] 中国工程院. 中国能源中长期（2030、2050）发展战略研究：综合卷. 北京：科学出版社，2011

[17] 林卫斌，方敏. 能源管理体制比较与研究. 北京：商务印书馆，2014

[18] 冯飞. 加快能源管理体制改革，建立现代监管制度. 国研网，2007

[19] 国务院发展研究中心资源与环境政策研究所. 中国能源监管体系：职能、机构和立法需求，2013

[20] CCIEE. 中国能源生产与消费革命. 北京：社会科学文献出版社，2014

[21] 国务院发展研究中心，壳牌公司. 中国中长期能源发展战略研究. 北京：中国发展出版社，

2013

[22] 李江涛. 能源应急管理：国际实践于中国探索. 北京：经济科学出版社，2011

[23] 李继尊. 中国能源预警模型研究（中国石油大学博士论文），2007

[24] 国务院发展研究中心，壳牌国际有限公司. 中国天然气发展战略研究. 北京：中国发展出版社，2015

[25] 王仲颖，张有生等. 生态文明建设与能源转型. 北京：中国经济出版社，2016

[26] 郭焦锋，洪涛，蔡圣华. 以绿色开放发展理念谋划能源安全战略. 国务院发展研究中心《调查研究报告》. 2016

[27] 中国工程院课题组. 推动能源生产和消费革命战略研究，2014

[28] 中国国际经济交流中心课题组. 中国能源生产与消费革命. 北京：社会科学文献出版社，2014

[29] 高世宪，任东明. 中国能源生产与消费革命. 北京：中国经济出版社，2013

[30] “改革的重点领域与推进机制研究”课题组. 改革攻坚（上）——改革的重点领域与推进机制研究（国务院发展研究中心研究丛书）. 北京：中国发展出版社，2013

[31] 国务院发展研究中心资源与环境政策研究所. 中国石油资源的开发与利用政策研究（国务院发展研究中心研究丛书）. 北京：中国发展出版，2010

[32] 国务院发展研究中心资源与环境政策研究所. 中国气体清洁能源发展报告（2015）. 北京：石油工业出版，2015

[33] 史丹，冯永晟，李雪慧. 深化中国能源管理体制改革——问题、目标、思路与改革重点. 中国能源，2013（1）

[34] 国务院发展研究中心资源与环境政策研究所. “十三五”大幅提高天然气比重的途径及对策措施研究，2014

[35] 国务院发展研究中心，上海期货交易所. 新形势下中国石油流通体制改革研究，2014

[36] 史丹等. 中国能源供应体系研究. 北京：经济管理出版社，2011.

第六章

案　例

第一节　泛能网：融合、协同、互动的能源互联网创新解决之道

传统能源体系以化石能源为主，普遍采用集中/分散独立供能方式，存在能源竖井、设施孤岛，用能方式简单粗放，忽略了负荷互补、多能融合、设施协同价值，存在能源结构不合理、能源综合利用效率低、能源设施利用率低、能源市场资源配置效率低等问题，已经难以适应经济转型、生态发展的需要。为此，国家以能源革命为宏观指引，以能源互联网为关键抓手，以能源体制变革为主要支撑，正在着力推动能源体系变革，构建清洁低碳、安全高效的现代能源体系。新奥集团依托对能源互联网产业形态的预判及深刻理解，积极开展产业实践，进行技术、产品、模式集成创新，形成了以多能融合、分布式与集中式协同、需供互动为主要特征的泛能网发展模式，对能源互联网的实效落地具有重大示范借鉴意义。

一、能源问题与泛能网发展模式

（一）我国能源体系核心问题及变革方向

近年来，伴随我国经济社会的快速发展，能源产业作为基础产业取得了令人瞩目的成就，能源供给能力显著增强，人均发电装机突破1千瓦，清洁能源迅猛增长，风电、光伏累计装机容量均成为世界第一，大力推动节能减排

改造，能效水平不断提升。但与此同时，更应看到，现行能源体系是围绕化石能源大规模开发利用而形成的，已经越来越难以适应清洁、低碳、高效、智慧的发展要求，主要问题体现在以下几个方面：

1. 能源结构不合理

2015年我国一次能源消费结构中清洁能源占比不足17%，煤炭占比达64%，远高于29%的世界平均水平（参见图6-1），以煤为主的能源结构导致我国CO_2排放跃居世界首位，更是大气污染的首要源头。

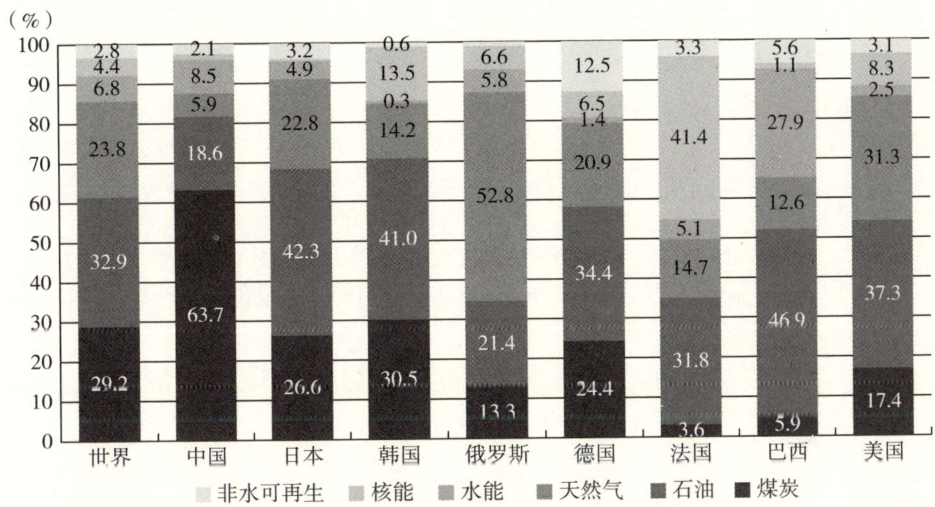

图6-1　2015年世界部分国家一次能源消费结构

资料来源：课题组根据公开资料整理。

2. 能源综合利用效率低

目前我国以集中式供能为主，能源生产、转换、传输、利用过程粗放低效，天然气等高品位能源未得到充分利用，能源综合利用效率不足40%，单位GDP能耗为世界平均水平的1.7倍、发达国家的2～3倍（参见图6-2），难以支撑经济可持续发展。

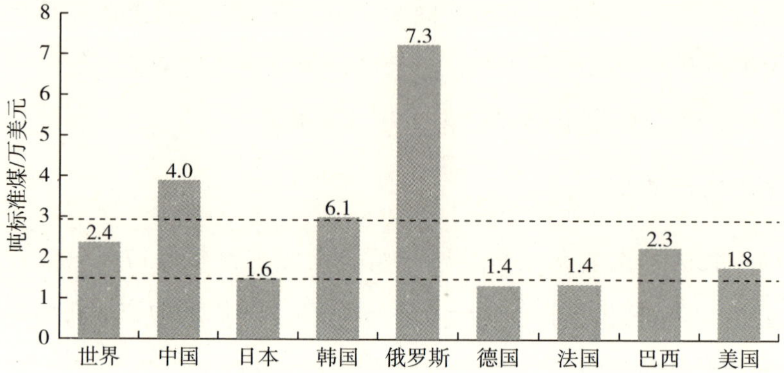

图6-2　　2015年世界部分国家单位GDP能耗水平

资料来源：《BP世界能源统计年鉴2016》。

3. 能源设施利用率低

能源设施作为建筑的附属设施，分散、独立供能方式普遍存在，受建筑固有用能特性制约，能源设施利用率普遍介于18%～45%，存量产能大面积冗余，同时为满足新增建筑用能需求，每年还需新建大量能源设施，存量挖潜不足，投资浪费严重。

4. 能源市场资源配置效率低

能源产业由供给主导，关键环节垄断，计划经济现象严重，导致供需脱节、价格失灵，难以发挥市场对能源资源的优化配置作用，弃风、弃光、弃水现象严重，用能成本高启，一定程度上制约了产业发展。

从中国国情出发，结合国际先进经验，要破解上述问题，必须进行能源体系的深度变革，同步优化能源结构、能源供应模式、用能方式，构建清洁低碳、安全高效的现代能源体系。

（二）国家发展能源互联网宏观导向

围绕现代能源体系的构建，国家以能源革命为宏观指引，以发展能源互联网为着力点，以能源体制变革为主要保障，网络化、市场化是核心导向。

网络化就是要积极构建源源互补、荷—源—网—储智慧互动的能源网络，实现多品类能源融合，多种利用方式协同，促进清洁能源的充分消纳和资源、设施的高效利用。国家发布了《关于推进“互联网+”智慧能源发展的指导意见》，提出加强多能协同综合能源网络建设、推动能源与信息通信基础设施深度融合、营造开放共享的能源互联网生态体系等十大重点任务，突出发展网络化的智慧能源，推进融合电网、热网、气网的综合能源网络建设，并充分融合互联网、物联网、大数据等技术支撑智能网络协同控制，明确了能源互联网发展方向。

市场化就是以体制改革为突破口，逐步形成开放、多边、平等、自主的能源交易市场，还原能源商品属性，实现市场对能源资源的高效配置。2015年3月，《关于进一步深化推进电力体制改革的若干意见》（9号文）出台，标志着新一轮的电力体制改革启动，其核心是售电侧、增量配电投资和发用电计划放开，推进电力市场化，同时油气体制改革相关政策也即将出台，这些都为发展能源互联网提供了制度保障。

目前，在国家政策强力推动及产业主体积极探索下，我国能源体系正在加速向能源互联网方向演变，新的产业形态即将形成。

（三）能源互联网产业形态

能源互联网产业形态的主要特征是能源设施同建筑脱钩，携带特征信息构成能源云，从被动式变为能动式，形成“多对多”网络化能源需供新形态（参见图6–3），并依托平台实现整体智能控制、调度及交易，最大化释放产业资源优化配置的价值，将帮助客户实现能源更安全、更可靠、更经济、更低碳、更绿色、更便捷，助推投资商破解能源设施利用率“天花板”问题，提高收益水平和收益保障度，助力政府实现能源体系的根本性升级，实现清洁/可再生能源比率、能源利用效率、设施利用率、资源配置效率的并行提升，破解全局性问题。

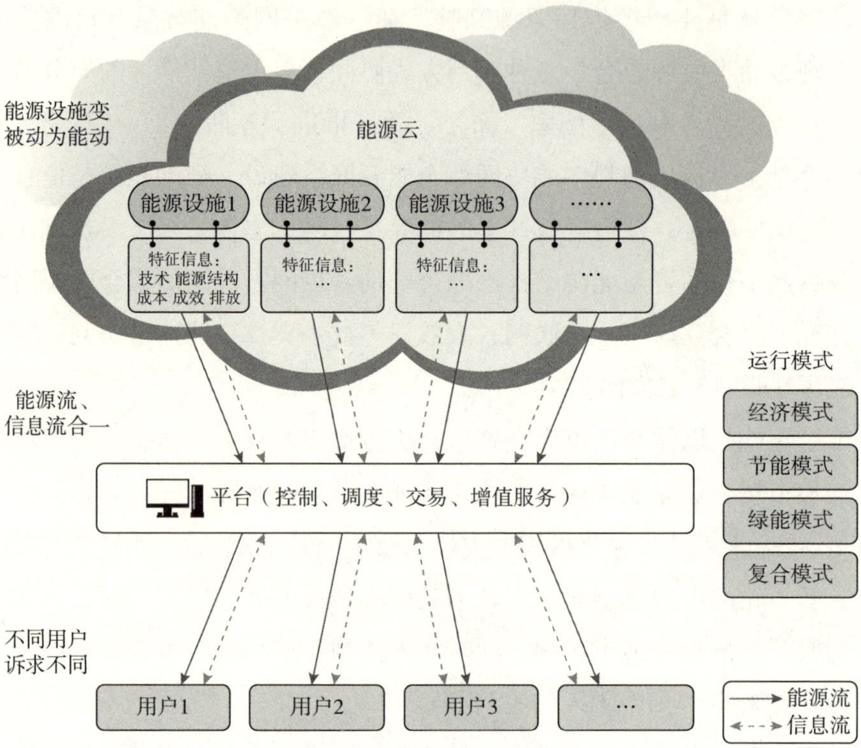

图6-3 能源互联网产业形态图

资料来源：课题组根据公开资料整理。

（四）泛能网

泛能网是新奥集团首创的能源互联网解决方案。泛能网以为用户提供多能互补的泛能机（站）解决方案为切入，利用信息网和气、电、热、水等物理网，搭建泛能机（站）互联互通的智慧能源网络，形成以储能为支撑、多能源智能调配、互联网能源共享的新生态，实现能源清洁、高效、经济、安全的目标。

从形态特征上来看，泛能网可概括为多种能源融合、分布式为主体、设施互联互通、需供充分互动、实时调度交易、储能技术支撑等六个方面。通过泛能网的构建运行，推动能源结构向可再生能源优先、气体能源支持、因地制宜的多元结构转变，推动能源供应模式向分布式为主、集中式为辅、相互协同的可靠供应模式转变，推动用能方式向需供互动、有序配置、节约高效的平衡用能方式转变，同步优化能源结构并提升能源利用效率、设施利用率及市场资源配置效率，支撑现代能源体系的形成。

新奥集团基于对能源产业形态演变趋势的理解，自2008年开始积极投身产业实践，探索形成了“泛能规划牵引、泛能微网落地、区域扩展、全局互联”的泛能网发展模式（参见图6–4）。

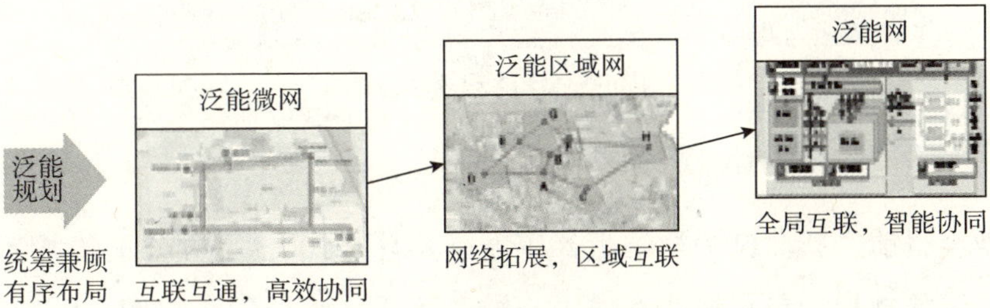

图6-4　　泛能网发展模式示意图

资料来源：课题组根据公开资料整理。

1. 泛能规划

能源规划作为区域能源发展的顶层设计，统筹引领作用至关重要。当前，我国主要采用分项能源规划模式，电力、燃气、热力、可再生能源、分布式能源等专项规划由不同机构独立完成，难以统筹考量多能源、多设施间的协同互补关系及能源与城市空间布局、产业规划等的相互影响与制约关系，造成能源基础设施重复建设、投资浪费，能源利用效率低，能源结构难以有效优化。

新奥以能源互联网发展理念为指引，在系统掌握区域资源禀赋、用能需求、存量能源设施等的前提下，遵循“系统规划 有序配置、挖掘资源 高效利用、多能融合 协同供应”理念，对区域能源结构、生产、转换、利用各环节统筹安排，并与城市规划深度融合，以此更好的统筹电力、热力、燃气、可再生能源、分布式能源等专项规划，优化调整产业规划、城市控规及指标体系，实现区域能源体系整体最优，为泛能网的构建提供宏观指引。

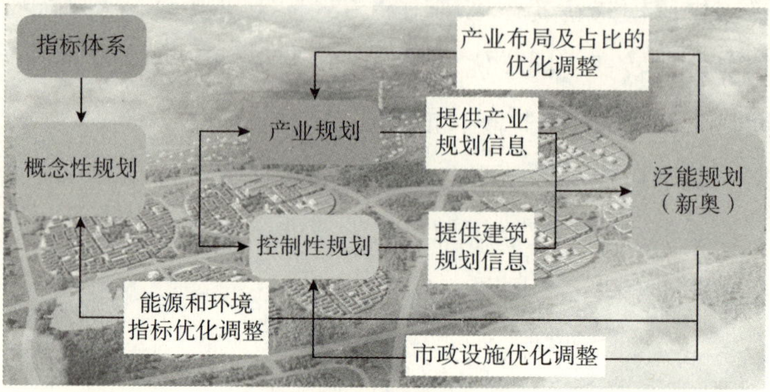

图6-5　泛能规划示意图

资料来源：课题组根据公开资料整理。

截至目前，新奥已为全国近20个城市累计12000多平方公里的城区/园区提供了泛能规划，包括河北廊坊中心城区及开发区、石家庄市区、福建泉州全市、山东青岛中德生态园、广东肇庆新区等一批重点项目。从规划效果来看，平均可实现区域能源设施利用率提升50%以上，能源设施建设规模降低30%以上，清洁能源利用比例优于同类园区，可再生能源利用率超过20%，综合节能率大于25%，碳减排率大于45%，SO_2、NOx、烟尘等主要大气污染物减排分别达40%、30%、35%以上，在优化能源结构、降低能源投入、促进节能环保等方面的综合效用显著，并成功助推青岛中德生态园入选“国家新能源示范产业园区（2014年第一批）”，协助广东肇庆新区入选“国家绿色生态示范城区”（2013年）。

2. 泛能微网/区域网/泛能网

泛能微网是泛能网发展模式落地的基本单元。新奥应用互联网思维，打破主体边界，采用创新性的多能融合、多技术集成、需供重构设计理念，在国内首创了泛能微网解决方案（参见图6-6），为城市商业区块、商住混合区块、工业园区、复合园区等用户构建“多对多”能源供需新形态。

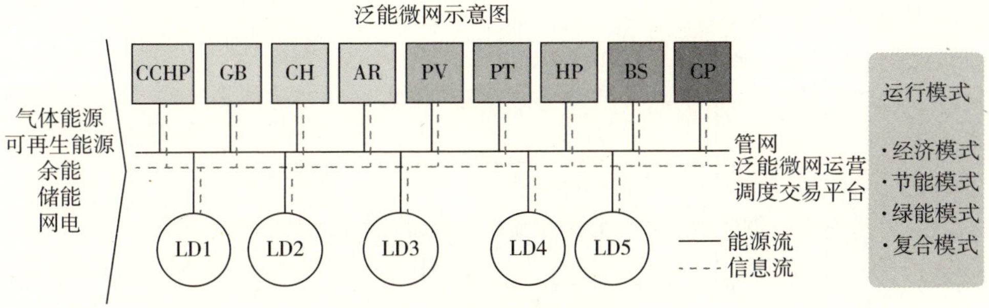

图6-6 泛能微网示意图

资料来源：课题组根据公开资料整理。

在物理设施层面，基于区域负荷精准预测，充分挖掘存量能源设施，因地制宜建设高效分布式能源系统，并打破主体界限，进行互联互通、集约共享，输出冷、热、电等多品类能源；在此基础上部署泛能微网运营调度交易平台，利用智能化手段对区域能源进行动态优化调度和便捷交易，实现能源流、信息流合一，最大化满足客户个性化能源需求。依托泛能微网的高集约性、高柔性和高扩展性，可实现能源设施利用率提升50%以上（参见图6-7），能源设施建设规模降低30%（参见图6-8），能源综合利用效率超过80%，能源费用有效降低，碳减排率超过30%，SO_2、NOx、烟尘等主要大气污染物减排分别达82%、34%、82%，综合效用显著。

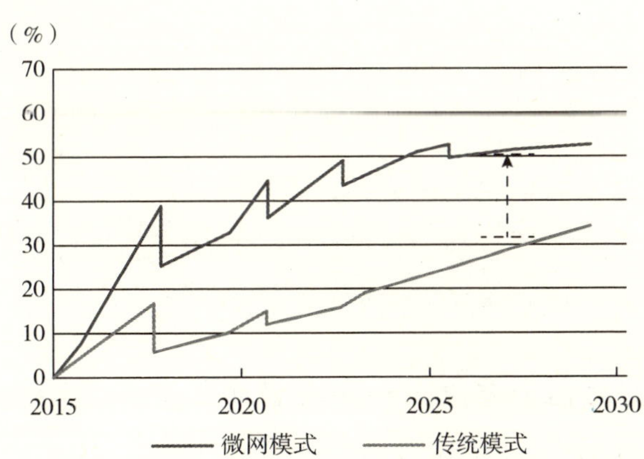

图6-7 能源设施利用率对比

资料来源：课题组根据公开资料整理。

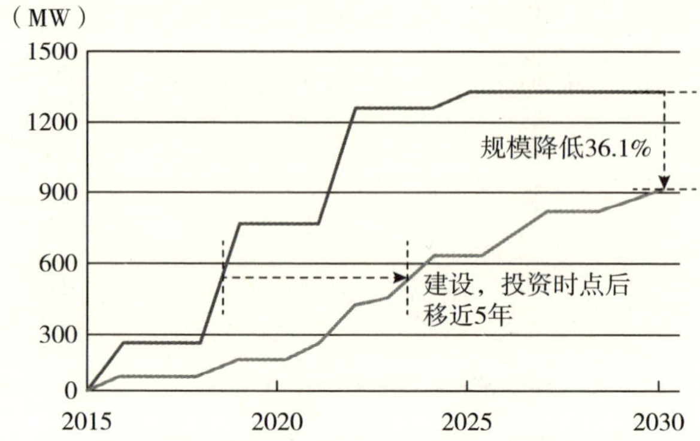

图6-8 供能设施建设规模对比

资料来源：课题组根据公开资料整理。

2015年5月，由新奥设计建设的国内首个泛能微网项目——廊坊新朝阳区块泛能微网项目建成投运，验证了模式的可行性，并被国家确定为泛能微网国家标准化示范项目。目前，泛能微网正在江苏、浙江、山东、河北、广东、安徽等多地推广，对地方能源体系升级的引导带动作用持续显现。

依托泛能微网的构建、扩展及互联，逐步形成泛能区域网，构建泛能网，网络对资源的优化配置作用将持续放大，大数据价值不断释放，将衍生出多种形式的增值服务及虚拟交易模式，助力能源互联网的全面落地。

二、泛能网产业实践

泛能网作为能源互联网解决方案，可广泛适用于工业园区、复合园区、城市商业区块、商住混合区块、新城区乃至城市。新奥针对不同应用场景，积极开展实践，多个典型项目已经落地或正在实施。

（一）工业园区类案例——东莞豪丰工业园泛能微网项目

1. 工业园区能源问题

据不完全统计，目前我国国家级工业园区超过341个，经国家公示的省级及以上开发区1568个，此外还有数量庞大的市县级工业园区、工业集聚区等。工业园区为我国经济发展做出巨大贡献，同时也消耗了全社会能源消费总量的70%以上，大部分园区企业用能粗放、低效，造成用能成本高、资源浪费及环境污染严重等问题，在国家推动园区集约发展、不断加大大气污染防治力度的背景下，工业园区经济、清洁、高效供能的需求越来越迫切。

从用能特点上来看，工业园区内存在电、冷、热等各种能源需求，用能规模大、用能时间长，众多不同行业企业普遍存在用能互补性，这都为发展泛能微网、破解园区用能问题提供了先决条件，东莞豪丰工业园就是一个典型案例。

2. 东莞豪丰工业园泛能微网项目介绍

（1）项目背景

东莞豪丰工业园是定位为承接电镀、印染等高耗水、重污染产业的专业园区，总规划面积100万平方米，可建工业厂房60万平方米。经过多年发展，现已有100多家电镀企业和两家印染企业入驻。园区电力需求由园区开发商通过电网电力满足，热力需求由园区开发商自建10蒸吨燃气锅炉及热网满足。由于燃气锅炉供能成本高，不仅运行处于亏损状态，更影响了园区对印染企业的招商，亟待破解清洁能源的经济性问题。

（2）解决方案

新奥根据东莞豪丰工业园负荷特点，按照负荷互补、需供重构设计理念，形成泛能融合售电解决方案。充分利用电镀企业用电多、印染企业用热多的互补性，新建6.5MW网络型分布式能源系统，并与存量燃气锅炉融合，与市电协同，向多用户供应多品类能源。

依托网络重构需供关系，分布式能源装机规模及利用率显著提升，用能成本降低，项目经济性得到了较大提升，帮助园区运营商扭亏为赢；实现了天然气的大规模高效利用，能源利用效率达80.4%，年节能4376吨标煤，高品质能源的价值得到充分释放；清洁电力占比10%，减排CO_2及主要污染物1.4万吨，经济、节能、减排一举多得。未来随着新增企业入驻园区，泛能微网逐步扩展，网络效应将进一步释放。

3. 模式总结

与简单的购售电模式不同，工业园区泛能融合售电模式为产电、购电、配电、售电四位一体，本质是打破主体围墙和能源竖井，依托网络提升分布式能源竞争力，园区自产电力不断替代市电，有效解决以经济方式实现清洁能源大规模高效利用问题，高度契合国家电力体制改革调结构、提效率、降电价的本质意图。未来，随着电力体制改革快速推进，在全国工业园区规模推广泛能融合售电模式，将有效助力产业升级，同步释放经济效益与社会效益。

（二）复合园区类案例——廊坊生态城区块泛能微网项目

1. 复合园区能源问题

复合园区具有主体多、业态丰富等特点，涵盖工业、商业、办公等多种业态，作为经济发展的重要载体，近年来得到快速发展。目前，复合园区采用的主流供能模式之一是独立供能。能源设施囿于建筑固有用能特性，普遍存在能源利用效率低、设施利用率低等问题，尤其是分布式光伏等低碳技术难以大规模发展，难以充分满足客户低碳、绿色、清洁等个性化需求，招商也在一定程度上受到制约。面对国家大力发展生态、节约、智慧园区的总体要求，亟待释放先进技术、先进模式在调结构、提效率、促经济等方面的综合效用，实现园区能源体系的根本性升级。新奥以发展能源互联网为导向，依托廊坊生态城区块泛能微网项目开展技术、产品及交易模式上的多维创新，对复合园区能源体系升级起到了较好的示范作用。

2. 廊坊生态城区块泛能微网项目介绍

（1）项目背景

廊坊生态城区块位于河北廊坊市经济技术开发区，园区内有十多家用能主体，涵盖办公、工业、宾馆、学校、试验中心、信息中心等多种业态。园区各主体采用独立供能，利用热泵、电制冷、燃气锅炉、市政蒸汽、光伏、燃气分布式能源、储能、市电等方式满足各自冷、热、电需求。由于设施分别服务于不同主体，缺乏协同共享，造成变压器容量偏大，负载率仅为14%，冷热供应设施利用率普遍介于17%～38%，燃气发电机运行小时数偏低，光伏发电存在弃光现象，导致用户用能成本高、清洁低碳能源利用率低，亟待进行能源系统升级。

（2）解决方案

该项目围绕打造新能源微电网示范项目的目标，按照需供重构理念，对园区内荷—源—网—储统筹优化配置，从物理设施层面和网络平台层面构建泛能微网。在物理设施层面，将能源设施与建筑脱钩，构建多能源基础网络，实现互联互通，尤其是对园区原有电网进行放射式组网改造，形成三个统一调配的子微网；新增光伏装机、统筹布置储能设施，提高可再生能源比例；合理配置电动汽车充电桩，增加网内负荷多样性。在网络平台层面，部署新奥自主研发的泛能微网运营调度交易平台，负荷预测系统可基于天气预报、历史用能数据进行精准负荷预测；计量系统可实现分钟级能源生产和消费计量、支持能源双向计量；交易结算系统可支持15分钟级交易结算、不同品类能源分别计价等，具备自动下单、实时计价等核心功能，能够有效支撑“互联网+能源”“多对多”动态交易模式；调度系统可实现用能末端远程优化控制、能源站远程监控及自动优化及全网多能源综合优化，具备功率超限等突发状况下的实时响应，具备极端情况下的孤网运行能力，可在确保供能安全的前提下充分满足用户经济、节能、绿能等个性化需求。

通过园区泛能微网运行，实现了用户能源费用降低5%～8%，有效解决了光伏弃光问题，清洁供能占总负荷比例达55%以上，完全满足国家新能源微电网示范项目要求，更在区域多能源融合发展上形成典范。同时，该项目被国家确认为首批多能互补集成优化示范项目。

3. 模式总结

该模式通过泛能微网技术创新、平台产品创新及“多对多”市场化能源交易模式创新，改造升级既有园区能源体系，有效支撑了经济、低碳、智慧发展，为复合园区落地能源互联网探索出了一条有效途径。不仅在既有园区，对于新建复合园区，借助泛能规划牵引作用及该模式推广应用，可以一步到位，释放更大价值。

（三）城市级案例——廊坊泛能网项目

1. 城市能源问题

近年来，我国经济社会快速发展，城市面貌日新月异。但与此同时，大气污染形势日趋严峻，尤其是2013年，按照新版《环境空气质量标准》，全国74个重点城市空气质量仅海口、舟山、拉萨3个城市达标，空气质量超标城市占比高达95.9%。进入2014年，空气质量略有好转，但在161个监测城市中仍有90.1%的城市空气质量超标，京津冀鲁、长三角、珠三角区域几乎所有城市都存在着不同程度的大气污染问题，雾霾防治已经成为地方政府的首要问题。典型城市雾霾源清单分析显示，污染源主要包括燃煤、机动车、工业过程、扬尘及农业，其中能源因素对雾霾贡献度超过70%，是大气污染的首要因素，以调结构、提效率、减排放为导向，采用创新模式对城市能源体系进行根本性升级已经迫在眉睫。河北省廊坊市作为京津冀区域的典型城市，正在率先落地泛能网发展模式，已形成阶段性成效，为中国城市落地能源互联网提供了有益借鉴。

2. 廊坊泛能网案例介绍

（1）项目背景

廊坊位于河北省中部偏东，受本地源及外来源共同影响，空气质量连年处于全国倒排前十。城区本地源中能源对雾霾贡献度高达77%，能源问题是治霾的核心问题。

就供能情况来看，廊坊建成区（含主城区、开发区）及新建区（含科技谷、广阳产业集聚区、安次工业园和龙河高新区）覆盖面积238平方公里，主要采用市电+燃煤/燃气锅炉等传统供能方式，全年消耗煤炭90万吨、天然气2.1亿方、外购电力36亿度、成品油9.1万吨。虽然廊坊气化程度在全国居于前列，但煤炭在一次能源结构中的占比仍接近50%，外购电接近30%，以煤为主的能源结构是首当其冲需要解决的问题。同时，独立供能方式普遍存在，能源设施利用率仅介于18%～45%，资产利用效率偏低。伴随城市发展，能源需求持续增长，预计2030年较2013年热、冷、电的需求将分别增长118%、155%、278%。如仍沿用现行模式扩建能源系统，将进一步加剧能源浪费、环境污染、投资低效等问题。为此，廊坊市政府谋求通过创新模式升级城市能源体系，破解上述问题，促进城市可持续发展。

（2）解决方案

新奥集团作为廊坊能源体系变革的主要承载单位之一，围绕泛能发展理念，采用泛能规划引导、发展泛能微网、构建城市泛能网的总体思路，正在积极实施落地。

开展泛能规划，为城市能源体系升级奠定核心基础。《廊坊泛能网整体规划》以破解大气污染核心问题、助力廊坊生态智慧发展为总体目标，兼顾局部与整体、近期与远期，打破能源竖井和主体围墙，通过多能融合及荷—源—网—储统筹优化，引导以最小代价实现能源结构调整及系统效率提升，促进经济、能源、环境协调发展。在具体规划中，提出淘汰燃煤锅炉落后产能、开展终端节能降耗、发展分布式能源、构建泛能微网、建设能源智能管控系统等七大举措。其中，发展泛能微网、构建城市泛能网是规划的重中之重。在建成区，筛选业态丰富、用能稳定、设施冗余较高的燃煤锅炉退出区块，按照增存并济、复合迭代的原则率先建设泛能微网，规划了新朝阳区块等九个泛能微网项目，涵盖建筑面积超过500万平方米，并持续扩展互联，到2030年覆盖建筑面积超过3000万平方米，占建成区比例将超过30%。在新建区，结合科技谷、广阳产业集聚区、安次工业园和龙河高新区的建设时序，优选适宜区块发展泛能微网，规划期末网络覆盖总建筑面积近6000万平方米。

通过泛能规划的落地，可以同步实现能源结构优化、能源效率提升、设施充分利用、排放显著降低，具体效果参见表6–1。

表6-1　廊坊泛能网整体规划预期效果

类别	指标	规划效果
能源设施类	能源设施建设规模	降低35.6%
	能源设施利用率提升	52.8%
	智能管控设施覆盖率	90.6%
能源结构类	可再生能源利用率	19%
	煤炭利用比例	28%
	天然气利用比例	32%
	成品油	7%
能效提升类	能源弹性系数	0.48
	万元GDP能耗（tce/万元）	0.22
	综合节能率	20.9%
	泛能微网示范项目能源综合利用效率	>80%
减排类	碳减排率	49.3%
	SO_2减排率	90%
	NO_X减排率	58%
	粉尘减排率	78%
	能源类$PM_{2.5}$减排率	73%

资料来源：课题组根据公开资料整理。

落地泛能微网示范项目，形成示范带动作用。廊坊新朝阳区块位于主城区核心商业区，涵盖新朝阳购物中心、乐晟广场、北华航天工业学院、国际饭店、中国石油管道设计大厦、管道博物馆及住宅等多种业态，建筑面积约40万平方米，覆盖人口近6万人。以前，区块内大多数用户以自建供能设施为主，能源设施利用率平均为30%左右，最低仅18%，存在巨大挖潜空间。同时，部分用户采用燃煤锅炉供暖，需解决燃煤锅炉退出后的能源供应问题，如直接采用燃气锅炉替代，需承担新增投资及较高用能成本，政府财政也面临较大补贴压力。

新奥采用能源互联网发展理念，在对区域用户供能能力及用能需求系统调研的基础上，打破主体边界，遵循“存量挖潜、增量提效、互联互通、兼顾延展”的设计理念，深度挖掘既有能源设施可利用空间，新建网络型高效分布式能源系统提升区域能源效率，新建/改造管网对供用能设施进行互联，部署泛能微网运营调度交易平台实现智能控制、调度及交易，并为后续周边用户的入网预留接口，从而形成了具有共享经济特征的能源新生态。该项目已于2015年5月建成投运，多维效用正在持续释放。一方面，能源设施利用率普遍提升50%以上，降低新增能源设施建设规模30%，能源费用降低超过10%，冗余产能还可获取收益，参与各方经济性较传统模式得到改善；另一方面，整体能源效率提升25%，CO_2、SO_2、NOx、烟尘较传统方式分别降低31%、82%、34%、82%，pm2.5消减量 1.12微克/立方米，节能减排效果显著。目前，新朝阳区块泛能微网正在持续扩展中，随着周边可再生能源、新增用户持续融入网络，综合效用将不断放大。

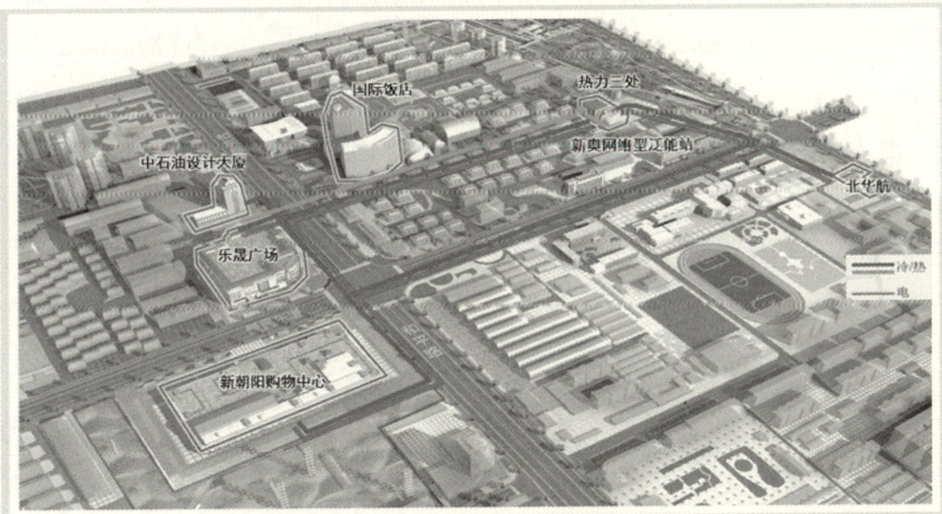

图6-9 廊坊新朝阳区块泛能微网项目

资料来源：课题组根据公开资料整理。

除新朝阳区块泛能微网项目以外，《廊坊泛能网整体规划》中规划的其他微网项目也正在陆续启动。未来，随着众多微网的延展、互联，将形成廊坊泛能网，在更大范围内释放资源优化配置、大数据挖掘应用的价值。初步测算，泛能网完全建成投运后，每年可实现CO_2减排128万吨、SO_2减排超5000吨、NOx减排超3000吨、烟尘减排超5000吨，将对廊坊能源体系的根本性升级起到核心带动作用。

3. 模式总结

我国城市具有建筑密集、业态丰富、用能品类多、独立供能普遍等特点，具备发展能源互联网的有利条件。通过解放思想，树立能源互联网的全新理念，推进能源网、物联网、互联网三网融合，构建城市泛能网，将有力促进城市能源体系的根本性升级。如在全国城市推广泛能网发展模式，初步测算可降低能源设施投资近千亿元，年节省能源费用200亿元，年实现CO_2、SO_2、NOx、烟尘等污染物排放近2亿吨，创造可观的经济效益与社会效益。

在具体实施过程中，建成区可按照新朝阳区块泛能微网发展模式，从城市商业集聚区或商住混合区块入手，增存并济、负荷迭代，构建泛能微网，逐步扩展、互联；新城区、新园区应该率先开展泛能规划，引导荷—源—网—储整体优化布局，指导泛能微网发展，从顶层设计到实施“一次做好”。

三、前景展望及政策建议

（一）前景展望

《关于推进“互联网+”智慧能源发展的指导意见》的出台，已经为能源互联网产业发展绘就了宏伟蓝图。新能源、储能、电动汽车、大数据、物联网等技术的迅猛发展为能源互联网的实现提供有力支撑；能源体制改革的全面推进将为能源互联网提供制度保障；各类商业模式的涌现将极大释放能源互联网的市场活力。展望未来，依托技术、体制、模式的系统性支撑，能源互联网产业将步入快速发展的新阶段，并形成万亿级巨大市场。根据《中国能源互联网商业生态展望》报告预测，到2020年中国能源互联网总市场规模将超过6万亿元。

泛能网作为能源互联网的有效解决方案，伴随整个产业的快速发展，将呈现出规模快速增长、技术迭代升级、模式多元进化的新格局，生命力与竞争力持续释放，为能源互联网的全局发展贡献出应有的价值。

（二）政策建议

目前正值泛能网发展培育期，如给予倾斜性政策扶持，将推动其快速迈进规模发展的新阶段，尽早释放综合效用。主要政策建议如下：

1. 健全泛能规划支撑性政策

一是尽快优化相关政策法规，确立泛能规划的法理地位，增强其统御力及约束力；二是各级政府应推动在城市中心区、新城区、新园区率先开展泛能规划，引导泛能网实施落地；三是实现能源规划与城市规划的深度融合，城市规划中更多融入对能源利用效率、设施利用率等效率型指标的考量，控制性规划、产业规划、建筑规划中充分考量不同建筑的用能互补性进行布局优化，将城市规划与能源规划的单向、线性关系转变为循环优化关系，促进城市科学发展。

2. 优化城市供热资源配置

建议地方政府对供热资源进行结构化调整，低成本集中供热资源优先保民生，商业建筑供热主要通过市场化方式解决。通过资源的优化配置，激发市场活力，促进能源互联网市场主体发育。

3. 将能源互联网有效模式纳入国家相关规划

建议将泛能网等已经验证的能源互联网有效模式纳入“十三五”能源发展规划等国家规划，以及大气污染防治等地方行动方案，将模式新、体量大、示范效果好的能源互联网项目纳入新能源微电网、多能互补集成优化、”互联网+”智慧能源等国家级示范项目，促进先进模式的全面推广。

4. 理顺能源价格形成机制

一是充分考量生态环保因素，尽快调整煤炭价格形成机制，推动煤炭的外部成本内部化、间接成本直接化，优化能源比价，提升天然气、可再生能源的比较优势；二是尽快建立与国际接轨的天然气市场化定价机制，对天然气高效利用方式给予优惠气价，激发天然气分布式能源的投资热情，促进规模发展，释放节能减排综合效用。

5. 加大金融、财税等政策扶持

建议政府围绕能源互联网发展，研究出台面向不同类型主体的系统性金融、财税扶持政策。一是引导金融机构对能源互联网示范项目给予低息贷款，降低项目财务成本，调动投资商的投资热情；二是充分调动政府财政及社会资本，建立能源互联网产业基金，助推产业规模发展；三是对于具有核心竞争力的能源互联网技术研发、产品开发、高端服务、平台运营企业，提供资本市场融资便利，利用社会资本助推产业发展；四是将能源互联网项目纳入地方大气污染防治体系，作为重点举措优先推进落实，做好配套资源倾斜，加速项目落地；五是对能源互联网技术、产品自主创新企业给予税收等优惠政策，增强产业内生动力和企业国际竞争力。

第二节　国电南自新能源微电网及主动配电网关键技术和示范项目

一、园区微电网发展模式

（一）微电网发展概况

微电网是基于局部配电网建设的，风、光、天然气等各类分布式能源多能互补，可通过能量存储和优化配置实现本地能源生产与用能负荷基本平衡，根据需要与公共电网灵活互动且相对独立运行的智慧型能源综合利用局域网。微电网可依托已有配电网建设，也可结合新建配电网；可以是单个新能源微电网，也可是某一区域内多个新能源微电网构成的微电网群。微电网是解决可再生能源接入、多种能源综合开发利用的有效形式和解决方案，是实现智能电网以及能源互联网的重要基础。

新能源微电网作为微电网发展的主要方向之一，是电力配售侧向社会主体放开的一种具体方式，符合电力体制改革方向，可为新能源创造巨大发展空间。近期国家发展改革委、国家能源局陆续出台了《关于促进智能电网发展的指导意见》《关于推进新能源微电网示范项目建设的指导意见》等政策，为智能微电网产业发展创造了良好环境。

基于微电网在新能源接入、区域能源建设方面的优势，很多国家都加强了相关方面的科学研究力度，欧盟、美国、日本从不同角度展开了卓有成效的研究，包括微电网的运行、集中与分布式控制、保护、通信、经济性、仿真等基本内容并建设相关示范工程。研发分析了控制和保护策略、能量管理策略、与解列和再同步相关的动态过程、孤岛检测、电气耦合DER间的并列运行与相互作用、配电网中最大穿透功率的确定、高穿透功率对现有保护策略的影响、通信技术在DER和主电网的运行控制和保护中的作用。

中国对分布式能源系统和微电网的研究和应用已进入快速发展阶段，但由于分布式发电技术本身及电力零售市场还不成熟、不完善，并且分布式发电对电力系统的影响还缺乏相应的防治措施等原因，现在应用主要是单一种类可再生能源发电场、（冷）热电联供系统。因此，研究基于电力电子技术的，包含太阳能、风能的多种分布式能源发电系统的，并与储能系统相结合的新能源微电网系统的集成与控制，成为近年来研究可再生能源应用与分布式能源系统的热点领域。

（二）园区微电网发展需求

新能源微电网与主动配电网对国民经济的发展有重大的促进作用和经济

效益。从全球范围来看，随着能源利用与环境问题之间矛盾的不断加剧，世界各国都面临着节能减排的巨大压力。光伏和风电价格的不断下降为微电网发展创造了机遇和前提条件。目前国内外在这个方面已经建成了一批示范工程。从电网末端的发展趋势分析，未来新能源微电网和主动配电网的建设发展将逐步从国家主导的大投资、大规模的示范工程建设走向政策主导的小投资、小规模、更合理的市场化经营模式。园区微电网以其区域性、灵活性等特点，成为微电网发展的主要方向之一。

国家发改委、国家能源局等部门接连发布关于“互联网+”智慧能源、多能互补集成示范、增量配电改革试点、新能源微电网试点的推进文件和指导纲领文件，确定了新能源微电网示范工程、终端一体化集成供能系统、风光水火储多能互补系统、冷热电三联供分布式燃机等试点推进的方向。据统计，工业园区、高新开发区项目占项目总数的50%以上，因此，园区新能源微电网将成为能源互联网建设的重要组成部分。相关政策文件参见表6–2至表6–4。

表6-2　微电网相关政策文件

时间	政策文件	发布单位	主要内容
2015.07.13	《推进新能源微电网示范项目建设的指导意见》	能源局	鼓励在新能源微电网建设中，按照新能源互联网的理念，采用先进的互联网和信息技术，实现能源生产和使用的智能化匹配和协同运行。提出2015年启动的新能源微电网示范项目，原则上每个省（区、市）申报1～2个，开展联网型新能源微电网和独立型新能源微电网两类微电网示范工程。
2017.02.07	《微电网管理办法（征求意见稿）》	能源局综合司	确定微电网分为并网型和独立型两类。微电网要求“微”，有电压等级和系统容量的限制。微电网要求“新”。要用新能源或天然气多联供，采用新技术、新模式，适应新能源、分布式电源和电动汽车等快速发展，满足多元化接入需求，要与大电网形成良性互补。微电网并网接入费用原则上由电网企业承担。

资料来源：课题组根据公开资料整理。

表6-3 配电网相关政策文件

时间	政策文件	发布单位	主要内容
2015.07.31	《配电网建设改造行动计划（2015～2020年）》	能源局	有序建设主动配电网、分布式多能源互补等示范工程，提高分布式电源与配电网的协调能力。 在城市供电可靠性要求较高的区域和偏远农村、海岛等不同地区，有序开展微电网示范应用，建设包括光伏、风电、燃气轮机等多类型能源的微电网。
2015.08.20	关于加快配电网建设改造的指导意见	发改委	完善新能源和分布式电源接入体系。规范完善新能源、分布式电源并网标准，有序建设主动配电网、微电网，鼓励应用分布式多能源互补、发电功率预测等方式，提高分布式电源与配电网协调能力。
2016.10.08	《售电公司准入与退出管理办法》和《有序放开配电网业务管理办法》	发改委 能源局	明确售电公司准入条件、准入程序、权利义务及退出方式，信用体系建设；确定“管住中间、放开两头”的政策导向，有序放开配电网业务，鼓励社会资本投资建设增量配电网。
2016.11.27	关于规范开展增量配电业务改革试点的通知	发改委 能源局	鼓励和引导社会资本投资增量配电业务；国家发展改革委、国家能源局确定第一批增量配电业务改革试点项目。

资料来源：课题组根据公开资料整理。

表6-4 “多能互补”及“互联网+”智慧能源相关政策文件

时间	政策文件	发布单位	主要内容
2015.07.01	《国务院关于积极推进“互联网+”行动的指导意见》	国务院	通过互联网促进能源系统扁平化，推进能源生产与消费模式革命，提高能源利用效率，推动节能减排。加强分布式能源网络建设，提高可再生能源占比，促进能源利用结构优化。加快发电设施、用电设施和电网智能化改造，提高电力系统的安全性、稳定性和可靠性。
2016.02.29	《关于推进“互联网+”智慧能源发展的指导意见》	发改委 能源局	为促进能源互联网健康有序发展，近中期将分为两个阶段推进，先期开展试点示范，后续进行推广应用，确保取得实效。
2016.07.04	《关于推进多能互补集成优化示范工程建设的实施意见》	发改委 能源局	以终端一体化集成供能系统和风光水火储多能互补系统为主，建设多能互补集成优化示范工程，并建立相关配套能源价格机制和多能市场化机制。
2016.07.26	《关于组织实施“互联网+”智慧能源（能源互联网）示范项目的通知》	能源局	鼓励利用互联网手段，在大型建筑、园区、岛屿、城镇等不同规模范围内，特别是新建区和用能扩展区，开展能源互联网技术应用、商业模式和政策创新试点。

资料来源：课题组根据公开资料整理。

在政策鼓励及试点示范项目的推动下，我国将先后建设近二百余个增量配电业务试点和区域能源系统示范项目。受到国家积极拉动投资及电力市场改革等宏观政策层面影响，预计以区域能源系统、微电网和增量配电为核心的项目建设还将有进一步扩大的趋势。

国家相关政策的引导，极大地促进了园区微电网的建设。工业园区、高新开发区成为微电网建设的重要平台，与此同时，微电网的发展对于园区建设同样起到了积极的推动作用。首先，通过构建综合能源系统，利用多种能量形式之间的转化以及，提高了园区可再生能源消纳水平，并平抑其带来的能量波动；其次，园区微电网可实现区域能源网络的“并网”运行与“孤网”运行模式切换，提高系统安全可靠水平；第三，通过构建区域特征明显的园区微电网，可有针对性地满足区域内用户多品位的能量需求，在以用户为中心的前提下有效提高能源综合利用率，并最终达到减少用能成本的目的。

微电网的建设目前以政府、大型企业与科研机构投资试点为主，据不完全统计，国内已建、在建微电网工程已达上百个。微电网最初发展开始于偏远地区的离网型微电网，该类微电网建设成本高，技术难度较大，随着分布式能源的广泛应用，具备一定自治能力的并网型微电网已成为发展趋势，未来将向与配电网和区域能源系统更加有机结合的方向方向。

（三）微电网关键技术进展

微电网是指由分布式电源、用电负荷、配电设施、监控和保护装置等组成的小型发配用电系统（必要时含储能装置）。根据是否接入外部电网，可分为并网型微电网和独立型微电网。从微观角度看，微电网可以是一个小型的电力系统，它具备完整的发输配电功能，可以实现局部的功率平衡与能量优化；从宏观层面考虑，微电网又可以认为是电力系统中的一个具备自我调节能力的“虚拟”电源点和负荷点。因此，微电网关键技术主要涵盖以下几个方面。

1. 可再生能源发电技术

可再生能源有着发电成本高，应用范围相对较小，对制造工艺要求严格等特点。目前，我国一方面通过并已生效了《可再生能源法》，及时进行发展机制方面的创新，另一方面，努力开展可再生能源政策多重目标性的研究，着力为中国可再生能源发电领域引入市场竞争机制并明确可再生能源发电的具体规划，建立起来一系列相关的配套政策和机制，积极解决目前可再生能源发展的问题。

2. 储能技术

目前，大容量、高密度电能存储方法和技术是最热门的研究课题，这些问题与材料和化学学科密切相关，目前也已经得到这些相关学科的重视，成为研究的热点。在储能技术的应用中，各种形式能量的相互转换是非常重要的，必须解决大容量、快速、高效、灵活、低成本能量转换技术的问题，电力电子技术将成为研究的重点。

3. 电力电子技术

电力电了技术主要涵盖电力电了器件制造技术、变流技术等。我国的电子信息产业虽然发展较快，但主要是依靠国外的核心技术进行开发，产品的核心技术被国外的企业掌握，国内企业对核心技术没有个创新，主要是对产品进行生产，导致我国没有自己特有的技术专利，也没有形成自己的电子信息工程，急需发展相关产业，弥补技术短板。

4. 微电网保护、控制技术

目前国内研究的分散供电形式主要是分布式发电，对微电网的研究还处于起步阶段。微电源的响应时间、微电源的并联、孤岛与并网运行的平滑切换、孤岛运行时各微电源出力的协调控制、馈线潮流控制等技术是微电网保护和控制技术的关键。

5. 微电网能量管理

微电网能量管理系统是整个微电网系统中不可或缺的重要环节，包括各种可再生能源和清洁能源发电、冷热电转换装置和各种储能装置，与外界进行能量的交换。系统既综合利用多种能源，以综合能源利用效率最优为目标，又作为主网的重要调峰负荷，与主网进行需求侧响应管理的交互。

微网系统输入能源是风能、太阳能、天然气、燃料（后期建设）等多种清洁能源，经过余热转换装置和变电设备，生产冷热电三种能源，并通过储电、储冷、储热装置进行能量的保存，最终输出冷热电三种能源，满足园区多样化的用能需求。

目前，包括分布式能源发电、储能以及管理控制等在内的微电网核心技术整体已经较为成熟，涵盖电力的发、变、输、配、用以及冷、热、电、气等多种能源形式的调配，应用场景十分复杂，对微电网在系统集成、规划设计、设备兼容、工程组织实施等方面有很高的技术要求，一定程度阻碍了微电网的大规模应用。

二、项目概况

（一）项目背景

国电南自（江宁）智能电网产业园2011年5月开工建设，2014年正式投入使用，占地面积约319亩，规划建筑面积约22万平方米，职工2000多人，地理位置参见图6-10。园区总占地面积为21万平方米，总建筑面积约9万平方米，主要包括生产指挥中心、生产厂房、动力中心等重要建筑设施。

根据数据统计，园区电负荷最高为1月份28.35万千瓦时，最低为5月份21.45万千瓦时，平均月用电负荷为23.89万千瓦时，年累计用电负荷为286.5万千瓦时。园区现有四条10千伏母线与实验室两段400伏母线，以满足园区电力需求。

作为江宁打造中国最大的智能电网产业基地的重要组成部分，结合创新型生态化科技产业新城定位，引进新能源微电网及主动配电网项目，形成低碳低排放的循环绿色园区，打造现代化的国际一流产业园区。成为智能电网产业园以及华电集团的新名片。通过项目的建设可以提供可复制的商业运营模板，依托江宁地区智能电网产业园区，向中国电力自动化技术的沃土之地南京形成业务辐射，带动智能电网的全新升级。

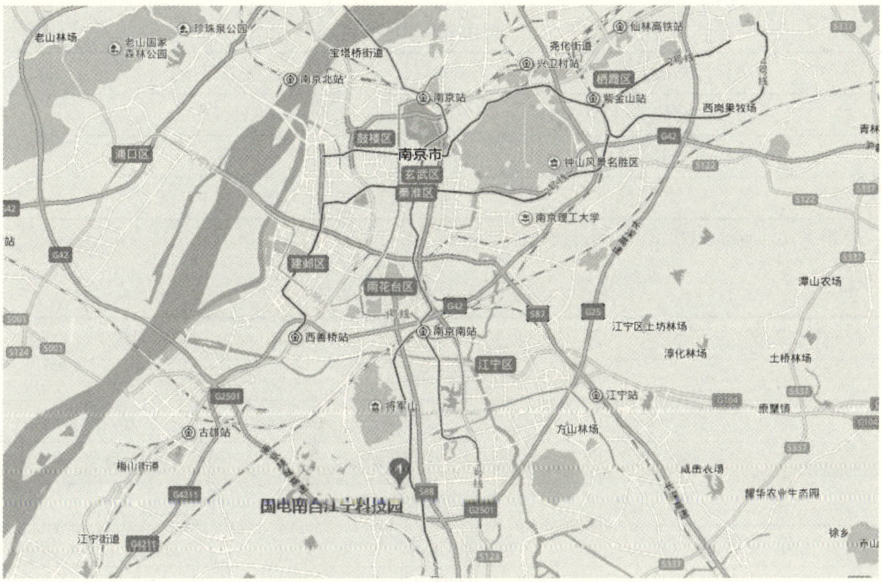

图6-10　项目所在地示意图

资料来源：课题组根据公开资料整理。

南京全市属亚热带季风气候区，四季分明，冬冷夏热，日照充足，雨量充沛。主要气象特征参见表6–5至表6–8。

表6-5　　　　　南京市气温特性

最热月平均气温	28.1℃（7月）
最冷月平均气温	2.0℃（1月）
极端最高气温	40.5℃
极端最低气温	–14.0℃

资料来源：课题组根据公开资料整理。

表6-6　南京市降水特性

年平均降水量	1012.1mm
年最大降水量	2006.0mm
年最小降雨量	479.8mm
日最大降水量	195.2mm
月最大降水量	507.8mm

注：降水主要集中在6～9月。

资料来源：课题组根据公开资料整理。

表6-7　南京市风力特性

7月主导风向及频率	SE27SW10
1月主导风向及频率	C31N14
夏季平均风速	1.8m/s
冬季平均风速	2.2m/s

资料来源：课题组根据公开资料整理。

表6-8　南京市其他气象条件

气象	项目	参数
雪	最大积雪深度	51cm
冻土	最大冻土深度	9cm
日照	历年平均日照时数	2033h
	平均日照百分率	49%
无霜期	历年无霜期	255d
其他	年平均雷暴日数	34.4d
	年平均沙暴日数	0.1d
	年平均冰雹日数	0.2d

资料来源：课题组根据公开资料整理。

根据自然条件统计与分析，江宁产业园具备风能、太阳能利用条件，可根据用能需求开展分布式光伏、小型风电等项目。

（二）建设目标

1. 5A级一站式参观、示范、体验园区

国电南自新能源微电网与主动配电网示范项目将推出5A的概念：

Aggregation：微电网群。

此示范项目将构建国内首个真正意义的微电网群的系统，将整个系统下设多个子微电网，其中能源配比与能源构成均有所不同，从而去适应多个不同应用场景，达到示范新能源微电网在各种应用场景下高效、可靠运行的意义。与此同时，可以在建立微电网群的基础上，利用能量调度的控制策略去调配各个子微电网间的能量，在技术层面真正解决能源互联网的关键技术。

Active：主动配电网。

此示范项目将展示主动配电网概念关键技术，将核心设备落地展示。主动配电网是由微电源、负荷、储能系统和控制装置构成的系统。它对于大电网表现为一个单一可控的单元，可实现对负荷多种能源形式的高可靠供给。主动配电网的特点主要有两个：一是含有本地发电装置，多为容量较小的分布式电源，可以满足电力系统和用户特定要求。二是主动配电网是可控的，主动配电网的功能是将电源和用户需求有效连接起来，允许双方共同决定如何最好地实时运行。要达到这一要求，控制水平要远高于传统配电网的水平。示范项目在微电网群的基础上很好的融合了主动配电网概念，设计了若干的应用场景如商业场景、工业场景、能源公司等，可很好地满足电力系统和用户的特定要求。

Accumulation：设计、产品、经验、数据的积累。

国电南自新能源微电网与主动配电网示范项目的建立，既可以达到展示国电南自新能源微电网及主动配电网专业方向的自主研发产品，同时又针对当前国内典型微电网项目运行数据的空白进行弥补。锻炼、培养设计人员的实际工程设计能力，掌握系统控制及运行维护的技术及经验。

Awareness：感知智能电网、新能源微电网、主动配电网。

此示范项目构建基于态势感知的自动智能调度体系架构，以实现对智能电网、新能源微电网以及主动配电网运行状态发展趋势的过程的准确掌控。系统态势感知是掌握系统运行轨迹的重要技术手段，通过对广域时空范围内，对涉及系统运行变化的各类因素的采集、理解与预测，力求准确有效地掌握系统的安全态势，使得系统的安全管理从被动变为主动。

A-level：一站式体验。

此示范项目全面包含当下新能源微电网及主动配电网专业方向成熟技术与产品的典型应用。可以让参观者对本专业方向有深刻、形象的认识；同时开放部分互动环节，可以让参观者充当用户，进行深度运行控制的体验，力求达到参观示范项目一站式体验的目标。

2. 核心产品、解决方案、商业运营、技术规范的集中展示平台

在自主研发平台上研制出系列核心产品，树立“新能源微电网与主动配电网”行业内的一流品牌；整合示范项目的新型综合能源利用模式，形成各种不同应用场景的典型解决方案；探索新型的商业运营模式，形成规范有序的市场实施方式；致力于规范管理微电网的运行、保护与控制，推进行业内标准体系的建立，最终以国电南自微电网品牌体验店的形式形成项目成果的集中展示，体验店展示项目包括核心系列产品、建设实施视频及系列解决方案。

3. “研发一代、示范一代、销售一代”推广应用模式

研发一代：融合产品创新研制平台与智能应用示范平台，探索关键技术并加速核心技术向核心产品的转化，形成掌握领先核心技术的研发一代。

示范一代：通过创新的产品去开创应用示范，依靠科技创新，研发出高技术含量的差异化产品以创造出新的市场需求，形成先于市场应用的示范一代。

销售一代：利用成熟的核心产品，打造专业的成熟产品解决方案，形成优于市场需求的销售一代。

（三）总体方案

国电南自新能源微电网及主动配电网关键技术及示范项目从物理位置角度可以整体分为商业微电网、工业微电网、光储充电站、多能微网、主动配电网能源公司以及技术开放中心等6个部分，项目分布参见图6-11。

图6-11　国电南自（江宁）智能微电网产业园示范基地

资料来源：课题组根据公开资料整理。

国电南自新能源微电网及主动配电网关键技术及示范项目中，根据各个物理微电网的应用场景不同，可以对应模拟不同的微电网应用场景，具体分为：商业微电网、工业微电网、光储充电站、多能微网、能源公司、开放式技术中心。

1. 商业微电网

商业微电网以南自大楼为基础，配合光伏和储能，商业用户利用光伏实现能量的自发自动，减小从电网获取能量。通过示范工程对商业微电网的运行模式和经济优势进行验证和示范，为商业用户对商业微电网的经济优势进行直观的认识。借助示范工程推动商业微电网的商业化推广，为商业用户提高系统的经济评级和商业解决方案。商业微电网主要以生产指挥中心屋顶光伏、下沉式停车场光伏、东区停车场光伏，总和约450千瓦（峰值功率）以及100千瓦时储能设备为生产指挥中心的办公楼负荷供电。

关键技术：商业微电网可以分为两侧，顶层为商业微电网一体化控制器，下层为光伏发电系统和储能系统。商业微电网与光伏发电系统和储能系统通过信息系统连接，对微电网各个单元进行监控和保护，参见图6–12。

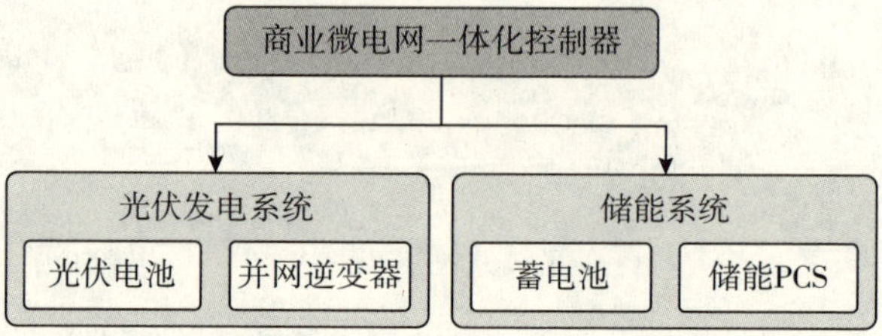

图6-12　商业微电网关系图

资料来源：课题组根据公开资料整理。

2. 工业微电网

工业微电网以南自工业园区为工业应用环境对工业微电网进行示范建设。与商业微电网相似，通过光伏的能源自用率，降低工业园区电费的支出。储能系统平衡光伏和负载之间的能量，降低了光伏发出电量巨大的波动对于工业敏感负荷造成不利的影响，利用储能削峰填谷的能力，优化光伏储能微电网系统的经济性，降低工业电费支出。工业微电网主要以生产制造中心屋顶光伏约1.6兆瓦以及1.1兆瓦时储能设备为生产制造中心产品生产流水线负荷供电。

关键技术：工业微电网的关系图参见图6–13，中央控制器、微电网分布式控制器、光伏发电系统、储能系统和系统的工业负荷组成。工业负荷又包括可控负荷和不可控负荷。微电网分布式控制器直接控制储能系统，中央控制器既可以控制光伏发电系统发出的能量，还可以通过微电网分布式控制器控制储能系统，优化储能的充放电能量。分布式控制器根据中央控制器的指令，控制储能系统的工作模式，其中包括电压源和电流源模式的切换、电能质量控制等。当微电网工作在离网模式下，储能系统必须切换到电压源控制模式，才能稳定微电网交流母线的电压。根据微电网发出电量的情况，中央控制器还可以投切可控负荷。

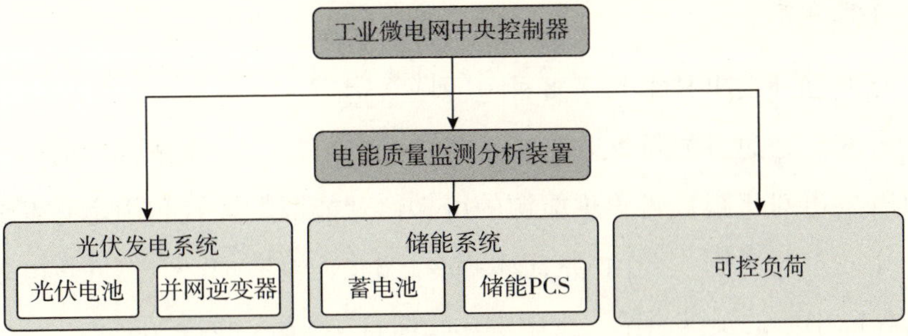

图6-13　工业微电网关系图

资料来源：课题组根据公开资料整理。

3. 光储充电站

通过电动汽车有序充电，实现系统的削峰填谷，可以有效降低由于电动汽车接入产生的额外系统扩容需求，从而节约电网的投资成本。在有分时电价的情形下，利用有序充电还可有效利用电价较低的时段进行充电，从而有效降低用户的充电成本。光储充电站主要由北区停车场光伏约600千瓦（峰值功率）以及1.1兆瓦时储能设备为电动汽车充电（5×255千瓦直流桩，16安培交流桩若干、4辆电动大巴，部分社会充电车辆）。

关键技术：光储充电站的关系图参见图6-14。光储充电站由光伏发电系统、储能系统和交流充电桩组成。上侧由光储充电站中央控制器优化和调度整个光储充电站的优化和调度。通过储能消纳光伏发电系统发出的能量，充分利用光伏能量为电动汽车充电，提高光伏电能的自用率。

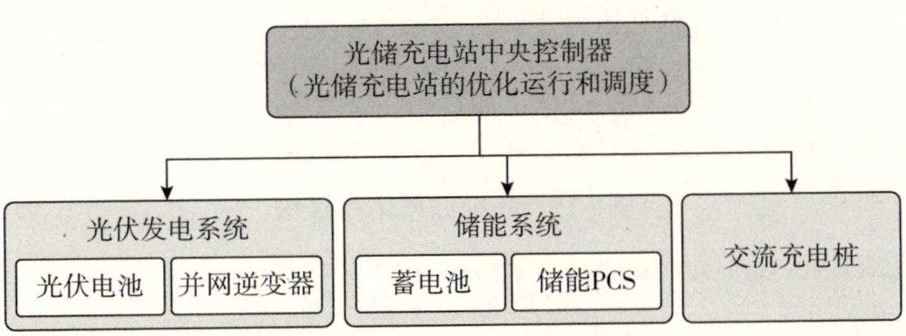

图6-14　光储充电站关系图

资料来源：课题组根据公开资料整理。

4. 多能微网

多能源互补发电技术是将多种电源联合运行，各种发电方式在一个系统内互为补充，通过其协调配合来提供稳定的、可靠的、质量合格的电力。多能源互补发电对于提高可再生能源的可靠性及能源的综合利用率有着重要意义和作用。多能微网主要由6兆瓦冰蓄冷、6兆瓦电锅炉、天然气热电联供，为动力保障中心的负荷供给，其中供热峰值11.4兆瓦、供冷20兆瓦。

关键技术：多能微网体系结构参见图6–15。系统包括各种可再生能源和清洁能源发电、冷热电转换装置和各种储能装置，与外界进行能量的交换。系统既可综合利用多种能源，以综合能源利用效率最优为目标，又作为主网的重要调峰负荷，与主网进行需求侧响应管理的交互。

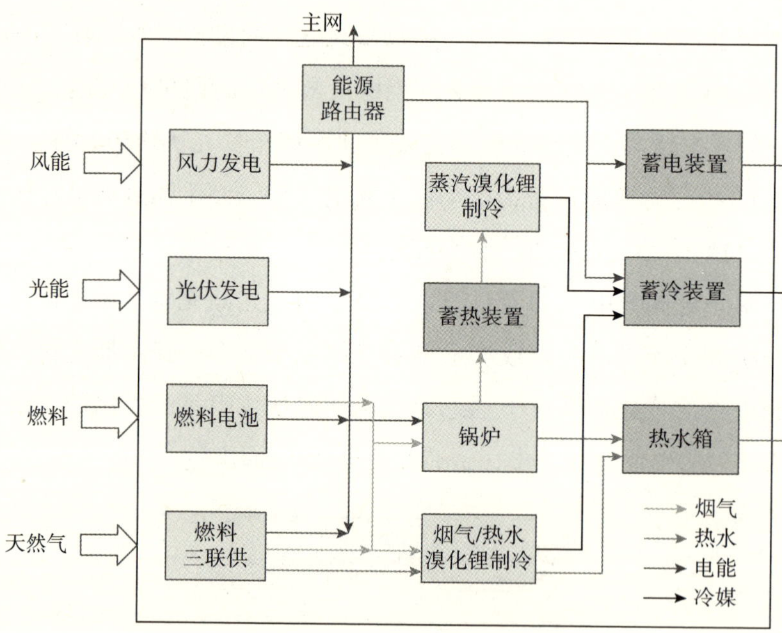

图6-15　多能微网体系结构

资料来源：课题组根据公开资料整理。

5. 能源公司

中发9号文明确了建立科学合理的输配电价形成机制，加快了推进输配电价改革的时间表。新的电力市场将实现输配电业务与售电业务的彻底分离。新的售电公司将包含传统的有资产的电力公司以及新型的没有资产的电力零售商。国电南自江宁园区存在着多能多态微网群客户群体，具备由传统的用电企业向着“用电+供电”的新型企业模式转变的潜力。本项目将形成园区内部的能源公司，探索相关售电业务的结算体系将对未来国内电力市场建设提供重要的理论和实践依据。

关键技术：能源公司的主要业务包括系统运行、生产管理和交易等几个部分，参见图6-16，以便于进行系统的运行管理和交易。能源公司与电网公司的交易是通过AMI表计终端设备和需求侧响应功能来计量和产生，通过能量交易平台完成的。系统运行业务直接关系到能源公司的安全生产，负责能源公司系统运行的监控、调度、故障处理以及操作票的生成等工作。生产管理业务包括生产计划管理、资产管理、运行维护检修等工作。系统运行业务、生产管理业务和交易业务之间进行相关数据的交换，包括实时共享电量数据、电网状态数据、开关状态数据、地理数据以及资产数据等等，以确保能源公司的安全生产以及生产管理部门的高效运行和正常交易。

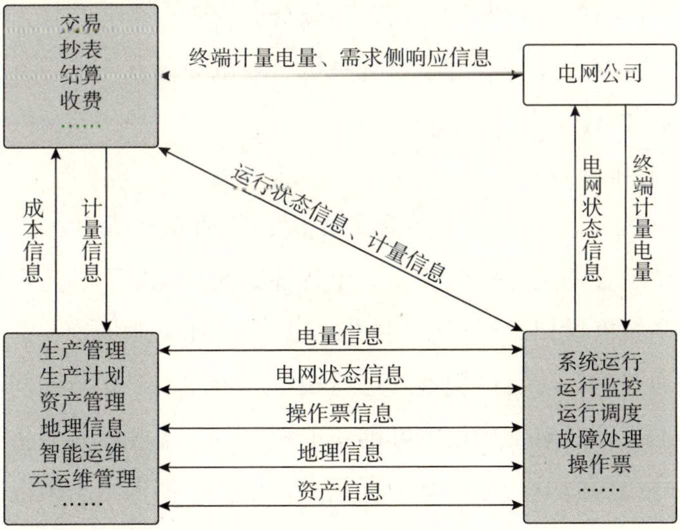

图6-16　能源公司

资料来源：课题组根据公开资料整理。

6. 开放式技术中心

作为江宁打造中国最大的智能电网产业基地的重要组成部分，通过本项目的建设将极大提高智能电网产业的清洁、高效、低碳用电，对南京市加快调整产业结构，推动南京市成为长三角重要战略性新兴产业基地和经济发展具有重要的战略意义。本中心面向我国电力行业规模化新能源开发利用、新型城镇化建设、江苏省新能源战略布局等重大需求，建成后的开放式技术中心将集核心技术研发中心、规划设计与标准化中心、咨询和培训等功能于一体，依托国电南自现有技术平台努力打造成为行业内一流技术中心。

（1）核心技术

依托项目平台可对系统控制、能量管理、电力电子及应用等领域进行深入研究，并最终形成相应产品、设备的产业化转变。

（2）系统规划设计

提供项目前期预研、可行性分析报告。

（3）标准化中心

通过示范项目的运行实际数据，引领行业内核心企业与技术专家共同制定微电网运行控制、保护、能量管理系统、通讯等各方面的行标，积极参与国家标准的制定与讨论。

（4）咨询和培训

微电网试验室设备齐全，包含了光伏、柴油发电机组、储能系统等。可以进行各种组合的微电网试验，对于各种工况和场景下的微电网运行状况都可以进行高精度模拟。对于不同的现场情况，如工业场景、商业场景、区域性能源公司等都可以在试验室中进行模拟。由此，对于不同的项目都有模拟数据，有据可循，对于建设实际的微电网项目有很好的先期指导意义。同时，可以对外提供微电网运行培训课程，根据用户需求给出微电网运行的指导意见。

三、项目前景及政策建议

示范项目将创建国内先进的新能源微电网技术研究与工程应用中心，开拓新兴市场，具有广阔的发展前景：

（一）项目前景

1. 微电网技术的研究与应用前景

新能源微电网与主动配电网示范项目将创建国内一流的新能源微电网与主动配电网技术研究创新平台，进行微电网与主动配电网电力设备、控制策略、能量管理等方面研究。探索建立容纳高比例波动性可再生能源电力的发输（配）储用一体化的局域电力系统，创建电力能源服务的新型商业运营模式和新业态，推动更加具有活力的电力市场化创新发展，形成完善的新能源微电网与主动配电网技术体系和管理体制。

2. 新能源微电网项目的示范与推广作用

项目根据国电南自江宁科技园的实际情况，利用自身优势，通过布置于动力中心屋顶、车棚顶部的分布式太阳能、风力发电机、储能及新能源微电网与主动配电网核心控制、保护与能量管理系统构建一整套功能完善的新能源微电网与主动配电网平台，可构建光储、风储、风光储、风光柴储等不同能源结构微电网与主动配电网系统的运行方式。项目建成后，在满足技术研发及应用的同时，对各类工业、商业园区具有良好的示范效果，也为今后新能源微电网与主动配电网的项目建设提供规范性的设计规范与产品标准。同时，通过项目的建设与运营，可对新型商业与运营模式进行探索与实践，有利于微电网与主动配电网模式的推广。

3. 商业模式推广

园区微电网的建设，有利于促进公平竞争、开放有序的能源交易市场的形成，为民营资本进入电力市场提供了支撑，促进各类所有制企业的平等、协同发展。

首先，新能源微电网的构建需基础设施的支持，可促进工业园区、高新开发区的经济发展。通过能源基础设施的数字化生产大数据、构建能源云平台来实现能源交易与服务。

其次，通过建立多方参与、平等开放、充分竞争的能源市场交易体系，还原能源商品属性，并培育出售电商、综合能源运营商和第三方增值服务供应商等新型市场主体。逐步建设以能量、辅助服务、新能源配额、虚拟能源货币等为标的物的多元交易体系。通过互联网构建能量交易电子商务平台，实现随时随地、灵活对等的能源共享与交易。为区域能源市场的建立提供指导和借鉴意义。

（二）政策建议

1. 存在问题

①成本问题：微电网主要用于分布式能源的就地消纳，安装规模一般较小，但单位成本较高，投资回收期较长。例如，示范园区微电网中光伏系统成本约10元/千瓦，储能系统成本为4200元/千瓦，相较于传统集中式光伏7元/千瓦和储能系统3000元/千瓦，其成本明显较高。与此同时，新能源的装机种类包含风、光、水、火、储等多种形式，而目前除光伏外，其余能源的补贴政策相对较少，这将不利于多种能量的协同发展。

②经济效益问题：微电网发展初期对投入产出经济效益及后续推广的应用价值关注不够，并且缺乏合理的运营模式和经济激励机制，需要迫切开展微电网的运营模式、电价政策和激励机制研究。并结合示范工程的建设内容，从全寿命周期的角度，研究用户侧微电网的技术经济评价方法，定量评估各种运营模式下的微电网投入产出效益。

③用户侧供电模式改变引发的问题：随着用户侧分布式电源接入的增加，微电网的数量急剧扩张，形态也趋于多样化，这就需要根据微电网的典

型运营模式与用户需求（供电可靠性等级与经济性要求），研究并提出实用化的用户侧微电网典型供电模式和设计方法，为微电网的建设提供规范性的引导，提升用户服务质量和供电可靠性。

④微电网标准及准入机制欠缺问题：目前，国外可以参考的微电网标准主要是IEC 62257系列以及IEEE1547标准，相对比较权威。而国内目前能参考的标准多为光伏、风电等并网标准，虽然有一定的参考价值，但是仍然缺乏专门针对微电网规划设计、控制运行的标准，这将给微电网的建设造成模式不固定、产品与设备兼容不匹配、工程实施困难等问题。同时，缺乏针对不同类型微电网的市场准入机制，导致微电网市场化交易进程缓慢。因此有必要尽快制定微电网标准，规范微电网规划方法、运行模式，规范微电网接入配电网的性能与质量。

2. 改革建议

①通过各级政府机构制定更加合理的补贴政策以鼓励投资来降低分布式电源及微电网整体发电的成本。前部分地区光伏发电量的国家补贴为0.42元/千瓦时，部分省市有地方补贴，但是较高的投资成本仍导致大部分社会民营资本和中小企业处于观望状态。政府可以通过部分鼓励性的政策和补贴来吸引社会资本投资智能微电网技术的研发和推广，从而推动微电网产业链的发展。

②加强微电网产学研横向合作及相关人才的培养。目前，已有多个省市建立起了微电网实验平台，但是由于新兴产业发展迅速，还需要培养大量适应新能源产业发展和智能微电网技术应用需求的研究型人才，以及工程规划设计、工程施工等方面的技术型人才。

③政府及行业协会尽快推动微电网规划、运行标准的制定，督促相关部门与项目组对配电自动化、通信、分布式能源接入等多个方面标准进行制定，提高各类设备间的兼容性，以便规范微电网的工程建设方案，尽快实现规模化、产业化。

④建议政府相关部门加快微电网市场准入机制的建立，确立不同类型微

电网市场参与条件，区域能源公司的市场准入和退出办法，经营范围等。促进微电网能源交易市场的良性发展。

第三节　互联网+LNG：中旖能源物联网实践

互联网+LNG行业，源于产业，兴于跨界，成于共享。“互联网+”智慧能源不是互联网技术与能源行业的简单相加，而是互联网与物联网的信息互通、万物互联的共享经济，服务为王、用户至上的理念与传统能源行业的深度融合。这一融合将通过终端天然气客户的设备进行物联网化改造，形成互联网大数据，进而以供应链金融等现代化方式，直接支持实体经济，为我国制造业降本增效注入新的巨大能量，推动用能企业克服竞争无序、高成本低效率、信息不对称等问题，实现资源配置与能效管理优化的一站式管家服务，进而推动能源信息化基础设施网络全面转型升级；促进清洁能源行业健康、有序、高效发展，促进用能产业网络化、智能化、系统化、市场化以及构建清洁低碳现代能源体系的目标。

一、“互联网+LNG”新商业模式

（一）液化天然气（LNG）产业发展背景

天然气是优质、高效、洁净能源，其中液化天然气（LNG，Liquefied Natural Gas）以其热值高、清洁环保、安全可靠和良好的经济性受到世界各国和广大用户的青睐。LNG主要成分是甲烷，无色、无味、无毒且无腐蚀性，其体积约为同量气态天然气体积的1/600，液化天然气的重量仅为同体积水的45%左右，可像石油一样安全方便地储存及运输。LNG技术的发展，大大提高

了天然气在全球的竞争性，很多国家都将LNG列为首选燃料，天然气在能源供应中的比例迅速增加，近年来液化天然气消费以每年12%左右增长，成为全球增速最快的能源行业之一。

随着中国经济的持续快速发展，环境保护和节能减排问题日益严重，天然气作为可靠的清洁能源受到了社会的广泛关注。《能源发展战略行动计划（2014～2020）》等政策，将促进天然气作为清洁能源在交通、工业、民用等领域，广泛替代其他传统能源。然而，天然气在中国能源消费结构中的比重依然偏低。2016年中国的天然气消费占一次能源消费的比重为6.2%（参见图6–17），而2016年天然气在世界一次能源消费中的比例为24%。因此，中国天然气消费虽然发展迅速，但占一次能源消费的比例与世界平均水平差距仍然巨大，国务院办公厅2014年发布的《能源发展战略行动计划（2014～2020年）》中提出，到2020年全国天然气消费比重达到10%以上，为实现该目标，大力鼓励天然气使用将是未来坚定不移的政策方向。

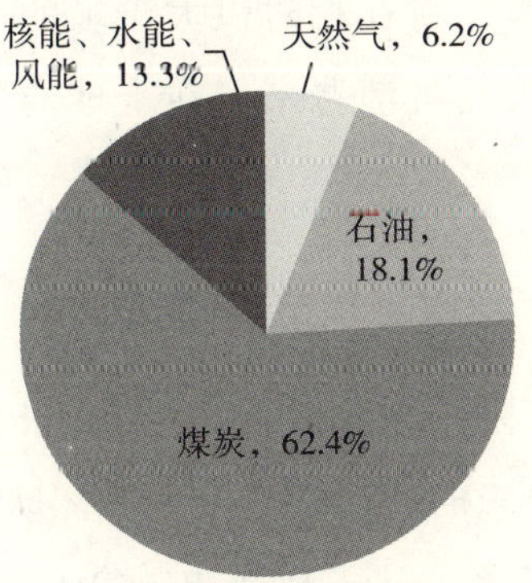

图6-17　2016年中国能源消费结构

资料来源：国家统计局数据。

LNG全产业链包括天然气液化、储藏、运输、加注、车船应用、工业燃料、分布式能源、季节调峰、产品后市场和再制造等，产业发展空间十分巨大，且具有产业数据庞大、信息不对称、业务链长、商业形态多样等特点，具备广泛的互联网服务需求和创新的金融服务需求。

2016年上半年，全球天然气市场呈现出供过于求的严峻市场形势。传统的天然气出口国产量上升，美国加入天然气出口国行列，伊朗天然气产能逐渐释放，液化天然气（LNG）市场供应即将迎来爆发式增长，天然气市场竞争格局面临重塑。由于气价相对低廉，天然气发电市场增长，成为经济可行的减排方式。LNG供应量激增的同时，应用领域也得以拓展。天然气输送管道也在加速建设和布局，并将对未来的全球天然气市场格局产生影响。

随着全球范围内众多大型LNG项目陆续投产，LNG市场供应将爆发式增长。仅2016年一年就将有大约4200万吨的液化能力上线，为全球再增加14%左右的LNG供应。而且由于LNG气站建设资金高昂，所以即使以后气价下跌也很难停产，全球LNG产能将刚性释放。BP能源长期展望显示，到2035年LNG消费量将超过传统天然气消费量。LNG在全球能源消费结构中所占比例将从目前的10%增至15%。在供给侧向需求侧转移的背景下，LNG消费终端网络的建立与升级，将在相对供大于求的全球市场扮演重要角色，也将使中国这一庞大的天然气消费市场在全球能源定价权中具有更加重要的话语权。

（二）LNG产业当前竞争模式与挑战

上海中旖能源科技有限公司（以下简称：“上海中旖”）正是在LNG产业内生发展达到信息化要求时应运而生的，其团队来自LNG产业基金、清洁能源上市公司、IBM等物联网企业、阿里巴巴等大数据企业及咨询行业。通过调研，发现产业链中各个环节各自为战，缺乏协同，零和博弈，陷入价格混乱的恶性循环，面临数据蓝海（未知的充满机会市场空间）的机遇，产业转型迫在眉睫。如果说LNG产业的昨天是资源为王，今天是终端为王，那么明天将会是数据为王。如何将存量的产业资源与客户资源转化为增量的数据资产成为产业物联网的挑战和机遇。在此基础上，中旖团队对产业趋势进行了远景扫描（参见图6-18）。

LNG产业趋势：各自为战的挑战与产业互补的机遇

1 传统设备制造的市场空间瓶颈显现

- ■仅卖气瓶和加气站有天花板，气站配套设备的成长空间将快速趋于饱和
- ■公交、重卡设备标准化程度高，门槛低，更新周期长，拉动效应微弱
- ■竞争对手如华汽后普、杰瑞都开始自处研发加强系统集成与远程控制能力
- ■虽拥有气站/加液站/气瓶整装产业链，但未充分利用高占有率提供信息增值服务

2 运营商市场行业龙头地位出现下滑

- ■行业竞争性加剧，单体能源运营商加气站的市场份额增速出现下滑
- ■行业同质化严重，缺乏“液厂-运输-气站-车辆”一站式服务解决商
- ■价格战此起彼伏，多家央企、国企、民企上市公司挤入终端红海
- ■终端控制力不足，高度以来本地客户，缺乏跨地区车流量的导入
- ■运输服务体系内，未能参与到全国气站网络LNG配送的大蛋糕中去

3 面对互联网对传统行业革命爆发前夜，自身发展危机意识不强

- ■商业模式单一，依靠单笔产品价差获利，无法取得社会增量和持续性现金流
- ■在产业链中的协同销售不强，各自高市场占有规模未能转化为长期竞争优势
- ■面临行业价值链向后服务模式转移，缺乏清晰的应对策略和数量化解决方案

图6-18 上海中旖团队对LNG产业趋势的分析

资料来源：课题组根据公开资料整理。

综上，只有站在产业链的角度思考整体解决方案，才能避免碎片化的解决单一环节问题。而产业+互联网的解决方案，正是解决当前问题的良药，通过物联感知、机器学习，打通整个产业链，在万物互联的时代利用大数据创造价值，将行业存量资源变成增量数据资源。2013年初，上海中旖接受LNG装备业上市公司张家港富瑞特种装备股份有限公司（简称“富瑞特装”）的委托请求，发挥其在科技、能源、金融等领域的资源优势，协助其在全球范围内选择合作伙伴、战略投资并配置物联网团队，设立云顶科技和中旖能源两个子品牌，前者负责提供物联网整体解决方案，对液化工厂/海气接收站/工业加气站/车用站进行物联网连接，后者以清洁能源运营为重点，将互联网思维与传统产业改造结合在一起，经过3年的实践，在市场中形成了规模优势与品牌美誉度。

云顶科技作为清洁能源大数据解决方案提供商，需要将运营商与装备商整合在一起，利用大数据为客户创造真正的价值。产业基金咨询团队提出，只有在行业转型期“抱团取暖”，快速将成规模的市场份额转化为数据资产，才能先拔头筹，而一旦错失机遇窗口，继续价格战的低端竞争，则会将

目前看似领先的厂商带入下行通道。

中腐能源作为清洁能源运营商，利用大数据，将现代供应链管理与各细分行业用气客户生态紧密连接，在经济下行期创造了连续12个月单月50%连续增长的业绩，互联网式高速增长的背后逻辑，是基于对产业生态链的完整认知体系，也反映出中国经济对于能源降本增效的深层次需求。

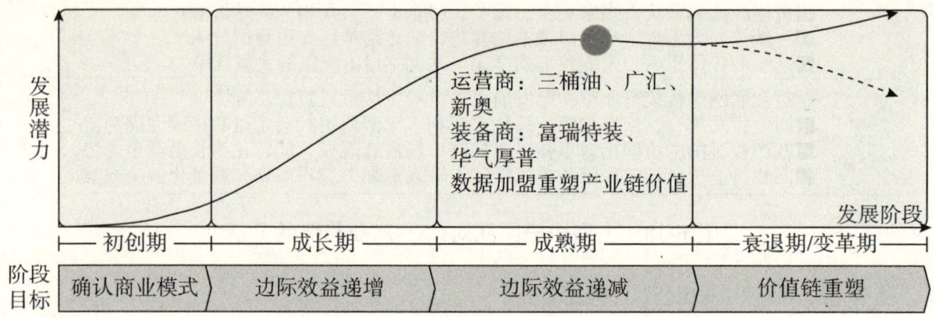

图6-19 企业成长阶段面临的机遇与挑战

资料来源：课题组根据公开资料整理。

2014年，上海中腐团队牵头快速启动了为期半年的全市场、全口径的产业调研，站在全产业链高度调研从液化工厂到输配、下游分销、零售等每个环节中用户的痛点及需求。基于这些用户沉淀的数据资产，项目制定出相应的解决方案，以互联网思维激活了传统制造业、能源运营商及终端网络蕴藏的创新红利。

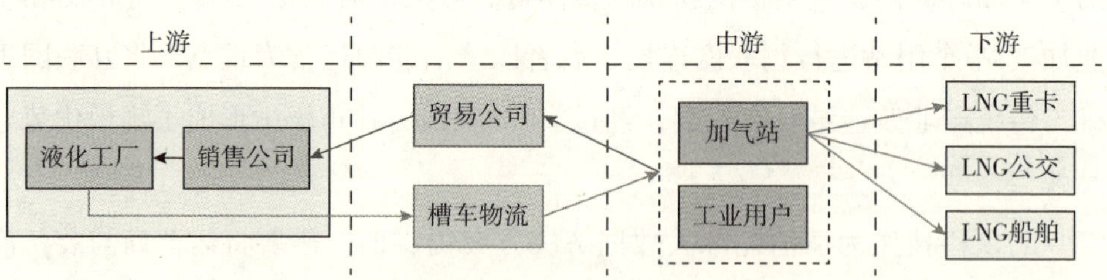

图6-20 LNG产业链F2C概念图（液厂—终端—用户）

资料来源：课题组根据公开资料整理。

在产业物联网能够服务的上下游企业包括液化工厂、海气接收站、LNG运输配送企业、加气站/气化站/分布式能源等终端用户和LNG车船用户（参见图6-20），链条上的每个环节，都面临着产业升级的诉求，如何站在产业而非企业高度，让液厂的夏季冗余，气站的冬季保供，槽车的回程空载，司机的就近加气，都不再成为问题（参见图6-21）。上海中旖协同装备业龙头与高科技团队牵头打造的能源互联网垂直产业链平台获得了产业战略合作伙伴的高度认可。

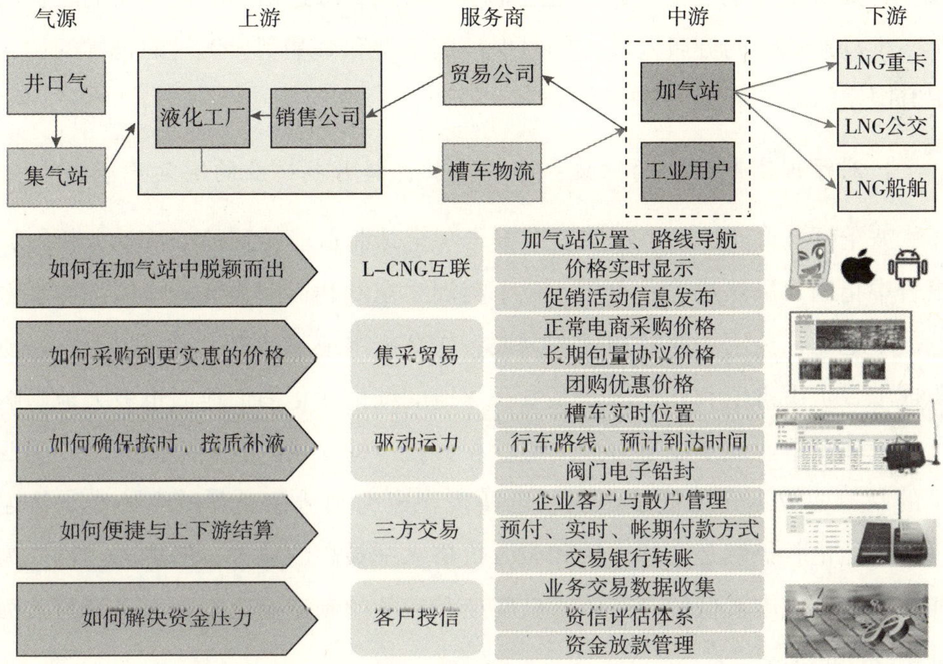

图6-21 上海中旖基于客户刚需与痛点的整体解决方案

资料来源：课题组根据公开资料整理。

LNG产业作为清洁能源中增长最快的细分领域，具备市场化的基因，中国的消费互联网基本格局已定，能源物联网却方兴未艾。“产业+互联网”模式生于庙堂而兴于江湖，正是产业、科技与资本的联姻，才促成上海中旖携手产业内顶级战略合作伙伴，运用现代科技为产业上、中、下游客户提供整体解决方案，实现相关数据对接，将促成LNG产业生态圈的形成，开启清洁能源的大数据时代。

（三）“互联网+”智慧能源下LNG产业升级的战略意义

LNG产业的”互联网+”智慧能源的新模式，对于国家的意义巨大。借助互联网和物联网，结合大数据云计算等技术手段，重塑能源产业边界，构建新的能源产业生态。通过实现产业链的连接和信息共享，可以降低制造业成本，提升本土企业竞争力；通过基于大数据金融授信，降低企业的融资成本，推动产业链的健康发展；同时保证路基型和海基型天然气的正常配比，提升国家能源安全性。

1. 对于国家制造业的意义：降本增效，提升制造业的国际竞争力

波士顿咨询（BCG）近期发布报告《全球制造业转移的经济学分析》，报告中指出，虽然过去三十年，拉丁美洲、东欧和亚洲大部分地区都被看作低成本地区，美国、西欧和日本则被看作高成本地区，但工资、生产率、能源成本、货币价值和其他因素年复一年地的细微变化悄悄地但也极大地影响了“全球制造业成本竞争力”图谱。相对成本的变化，令人吃惊的是，墨西哥的制造业成本竟然低于中国，巴西现在成为制造业成本最高的经济体之一，虽然伦敦仍然是全球生活和旅游价格水平最高的地方，但英国已经成为西欧制造业成本最低的经济体。俄罗斯和东欧的制造业成本则上升到与美国几乎等同的水平。

据估计，中国相对美国的工厂制造业成本优势已经减弱到5%以下。报告指出，飞涨的能源和劳动力成本削弱了中国的竞争力，从2004～2014年，中国和俄罗斯工业用电的成本估计分别上升66%和132%，而天然气成本则分别猛增138%和202%。因此，降低制造业成本，尤其是制造业能源成本，提升国家本土制造企业的国际竞争力，是产业的当务之急。

而能源互联网+产业物联网正是解题良方。通过互联网电商等方式，提升

供应链效率，打破中间的层层加价，实现产业上下游的互联互通，降低采购成本，能够使得制造企业真正用上“便宜的气”，极大地降低制造业成本。如果考虑到当前国际现货LNG价格与国内管道气的价差，以沿海工业客户替代，一旦实现大用户直购海气，将使能源成本降低1/4，也就意味着制造业的竞争力将增强，进而拉动内需和出口，结构调整将带来万亿红利。

在能源刚性成本的节约基础上，产业网物联网可以通过大数据分析技术，根据液位，询价比对与气源距离使得企业实现消耗与供给的实时对接，从而达到近乎零的库存，优化供应链降，低采购成本。同时再通过物联网方式链接工业4.0智能生产，真正打通能源和工业制造的物联网连接，从单一企业ERP走向多条产业链优化，大大提升中国工业制造的效率和竞争力。

目前LNG行业本身遇到的挑战还有行业整体面临的政策壁垒和挑战、上游液厂和下游终端用户面临的挑战、企业作为整体解决方案供应商面临的挑战。必须跳开局部看全局，将能源互联网的作用发挥出来，带动LNG贸易，连接产业上下游，最终把能源垄断利润让渡给制造业，做成大结构的互联网思维，最终带动消费端的兴趣，把制造业竞争力留在中国，最终增强国力。

2. 对于产业链健康发展的意义：降低融资成本，打造基于产业的供应链金融授信评级机制，推动产业链健康发展

天然气在2015～2016年的全国一次能源结构中增速放缓，源于经济下行和中小企业融资难。如果在经济低谷期，通过物联网对用气用户进行资信评级，匹配适合其风险承受力的能源与金融供给，将推动产业链生态建立和稳定健康发展。目前，国内尚缺乏一个对于全产业链用户行为进行评估的授信融资平台。当行业型物联网能源管理平台出现后，由于掌握着各家中小企业的各项运营数据，能为融资企业提供一份客观真实的运营数据报表，显著提升企业在金融贷款风险评估中的可信度，从而有希望得到更快的审批和更高的金额，降低传统银行融资对于抵押和担保的需求。

如能将LNG行业不同用户的资金与能源需求跨期匹配，对预付款客户、

后付款客户、周期性客户进行物联网感知和能源授信，将解决LNG能源运营商普遍面临资金短缺，资金周转慢的问题。供应链金融贷款是行业内多种类型运营商的需要。同时对于差异化的客户，如沥青拌合站LNG主要应用在夏季LNG价格淡季时，利差大，但回款周期长，该类客户可以承担较贸易客户更高的利息，可以通过上浮利率来覆盖风险窗口。而对于需要获得长期低价稳定供应的玻璃企业，一旦窑炉停供将承受高额损失，通常通过预付款来获得气价折扣，资金平台积存的资金可以用于降低整体产业链的资金成本与购货成本。

通过物联网大数据对交易频率、活跃程度与上下游进销差价之间的数据闭环，可以模拟出客户的盈利能力并评估放款贷后风险，实现对不同类别客户的差异化利率贷款，是与银行消费者信贷显著地差别。银行贷款审批通常事前决策占主要成分，基于产业数据的贷款则可以覆盖设备运营全生命周期的资金需求。相比之下，多家现存消费者信贷平台仅对融资额度进行差异化管理，却未对利率水平进行精准差异化管理，正是对基础运营数据缺失造成的。

世界最知名的评级机构穆迪公司是美国评级业务的先驱，其业务范围主要涉及国家主权信用、美国公共金融信用、银行业信用、公司金融信用、保险业信用、基金以及结构性金融工具信用评级等。国内目前缺乏的正是像穆迪公司这种具有国内国际影响力的评级机构，如果我们从能源互联网和产业物联网入手，通过真实的供应链数据来作为评级基础，通过大数据分析预测给出企业真正的客观评级，对于能源、金融与制造业的风险从整体控制，降低中小企业融资成本，都是有非常重大的意义。

3. 对于国家能源安全的意义：合理配比路基与海基天然气，保障国家能源安全和价格稳定性

中国一直倡导多边合作，形成多渠道、全球性的进口格局，只要是在全球基本贸易规则下，都鼓励企业与不同国家在油气领域进行交易。天然气方面，中国在陆上与中亚、俄罗斯进行了管道联通，环绕管线，我国在陕西、

新疆、内蒙古等气源地建立了多家液化工厂。随着国际油价的下降对天然气价格形成压制，中国正大幅增加对LNG的进口。现在国际上LNG的生产国很多，比如卡塔尔、印尼、澳大利亚、美国、加拿大、俄罗斯，都是LNG的主要生产国，相比于欧洲，亚洲特别是中国市场是国际卖家的重中之重，在中海油、中石油、中石化积极进行沿海布局的同时，广汇能源在江苏启东，新奥燃气在浙江舟山，九丰集团在广东东莞都设立了民营接收码头，未来将成为多元海气进入境内的入口。

而在能源供应不断多元化的过程中，能源的安全问题，是保障国家产业发展和局面稳定的重要问题。能源供应持续有保障，这是能源安全的底线，能源是人类生存和发展的重要物质基础，必须能够可持续、有保障地供应。同时，运输通道必须安全可靠。“通道”指的是“能源输送网络”，不仅包括船运、公路运输，还包括网络运输，比如电网、气网、热网等。随着互联网技术的不断发展，通信与能源的结合越来越紧密。中国今后要加快能源互联网的发展，进一步推进通信技术与能源技术的深度融合。因此，能源领域中的通信安全和管网安全成为未来能源安全必须要重视的问题。

通过能源互联网，可以实现气源的有效来源追踪。无论是路基气源，还是海基气源，都可以通过能源互联网平台来进行数据搜集和呈现。通过合理配比路基和海基气源，保证供应的安全性和有效性。避免出现单方气源占主导，一旦出现单方气源的波动，将会影响整体的气源供应和能源安全。利用产业链供给侧与需求侧大数据分析，引导产能优化配置、区域供需匹配、不可控事件预测和实时保供资源分配、价格现货期货体系的形成，通过消费市场的物联网信息化整合来逐步取得全球LNG的定价权，在能源替代的进程中确保国家整体能源安全供应。

（四）“互联网+”智慧能源下LNG产业的新商业模式

2016年2月由国家发展改革委、国家能源局、工业和信息化部联合发布了《关于推进“互联网+”智慧能源发展的指导意见》。传统行业与互联网企业的融合，使得越来越多传统行业面临互联网化，越来越多互联网公司进入传统行业，传统行业与互联网行业双向渗透已成为中国经济转型与产业升级的重要特征。“互联网+”正以前所未有的方式迅速改变着各行各业的传统业务模式（参见图6–22）。

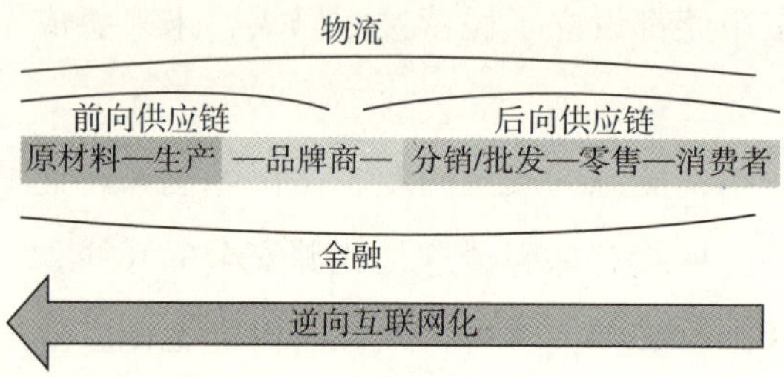

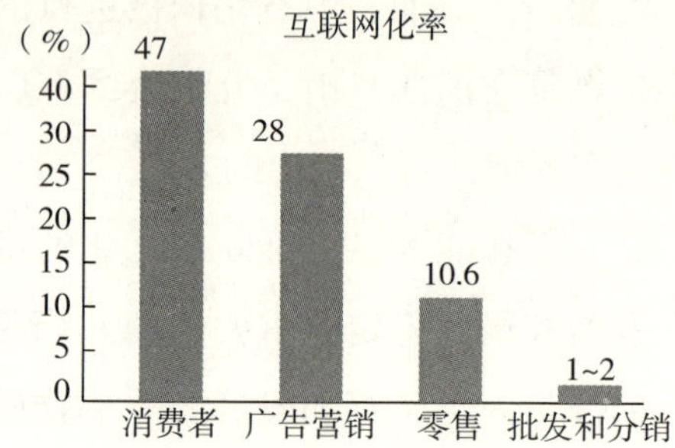

图6-22　互联网推动从消费侧到供给侧的资源优化配置

资料来源：《互联网+从IT到DT》阿里研究院著，机械工业出版社。

消费需求与实时库存相挂钩，实现C2B的新型资源配置模式，让柔性制造与大规模生产在信息时代可以兼顾。可以预期，随着电商平台消费端的打通，下一步的增长点主要聚焦于制造业升级，从传统单个厂商ERP向垂直产业链信息互联互通的共享经济延伸，最终体现为制造商、运营商与消费者的闭环连接，有效产出、库存管理与运营成本大幅改善。中国的LNG产业也恰逢转型的关键时期，互联网与LNG产业的融合，所蕴含的是LNG生产、消费的传统模式将走向更为深度的产业形态颠覆。“互联网+”智慧能源必将是LNG产业未来发展的主要方向之一。

《关于推进“互联网+”智慧能源发展的指导意见》鼓励发展天然气分布式能源，推进化石能源生产清洁高效智能化，建设市场导向的生产计划决策平台与智能化信息管理系统，推动建设小区、楼宇、家庭应用场景下的分布式储能设备。构建能源互联网的开放共享体系，促进能源互联网的商业模式创新，为基于“互联网+”的B2B、B2C、C2B、C2C、O2O等多种形态的商业模式创新提供平台，创新能源大数据的业务服务体系。

国内的天然气企业掌握着最广泛的LNG消费数据及管网数据，融入“互联网+”是改进用户体验、提高管理效率、降低运营成本的重要机遇，发展潜力不可小觑。这不仅会拓展LNG市场的外沿，为用户提供更好的能源利用，还将通过大数据分析，进行管网的优化，为用户提供更好的能源消费方案。同时，可降低运行成本，创新业务模式，为用户提供全方位的用能服务和更好的用能体验，同时也为企业创造更大的发展空间。

能源互联网的根本价值，是让能源生产者和消费者进行有效的互动。能源与互联网结合，有助于企业节约成本、更充分地利用资源；而从能源供应企业看，两者的结合将极大地促进能源供应和消费互动，更精准地对接市场需求，从而提高供给质量和效率。以本文介绍的能源互联网案例上海中旖旗下云顶科技为例，其商业模式基于对LNG产业大数据的深刻理解，具体参见图6–23。

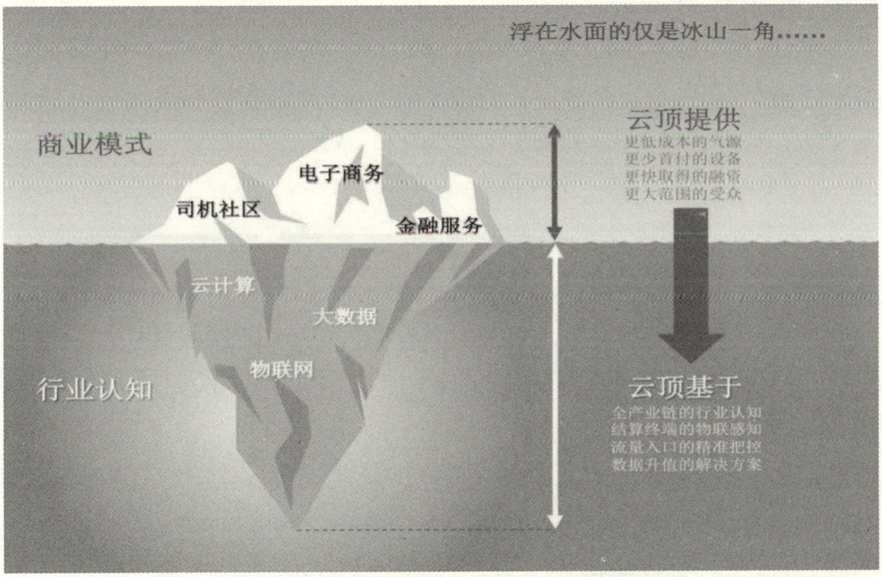

图6-23 云顶科技的商业模式与行业认知

资料来源：课题组根据公开资料整理。

二、LNG产业互联网的实践

通过对LNG产业的深度研究，云顶科技认识到”互联网+”智慧能源方案的核心是要通过物联网感知、互联网电商与移动端社区闭环链接和大数据云计算技术为客户创造价值，增收节支。通过技术创新、设备升级以及有效的营销和合作手段，对产业上下游的设备运转数据、业务经营数据进行采集和管理，为企业提供物联网大数据平台运营服务。通过物联网平台服务产业客户，结合互联网服务和金融产品（电商、融资、租赁），实现商业模式创新以及平台价值最大化。通过综合服务平台的建设，云顶科技创建了能源领域F（Factory）2C（Consumer）的商业模式（参见图6-24），推动液化工厂/海气接收站与终端用户（加气站/气化站）的厂到端直接服务，建立LNG虚拟运营平台模式，发现价格（淘气指数）—形成交易（淘气网）—优化库存/安全运营（能源管家）—流量导入（司机社区/加气宝）—金融支持（与招商银行合作基于信用的供应链金融）。

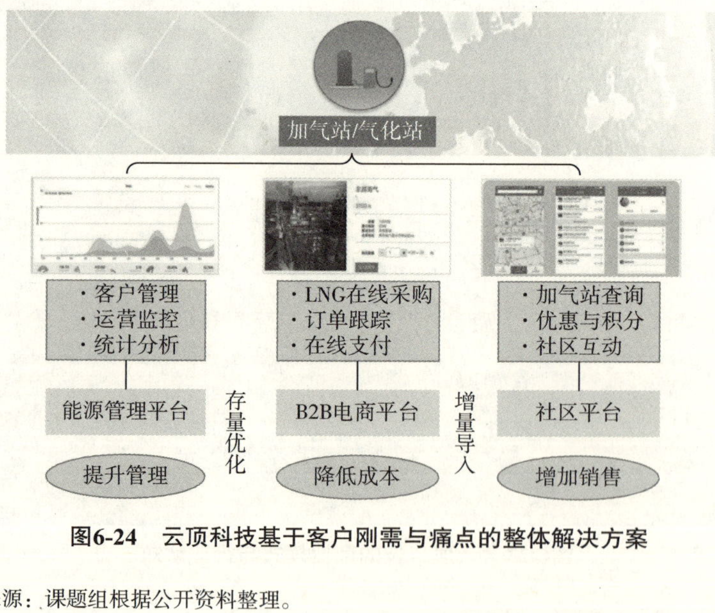

图6-24 云顶科技基于客户刚需与痛点的整体解决方案

资料来源：课题组根据公开资料整理。

（一）物联网：互联网+LNG的有效连接点

互联网+的本质是建立连接，更是共享经济，物联网连接的范围可以是能源消费者、能源贸易商、能源运输商、能源运营商与装备制造商。对于较为传统的LNG产业来说，要实现互联网+，首先需要将互联网整套信息技术在行业中广泛的传播和实施。只有将行业中的人、企业、智能设备、数据进行有效连接，才能实现产业与互联网的深度融合，打造出有产业基础的互联网创新。物联网信息技术为这种连接提供了可能。

1. LNG物联网架构设计

LNG物联网实现了能源运营网、消费终端网、设备信息网的三网合一，通过端、网、云实现新型的资源调配模式（参见图6-25）。

“端”：线下能源运营终端和线上手机移动应用APP、Web应用平台，共同创造供给侧与消费终端的连接。通过LNG装备硬件传感器的智能升级，为现有LNG储存（储罐）、运输配送（槽车）等设备改造或嵌入感应器，感知危险环境中工作人员、设备机器、周边环境等方面的安全状态和运行信息，包括但不限于接卸液储罐的液位及压力（涉及安全与BOG排放）、液质（如用电子铅封来解决掺液）、地理位置信息（货品到岸时间与储罐库存实时挂钩）等，进而通过有线或无线网络传输技术将监控数据实时传输至大数据采集平台。云顶科技通过自主研发的GBOX控制器可以实时监控压力、液位、流量等数十项数据（参见图6-26），实现远程监控与管理的双向信息交互，以类似无人机的方式降低传统贸易商通过现场人员轮班驻场方式带来的高昂成本，并且可实现长期持续低成本经营（物联网设备使用周期达到30年，仅需支付流量费）。

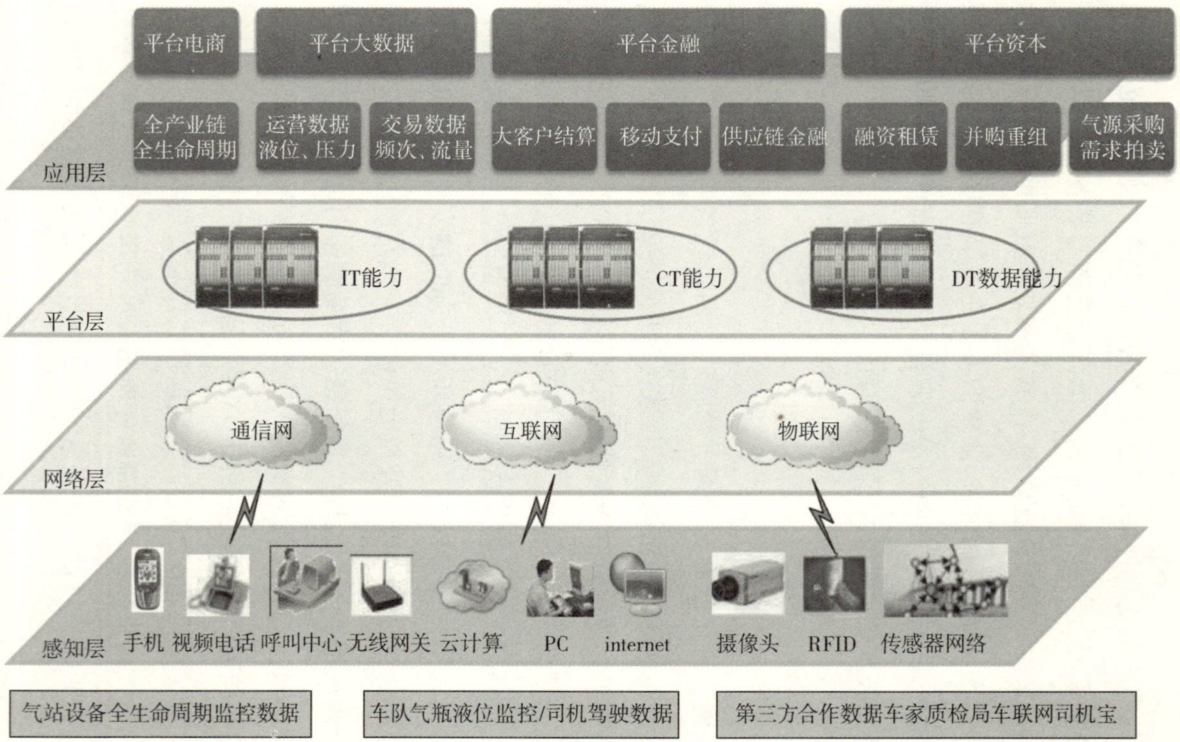

图6-25 LNG物联网总体设计架构图

资料来源：课题组根据公开资料整理。

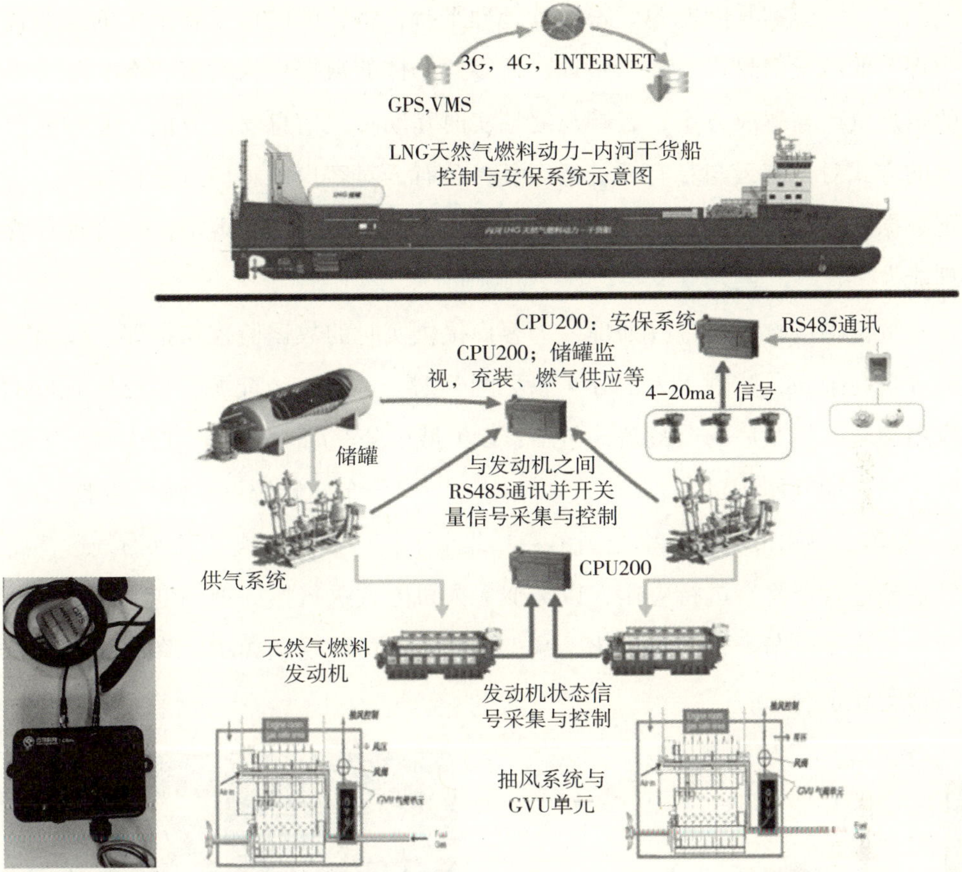

图6-26　云顶科技发明专利-GBOX在车船及工业锅炉多个领域应用情况

资料来源：课题组根据公开资料整理。

“网”：基于物联网、互联网和移动互联网技术，将大数据平台处理后的数据，直观地展现给行业的监控人员和运营决策人员。平台和移动应用提供的设备定位、运行监控、安全预警、维护提醒、报表分析、用量预测等功能，可以帮助LNG企业对人员和资产进行更加安全、及时的管理与干预，从而降低大型投资项目的财务风险、大幅提升资产利用率。同时基于能源互联网平台将这类物联网管理能力作为增值服务，开拓针对其他能源企业的B2B业务时，例如供应链优化，市场竞争力将明显优于传统竞争对手。

“云”：物联网能源管家运营管理平台，将智能硬件设备上传的运营各个环节的海量信息进行分析整理，使零碎个体的数据变为对客户有实际价值的信息资产与解决方案，云端与终端实时互动；在信息安全方面，通过混合云的方式对公有云与私有云进行区分，公有云对客户敏感信息进行抽离，实现数据安全，构建区块链生态模式，私有云实现客户定制诉求，提升远程管理能力。

平台将接收数据进行处理，为客户提供实时的数据监控与报警，以及数据分析与报表，实现无人值守（参见图6-27）。目前，能源管家已实现LNG应用领域六类客户的全覆盖，包括：LNG城市公交/重型卡车、LNG船、工业气化站、加气站（LNG、CNG、L—CNG）、分布式能源站、海气接收站/液厂+槽车，终端市场占有率全国第一。北京中旖、天津正威等新兴燃气运营商已在超过百个终端进行应用，以类似无人机方式进行接卸液调度、零库存管理、危化品槽车配送道路优化，减少了运营人员赴现场频次，降低了燃气商综合运营成本。

图6-27　能源管家手机APP远程能源运营界面

资料来源：课题组根据公开资料整理。

2. LNG物联网平台应用实例

LNG物联网可被广泛应用在产业链各个环节，特别是行业中下游的分布式能源、加气站和车船用LNG领域，由于LNG产业市场化程度较高，竞争主体较多，物联网平台实施的必要性更加突出；同时，2016年上半年，全球天然气市场呈现出供过于求的严峻市场形势，终端市场的需求整合、供给侧优化与大数据分析应用是行业健康发展的关键支撑。

（1）分布式能源

天然气分布式能源将成为中国“互联网+”智慧能源的先行者，作为未来20年内分布式能源可靠的输入燃料选择。由于具有经济、稳定、清洁、便捷、高能源密度等相对优势，天然气是目前世界范围尤其是城市内分布式能源（CCHP，冷热电三联供）的主要燃料，并可得到有效保障。中国城市燃气协会分布式能源专业委员会统计数据以及安迅思《中国天然气分布式能源项目研究分析报告》数据显示，截至2016年4月，中国已建成投产天然气分布式能源项目达到46个，主要分布在上海、北京、广州等大中型城市，总计装机容量达291万千瓦。而发改委颁布的《关于发展天然气分布式能源的指导意见》中则提到，到2020年，在全国规模以上城市推广使用分布式能源系统，装机规模达到5000万千瓦，初步实现分布式能源装备产业化。总体上看，中国天然气分布式能源的装机规模、能源系统占比、效率指标、普及程度等方面和国际先进水平相比还有较大差距。

2015年以来，天然气分布式能源已进入实质性开发阶段，天然气分布式能源项目大批出现。以“煤锅炉改气”为例，自《大气污染防治行动计划》发布并明确要求加强工业企业大气污染综合治理，全面整治燃煤小锅炉，京津冀地区在政策推动、价格下降等因素影响下，使用天然气的终端用户企业明显增加。这些都给天然气分布式能源的发展提供了大量的机会，同时也提出了更高的要求。

开放共享的互联网生态环境使LNG综合效率明显改善，参与频次及用户体验大幅提升，最终实现LNG的安全调度、优化运行、便捷交易，充分释放了能源、设备、交易等多维价值，有力支撑了能源革命。

第一，物联网的基础设施建设，可以有效提高分布式能源综合利用水平，促进LNG的生产协同，推动对散烧煤的清洁替代，利用清洁能源消费网络储罐的地区差异性、液位不均衡性，通过槽车的实时响应与液质保障，实现LNG高效的梯级利用与深度调峰，增强供能的灵活性、柔性化。基于物联网的能源管理平台可以成为以市场为导向的生产计划决策平台与智能化信息管理系统，实现LNG需求侧与供给侧的高效匹配，实现供应链运营集约高效，加快能源生产、管理和调度体系的智能化改造。

第二，推动LNG分布式储能有利于区域能源微网形成完整闭环。物联网平台可以使分布式能源系统低成本、高效率、长寿命，有利于天然气分布式能源形成微网完整闭环。推动建设小区、楼宇、家庭应用场景下的分布式储能设备，实现储能设备的混合配置、高效管理、友好并网。

第三，加快推进能源消费智能化。构建以多能融合、开放共享、双向通信和智能调控为特征，各类用能终端灵活融入的系统平台，形成自LNG运营商、用户到使用场景不同层次的用能主体参与能源市场的接入设施和信息服务平台。

（2）加气站

2016年底全国LNG加气站保有量达到2460座左右（目前已在云顶科技APP加气宝中全面接入），CNG车辆460万辆，LNG重卡12万辆。中国LNG加气站虽然近年来建设进度较快，但是相比于车辆发展的速度，中国LNG加气站市场还有很大的发展空间。

全国各地推行加气站建设工作并不令人满意，其主要原因除审批程序复杂、缺乏政策引导之外，作为清洁能源的液化天然气（LNG）是新生产物，却通常按城市燃气方式进行监管，其高频次和灵活性使监管难度增大。目前传统的LNG加气站的监控及管理基本依赖本地组态监控。新型的基于物联网的加气站站控系统能够实现设备数据、加气机数据上传，方便统一管理，再结合物联管理平台，就可以在电脑端及手机端实现远程监控管理，不再依赖传统的本地组态监控，能够及时发现问题、解决问题、降低维护成本。

比如其中IC卡管理采用先进的加气机前端控制和通信技术，使得控制系统不仅在加气控制过程中具有必备功能，还能解决加气站在售气控制系统不能够数据采集、统计、查询和报表处理的问题，满足加气机与计算机终端硬件有效联机，结合完善的物联网平台管理软件、配套IC卡，实行一车一卡或一车多卡，每车打印出加气信息参数，实时统计大量标准化数据，统计数据随调随查，使加气站的售气工作管理更加科学化、智能化，提高了加气站的售气工作效率，为大规模多站联网奠定坚实的基础。

（3）LNG车辆、船舶

为实现节能减排目标，天然气价格必须维持一定的竞争力。除城市燃气之外，船舶、车辆油改气将是新的市场宠儿。2012年10月，国家发展改革委发布新的《天然气利用政策》，除继续将天然气汽车列入优先类项目外，还将在内河、湖泊和沿海航运的天然气输船舶等列入优先类项目。2012年10月国家发展改革委发布《天然气发展“十二五”规划》，提出在经济相对发达地区鼓励支持实施包括以气替代车用和船燃料等在内的以气替油工程；鼓励支持LNG汽车和船舶燃料等高效天然气利用项目。天然气可减少污染排放，节能效果显著，其已成为交通领域兼顾经济性、适用性、安全性高、燃烧性能好等多重优势的理想替代燃料。

截至2016年底，中国天然气汽车保有量约为558万辆，与燃油汽车相比，天然气汽车清洁环保优势突出。研究结果表明，LNG汽车能够减少99%的一氧化碳、83%的碳氢化合物、31%的氮氧化合物排放，无颗粒物和烟尘排放，且基本不含铅、硫化物、苯等，同时还能有效减少噪声污染，可明显改善城市大气环境质量。

物联网、互联网、移动互联网及智能终端技术的发展，给这些以LNG为燃料的车辆船舶的发展带来了新的机遇，借用物联网“全面感知、可靠传输及智能处理”的特点，实现智能化识别、定位、跟踪、监控和管理。

尤其是LNG通常通过槽车配送，运输车队由于订单不饱满，长期处于价格竞争和闲置状态，通过云顶平台的认证和发单，接入物联网的槽车形成LNG配送车联网，可为客户提供精准的到岸时间预判、液质保障及先行赔付（需车队与云顶科技签订电子铅封及约束性协议）、危化品车辆车牌号识别与追溯等服务，使终端客户可更好地管理库存、规避中途掺液风险，提升运营效率。2015年10月，云顶科技LNG物联网大数据平台与顺丰科技、中交兴路等企业共同获得中国物流与采购联合会科学技术奖一等奖。

综上所述，云顶科技以物联网技术为基础，以大数据与分析技术为核心，采用互联网、移动互联网、互联网、多媒体及自动控制技术，通过对LNG燃气系统的设备工况、燃料的容量、位置以及异常状况的视频监控等数据的远程实时采集，形成大数据，再由平台提供的应用软件系统为用户进行数据挖掘、统计分析，借助平台的人机交互界面，向用户系统的、全面的展现管控范围内所有车辆及船舶的运行状况、异常事件分析、船舶与码头及车与加气站的距离、货物的种类及数量等，为用户进行战略决策、运营管控、异常事件的应急处理等提供快速、高效的技术手段。

3. 物联网与LNG运营商深度融合带来的优化与创新

物联网平台提供的是一种与云计算、物联网、数据分析、移动互联网等数字技术深度融合的生态系统。将LNG产业信息与物联网技术深度融合，不仅能为提升生产率、降本增效提供新的驱动力，还有助于加强LNG产业运营的全生命周期管理。物联网平台在取得产业链的各个环节的运营、交易与安全监控数据后，通过产业链上下游的数据整合，物联网战略的实施与系统的上线为平台用户带来显著的竞争优势，实现传统生产制造业向后服务市场转型。

（1）安全与效率的全面提升

物联网在安全与运营效率方面带来的提示是最直接的，会涵盖从设备的安全、环保、消防到企业内部包括人、车、供应、结算等若干环节的应用。

物联网感知的数据是这些应用的基础，包括给用户配送、结算，也要根据物联网取得的液位、压力、流量来实施。通过数据信息的采集，改变原有的传统运营管理模式，使得各个环节的运营和管理变得更为高效和人性化。

（2）大数据分析带来供应链优化

LNG产业物联网平台可深度运用大数据分析技术，根据液位、询价比对与气源距离让客户实现近乎零的库存率，优化供应链，降低采购成本。

对于客户来说，越早进液就代表着要及早把现金变成货款，积压资金。物联网大数据平台可以根据客户历史的消耗情况和资金周转率，结合周边的交通、常用气源等信息，进行综合的大数据分析，基本可实现当前储备的LNG耗尽时，刚好有下一车LNG液送到，对客户来说在一定程度上节省了资金成本。

当物联网平台掌握了海量库存信息，并将这些库存实施需求众筹，以及完成下游的分发，就将盘活LNG槽车的运营，形成虚拟槽车运营与槽车实时调度。比如北京中旖2016年在京津冀93个供气终端日用气100万方，通过全面物联网化后的大数据分析，可以结合终端位置、储罐调峰与槽车调度，将能源运营商为多台锅炉供液有序运筹，平台就可以根据物联网运营数据，提出每辆车的路径优化方案，统筹接卸货时间、降低单点车辆数和运营人员数，利用储罐调峰并将固定库存灵活化，进而为能源运营商减少燃料的浪费以及资金的积压。

（3）物联网数据带来供应链金融的创新

LNG能源运营商普遍面临资金短缺，资金周转慢的问题。供应链金融贷款是行业内多种类型运营商的需要。物联网能源管理平台，由于掌握着这些中小企业的各项运营数据，因此能为融资企业提供一份客观真实的运营数据报表，大大提升企业在金融贷款风险评估中的可信度，从而有希望得到更快的审批和更高的金额。同时对于差异化的客户，如沥青拌合站LNG应用周期长、利差大、风险也更大，该类客户可以承担较贸易客户更高的利息，基于银行对供应链融资的授信，云顶金融通过物联网大数据对交易频率、活跃程度与淘气网进销差价之间的数据闭环，可以模拟出客户的盈利能力并评估放款贷后风险，并实现对不同类别客户的差异化利率贷款，是与银行消费者信贷显著地差别：银行贷款审批通常事前决策占主要成分，云顶金融则可以覆盖设备运营全生命周期的资金需求。相比之下，多家现存消费者信贷平台仅对融资额度进行差异化管理，却未对利率水平进行精准差异化管理，正是由于对基础运营数据缺失造成的。

总体来讲，物联网与LNG产业的融合，会产生对应能源计价方式的创新，相比于挂钩气价，对中小工业客户采用基于大数据授信的分享经济计价模型=经营收益分享（基础气价–集采优惠分成+设备服务费+保供保费）+管理收益分享（库存优化–人工费用降低）+资金收益分享（–预付款折扣–理财收益）+战略收益分享（大数据引擎提供的销气量热点、断供风险预警，提前购买服务的终端客户可以避免关闭窑炉、被迫停产，供气商可以提前订货，确保保供情形下成本不巨幅增加），企业的收益不再局限于靠卖气取得收入，而更加的多元化。

经营收益分享	管理收益分享	资金收益分享	战略收益分享
基础气价 –集采优惠分成 +设备服务费 +保供保费	库存优化 –人工费用降低	–预付款折扣 –理财收益	大数据引擎提供的销气量热点、断供风险预警，保供情形下成本不巨幅增加

图6-28　大数据授信的分享经济计价模型

资料来源：课题组根据公开资料整理。

（二）B2B电子商务平台：LNG产业贸易的淘气网

1.“互联网+”浪潮下，LNG电商的兴起

2015年，LNG由于市场供应充足，下游需求不旺，供需逐渐逆转。2016

年上半年，全球天然气市场呈现出供过于求的严峻市场形势。从资源驱动型转变为消费终端驱动型。同时天然气价格下降，特别是海气窗口的开通，使传统的管道气的行政定价资源配置方式难以为继。LNG作为民营化、市场化兼具的能源投资品种，在气源地周边与沿海区域市场相较管道气具有优势，对行政资源垄断的配置方式进行替代。

正是在这种大背景下，借着“互联网+”的东风，一批投资机构推动的LNG现货电商平台如雨后春笋般蓬勃兴起。比较具有代表性的是云顶科技淘气网、新奥集团好气网、杭州麦安集以及气头网等。这些电商平台都取得了不错的业绩。比如：杭州麦安集网络科技有限公司建立的LNG现货交易和运输平台于2015年8月上线后，3个月实现LNG交易2万吨、交易额近1亿元。新奥好气网上线后，上线企业达到175家，累计成交1752单。淘气网（参见图6–28）已实现累计48万吨LNG销售、货值超15亿、入驻企业家超500家，交易量同期排名第一（参见图6–29）。

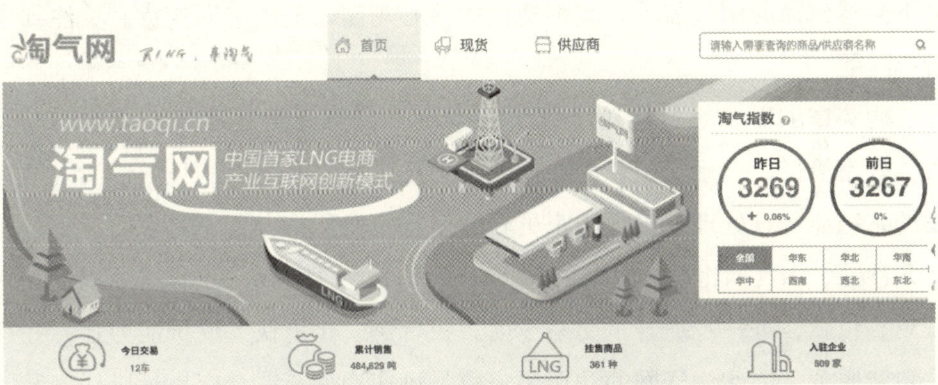

图6-29 LNG产业B2B电商—淘气网

资料来源：课题组根据公开资料整理。

2. 淘气网业务探索

在众多企业从消费互联网进入产业互联网的今天，如何将盛行于C端的互联网思维与B端的传统经济结合，取决于能否以产品经理的“匠人文化”与行业认知，提供整体解决方案。淘气网的核心价值在于缩减了交易次数和物流次数，大幅提升了供应链效率，降低了采购成本，通过与感知层云顶科技物联网大数据的绑定，开发出了丰富的行业应用平台。

（1）聚焦买卖方诉求，生成行业订单入口

传统的LNG渠道环节众多，高成本而低效率。在2014年之前，中国的LNG供不应求，卖方市场导致液厂和贸易商都不关注渠道效率，因为各方都获得了高利润。2014年之后，LNG产能过剩问题愈发明显，LNG销售难成为普遍现象。从行业趋势上看，提升买卖效率显然是一个突破口。基于此，2015年8月淘气网正式上线。

看准趋势之后的难点是找准切入点。作为交易平台，可以通过汇集卖家的方式来吸引买家，也可以通过汇集买家的方式来吸引卖家。淘气网通过与重点客户（如广汇能源拥有三家液厂、400余座加气站和海气接收站）建立战略合作关系，打造LNG产业电商模式。基于大数据的物联网平台能够准确预测下游运营商的用气需求，瞄准他们的核心刚需，解决它们找货、关注到岸价的问题。

购买LNG需要经过比价、议价、询价、锁货等多个环节，谈判时间较长，效率极低。大规模信息的数据化处理正是淘气网电商的强项，淘气网开发的系统能每日处理上千个卖家更新的信息，匹配符合买家需求的货物只需要几秒钟，淘气网将原本复杂的购买环节简化到3个环节——提交需求、提交订单、付款，进一步提升了交易速度。找货快、比价快、议价能力强，并且是免费服务，因此淘气网的注册用户数量迅速增加，撮合交易量迅猛攀升，2016年，淘气网每日LNG平均交易量达到3000吨，显著超过线下贸易商的撮合能力，而大中型非运营商类贸易商日均交易量通常在300吨~500吨，二者相差近10倍。

（2）建设信用体系，线上交易绑定行业用户

免费的撮合交易使得淘气网成为行业订单流的入口，买卖方云集的平台自然会对销售困难的卖方产生极大的吸引力。但是网络的虚拟性使得互联网

信用管理比传统线下商业活动更加重要和紧迫。利用LNG全产业链的互联网平台优势，电商平台可以通过用户基本情况、交易金额、交易次数、消费行为、论坛发言等长时间、全范围的大数据分析，与合作方评价等主观指标相结合，将用户在互联网平台上的所有行为数据化，建立对平台上所有用户客观、全面的信用评价体系。

通过健全的互联网信用管理，可以加强诚信交易，改善电商交易等业务的信用保障程度，提升平台对参与者、消费者的合理保护，促进其他各项平台商业行为和交易活动的开展。并可辨别不良用户身份，减少不真实信息、提高网络信息安全，预防网络欺诈等恶性事件发生，保驾护航LNG互联网平台的良性发展。

互联网支付结算以电子商务为发展基础，以商业银行或第三方支付企业为通道，支付结算平台涵盖大宗贸易、过磅付费、周期抄表、物流费用、LNG加气、担保结算、往来结算、信用支付、IC卡扣费、账户充值、财产转让、资产租赁、投融资等全产业链各种不同的业务领域。这些实现了对电商等平台资金结算的管理和控制，并通过自建资金池等手段实现资金的实时到账，为用户提供安全、广泛、简单、快捷、免费和可移动的互联网支付和结算方案。

（3）实现产业链整合，供应链金融创新

淘气网不是贸易商，不以追求单吨利润为目标，而是通过共享经济下的规模优势做产业链动态优化，靠增值服务盈利。淘气网的供应链金融既向上游提供融资，也向下游提供授信，利用其覆盖全产业的物流链、信息链和资金链一体化的优势，发挥大数据价值，将供应链金融业务拓展到覆盖LNG产业的海量用户，提供适合细分业态特征的系列金融产品组合，涵盖企业采购、生产和销售的主要业务环节，涉及的供应链资产包括预付账款、应付账款、原材料、在产品、产成品、应收账款、预收账款、票据等以及与此相关的非流动资产设备采购等延伸需求。2015年8月，云顶科技与招商银行建立了LNG产业链战略合作，对传统的供应链金融实现了创新：银行对云顶科技进行LNG产业综合性授信，所有用户只要在平台开户，实现物理网数据采集与平台上真实交易过账，在存续期满足6个月后，客户可以凭借真实交易额的25%取得纯信用贷款，而无需担保和抵押，利率比照银行授信同期利率和云顶科技服务费进行收取（由系统大数据对各用户类型、授信额度及无风险利率进行评估）。

随着业态的不断深入，平台能够解决资金提供方与资金需求方的信息匹配，可以采用替代预付货款、替代采购等模式，向需求方提供资金支持；利用能源管家平台的智能化监管和大数据优势，为存货的静态抵质、动态抵质、普通仓单质押等提供底层数据支持与信用分析报告，提升银行、供应商、采购商、物流公司之间的信息传递效率和资金流通效率等。待效用提升到一定阶段，可以升级为LNG区块链对平台内众多生态类型的企业交换信用、能效、创新支付方式。

产业互联网金融以“支持实体企业，服务实体经济”为宗旨，采用灵活的经营方式，为用户提供适合自身发展的个性化金融产品，服务于以天然气清洁能源生产、装备制造、能源贸易、能源运营、物流、行业资讯、社区论坛、产品后市场等全产业链。利用云顶LNG全产业链平台优势，提供“一个客户，一个账户，所有业务，多个产品，一站式服务”的综合金融体系。最终，以能源管家网+互联网平台为纽带，连接银行、投资机构、物流企业、仓储企业、资金需求者，打通资金流、信息流与实物流。利用已有的大数据体系，创建一个全新的、具有LNG产业特点的、基于互联网的供应链金融业务模式。

（4）开展融资租赁，加强用户黏性与数据分享

LNG产业装备，由于其超低温对技术可靠性、成套化有较高要求等原因，导致燃气运营企业的设备投资额通常较大，中小运营商设备投资的资金需求矛盾突出。利用精确的数据挖掘和加工，标准化的服务模块，不断优化的产品组合、交易结构、租金安排、风险控制等设计，将融资租赁产品设计融合到整个交易中去，使其更为轻便、灵活。反之，为了获得相关的融资支

持，中小燃气运营商需要提交年度运营数据，并通过过账交易实施扣款，构成了数据分享与流量入口的闭环商业模式。

例如：由上海中腐牵头，LNG大型设备制造厂家、中小型终端能源运营商共同合作，充分发按各自优势，依托设备制造厂家装备和资金优势，采用设备经营租赁方式以10%～30%首付款（基于客户信用）、1～3年期按月实施扣款，提供给中小型终端能源运营商使用，利用物联网平台设备管理、电子商务、互联网支付结算等金融业务优势，为双方合作提供互联网解决方案，促进设备供需双方更好地紧密合作。从而扩大制造厂家市场开拓和设备销售；并为中小型终端能源运营商解决融资难题，且获得较低融资成本。

采用此创新商业模式，可为装备制造厂家减少设备积压、加快存货周转，有效开拓市场空间。发挥物联网设备管理、电子商务、互联网支付结算等金融业务优势，为合作提供物联网监控等设备租赁后的互联网管理手段，为融资方提供贷后/投后管理数据支撑。让出租人充分、及时、全面地了解承租企业生产经营情况，如销售量、进销差价、设备运行状态等，从而大幅度降低租赁业务风险。运营商依托敏锐的市场开拓能力和贴近用户的优势，以现有终端客户资源为依托，采用快速化的业务开发方式和统一的智能管理手段，保障租赁合作项目尽快落地，并作为项目运营主体确保项目落地后的平稳运行。

（三）社区平台司机宝：用户为王，服务至上

1. 市场分析：天然气价改推动交通能源油改气

《能源发展战略行动计划（2014～2020年）》提出要加快天然气加气站设施建设，以城市出租车、公交车为重点，积极有序发展液化天然气汽车和压缩天然气汽车；江苏、山东、四川及山西等地区也出台政策对天然气汽车给予购置补贴、燃料补贴及道路通行费用补贴等。未来气代油的发展空间主要取决于燃料经济性和基础设施的建设，同时受宏观经济形势下货运

需求的影响。“十三五”期间，中国天然气货车、客车、出租车产量有望延续“十二五”期间快速增长的势头，预计2020年气代油需求将为250亿立方米左右。

但是，与越来越多的公交车、出租车使用天然气相对应的是：加气站的数量虽然在增加，但多种原因的限制依旧给使用天然气的车辆带来加气远、排队时间长、黑加气站频出等诸多问题。近两年来关于高度重视天然气加气站的增量布局及审批建设进度等相关建议频出。很多用户对天然气汽车投资一直举棋不定的原因之一是加气站相对加油站要少、担心加不到气。

2. 流量为王：移动社区助力加气站脱颖而出

利润和效益是加气站的生存之本。在市场大环境不佳、标准站投资回收期通常5～6年的情况下，如何继续保持稳定的客源，导入新增的流量，是每个加气站都面临的突出问题。Facebook的出现宣告社区经济的形成，而滴滴出行、优步、Airbnb则是共享经济的代表，互联网和移动互联网作为大众获取信息的重要入口，其范围经济的明显优势已对从业者和消费者实施了关于使用习惯良好的教育。气站运营人员都应充分意识到：重视利用互联网工具，利用日趋壮大的司机社区，快速传播站点优质的服务、优惠的活动，将对加气站运营起到极大的提升。

云顶科技自主研发的移动App应用—加气宝，面向百万LNG、CNG车司机和国内数千家LNG、CNG加气站经营者，提供包括位置导航、电话、气价、优惠折扣、会员积分、消费点评等全面服务信息，旨在搭建一个车主与气站终端网络之间全新的加气车辆服务生态圈（参见图6-30）。

加气宝与加气站经营者、汽车相关服务行业、保险业、金融机构积极合作，加之整合淘气网电商平台、能源管家等产品，形成产业闭环，以移动互联网O2O模式重构加气车辆服务生态圈，完成加气行业的互联网改造，实现产业升级与转型（参见图6-31）。

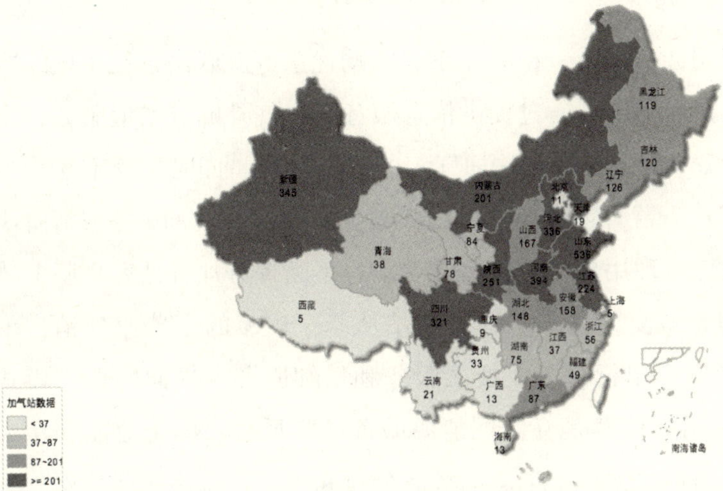

图6-30　全国加气站分布图

资料来源：课题组根据公开资料整理。

图6-31　苹果商店加气宝应用受司机热捧

资料来源：课题组根据公开资料整理。

3. 交叉营销：实现对加气网络忠诚度的提升

加气宝充分利用会员体系、积分体系、团购优惠等互联网营销手段，打造LNG车与司机的社区平台，通过提供信息服务、加气补贴等增值服务，聚合C端市场，实现终端消费（加气站加气）的电子支付。同时加气宝还为加气站站方提供了客户运营管理平台。借助大数据分析、移动APP等创新解决方案，使站方有效地管理用户，开展运营活动，不断提升加气站客户服务体验，增强客户品牌忠诚度，逐步引导加气站从基于LNG的主营业务销售模式，向围绕消费者驾车出行需求、社区服务和精细服务为导向的业务模式转变。优质服务和用户体验是互联网能源服务的实质。LNG企业能利用大数据技术完成海量消费数据的采集、筛选、分析和挖掘，最终实现数据驱动的精准能源营销，将能更好地满足用户个性化的用能需求，增强客户黏性和忠诚度。

（四）案例：国内首家互联网能源站两个月销量省内前五

山东省作为全国LNG加气站的重要省份，无论是发展速度、市场容量，还是政策制定、安全规范等都居于国内领先水平，LNG的整体消费量也居全国之首。目前，山东省共运营LNG加气站120余座。其中青岛地区有16座，潍坊地区有15座，烟威地区有19座，临沂地区有12座，这四个地区的加气站数量占全省LNG加气站数量的1/2以上。

中旖长运LNG加气站是山东中旖能源科技有限公司（以下简称：山东中旖）联手安丘长运公司建设的一处集公交客运自备和对外社会车辆服务的标准化LNG加气站，是潍坊地区首个手续齐全的二级标准站，自2015年10月正式营业以来，目前已经具备充电、CNG加气和LNG加气三位一体功能，具备储备调峰和综合服务功能。通过运用互联网思维，实现线上与线下O2O联动，日均销气量超过20吨，在两个月内挤进山东全省前五，并将进一步向互联网清洁能源综合示范站升级（参见图6-32）。单站年营业额超过5000万，目前已实现齐鲁股权交易中心挂牌。

图6-32 潍坊中旖长运LNG加气站

资料来源：课题组根据公开资料整理。

获得如此绩效，离不开中旖长运团队互联网能源运营商的差异化竞争。具体体现在：

1. 流量导入：精心的市场调研、开业策划与补贴积分活动创造先机

开业前期，组织人员到港口、码头、收费站以及司机休息服务区等地方发放宣传材料，赠送小礼品，引导司机下载APP加气宝，并耐心的指导司机如何使用。

开业之初该站充分结合物联网这一平台，从上游液厂采购，到中间线上组织团购券及各种积分兑换活动，再到线下一线加气现场提供人性化服务，让疲劳的驾驶员一进入加气站就有一种回家的感觉。24小时不间断免费热水、自助水饺、面条、方便面甚至卫生纸、积分兑换过磅称重服务，免费为过往车辆加水、洗车、并提供道路救援及车辆故障排除及发动机维修等服务，吸引了众多司机和集团车队用户，通过留存手机，站点人员与司机、车队进行互动。开业短短的两个月时间，销售量从每天的1吨多到稳定在20吨以上，互联网思维打造的LNG站点无论在区域竞争中还是效益比较中都具有显著优势。

2. 存量转化：将流量固化为长期用户，提升忠诚度，加强重复购买

开业后，围绕着如何“寻找客户”、“稳定客户”这两个中心主题，一方面，积极借助加气宝APP，把本站的价格及促销政策通过移动互联网终端传达给消费者，线下人员在路边发广告、路口设广告牌，引导客户，不断地搜集客户信息，通过短信、电话、邮件等方式通知客户站上信息以及制定丰富的奖励政策，鼓励客户带客户。在“稳定客户”方面，首先坚持为客户提供最高品质的海气LNG以建立口碑；其次通过加气宝不断开展线下活动，团购优惠券，轻松享受大客户待遇；再次积分兑换，加气抽奖赠送小礼品；另外还定期培训加气人员，在保证安全的前提下为客户提供高品质的燃料和人性化服务（参见图6–33）。

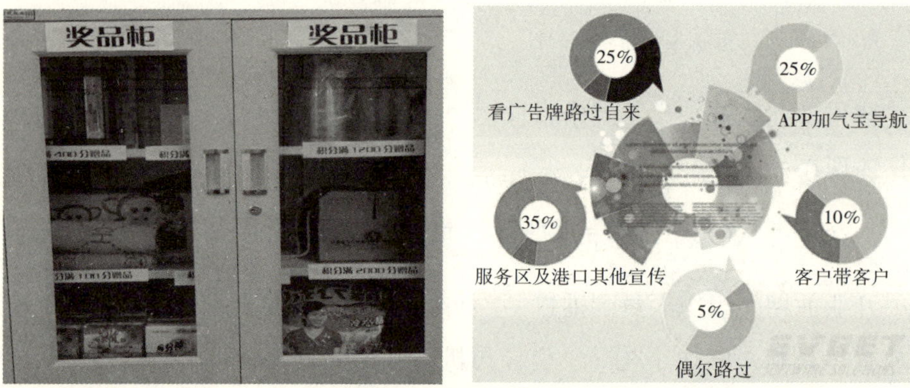

图6-33　加气站运营方式

资料来源：课题组根据公开资料整理。

另一方面，由于该站点手续齐备，并取得了燃气经营许可证，通过加气宝的标准站加V识别和正规站图片分享，异地途经的司机优先选择加气站推荐的站点，通过对加气服务的分享与评价，又把这一站点的口碑迅速在司机圈传播扩散。司机作为一个独立的社群，具有对价格及优惠敏感、社群传播频次高/熟人经济的信任感作为决策依据、单体周边消费率高等特点。通过产业链思维抓取集团客户，互联网思维做好社交营销与传播，使互联网LNG站

运营名副其实，并随着充电桩、CNG站的多业态建立，服务好各类客户的需求，通过大数据分析做好市场定位和进阶市场开发资源配置——如河北车辆2016年受省内环保检查、煤炭汽运大幅下滑影响，过境山东数量显著下降，而同年12月底系统数据模拟的加气车辆来源区域比重即预警了近两周异地车辆构成的偏差，为项目及时更换集团用户品类重心、寻找替代车队赢得了时间，同时通过预判的短期波动优化了库存管理，减少了资金积压。

3. 运营优化：持续降低采购成本，移动预警实现安全运营

山东中滴在当地车用站基础上，开发了多家工业客户，全部用户可以整体显示在能源管家的界面中，便于对设备运营实时监管，为多站点运营节约了大量的人力物力，财务数据实时生成，通过数据支持决策，可以实时查看LNG储罐的液位、压力、温度等关键数据，发生异常情况时设备会自主发送报警短信，运营管理人员可随时掌握生产状态并实时调度，充分保证运营安全工作（参见图6–34）。

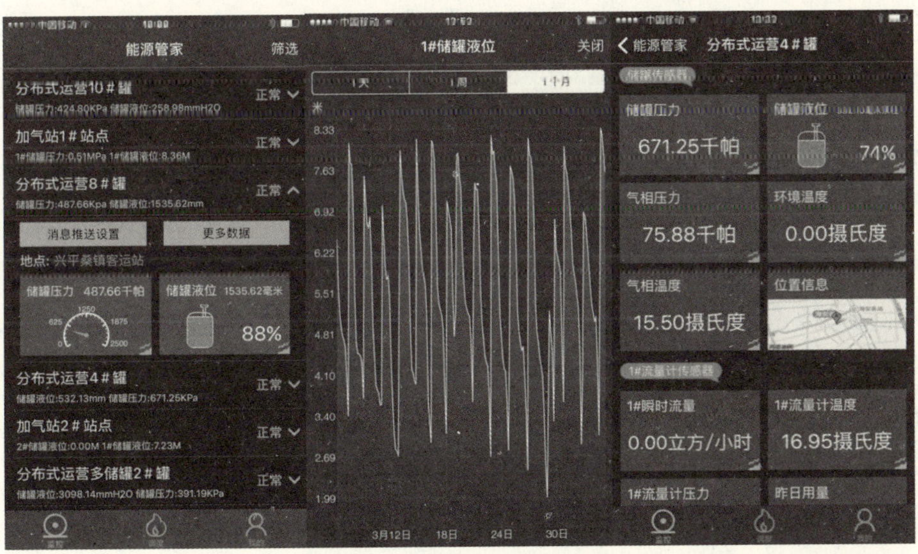

图6-34　运营监控示意图

资料来源：课题组根据公开资料整理。

山东中旖安丘加气站运用物联网系统之后，有效降低了运营成本，运用云顶物联搜集的大数据分析，寻找生产环节中的每一个细小问题，在BOG排放、卸车损耗、加气损耗、人员效率方面有了明显的改观，原先LNG加气站共计员工12人，使用云顶物联之后减少了2人。

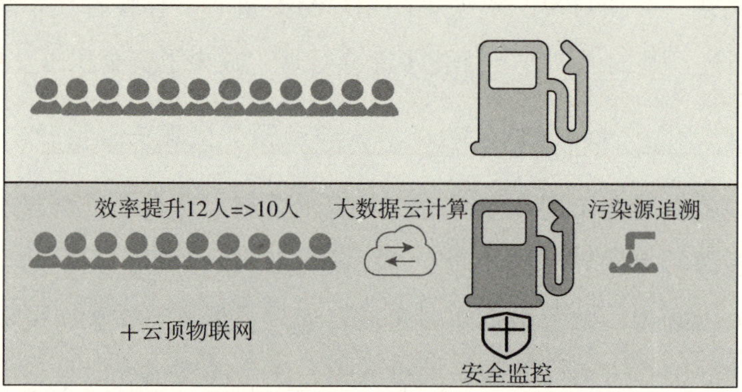

图6-35　安丘加气站+云顶物联网的新模式

资料来源：课题组根据公开资料整理。

（五）案例：河北工业煤改气点供：数据支撑下的高效运营

根据《京津冀及周边地区2017年大气污染防治工作方案》“2+26”城市被确定为京津冀大气污染传输通道城市。不仅是煤改气的重点，也是工业气化站布局的重点。以保定为例，煤炭禁燃区政策：2016年10月完成10蒸吨以下锅炉改造，2017年6月完成10蒸吨锅炉改造，2017年10月完成30蒸吨锅炉改造。截至2018年底，仅京津冀地区煤改气锅炉改造预计超过1.8万台，新增市场容量超过600亿立方米，单纯河北市场容量在400亿立方米以上。

面对如此巨大的市场增量，河北变成了LNG供应和运营的必争之地。但如何才能降低运营成本，保障供应，这是每个LNG点供运营面对的首要问题。通过物联网连接各个站点数据，形成信息整合，可以极大程度低提升运营效率，降低运营成本，也间接降低单位能耗成本。

图6-36 2+26大气污染传输通道城市

注：三角旗：中腾业务已经覆盖区域；方旗：中腾业务暂未覆盖区域。

资料来源：课题组根据公开资料整理。

上海中腾的物联网运用极大地提升了企业在煤改气工业点供方面的运营效率。通过物联感知，实时监控储罐液位，达到及时补液。借助后台自动化智能决策，实现站点的自动化补液，减少人为操作。通过压力，温度，气体浓度等监测，实时感知安全状态，对于存在安全隐患的及时报警，从而实现偏远站点的无人值守。

LNG行业受天气影响较大，冬季寒流来袭时，众多工业用气客户往往面临“保供”需求。2016年8月份，由于台风等不良气象的影响，全国各地出现长时间降雨，局部积水严重，管道气整体瘫痪半个月。邢台地区66条浮法玻璃加工线，年产值300亿元，面临停工，一旦断气单一客户将面临窑炉关停单次2000万的损失。

中旖通过物联网获取实时的库存信息，结合天气数据的历史数据分析和预测，可以最大限度地提前预知风险，形成最优LNG运输调度路线，减少出现加气站和LNG消耗商断供的情况。以河北邢台沙河长城玻璃厂为例，上海中旖在雨季通过物联网对车辆流向的监控，预测到西部拥堵和部分大客户面临停供，提前做好了保供工作准备，从山东、天津等地向邢台等大型玻璃企业进行反向调配保供，实现了客户日20万方的保供目标。在北京中旖团队的付出努力下，该客户成为当地66条浮法玻璃线中唯一未停产的玻璃厂商，并由于稳定的出货量一跃成为行业龙头，掌握了当地的玻璃定价权。

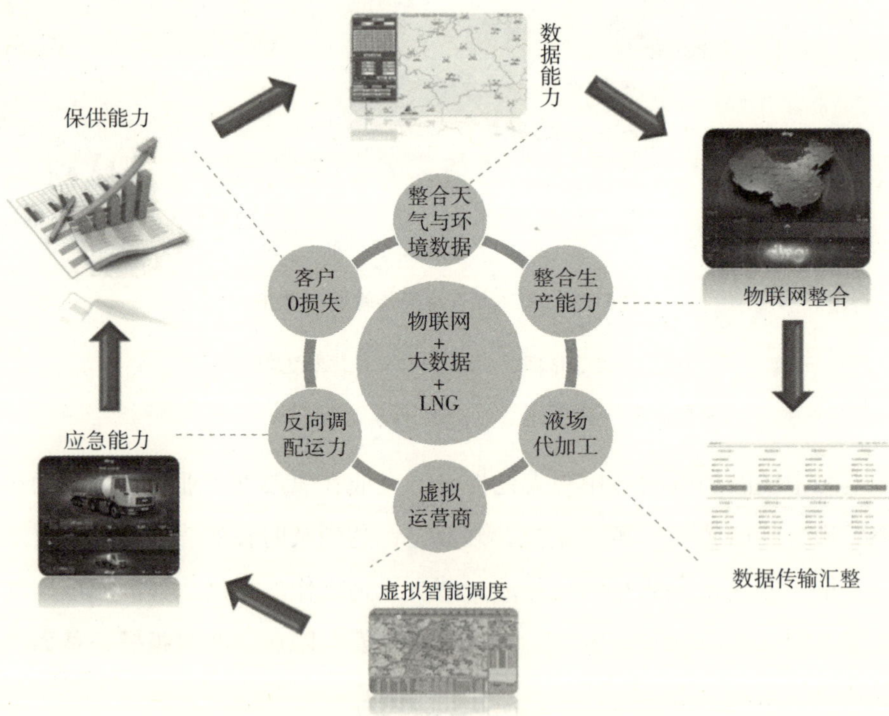

图6-37　从保供引出的智能调度与供应链优化

资料来源：课题组根据公开资料整理。

数据的支撑极大地提升了运营效率，提升了企业竞争力，基于数据的运营将是点供站运营的未来。上海中旖也结合物联网的数据支持和远程控制，获得住建部，国家能源局，国研中心相关单位的肯定，作为煤改气点供标准的参编方。

（六）案例：北京公交能效平台：互联网+的开放，共享，能效，保障

北京公共交通控股（集团）有限公司是以经营地面公共交通客运主业为依托，多元化投资，多种经济类型并存；集客运、汽车修理、旅游、汽车租赁、广告等为一体的大型公交企业集团。截至2015年底，公交集团22366辆公共电汽车均达到国III以上排放标准，其中：新能源车1673辆；清洁能源车7509辆（2249辆CNG、5260辆LNG），LNG站点58个；柴油车13184辆，公交车辆的科技环保水平始终保持全国前列。

北京公交当前面临三个业务痛点：痛点一，长期以来LNG执行2014年初的行政定价，但近些年市场价格下调，之前的行政定价不再合理，急需在保障供应的前提下，找到合理科学的定价模式；痛点二：气瓶检测每次需要拆卸气瓶，花费4天左右时间，对于运力保障产生影响；痛点三：供应商槽车进京，安全是头等问题，需要有保障安全的科学手段。

上海中旖针对北京公交的痛点，以物联网和大数据作为支撑，为北京公交量身定做解决方案，实现了互联网+的开放，共享，能效和保障。

针对北京公交集团LNG价格问题，北京中旖根据长期以来积累的LNG市场经营的管理经验和掌握的大量LNG资源数据、价格变动数据，建立依据市场信息的公交集团公司LNG浮动价格机制，变固定价格为浮动价格。参考产业链各环节产业大数据，依据公交质量保障的各项考量因素，考虑运营商的实际情况和历史贡献，形成北京公交LNG供应价格构成模型和推荐价格。

这是首次将F2C（Factory to Customer）模式在大型LNG终端企业的应用。本项目通过打通液厂到终端的整个链条，使得各个环节的信息透明化，引入

参考市场信息的价格浮动机制，同时提升供应链的稳定性和供应保障。

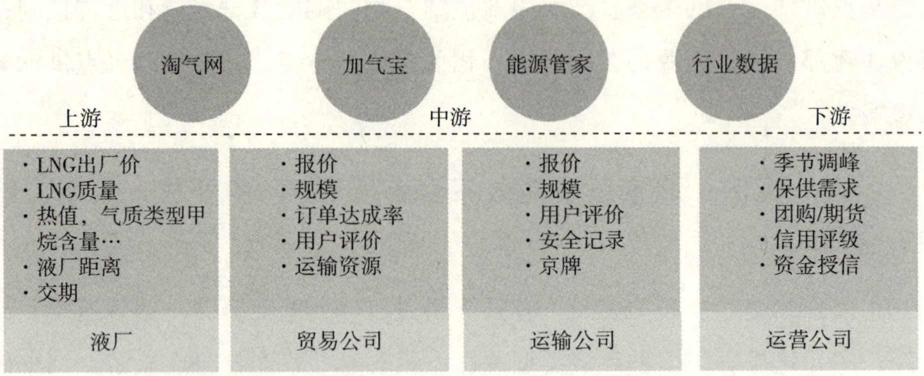

图6-38 F2C（Factory to Customer）全产业链价格追溯体系

资料来源：课题组根据公开资料整理。

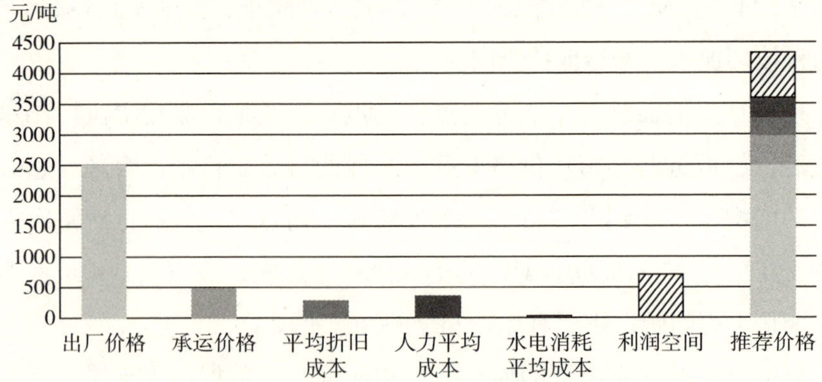

图6-39 北京公交供应商价格推荐模型

资料来源：课题组根据公开资料整理。

针对北京公交气瓶检测的痛点，中脑的解决方案为构建LNG气瓶的在线检测和安全监测系统。公交运营车辆安装G—Box，实时上传液位，压力等信息。当车辆晚上加满LNG停运后，通过检测静态气压变化，判断气瓶保温性能是否合规。同时对于出现异常压力和液位变化进行实时报警。

针对进京槽车安全问题，中脑的解决方案为构建进京槽车监控系统，形成全供应链的安全监测机制。通过安装物联锁和G—Box，保障运输途中不出现搀液的情况。同时实时监控压力，温度，液位等信息，保障进京车辆的安全性。

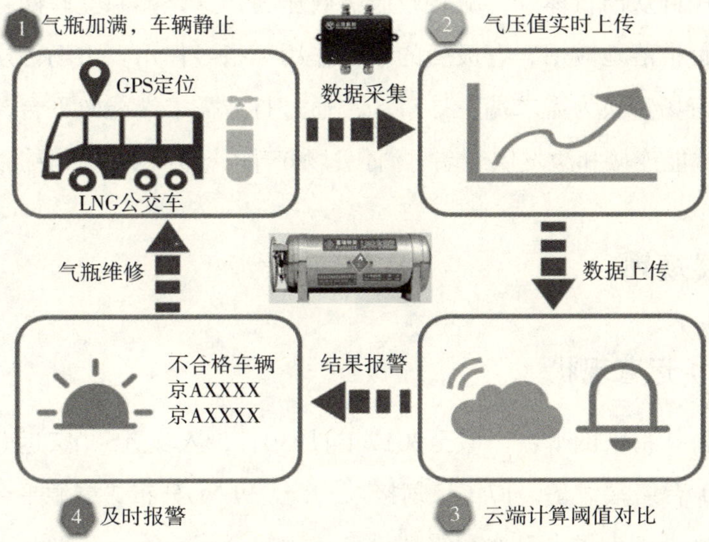

图6-40 北京公交气瓶在线监控系统

资料来源：课题组根据公开资料整理。

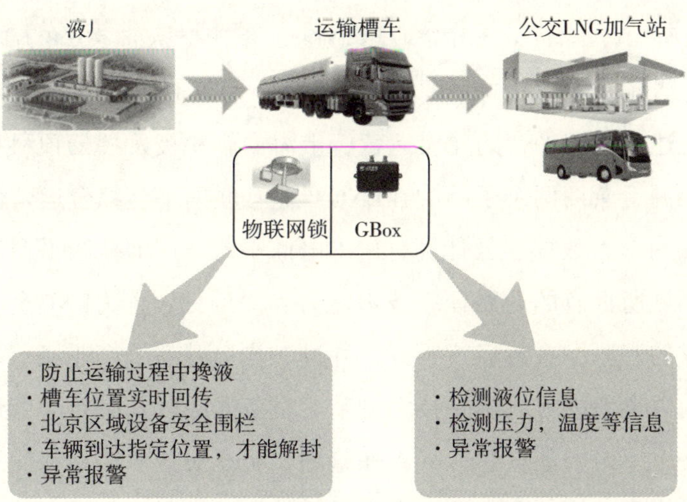

图6-41 北京公交槽车监控系统

资料来源：课题组根据公开资料整理。

北京公交是全国最大的LNG车用企业，其作为民生企业，效率的提升可以优化人民群众出行体验，减轻政府财政压力，这是能源互联网在大规模车用企业的首批落地应用，有极强的示范作用和指导作用。市场已从过去的供应端主导市场转换为需求端主导市场，通过打造需求端能效平台，提升需求端活力，才能连接和激发供给端，消化过剩产能，盘活整体产业链条。

三、发展规划

（一）运营现状

云顶科技物联网平台，截至2017年4月30日，入驻近500家运营商，接入站点近2000台终端设备，17年计划接入2万台。LNG分布式能源平台上线半年时间，已经做到市场占有率和终端设备接入量全行业第一。平台入驻运营商囊括了中广核、新疆广汇、新奥燃气等国内主要的大型能源集团企业和中天能源、中旖新能源等区域新型能源服务商。

基于物联网大数据的LNG电商交易平台淘气网，自2015年9月9日上线试运营以来，截至2017年4月，入驻企业超500家，累计交易量突破48万吨， 2017年预计累计交易量达到100万吨。平台交易额和入驻企业数量均为全行业第一。

通过上述互联网平台的建设运营，上海中旖积极发挥云顶科技能源物联网与中旖能源运营商两个子品牌在LNG产业互联网平台综合运营优势，充分利用在物联网、大数据、云计算、LNG电商平台、LNG社区平台和移动互联网等技术领域所拥有的业界顶级技术能力和深刻见解，为LNG全产业链的发展提供可靠的互联网平台运营服务，并进一步提升整个产业经营效率和综合竞争能力，以全新的方式统一技术创新、设备升级以及有效的营销和合作手段，对产业上下游的数据进行采集和管理，实现对企业信息和交易的全面大数据服务，为产业链的上中下游提供最佳的能源互联网与供应链金融整体解决方案。

（二）机遇与挑战

2016年中国天然气表观消费量为2058亿立方米，增长6.6%，其中LNG市场增长速度远高于其他传统能源和常规天然气。未来依托国家清洁能源政策的推广实施以及进口LNG资源的充足保障，LNG应用将长期保持良好的增长趋势，为上海中旖LNG能源互联网运营平台的快速成长提供了广阔的发展空间。

与发达国家相比，中国LNG产业经验还很不足，行业标准的制定工作有些滞后。目前中国LNG工程建设标准规范体系建设速度缓慢、缺少国内权威性工程建设标准的问题依然突出，给新建LNG项目的可行性研究、审批、设计、建设、验收、改扩建等工作都带来一定的困难和障碍，也给工程项目本身制造了很多安全隐患。上海中旖平台的服务覆盖了天然气液化、LNG接收、运输、储存、调峰、能源互联网等多个领域，能够结合中国LNG实践，有针对性地辅助制定LNG能源互联网行业标准规范，对于促进LNG产业健康可持续发展具有重要意义。

未来，“互联网+LNG”必将作为能源产业转型升级的重要组成部分，改变整个传统能源领域和传统企业的运营模式势在必行。目前，传统天然气企业跃跃欲试，但仍处于单边尝试的阶段，真正形成规模、成功转型尚需时日，主要因为整个行业的运营模式还未完全建立，而传统能源领域的管理层多缺乏互联网和大数据思维。以山东临沂市为例，在2015年3月由于雾霾严重，市长上任即被环保部约谈，在环保压力下要求大力推进“煤改气“，强制工厂停工改造，导致燃气经营商超常规发展天然气、投资供气设施。但当年天津港化工码头爆炸后，临沂市”一刀切“要求所有尚未取得完整资质的工业气化站全部停业。一时间大量当地工业气化站被关停，投资者被迫甩卖资产，因为政策不连贯带来了”政策性亏损“。这样的问题，其实可以结合当前政府的简化审批流程，通过信息技术解决方案，变事后处罚为事前监管，如果与上海中旖类似的能源数据运营平台能够早日得到推广，燃气运营商通过数据上传与燃气监管部门保持良性沟通，类似的事件有可能更柔性地得到解决，政府节能减排与安监规范目标能够基于每个个体的实际情况进行判断，而不是采取一刀切的做法。

此外，中国天然气行业上游资源和中游管道相对垄断，各城市燃气企业的终端销售价格由政府制定，实现“互联网+”存在一定的壁垒和既得利益者的阻碍。在市场化的LNG领域，生产商、物流企业、贸易商、下游用户正以各种方式推进“互联网+”智慧能源发展，打破壁垒仍需时日和社会各界的认同。

（三）政策建议

1. 为推进行业健康有序发展

建议将能源互联网的范围从单纯的互联网、移动互联网，延伸到物联网领域（交通网、信息网和互联网的三网融合），在物联网时代实现能源产业的弯道超车。及时总结消费互联网时代的经验不如开创产业物联网时代的红利。产业物联网领域的标杆企业可以作为全国LNG物联网互联试点，进入国家科技项目库，为各企业提供物联和互联技术支持。大数据与国家有关部门、行业协会等单位共享，为国家政策的制定提供决策支持。明确LNG产业各企业终端数据接入行业监管平台，给予政策支持，加强事前管理和过程管理，提高审批效率。对于实现数据共享、具有一定资质与实力的燃气经营企业，鼓励其先行先试。国家征信的能源数据中心与评价体系、国家扶持的能源金融互联网平台、与上海石油交易所并行的多家面向终端用户而非面向大宗上游的服务商，全行业共同良性发展。好气网、气头网、云顶科技都可以介入数据中心，形成1数据中心+10能源互联网运营商+100物联网基础设施提供商的能源互联网架构。

2. 为解决LNG产业竞争无序、低效运作的局面

建议国家在部委层面以类比集成电路大基金的形式，成立能源互联网的行业专项技术发展基金，鼓励研发能够提升产业竞争力的科技成果并给予资

金支持。能源产业互联网研发的主体应当多元化，既包括传统的能源龙头企业，也包括新兴的互联网企业，前者有丰富的市场占有率和实践经验，后者则有创建新标准、打破垄断推进能源市场化的魄力，多类型能源企业、科技企业、服务企业的加入，有助于政策制定的公允性、前瞻性，更易获得全社会认可。建设基金互联网+项目的对口资金支持，推动能源互联网行业的快速健康发展，扶持一批有创新理念与共享精神的能源互联网企业，在未来5年帮助清洁能源行业转型升级，成为政策实施的排头兵。

3. 由于LNG产业市场化程度较高

基础设施建设投入积极性不高，价格受到较高行政管制，大型企业资源控制能力强，小微企业融资困难，为推动行业由成长期转型升级，建议在两个领域加快市场化进程：①气体贸易领域，鼓励境内终端消费网络通过电商平台与海外气源采购直接对接，降低能源成本，提升能效利用，使全球资源支持中国发展。②设备租赁领域，允许多家产业物联网、能源电商平台、能源运营商能够充分利用国家对于能源互联网试点的支持，发展虚拟能源运营与互联网金融业务，结合大数据分析，精准为小微企业提供资金支持和授信支持，并和大型设备厂商合作开展融资租赁业务。将支离破碎的按环节分布的产业联盟，如液厂联盟、区域燃气经营联盟，统一为大数据联盟，告别数据本身割裂的状态，整体进行数据运营，但与此同时微观上又要服务于客户价值，保证客户享受到便宜的气、便宜的设备、安全的保供。

4. 从集中式能源供给向集中分布式供给集合方式转型

通过能源互联网合理配比和监控。在2016年4月国家能源局印发的《2016年能源工作指导意见》中明确提到：积极发展分布式能源；促进可再生能源就地消纳利用；积极开发利用生物质能、地热能等新能源；推动区域能源转型示范；推进可再生能源与新城镇、新农村建设融合发展。分布式能源产业发展已然进入“快车道”。分布式能源具有能效利用合理、损耗小、污染少、运行灵活、系统经济性好等特点，是缓解我国严重缺电局面、保证可持续发展战略实施的有效途径之一，发展潜力巨大。

能源互联网背景下，分布式能源未来发展将获得关键技术支撑。一是能源互联网是提高分布式能源智能化、灵活化的有效途径。由于能源互联网能够增加分布式能源项目职能化、灵活化。建成后，通过智能系统的实时监测，整合系统运行、天气、电网、电力市场等数据，进行大数据分析、负荷预测、发电预测，为用户提供最优的能源利用方案，用户用能的灵活性和智能化水平都能得到显著提升。二是分布式发电与智能电网以及用户侧服务的有机融合有赖于能源互联网的支撑。能源互联网的开放型生态体系将吸引更多的分布式能源进入能源价值链，形成一套全新的商业模式、营销模式、研发模式、运营模式、服务模式，分布式能源将实现与智能电网、智能微网的有机融合。三是能源互联网有助于分布式可再生能源与金融的创新结合。我国分布式可再生能源的发展目前还受到各种因素的制约，融资难的问题就一直困扰着行业发展。在"互联网+"的驱动下，当前我国能源行业正进行着一场能源互联网+金融的创新探索，基于能源互联网的融资模式极大地改变了传统的电站融资方式，能源互联网的实时数据将更加有力地支撑电站建设项目各环节的标准化和透明化，更加有助于快速推进分布式可再生能源项目的开发、建设、融资、运营、维护、交易等环节的健康高效发展。

5. 构建小微供应链孵化平台，匹配微供给和微需求

持续激发微观主体活力。全球液化天然气能源整体交易趋势是交易次数越来越频繁，参与交易主体规模越来越小，单笔交易量越来越小。例如京津冀煤改气过程中，大量的中小企业，从传统的燃煤切换为液化天然气，单个企业单天用量大至几十万立方米，小至几千立方米，单次购买量也大小不一。面对越来越多的微观主体，通过构建小微供应链的孵化平台，增加市场的自由度，使得企业用天然气得到最佳匹配和最低成本，才能提升企业竞争力和用能能效，将微观主体的活力充分激发出来。在这个微观平台上，不断

产生微供给和微需求，并且形成闭环达成交易落地，同时也持续性开环，给予供给和需求方充分选择权，不断创新和突破。

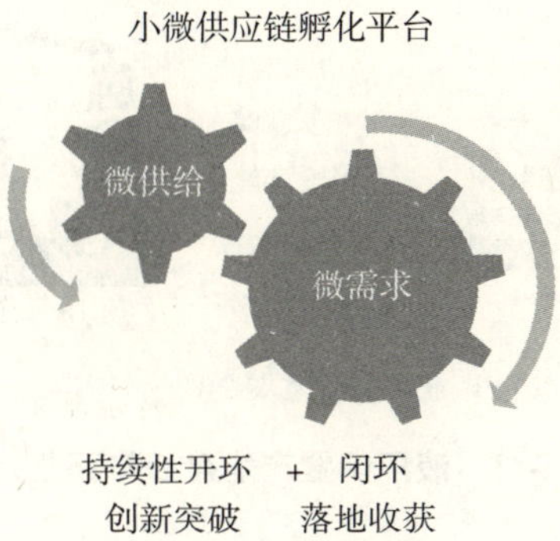

图6-42　构建小微供应链孵化平台

资料来源：课题组根据公开资料整理。

6. 推广工厂到消费终端的F2C（Factory to Consumer）模式

构建给予终端用户选择权的能源互联网。能源互联网不仅仅是信息互联，能源互联，更重要的是真正让终端用户拥有选择权，可以根据自身情况灵活地选择用能方式，降低用能成本。正如O2O业务的美团模式，用户了解可选择的商家（液厂），价格，交期，质量，外部评价等等信息，可以灵活地进行用能选择，减少中间环节，提升整体供应链的纵深整合。

7. 盘活供给端低成本闲置产能，让利消费终端

使得产业链各环节得到实惠，提升天然气竞争力，从而达到百业兴盛。当前市场形势是买方市场，从2016年初开始天然气面临供大于求的场面，液化工厂产生了大量的闲置产能。如果能将这一部分闲置产能盘活，其可生产出大量的低成本液化天然气，这部分LNG如果能按照尾货市场的思路进行市场销售，其用气成本远低于管道气，进一步拉近与燃煤成本的差距。这种模式可以使得产业链各个环节得到实际的利益，大大提升终端产业的企业竞争力，反过来企业竞争力的提升和规模的扩大，又可以进一步刺激天然气消

费，推动液厂闲置产能消化，如此往复形成良性循环，最终使得整体产业链的上下游都达到共荣发展。

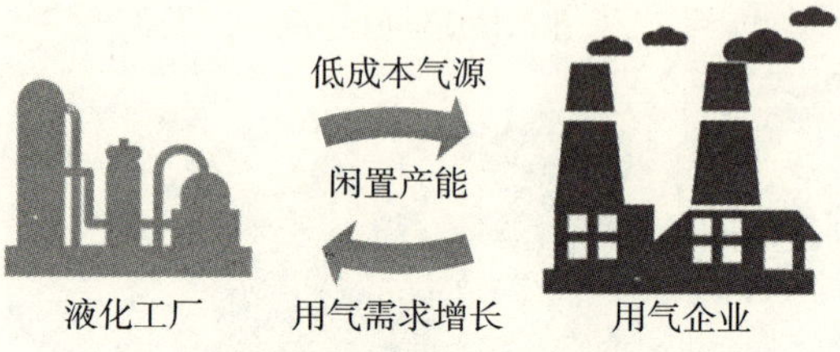

图6-43 液厂闲置产能盘活与百业兴盛

资料来源：课题组根据公开资料整理。

8. 借助物联网大数据的方式，规范和促进LNG用气需求

从而对接供给端增量。LNG工业用气标准和规范还是在初始阶段，很多内容都不完善，以工业点供为例，由于没有正规标准，导致点供站点的建设和管理无章可循，用气存在潜在投入风险，从而限制了工业点供的发展。通过物联网大数据的方式提升运营的安全性，辅助建立点供站标准，使得实际存在的合格点供站能够照章合法运营，新建增量点供站可以有法可依。标准的规范最终达到的效果是需求量的快速增加，也只有需求量的盘活，才能在需方主导的市场中消耗不断上升的边际产能。

（四）长期目标

互联网时代，大数据将和地下资源一样，成为LNG企业“掘金”的富矿。谁有能力挖掘和分析大数据中蕴含的业务机会，洞察客户需求变化，建立起基于大数据分析的市场交易和避险能力，谁就将保持产业竞争中的优势地位。

优质服务和用户体验是互联网时代能源服务的实质，依托良好的清洁能源行业背景，2017年上海中旖LNG产业互联网平台各项业务将会取得更大发展，能源管家终端接入数量将超过20000台，电子商务交易规模将达到100亿，加气宝终端用户将突破30000个，从而为全产业链更多用户提供更加完善的互联网综合解决方案。对于上海中旖的未来发展，未来有三个主要的目标。

目标之一：打造物联网大数据与LNG产业链结合的轻资产商业模式（参见图6–44）。

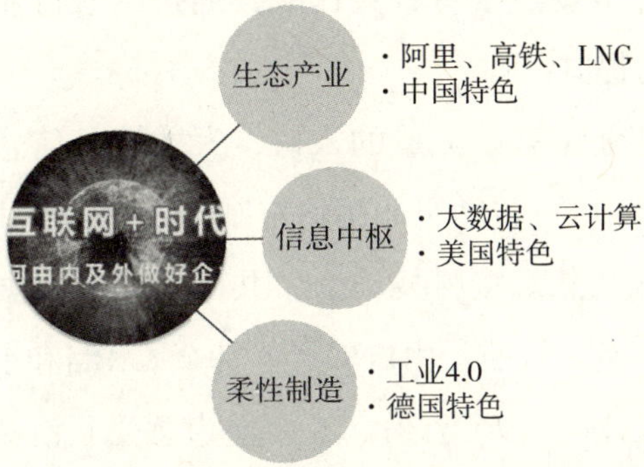

图6-44 上海中旖具有特色的物联网大数据商业模式

资料来源：课题组根据公开资料整理。

互联网+“生于庙堂而兴于江湖”，产业生态是根基，需要产业级的解决方案。阿里让“天下没有难做的生意”；上海中旖将让“液厂夏季冗余，气站冬季保供，槽车回程空载，司机就近加气“，不再成为问题。

LNG产业，昨天“资源为王”，今天“消费为王”，明天“数据为王”，拥抱变化，顺丰、老干妈、海底捞都是有特质的中国式成功企业，然而伟大的企业都有其特殊性，不是西方的科班经济学与管理学可以按“最优实践”复制出来的。必然经历漫长而艰辛的探索。上海中旖构建的能源互联网生态体系，可谓是中国互联网+制造业与能源运营的一个缩影。

首先，由于中国产业生态的复杂性，塑造了过多的内生壁垒，怎样拿到数据成为了核心难点。上海中旖巧妙地基于产业资源来建构股权结构，依托装备业龙头与LNG产业链上下游伙伴们的联手则可以降低难度，并计划将股权平台打造为开放式平台，在后续资本运作中继续引入对能源互联网领域有重要支撑的产业战略投资者。

其次，要客观认识到，美国以IBM、Plantir、Google等大数据在全球市场上拥有领先优势，中国的阿里巴巴、百度等公司进入DT（数据科技）和人工智能时代，在快速跟进全球科技公司的发展脉络。在细分领域，上海中旖的物联网大数据平台与能源运营经验可以对产业生态纷纭复杂的现象进行快速分析，从集团军作战变成了特种兵作战，通过结合行业深度洞察与本土创新，作战能力将大为提升。

在企业层面，产业生态是流量的入口，大数据是信息中枢，通过云顶和IBM的联合创新中心，也可帮助企业用户定制高级别的应用。生态、科技、资本三者结合，将产业智慧嫁接科技动力，共同为美丽中国和低碳城市提供可被量化的整体解决方案。目前，由LNG产业基金、IBM和上海中旖联手所进行的物联网创新，已经让国内9个省份、20个城市感受到清洁能源解决方案带来的好处，这一模式将继续推广。

目标之二：借力供给侧改革，实现需求实时响应，推动能源共享经济。

加强能源选择权，构建清洁能源基础设施网络。上海中旖已经拥有了数据资产（云顶）、运营资产（中旖）、已形成闭环的商业模式，利用物联网杠杆带动供给侧改革，推动国内产业的发展，加强符合内需升级方向的供给，在能源版图上打通一带一路，实现能源互联网跨境连接。

图6-45 上海中旖构建的产业生态

资料来源：课题组根据公开资料整理。

海气预售与农特产品预售接近，客户可以通过物联网，清晰获知原产地信息，包括成本、气化率、基于经验数据的损耗等，卖家可分为压舱底长协卖家、周期性中协买家（如沥青拌合站，用量稳定，毛利较高）与现货买家，价格的形成机制及账期设定可结合客户的需要。

运输领域，利用电子标签和传感器，监控液源是否掺液，追溯并进行预警。提升认证槽车周转率，限制被投诉掺液槽车行业准入，建立气站与司机信用档案。

未来5年，能源运营商的重大机遇期在于海外进口气源这一市场化品种对内陆天然气价格行政管控的冲击，而新的业态格局从传统能源工业的大生产、大消费、大配送走向生产端区域市场的“海气接收站+液厂+储能装置闲置产能利用”的多品类能源超市、流通端资源导向型贸易向服务型贸易商的崛起、消费端连接最终消费者的移动电商与社区平台的兴起，这三个变化将推动市场定价能力与价格发现机制更为高频，与行业大数据实时响应、相容。将海气、销售渠道与终端打通，是上海中旖在LNG领域的使命，并迫切需要更多的产业互联网企业加入到能源互联网领域中，并提供不限于LNG乃至氢能、可再生能源、电力领域的多项延展。同时，需要政策制定者以包容开放的心态，看待能源互联网的弄潮儿尝试、鼓励新商业模式和能源互联网试点的推广，甚至允许“虚拟能源运营商”这样新型业态的存在。消费互联网诞生了BAT，产业物联网时代还会有更多的奇迹。在互联网、移动互联网建立人与人的关联后，物联网将建立设备与人的关联，万物互联的时代即将来临。拥有物联网感知与互联网思维的供给侧改革能够真切为能源行业带来资源优化配置，信息的对称将使垄断市场的低效配置转化为更接近于完全竞争的垄断竞争市场。信息化将使上游行业周期的波动逐步熨平，通过F2C的厂端结合与供应链实时相应，液厂致力于与大客户提升长协比例，同时海气接收站敢于提升现货比例，适应油气行业周期变动，终端客户的价值主张将得到快速响应，也具有更多元的选择方案，譬如海气众筹、需求拍卖与液厂承包，随着能源品种与金融品种的不断融合，从间接融资、直接融资、期货到定价权，新的宏观决策由微观生态来支撑，由客观数据来印证和引导。最终，每个人的能源权利在信息时代得到尊重。

目标之三：实现产业、资本、科技的协同，打造可复制的能源互联网运营模式。

谁能拥有人才，谁就能在面向未来的竞争中胜出。上海中旖之所以能在成立两年成为细分行业的龙头，与具有十余年产业经验的制造业龙头、LNG产业基金及其生态圈合作伙伴对行业认知的长期积淀分不开，也离不开跨界专注于能源互联网这一新生事物的互联网/物联网团队的引入。在平台解决方案和商业模式初步确立后，LNG基金跨界整合，组建了来自IBM、华为、阿里巴巴、高德导航、盛大等业内顶级技术团队，按科技类公司分配丰厚的股权给创业团队，同时匹配了强有力的行业合作伙伴与LNG运营团队，给予业务支撑。LNG基金作为串起宝石的红线，发挥了产业基金特有的战略视野、资源整合能力与基石投资者对于人力资本的重视。也正是有了行业解决方案的视野、产品经理的思索、企业家的胸怀与创业团队的付出，才使能源互联网理论之树上开出实践之花。

资本市场是对未来机会用脚投票的市场，美国的强大在于科技与资本双轮驱动，硅谷孕育了苹果、谷歌、Facebook等一系列互联网企业，反过来财富的升值又会反哺硅谷乃至美国的发展。硅谷的风险投资文化，支撑了乔布斯、扎克伯格、马斯克等世界级企业家的成长。硅谷的企业有很多失败，创业者心怀梦想，勇于尝试，风投家敢于下注，尊重契约，技术与模式快速试错，快速迭代，其实质是分布式、多层次的金融体系支撑了多元化的创业选择与价值诉求。反观中国，更多的是短期资本、套利资本，以短期成败论英雄，对失败和转型尝试的包容性差。未来的大众创业，万众创新时代，创业与创新内生要求用不同类型金融产品匹配不同阶段的创业业态，以LNG基金和上海中旖专注于清洁能源领域的金融创新为例，从海气众筹、液厂信贷、设备租赁、终端认购权贷款到并购夹层融资……服务于产业链上多个主体的投融资需求，以有效推动行业的整体发展，通过资本、人才与科技的要素整合，推动能源行业旧貌换新颜。随着中国金融市场服务体系不断健全，直接融资比例的提高，多层次资本市场的形成与多元化投资机构的设立，将使中国经济的转型得到实质性支撑。我们可以看到在互联网经济时代，产品型公司市值10亿，平台型公司市值百亿，而生态型公司市值千亿，重塑价值链的背后，实际上真正需要有一批既有宏观视野，对产业发展脉络能展望多年，又有微观实操经验与执行力的知识型企业家，能够投资并培育生态圈的实干家。基于各自业态的内生来需要建立对应的产业、金融、科技团队，实现知识结构与能力互补，用以贡献为本的激励机制来留人。上海中旖的跨界整合模式，可以预期在多个领域可以复制，中国清洁能源产业的纵向深挖与横向打通三大领域“清洁能源（气体清洁能源、电、可再生能源）、交通、物联网”，推动第三次工业革命，深挖侧重竞争壁垒，打通协同价值，跨界只是开端，竞争与合作并存将成为产业生态链的新常态。

上海中旖只是中国能源互联网大潮中的一叶小舟，随着试点的深入、政策的支持，能源互联网必将成为中国参与世界能源定价权中的重要事件。路遥说，“只有初恋般的热情和宗教般的意志，人才有可能成就某种事业。“而中国的能源互联网人，一直在路上。

参考文献

[1] 国家发展改革委员会，国家能源局. 国家能源局关于推进多能互补集成优化示范工程建设的实施意见，2016

[2] 中商经济研究院. 中国微电网技术行业趋势分析及发展规划研究报告2015 ~ 2020年，2015

[3] 贾宏杰，王丹，徐宪东等. 区域综合能源系统若干问题研究. 电力系统自动化，2015（7）

[4] 董朝阳，赵俊华，文福拴等. 从智能电网到能源互联网：基本概念与研究框架. 电力系统自动化，2014（15）

[5] 吴雄，王秀丽，刘世民等. 微电网能量管理系统研究综述. 电力自动化设备，2014（10）

[6] 别朝红，林雁翔，张建华. 微网技术及其标准体系研究. 高电压技术，2015（10）

[7] 国务院办公厅. 能源发展战略行动计划（2014 ~ 2020年），2014

[8] 波士顿咨询. 全球制造业转移的经济学分析[EB/OL]. http://www.innobase.cn/?p=311，2015.11.06

[9] 国家发展和改革委员会. 关于推进“互联网+”智慧能源发展的指导意见[EB/OL]. http://news.xinhuanet.com/energy/2016-02/29/c_1118190136.htm，2016.02.29

[10] 阿里研究院. 互联网+从IT到DT. 北京：机械工业出版社，2015

[11] 安迅思. 中国天然气分布式能源项目研究分析报告[EB/OL]. http://www.ocn.com.cn/chanjing/201605/rkyzh26092727.shtml，2016.05.26.

[12] 国家发展和改革委员会. 国家发展和改革委员会关于发展天然气分布式能源的指导意见，2011

[13] 国务院办公厅. 大气污染防治行动计划，2013

[14] 国家发展和改革委员会. 天然气利用政策，2012

[15] 国家发展和改革委员会. 天然气发展“十二五”规划，2012

[16] 环境保护部. 京津冀及周边地区2017年大气污染防治工作方案，2017

[17] 国家能源局. 2016年能源工作指导意见，2016

第七章

前景展望

第一节　能源互联网发展是新产业革命的核心内容

21世纪以来，科学发展和技术进步正以前所未有的速度改变人类的生产和生活方式，其本质是信息通信技术发展进入新阶段，数字化深入生产、消费、科学研究等各个环节，渗透到经济、社会、政治等所有领域，新的产业革命、工业革命和社会革命正在展开[①]。

综合有关新产业革命、新工业革命的不同分析视角，可以从影响人类生产和生活的物质、能源、信息三个角度理解我们所面临的下一代生产革命。从直观上看，人类的生产活动，就是人类利用信息（实际上是信息中蕴含的知识），通过消耗能量把物质材料变成能够满足人类需要的产品。人类社会的进步，都是科学发展和技术进步使人类有更新的知识去更有效地使用能力以更精确地驾驭物质世界。从影响和主导下一场生产革命的技术上看，数字技术（信息）、材料技术（物质）、能源技术（能源）都正面临革命性的发展，这些技术发展和更深度的融合，正推动人类文明进入新的历史阶段。

在这场新产业革命中，虽然数字技术、先进材料和生物技术、能源环境技术被并列为同等重要的三类技术，但信息通信技术是最具渗透性的通用技术，它提高了人类认识世界的能力，是改变人类生产和生活活动方式的工具（OECD 2016，2017）。比如，物联网广泛使用于工业领域，将最底层的加工单元、系统平台、生产流程、产品使用中的所有信息集成起来，提高整体

① 参考典型文献杰里米．里夫金，2012，2016；埃里克．布莱恩约弗森和安德鲁．麦卡菲,2014；理查德．多布斯等，2016；克劳斯．施瓦布，2016；OECD，2016，2017。

效率，带来新一轮生产率的提高，被认为是下一次工业革命的重要因素。

另一方面，全球人口增加和气候变化迫使人们提高能源效率和发展可再生能源，以突破日益严峻的自然资源和生态环境约束。根据目前科学界的广泛认识，快速的全球温度升高影响人类作为一个整体在地球这个蓝色行星上的生存前景，能源领域中技术进步和商业模式创新的速度将决定人类未来。能源互联网的发展使多种能源品种用于服务人类生产生活的不同需要，从生产到消费全产业链实现全部联网、整体优化以及资源效率最高污染排放最小，从而为人类带来全新的能源生产与消费方式。能源互联网的发展，是能源革命重要表现形式。因此，对人类未来可持续发展而言，能源技术在这一轮新生产革命中具有与信息技术几乎同样重要的地位。以能源互联网为核心的能源革命是新一轮产业革命的核心内容之一。

第二节　发展能源互联网必须尊重科学规律和经济规律

能源对于人类社会的重要意义无需多言。但对能源或能量（energy）是什么这一问题，连诺贝尔物理学家理查德·费曼（Richard Feyman）也曾强调："即使物理学发展到今天，我们仍然不知道能量究竟是什么。"[①]。我们知道能量以各种形式存在，不同能量之间可以相互转化，某些能量转化形式是普遍、泛在、持续不断的，而一些转换却高度本地化、不连贯、转瞬即逝。人类的能源生产，就是将蕴藏在不同物质载体中的不同类型的能量转化为人类可以利用的电、光、热、冷等多种形式，能源互联网的发展就是要使这类转换从总体上效率最高、损耗最低、污染排放最少。

科学技术发展到今天，人类比历史上任何时候都有资格畅想科技发展，

① 转引自Smil，2017（375-376页），《能源百科全书》把能源定义为可以直接或经转换提供人类所需的光、热、动力等任一形式的载能体资源。

包括探求未来的能源模式。在探求能源技术革命、发展能源互联网的方向和速度时，我们必须尊重科学规律、尊重经济规律。

尊重科学规律，我们在能源技术发展中要深刻理解热力学三大定律，认识到能量是守恒的，电磁能、化学能、核能、热能、动能、电力等相互间可以转换；认识到我们永远需要用能源来生产另外一种能源，这个过程中有能源消耗和熵增加。永动机是永远不可能实现的。

虽然能源互联网和信息的互联网有众多相似之处，但存储和传输信息（比特）与存储和传输能量（电子）在本质上是不同的，这决定了信息互联网与能源互联网的本质区别。信息可以比特的方式拷贝无数次并长久存储在多个地方，知识可被众多人利用而丝毫不影响具体某些人利用知识的机会，但能源却不能像信息那样分享和存储。

科学规律决定了哪些能源转换方式在理论上和现实中可行，而经济规律则决定了哪些能源技术可以转化为现实的生产力。影响一项技术、一个产品的经济性因素包括生产规模、上下游相关产业的支持、生产管理的能力和水平等。只有产品有市场竞争力，生产才能持续下去；一种能源技术只有具有良好的性价比（将外部成本内部化后的真实成本），才能够迅速被市场接受。政府可以在一段时间内补贴支持某项能源技术、某个能源企业以支持国家作为一个整体建立技术能力、获得战略优势市场地位，但政府长期补贴多个产业，则面临降低产业总体竞争力甚至拖垮整个经济的风险。所以，能源技术、包括能源互联网的发展，必须遵守经济规律。目前，光伏、风电在能源质量和成本上仍然缺乏竞争力，我们不能要求收入水平仍然较低的发展中国家在现阶段全面放弃燃煤发电而只利用太阳能、风能等可再生清洁能源。风能、太阳能等绿色低碳能源，只有其成本降到一定的水平，发展中国家的消费者才能够大量使用，全世界才能普及，人类才能有效应对气候变迁，实现永续发展。

第三节 中国可以引领能源互联网发展

中国正致力于迎接能源革命，致力于能源互联网发展。在公共政策方面，中国政府出台了促进"互联网+"智慧能源（能源互联网）发展的政策指南，出台了一系列支持能源互联网发展的具体政策措施。在产业实践方面，中国在智能电网、可再生能源领域发展迅速，在本书中我们也介绍了中国在能源互联网探索中的一些典型案例，让我们感受到中国能源互联网探索实践正扎实推进①。在理论探索方面，中国学界和产业界最近几年积极从不同角度研究能源互联网的本质特质、运行方式、发展所需要的政策支持等，不断总结探索能源互联网的实践经验②。

面对技术革命、生产革命，发达国家与发展中国家面临的挑战和机会各不相同，利用新技术解决问题的重点领域也各不相同。但一个共同的议题，就是要在追求各自经济社会发展的同时，共同面对保护生态环境、应对全球气候变化的问题。由于现代社会的生产和生活建立在能源的大量消耗基础上，应对气候变化最根本的措施就是减少能源生产和使用中的温室气体排放，主要是指二氧化碳。对发达国家而言，低碳几乎是绿色的全部含义，其能源革命就是以更低碳的能源替代高碳能源。对发展中国家而言，绿色在现阶段更多的是指，在满足日益增长的能源需求的同时，减少传统污染物排放对大气、水和土壤的污染，当然也包括低碳。从这个角度看，发达国家和发

---

① 另外一个例证，就是中国企业推动开发了能源互联网时代能源技术与信息技术的纽带——IEEE1888 标准。这项标准（《泛在绿色智能控制网络标准》）是由中国企业主导并向美国电气和电子工程师协会（IEEE）提出并获得正式批准的，它是能源互联网产业入口的重要标准。在未来的能源互联网中，数以百亿计的能源生产和消费设备需要通过网络互联互通，这些设备产生的海量数据需要进行格式统一，以保障信息互联互通。IEEE 1888标准针对城市中的能耗环境，实现泛在网络设备和基础设施在互联网范围内的智能互联、协同服务、远程控制和统一管理，为政府部门、社区管理者和公共服务运营商提供合适的远程和协同管理解决方案。这项标准是能源互联网领域的基础传输协议，与信息互联网的TCP/IP相当。见王忠敏、刘东，2014。

② 可参考冯庆东，2015；孙秋野，2015；刘振亚，2015；能源互联网课题组，2017；王忠敏和刘东，2014；智能科技与产业研究课题组，2016；谢克昌等，2017；顾为东，2017。

展中国家在能源环境技术革命中的最大交集，就是都希望提高能源效率，加快清洁、低碳能源发展和清洁生产技术发展，在人类走向共同繁荣的过程中，保护人类生存环境、确保地球村的可持续性。

20世纪80年代，当世界前沿信息通信技术开始出现革命性发展时，中国从产业基础到经济总量与发达国家相比都处于全面落后的境地。中国过去三十多年转型发展的成功，使中国经济社会发展到新的历史阶段，可以全新姿态迎接正在出现的新生产革命，并抓住机会加快推进中国的现代化进程。今天，中国无疑成为下一代生产革命中最重要的国家之一。从一定程度上说，中国成功突破资源和环境的约束实现现代化，承载了广大发展中国家实现现代化、人类社会在地球上实现永续发展的希望！

在能源领域，面向新技术革命和产业革命，中国在发展能源互联网方面具有整体优势。

雄厚的产业基础。中国制造业规模全球第一、经济总量全球第二。中国有世界上最完整的产业门类，产业规模巨大，配套能力强。中国企业质量控制、成本控制等生产经验丰富，能够生产从低技术产品到中技术产品到高技术产品全谱系的产品且都在国际上具有竞争力。在能源领域，中国既是唯一能够建造100万千瓦水能机的国家，同时也是最大的光伏产品生产国。中国在基础材料和关键设备制造领域的短板在逐步填补。

多元的组织载体。中国有国有企业、外资企业、本土民营企业等各种所有制和各种规模的企业，如果制度环境进一步改善，可以形成非常良好的竞争态势。各类企业已成为面向全球竞争的市场主体和创新主体，其组织能力和技术能力不断提高，学会了如何组织创新活动。在能源领域我们也看到了大量中国企业已经开始进入世界技术创新前沿。

不断改进的国家创新体系。企业、科研机构、高校等不同机构定位更加明确，国家研发投入持续增加（2016年全社会研发投入占GDP的2.2%，接近OECD国家平均水平）。专利数过去几年爆发式增长，2016年总申请量全球第一。基础研究与学科建设取得进展，重要国际学术期刊上发表高水平文章的数量持续增加。世界知识产权组织（WIPO）等多家机构公布2017年全球创新指数（GII）排名，中国在全球127个经济体中排名第22（排在中国前面的均是高收入国家），在中等收入国家中排名第1（GII，2017）。无论信息通信技术、人工智能、物联网、生物技术、3D打印等数字技术，还是太阳能、风能、核能、分布式可再生能源系统等能源技术，中国都有了一定的技术储备，许多中国企业甚至在各自产业领域和技术研发进入了全球第一梯队。

巨大的人才资源。中国人力资本总量丰富，劳动力人口总数世界第一。科技人员层次完备、潜力巨大，每年有近700万大学生、50万硕士生和5万博士生毕业，还有40万留学人员归国（均为2015年数据），这些丰富的人力资源，在发展包括能源产业在内的技术产业中将发挥越来越重要的作用。

规模巨大层次丰富的国内市场。中国2016年人均GDP刚超过8000美元，为美国的1/6。在能源领域，中国目前是世界上最大的能源生产国和能源消耗国，但人均能源消耗仍然较低，如2015年人均电力消费大约为日本的60%、美国的30%，要实现14亿人全面小康和现代化，能源工业还有较大发展空间。同时，由于中国地域广阔，对能源需求呈现时空上的多样性；中国有储量巨大的煤、油、气、水、风、光、地热等多种能源，能源供给和能源需求在时空上的巨大差异，为中国能源互联网发展提供了巨大的机会。这些巨大而多样的真实需求将会诱导多种技术创新和产品创新，并迅速创新达到经济规模、降低成本，形成最具有竞争力的学习曲线，支撑产业的迅速发展。

发达的基础设施。中国有全球最大的电力网络，石油天然气管网规模全球第二；中国还有最大的高速公路网、高速铁路网、信息通信网络，这些基础设施可以支撑中国能源产业开发，支持能源行业创新，支持能源互联网的发展。

市场机制逐步完善。中国已初步建成开放的市场经济体制，企业成为市场竞争的主体，竞争压力和盈利激励引导企业提高效率和注重创新。政府鼓励创新创业更激发了中国人固有的企业家精神。从支持创新和新技术应用的金融体制上看，中国有多层次的金融体制，特别是各种创业投资基金能够为初创企业提供资金支持。在过去的20年间，我们已经看到市场机制如何催生风电、光伏、动力电池等领域的创新和产业发展。我们有充分理由相信，全面深化改革将提升市场在资源配置中的决定性作用，同时政府更有效地发挥作用，共同支持中国能源互联网的创新发展。

面向新的技术革命，中国应该坚持面向未来，立足于解决中国现代化过程中面临的各种问题。当我们充分利用各类现存技术，包括最新技术发展成果，探索用成本最低、效益最大的方式解决中国现代化过程中的问题时，我们就会创新性地利用现有技术，并有针对性地开发新技术和创造新模式。我们可以走出一条“需求诱致创新（demand-induced innovation）”的创新道路，这种创新有别于技术前沿国家的科学发明推动的技术创新（science-pushed innovation）。过去三十多年中国改革开放进程，与全球信息通信技术迅速发展并导致生产革命的进程大致同步。中国自觉地将最新的信息通信技术用于解决经济社会发展中的急迫问题，如较早地将信息技术用于库存管理、充分利用信息通信技术扩散商业信息、技术知识等，中国以全新的方式推进了中国工业化。中国不但在钢铁水泥生产、基础设施建设等工业时代必不可少的基础材料和基础设施取得举世瞩目的成就（将过去只存在于教科书中的大规模生产发挥到极致），创造了人类历史上工业化进程的奇迹，而且在信息通信技术领域实现从落后到加速追赶并开始同发达国家并驾齐驱。需求诱致创新使我们在信息通信领域找到了中国创新发展的独特道路，并为全人类福利改进做出了贡献。在能源领域，中国智能电网发展迅速，同时也已经成为在风能、光伏领域投资最多、技术进步最快、产业规模最大的国家。我们看到这种创新模式已经初现端倪。

必须承认，经过三十多年高速增长，我们目前正处于通过供给侧结构性改革走向新常态的关键时期，处在经济增长从旧动能向新动能转换的关键时期，也是我们迎接新生产革命的关键时期。我们体制机制上还存在诸多问题需要解决，不然我们向新常态转型、实现增长新旧动能转换就会受阻。为此，我们急需加快全面深化改革的步伐，推动建立面向新生产革命的经济体制。在能源领域要加快改革步伐，特别是切实落实中共中央和国务院《关于进一步深化电力体制改革的若干意见》《关于深化石油天然气体制改革的若干意见》，解决阻碍新能源发展、阻碍能源互联网发展的制度瓶颈和产业瓶颈。要在加快发展智能电网的同时，以开放增量配电网为契机，加快发展多能互补的微网，探索能源互联网发展的中国模式。要进一步加快国家创新体制调整和完善，加大科研体制改革力度，支持包括能源领域在内的基础研究和应用基础研究，为迎接新生产革命提供知识创造和培养人才。

在能源领域，可以重复中国在信息通信领域通过创新实现追赶和超越的成功！

参考文献

[1] 埃里克・布莱恩・约弗森，安德鲁・麦卡菲. 第二次机器革命：数字化技术将如何改变我们的经济与社会. 北京：中信出版社，2014

[2] 理查德・多布斯，詹姆斯・玛尼卡，华强森 . 麦肯锡说，未来20年大机遇. 广州：广东人民出版社，2016

[3] 杰里米・里夫金. 第三次工业革命：新经济模式如何改变世界. 北京：中信出版社，2012

[4] 杰里米・里夫金. 零边界成本社会：一个物联网、合作共赢的新经济时代. 北京：中信出版社，2016

[5] 克劳斯・施瓦布. 第四次工业革命：转型的力量. 北京：中信出版社，2016

[6] 杜祥琬，谢和平，刘世锦 . 生态文明建设的重大意义与能源变革研究（第一卷）. 北京：科学出版社，2017

[7] 冯庆东. 能源互联网与智慧能源. 北京：机械工业出版社，2015

[8] 能源互联网课题组. 能源互联网发展研究. 北京：清华大学出版社，2017

[9] 孙秋野. 能源互联网. 北京：科学出版社，2015

[10] 王忠敏，刘东. 智慧能源——产业创新与实践. 北京：中国标准出版社，2014

[11] 谢克昌等. 推动能源生产和消费革命战略研究（综合卷）. 北京：科学出版社，2017

[12] 刘振亚. 全球能源互联网. 北京：中国电力出版社，2015

[13] 顾为东. 能源4.0：产业能源互联网重塑中国经济结构. 北京：电子工业出版社，2017

[14] 智能科技与产业研究课题组. 智慧能源创新. 北京：中国科技出版社，2016

[15] 中国工程院“生态文明建设若干战略问题研究”项目研究组. 中国生态文明建设若干战略问题研究（综合卷）. 北京：科学出版社，2016

[16] GII. *The Global Innovation Index 2017: Innovation Feeding the World*. From www.globalinnovationindex.org, 2017

[17] OECD. *The Next Production Revolution: Implications for Governments and Business*. Paris: OECD, 2017

[18] OECD. Science, *Technology and Industry Outlook 2016*

[19] Smil, Vaclav. *Energy and Civilization: A History*, Cambridge，MA：MIT Press, 2017